大有

北伐时期的地方变局与政治整合

潘建华 著

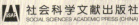

社会科学文献出版社
SOCIAL SCIENCES ACADEMIC PRESS (CHINA)

序

陈红民

　　潘建华的第一部学术著作《北伐时期的地方变局与政治整合》即将付梓，嘱我写序。作为他研究生学习阶段的论文指导老师，目睹他从青涩的研究生迅速成长为小有所成的青年学者，当然为他的进步感到欣慰，乐于为他鼓与呼。在通读了书稿后，写出下面的话，聊下自己的读后感。

　　潘建华目前的学术研究兴趣集中于中国近代政治史和军事史，这本书是在他博士学位论文《社会史视野下的北伐战争再研究（1926—1928）》基础上，择取部分章节扩展而成。发生于1926年至1928年的国民革命和北伐战争，以推翻北洋军阀政权为目标，在近代中国史上具有转折意义。这是一个重要又短暂的历史阶段，因为当时中国处于快速转型时期，南北政权截然对立，且南方与北方政权内部又纷争不断，历史线索显得纷乱复杂。前辈学人对这段历史的研究已有不少的学术成果，主要在南方与北方政权、国民革命（大革命）、北伐战争、国共合作与分裂、工农运动等脉络下进行研讨。如何在前人研究成果的基础上展开讨论，深化北伐战争史的研究，是学界追求的目标，也有一定难度。潘建华的新著以北伐时期的地方秩序演变为中心，重点探讨北伐时期地方军政格局的演进和国民党政权政治整合的成效，重构北伐时期地方政局变动与相关历史人物命运浮沉的图景。这本书将研究重点放在了北伐时期省一级地方秩序的变动上，可以说是另辟蹊径，有其独到之处。北伐过程中，中国除了南方的北伐军与控制北京政权的军阀，还存在一些游离于他们之外的地方实力派，他们拥有较强的实力，见风使舵，有自己的生存之道。潘建华研究了地方实力派在北伐战争进程中的抉择，由此反映了北伐过程中南北力量的此消彼长，也从侧面反映了人心之向背。这本书选择的 5 个省份各具代表性，既有北伐军与北洋军队激烈鏖战的湖南、湖北、福建，也有游离主战场之外的四川与贵州，呈现出北伐军节节胜利之下，各地方实力派的态度与选择。这样眼光向下的研究视角，更能呈现北伐战争期间中国各地复杂的社会局面，有所创新。这本书的出版将有助于深化对北伐时期历史变动的理解与认知，推动北伐战争史、国民革命史与近代军事史等领域的研究。

这本书在研究的视角与方法论上也有追求。攻读博士学位期间，潘建华有机会去美国哈佛大学与斯坦福大学搜集资料，虽然这些资料直接运用到这本书中的不多，但这段经历对他学术视野的拓展大有助益。这本书虽是探讨北伐战争史，却没有在学界已有丰厚成果的战争具体过程、双方战略战术、军队编制与配置等方面着墨太多，避免重复劳动，而是将北伐战争置于中国社会巨变的大环境下加以考察，尝试用社会史和新军事史的研究方法，对学界研究较为薄弱的战时地方秩序变动等内容进行探讨，也弥补了前人研究的缺憾。

这本书史料翔实，为研究立论提供了牢固的基础。写作过程中，潘建华实地考察了广东、湖南、湖北、福建、上海等北伐战事发展中的一些重要省市（也是书中研究的几个省份），广泛搜集地方史料。他还充分挖掘了中国第二历史档案馆、台北中研院近代史研究所、台北"国史馆"等所藏的相关档案，以及此前学界较少关注的一些日记、报刊，并将之充分运用于研究之中。他在史料方面的追寻和努力使得论文不仅论证丰富、史料翔实，还突破了一些传统研究的框架，在史料和视野上均颇具学术价值。

潘建华的新著是在他博士学位论文部分章节的基础上扩展完善而成。潘建华 2013 年毕业于南京大学历史系，免试进入浙江大学中国近现代史研究所读研究生，一年后由硕士转为硕博连读，于 2019 年获得历史学博士学位。他的博士学位论文题目是自主选定的，在开题报告会上由本专业众多教授提出建议，写作过程中我们时有交流。他能虚心吸收老师们的意见与建议，不断完善论文的框架和内容。在博士学位论文送审和答辩时，外审专家、答辩委员都高度评价了他论文的创新性和学术价值，全部给了成绩等级最高的"A"。

受益于博士学位论文写作上的努力和创新，潘建华从浙江大学毕业后顺利进入近代史研究的重镇——中国社会科学院近代史研究所工作，在优渥的学术环境中与众多史学名家和青年翘楚共事，不断精进。这几年，他在展开新课题研究的同时，陆续将博士学位论文的部分内容修改发表，并在此基础上形成这本论著。

在祝贺新著出版之时，也希望潘建华能进一步拓宽研究领域，谦虚谨慎、不骄不躁，继续有所进步，发表更多更好的学术研究成果。

目　录

绪 论

　　战争与革命可以说是 20 世纪中国的重要内容和特征，尤其是 20 世纪上半叶，战争与革命几乎成为一种常态。① 概因随着国门的打开，近代中国社会便进入了急剧的转型期，伴随着社会转型的是一场比一场更剧烈的革命与战争。

　　国民革命及北伐战争是 20 世纪中国具有里程碑意义的一场大革命。它不仅是一场军事战争，同时是一场涵盖政治、外交、经济、文化等诸多方面的社会大变动。北伐虽不是近代中国革命的起点，也不是革命的终点，却是一个承前启后的关键点。它不仅终结了辛亥革命以来挂名"共和""有宪法无宪制"的民国北京政府，也为后来"党国"体制的存续开了新端。而且后来在中国政治舞台上唱主角的国共两党，都是在北

---

①　王奇生：《革命与反革命：社会文化视野下的民国政治》，社会科学文献出版社，2010，"前言"，第 1 页。

伐时期奠定了自己的政治和军事基础。北伐后中国几十年的军政格局，实因北伐前后几年的"短时段"而产生。[①]

作为近代中国具有转折意义的事件，国民革命和北伐在中国近现代史的叙述中占有重要地位。北伐结束后不久，时人即开始对这场革命与战争展开论述。[②] 目前，学界关于这一时期的研究已有诸多的成果问世，迄今出版的几部中华民国通史性著作均有相当篇幅论及国民革命与北伐问题。[③] 此外，一批相关的专著亦陆续出版。大陆方面影响力较大的有王宗华主编的《中国大革命史（1924～1927）》、黄修荣的《国民革命史》、刘曼容的《孙中山与中国国民革命》、王奇生的《国共合作与国民革命（1924～1927）》、杨奎松的《国民党的"联共"与"反共"》等。[④] 台湾方面的代表性研究有李云汉的《从容共

---

① 罗志田：《地方意识与全国统一：南北新旧与北伐成功的再诠释》，罗志田：《乱世潜流：民族主义与民国政治》，中国人民大学出版社，2013，第 163 页。

② 代表性论著如华岗《中国大革命史》，春耕书局，1931；王云五等编《国民革命军北伐战史》，商务印书馆，1933；Harold, R. Isaacs, *The Tragedy of the Chinese Revolution*, London：Secker & Warburg, 1938（该书中译本可见伊罗生《中国革命的悲剧》，刘海生译，香港：新苗出版社，1973）。

③ 如张玉法的《中华民国史稿》（台北：联经出版公司，1998），张宪文主编的《中华民国史》（南京大学出版社，2006），朱汉国、杨群主编的《中华民国史》（四川人民出版社，2006），李新主编的《中华民国史》（中华书局，2011）等。

④ 王宗华主编《中国大革命史（1924～1927）》，人民出版社，1990；黄修荣：《国民革命史》，重庆出版社，1992；刘曼容：《孙中山与中国国民革命》，广东人民出版社，1996；王奇生：《国共合作与国民革命（1924～1927）》，江苏人民出版社，2009；杨奎松：《国民党的"联共"与"反共"》，社会科学文献出版社，2008。

到清党》、蒋永敬的《鲍罗廷与武汉政权》，以及蒋纬国总编
著、侧重军史方面的《国民革命战史第二部：北伐统
一》等。①

　　值得一提的是，在海峡两岸暨港澳学者合撰"中华民国
专题史"的推动下，《国民革命与北伐战争》一卷问世。② 该
书通过集结学界的一批活跃学者，对北伐前后的党、政、军等
内容进行了深入的专题探讨，可谓关于国民革命与北伐战争研
究的最新集大成者。同时，申晓云的《图说北伐》一书在充
分吸收相关研究成果的基础上，尝试"超越国共两党恩怨和
摆脱意识形态束缚"，从更高、更广阔的视域对北伐战争进行
评述。③

　　海外学者对国民革命和北伐战争亦有所关注，美国学者
朱丹（Donald Jordan）、韩国学者裴京汉等人较早即对这一时
期的军事与政治进行重点论述。④ 英国学者方德万（Hans van
de Ven）则从 20 世纪中国社会的两个重要主题"战争"和
"民族主义"出发，对国民革命军的建立、北伐时期的暴力
文化等内容进行阐释，提出"军事和财务"周期互动问题，
认为资金短缺驱动了加强军队的需要，而军事力量的羸弱又

---

① 李云汉：《从容共到清党》，1987；蒋永敬：《鲍罗廷与武汉政权》，台
　　北：传记文学出版社，1972；蒋纬国总编著《国民革命战史第二部：北
　　伐统一》，台北：黎明文化事业股份有限公司，1980。
② 朱汉国等：《国民革命与北伐战争》，南京大学出版社，2015。
③ 申晓云：《图说北伐》，东方出版社，2016。
④ Donald A. Jordan, *The Northern Expedition：China's National Revolution of
　　1926-1928*, Honolulu：University of Hawai'i Press, 1976；裴京汉：《蒋介石
　　研究：国民革命时期军事政治的抬头过程》，汉城：一潮阁，1995。

促使国民党必须扩展财政资源，以期取得进行国民革命的条件，而支撑战时军费的能力是国民党北伐取得成功的重要原因。[①]

为什么国民党通过北伐建立起来的政权，一开始就显示出脆弱性和不稳定性，并最终走上崩溃？这是欧美学界较长时间探寻的重要问题。美国学者韦慕庭（Clarence Martin Wilbur）认为国民革命之所以成功，是因为极大地调动了人力和物力资源服务于爱国和革命的目标，北伐战争将英勇的作战、有效的宣传和在敌人后方的活动结合在一起，但当领导层在暴力社会革命的问题上发生分裂时，革命终以"悲剧"告终。[②] 美国学者易劳逸（Lioyd E. Eastman）则对国民党执政后重建一套新的政治制度失败的原因及表现进行阐述，认为国民党在取得政权后，"它的革命力量和革命精神骤然而逝"。政治制度的软弱和中国社会行为中的一些特征使国民党政权未能建立起"一个稳固而有效的统治制度"。[③]

近年来，随着研究视角的日益多元，学界对北伐的研究已呈现出由过去侧重于对北伐战争的研究，逐渐扩大为对整个北伐时期研究的取向。相关研究除涉及北伐时期的政治和

---

① 方德万：《中国的民族主义和战争（1925~1945）》，胡允桓译，三联书店，2007。
② C. Martin Wilbur, *The Nationalist Revolution in China*, *1923 – 1928*, New York：Cambridge University Press, 1983. 该书中译本已收入《剑桥中华民国史》，详见费正清编《剑桥中华民国史（1912~1949）》（上），杨品泉等译，中国社会科学出版社，1993，第 594~809 页。
③ 易劳逸：《流产的革命：1927~1937 年国民党统治下的中国》，陈谦平、陈红民等译，中国青年出版社，1992，第 11、379 页。

军事主题外，关注的视野和内容进一步延伸到这一时期的经济、法律、文化、思想等层面。① 不少学者的考察范围不再囿于纯粹的军政变动，且超越单一的"南方"视角，从更宽广的视域，如南北地域之别、文化新旧之争、社会舆情互动等角度，对北伐时期的历史进行诠释，从各方互动和比较的分析中获得对当时历史情境与语境更加真切的了解和认知。②

　　然而，正如学者所指出的，关于这场对中国近代史发展具有如此深远影响的战争与革命，目前史学界对它的研究却是不尽如人意的，"不仅在论断上有严重歧见，在一些基本史实上也存有不少争议"。③ 虽然北伐战争在其结束后就不断地被当事人和后人提及，但历史记忆中的北伐与后来历史发展的关联，除了一些经过特别选择而得到强调的面相，仍属模糊。时至今日，有必要也有条件从更广阔的历史视域对国民革命和北伐战争进行更加全面、客观的审视。

　　北伐战争的结果，人力、物力、财力均处劣势的国民革命军能够一举战胜整体上处于优势的北洋系军阀，颇出时人意料，亦令后来的学者困惑。当时的北洋军将领固然讪笑"若

---

① 代表性论著如罗志田《激变时代的文化与政治——从新文化运动到北伐》，北京大学出版社，2006；杨天宏《政党建置与民国政制走向》，社会科学文献出版社，2008；王奇生《革命与反革命：社会文化视野下的民国政治》，社会科学文献出版社，2010。

② 高郁雅：《北方报纸舆论对北伐之反应：以天津大公报、北京晨报为代表的探讨》，台北：台湾学生书局，1999；李在全：《北伐前后的微观体验——以居京湘人黄尊三为例》，《近代史研究》2018年第1期。

③ 申晓云：《图说北伐》，"引言"，第3页。

辈年青（轻）人不畏死"，不啻寻死,① 即使北伐军将领自身，亦少有预见到北伐能迅速取胜者。曾参与其间的重要将领李品仙回忆说："国民革命军誓师之初，虽号称十万之众，实际上不过五六万人，而势如破竹所向披靡，竟以前后不过八个月的时间，领有长江以南，真非始料所及。"② 当时的美国军事情报人员也注意到在中国的军事角逐中，"兵员和装备的优势未必是决定性的因素"。③ 然而，到底是哪些因素使北伐军能够"以弱胜强"，时人和后来的学者见仁见智，颇有差异。其中有的说法可能只是迷思和想象，仍有待进一步检验和反思。

无论如何，北伐军到底是赢在战场上。北洋系在北伐前虽已呈分崩离析之势，但百足之虫，死而不僵。在 1926 年初仍不被外界看好的北伐军，缘何能在短短的两年内一举而底定中国？罗志田指出："南北的地缘文化意识、新旧的区分，特别是党、主义、宣传等新事物合在一起，给北伐军在战场之外造成一片支持的鼓噪之声。大概言之，是地缘文化因素推动了军事的进展，军事的成功又促进了宣传的功效，宣传的功效有助于造成战场之外的舆论，而舆论影响人心……国民党正是在这样一种有道伐无道的声势下，才能势如破竹，一举打垮实力更

① 第四军纪实编纂委员会编《第四军纪实》，怀远文化事业服务社，1949，第 74 页。
② 李品仙：《李品仙回忆录》，台北：中外图书出版社，1975，第 83 页。
③ *United States Military Intelligence, 1917-1927*, vol. 26, New York: Garland, 1978, p. 11821.

强的北洋军阀。"① 这一分析提示了地缘因素对北伐时期社会、政治、军事等各方面均有潜移默化的影响，但个中的复杂性或仍需要更多案例予以揭示。

北伐时期是中国近代史上政治社会变动剧烈而又复杂的阶段。军事的迅速进展之外，联俄容共政策带来的新政治模式，也极大影响了战争进程中政治权力的重新分配。新式"党国"模式的实验，所呈现的是与传统截然不同的政治运作机制。② 1920 年代，在苏联的建议和协助下，重组的国民党给 20 世纪中国政治确立了一些基本轮廓：列宁主义式的政党组织；一支党的军队，军队内的政治教导员结合军队为党的政治纲领服务；置于党领导下的由学生、工人和农民组成的为民族和社会改良服务的群众组织；颂扬服从领袖、创造新公民的政治仪式。③ 还有革命话语中将对立面污蔑为帝国主义和封建残余的反革命集团等。④

通常认为，国民革命时期引进的苏俄模式使中国整个政治运作状况发生了革命性改变。改组后的国民党以三民主义为既定意识形态，又有接近苏俄模式的政党组织扮演动员民众及沟通军政、军民等因素的整合角色；新型政治带来的动员整合力

---

① 罗志田：《地方意识与全国统一：南北新旧与北伐成功的再诠释》，罗志田：《乱世潜流：民族主义与民国政治》，第 194 页。

② 吕芳上：《导言》，民国历史文化学社编辑部编《中国国民党中央暨各省联席会议纪录》，台北：开源书局，2019，第 1 页。

③ Jeffrey N. Wasserstrom, *Student Protests in Twentieth-Century China: The View from Shanghai*, Stanford: Stanford University Press, 1991.

④ Michael Tsang-woon Tsin, *Nation, Governance and Modernity in China: Canton, 1900-1927*, Stanford: Stanford University Press, 2002.

量，推动了国民革命军这一新型军事力量的形成。以今日的后见之明观之，1920年代以后的国共两党军队最初都是"以俄为师"。不同的是，同样是"党军"，中国共产党确实做到了枪由党来指挥，兵受"主义"训练，而国民党则发展为以军控政、以军控党的局面。① 何以后来的差异如此之大？如欲追溯其异化之肇因，或许仍须重返北伐时期的历史现场。

一般来说，对于"军"这样的政治实体，如不加以控制而放任的话，势必会出现"军"介入政治，使政治按照"军"的意愿而动的倾向。军队对于政治的介入，是其本身具有的倾向。② 从民国初年开始，军阀或者说地方军事实力派占据着全国各地政治舞台的中心。他们不仅垄断行政统治权力，还影响广大民众的经济生活，激起社会动荡，以及刺激知识分子全面而剧烈的转向，这些都是国民党和共产党兴起的重要原因。学界已经注意到，由于北伐战争的速成，重要军国大计多是谈判妥协的产物，因此清末以降的各种问题，尤其是军阀对立并没有得到解决，而是隐藏在国民政府"统一全国"的假象之下，并循此对北伐前后国民政府的军事统一策略，及其对此后中央与地方关系的影响展开了多方面的探讨。③ 尽管如此，关于北伐时期地方军政格局的具体演进，以及国民政府重建地方政治

---

① 王奇生：《革命与反革命：社会文化视野下的民国政治》，"前言"，第6页。

② 徐勇：《近代中国军政关系与"军阀"话语研究》，中华书局，2009，第6页。

③ 齐锡生：《分崩离析的阵营：抗战中的国民政府（1937~1945）》，台北：联经出版公司，2023，"序言"，第1页。

秩序的努力等议题仍存在诸多朦胧的面相。

在很大程度上说，战争与革命也是一个创造新的统治结构的过程。[①] 伴随着国民革命和北伐战争的推进，国民党政权必须面对军事胜利所带来的问题——如何重建军事克复之地的政治秩序，并妥善处理战时地方军政之间的关系。这一问题在某种程度上关系到志在通过北伐统一中国的国民党政权革命事业的成败。北伐出师之际，蒋介石在部署革命战略时即强调，要以政治力量为军事行动铺路，结合全国人民，造成革命形势，先瓦解军阀及其军队的精神；要"政治力量"与"军事力量"并用，以政治战略使军阀唯求自保、互不救援，并进而促其易帜，加入革命行列。[②] 此后，负责江西克复之初地方政务的陈公博在向国民党中央的汇报中也强调说："若军事发展，政治不能同时发展，则危险甚大。"[③] 显然，北伐开始后的政治整合问题自始即是国民党政权考虑的重要议题。

北伐不只是一项军事上的行动，除军事外，尚有政治、外交、社会等活动，而这些活动与军事进展往往是相一致的。北伐进展迅速，吸收地方实力派（军阀）军队系其中重要原因，"这决非单纯军事力量所能达成，必须由政治上着手方可实

---

① 周锡瑞：《关于中国革命的十个议题》，董玥主编《走出区域研究：西方中国近代史论集粹》，社会科学文献出版社，2013，第185~187页。
② "中华民国史事纪要编辑委员会"编辑《中华民国史事纪要（初稿）》（1926年1~12月），台北："中华民国史料研究中心"，1978，第476页。
③ 《陈公博同志江西政务报告》，郑自来、徐莉君主编《武汉临时联席会议资料选编（1926.12.13—1927.2.21）》，武汉出版社，2004，第57页。

现"。① 北伐时期，地方社会既有的政治力量在革命过程中不断分合演进，深刻制约了国民政府对地方政治的重建与整合。长期以来，关于这一时期的军事或政治论著，或是叙述战史，或是剖析政权建设，但军事与政治之间微妙复杂的关系甚少被深入探讨。毋庸置疑，军事在 20 世纪中国的政治与社会舞台上扮演了重要无比的角色。事实上，战事和战局必然影响政治，而政治建设的良否和效率又必然影响军事进程。

"战争是政治的继续"，从这点上说，战争本身就是政治性质的行动。② 北伐时期，军事和政治之间的关系已非常密切。本书从军事和政治之间的互动和关联出发，尝试把北伐时期地方（主要是省一级）党政军的状态和北伐战事的发展纳入一个整体性框架进行观察，探讨北伐时期地方军政格局的演进和政治整合过程，进一步揭示北伐时期地域社会原有的军政力量与革命阵营聚散离合的复杂纠葛。

资料上，本书在充分利用台北"国史馆"公开的蒋介石、阎锡山等人相关往来函电的同时，适当结合中国第二历史档案馆所藏的军政档案（主要为"广州与武汉国民政府"档案和"战史会"相关案卷），以及台北原中国国民党党史馆所藏的党务档案。资料汇编方面，本书尽可能挖掘各省"革命历史文件汇集"等涉及北伐时期地方党、政、军状况的第一手资料。此

---

① 刘维开：《评介两部关于北伐战争的书籍》，张玉法主编《中国现代史论集》第 7 辑，台北：联经出版公司，1982，第 260 页。

② 《论持久战》（1938 年 5—6 月），《毛泽东选集》第 2 卷，人民出版社，1991，第 479 页。

外，各章的写作均尽可能地对比使用了相关人物的日记、回忆录及当时报刊等材料，力求通过丰富和多样的史料，较为立体地重构北伐时期地方军政格局演进与政治整合的图景。

需要指出的是，民国时期广义的北伐大体可以划分为孙中山领导的北伐（1917~1924）、以国共合作为基础的国民革命旗帜之下的北伐（1926~1927）、1928年南京国民政府的"二次北伐"三个阶段。① 虽然各个阶段的背景、性质和具体的目标有所区别，尤其是1927年国共合作破裂后，南京国民政府"二次北伐"的基础和性质更是迥异于前，但从国家统一和军政整合的角度观之，"二次北伐"为实现全国统一的目标和蒋介石作为军队实际领导人的主导地位与以国共合作为基础的北伐仍大体一致。在时间段上，本书除第一章涉及孙中山时代的北伐外，所论述的北伐时期主要指国共合作时期的北伐和1928年的"二次北伐"这两个阶段。同时，为行文流畅起见，除必要的保留和说明外，书中的第一次北伐指1926~1927年国共合作下的北伐，"二次北伐"则指1928年南京国民政府的北伐。

最后需要说明的是，没有哪部史学论著能够完整讲述整个故事。北伐时期地方军政格局的演进和政治整合所涉及的内容和区域甚广，显非单部论著所能解决，本书无力也无意对此进行全方位的探讨。与其面面俱到、浅尝辄止，毋宁选取史料相对充足或较具代表性的地域（省份）进行专题式深入的考察，或能从中管窥一斑。

———————

① 参见朱汉国等《国民革命与北伐战争》，第2~8页。

第一章

北伐前夕西南军政格局演变中的建国川军

　　北伐开始前的两三年是中国南北武装力量急剧更迭的时期，各军政力量之间"离合拥拒的形势"发展到极微妙的程度。[①] 目前，学界关于北伐前夕南方军政格局演变的探讨已较为深入，但整体而言都相对忽视那些在政局变动中被淘汰的"边缘"群体。相关研究或聚焦于广州国民党政权内部的矛盾冲突、国共关系及中山舰事件等问题，[②] 或侧重于此后在北伐

---

① 罗志田：《北伐前夕北方军政格局的演变：1924—1926年》，《史林》2003年第1期，第73~74页。
② 代表性研究有杨天石《"中山舰事件"之谜》，《历史研究》1988年第2期；余敏玲《蒋介石与联俄政策之再思》，《"中央研究院"近代史研究所集刊》第34期，2000年12月；王奇生《从"容共"到"容国"——1924—1927年国共党际关系再考察》，《近代史研究》2001年第4期；杨奎松《"容共"，还是"分共"？——1925年国民党因"容共"而分裂之缘起与经过》，《近代史研究》2002年第4期；曾庆榴《广州国民政府》，广东人民出版社，1996；朱汉国等《国民革命与北伐战争》。

中发挥主要作用的粤、桂、湘三省的新旧权势更替。因为这三省的军政整合从根本上改变了西南的军政格局，使作为北洋对立面的西南内之"西部"（滇、桂、黔）衰落而"东部"兴起。[①]

民国建立后的相当长一段时间里，云、贵、川及两广地区的各武装力量一直是作为北洋对立面的"西南集团"而存在的。但与北洋体系相比，除"护国""护法""革命"等缥缈的号召外，西南各方实无真正统一和结合的基础，彼此间基于不同的利益和形势考量而离合无常。如国民党所在的广东一省不仅有互不统辖的各类粤军，更有"西南"乃至北方各地的失势军队。然而，就是这一"杂乱"的西南，却在1926年能够出师北伐，并一举底定中国。作为北洋对立面的西南在1926年大举北伐之前，其内部所发生的军政整合和变化实值进一步探讨。

本章以1923~1925年因参与孙中山时期的北伐而辗转西南数省，并最终消失在西南军政格局演变中的熊克武部建国川军为线索，梳理该部参与西南各方联合北伐的历史过程及其与

[①] 罗志田对北伐前夕南方军政格局的演变进行了提纲挈领的论述，并揭示了若干关键性议题。罗志田：《"有道伐无道"的形成：北伐前夕南方的军事整合及南北攻守易势》，《中国社会科学》2003年第5期；罗志田：《国际竞争与地方意识：中山舰事件前后广东政局的新陈代谢》，《历史研究》2004年第2期。

各种军政力量的关系纠葛，在此基础上对北伐前夕西南军政格局的演进作一整体勾勒。①

一　西南北伐与建国川军的形成

1917 年秋，孙中山鉴于督军坏法和国会解散，南下广州揭起"护法"旗帜，以反对北京的北洋政权。此后，号召西南各方北伐成为孙中山的重要政治诉求，呼吁"统一中国，非出兵北伐不为功"。② 由此，孙中山等国民党人也成为西南各军政力量联合抗拒北洋政权的重要纽带和依托。然而，西南各方彼此间的合作关系极为脆弱，从 1917 年建立的护法军政府到 1921 年的中华民国政府，虽然都奉孙中山为最高领导人，但其存废均以西南各军政实力派的离合及其对孙中山等国民党人的态度为转移。

---

① 目前所见关于熊克武部建国川军的研究，或将视其为民国四川军阀之一部纳入川军混战史进行叙述；或以建国川军的兴亡为线索，对熊部川军从被迫离川至最后瓦解的过程进行论述。对于 1925 年熊克武被广州国民政府扣押及川军瓦解的探讨则基本囿于权力斗争的解释范畴。概言之，关于熊克武部川军的论述主要聚焦于川军"自身"的历史，对熊克武与当时的广州国民党政权及联治派等权势之间的关系纠葛，尤其是 1925 年前后西南军政格局的演变等历史背景缺乏观照。匡珊吉、杨光彦主编《四川军阀史》，四川人民出版社，1991，第 137~159 页；马宣伟：《熊克武与建国联军川军》，《社会科学研究》1986 年第 2 期；刘文耀：《建国川军广东瓦解考》，《四川大学学报》1989 年第 2 期；贾国熊：《熊克武广州被扣原因分析》，《档案史料与研究》1999 年第 3 期。

② 《统一中国非北伐不为功》（1921 年 9 月），中国国民党中央委员会党史委员会编订《国父全集》第 2 册，台北：中国国民党中央委员会党史委员会，1981，第 450 页。

1922 年 8 月，孙中山筹划的北伐再次因陈炯明的"叛变"而失败，并被迫离粤赴沪。虽然在西南屡不得志，但孙中山认为革命之根本办法，"必在吾人稍有凭借，乃能有所措施"，"欲得凭借，则非恢复广东不可"。① 同年 12 月，在孙中山的运动下，以杨希闵、刘震寰之滇桂军为主力的西南各路"讨贼军"联合讨伐陈炯明。次年 1 月，陈炯明通电下野，讨陈军进占广州，旋即以勤王之师的姿态，邀请孙中山等护法名流联袂返粤。② 2 月下旬，孙中山重返广州，随即组织成立大元帅大本营。

大元帅府成立伊始，处境即相当艰难。一方面，直系曹吴政权派人赴粤"慰劳""讨贼"各军，企图再次染指广东。另一方面，"讨贼"各军之间矛盾重重，尤其是主客军矛盾日益尖锐，在广州发生了所谓"江防事变"。时论也注意到广东政局的这一脆弱和不稳定："广东境内之内外政派军阀，其关系似颇复杂，而迭次勃发变乱者，多因军人辈欲自握权势之野心所致。彼辈概系简单之武人，毫无政治思想，原欲借武力一时镇压反对派，以恣达其政权欲望，并不知现代政治非如斯简单

---

① 孙中山：《致蒋中正函》（1922 年 11 月 21 日），中国社会科学院近代史研究所中华民国史研究室等合编《孙中山全集》第 6 卷，中华书局，2011，第 616~617 页。

② 《杨希闵上孙中山函》（1923 年 1 月 23 日）、《杨希闵致孙中山电》（1923 年 1 月）、《粤军界请孙中山返粤电》（1923 年 1 月），桑兵主编《各方致孙中山函电汇编》第 7 卷，社会科学文献出版社，2012，第 5、31~32 页。

之物也。"① 当时，在广州革命政府旗帜下的军队有八万余人，除粤军外，滇、桂、湘、豫、赣等外省客军总数在五万以上，人多且素质庞杂。尤其杨希闵、刘震寰之滇桂军更是跋扈，不听号令，分割地盘，霸占税收，几乎无视大元帅府的存在。而许崇智为首的粤军虽亦有二万八千之多，但号令不一、战斗力弱，无济于大局。② 因此，困于广东各政派军阀的掣肘，孙中山自始即希望通过整顿内部，统一西南各方，"以广东为模范，统一西南；以西南为模范，统一中国"。③ 在组建大元帅府后，孙中山的主要目标即是领导"讨贼"各军，巩固和扩展革命根据地。

孙中山回粤之初，为抗衡北方曹吴政权的武力统一，一度提出"和平统一"方针，主张"先平南然后始可以对北"。④ 因之，孙中山返粤不久即发表谈话，表示"愿以和平之方法，力谋中国之统一"，但北方如以武力对待西南，则以全力抵抗，绝不让步。⑤ 虽然北京政府一度表示响应孙中山的号召，南北双方也为实现"和平统一"进行了接触和谈判，但双方

---

① "中华民国史事纪要编辑委员会"编辑《中华民国史事纪要（初稿）》（1923年1~6月），台北："中华民国史料研究中心"，1979，第135~138页。

② 吕芳上：《革命之再起——中国国民党改组前对新思潮的回应（1924~1924）》，台北：中研院近代史研究所，1989，第454~455页。

③ 《在广州滇桂军欢迎宴会的演说》（1923年2月21日），《孙中山全集》第7卷，第120页。

④ 《在广州军事会议的演说》（1923年3月22日），《孙中山全集》第7卷，第247~248页。

⑤ 《关于和平统一主张的报道》（1923年3月2日），《孙中山全集》第7卷，第155~156页。

的武装冲突始终未曾停止，尤其是直系控制的北京政府也未因此而放弃"武力统一"政策，反而是加紧渗透西南。大元帅府成立不久，北京政府即任命沈鸿英为广东军务督理，为其提供饷械，并拟派两旅参战协助。① 1923 年 4 月，沈鸿英兵分三路进攻广州，大元帅府面临严峻的军事危机。此次沈鸿英"叛乱"不仅是南北冲突再次开始，也是西南内部国民党与政学系第二次破裂的表现。② 此外，陈炯明部退出广州后实力仍在，继续盘踞广东东江一带，成为一把悬在大元帅府上的"达摩克利斯之剑"。③

为巩固广东革命根据地和抗拒北洋曹吴政权的武力统一，大元帅府积极联络西南各方"讨贼"。当此之时，四川内战复起，并发展为南北双方争夺的重要战场。辛亥革命后，四川渐呈南北各派、主客各军及新旧川军等各方杂处混战的局面，各军政势力之间的聚散离合变幻无常。国民党在四川的力量亦分化为以熊克武、但懋辛为首的"九人团"和以谢持、杨庶堪为中心的"实业团"两大派别，1920 年前后双方更是兵戎相见。最终，孙中山所支持的杨庶堪等人失势离川，熊克武则凭借其军事资本继续在四川发展，但也因此与孙中山所代表的国

---

① 李烈钧：《孙大元帅戡乱记》，黄季陆主编《革命文献》第 52 辑，1970，第 484~486 页。

② 独秀：《沈鸿英叛乱与政学会》（1923 年 4 月 25 日），《向导》第 22 期，1923 年 3 月，第 1 页。

③ 《国民党军队战胜陈炯明的意义》，《维经斯基在中国的有关资料》，中国社会科学出版社，1982，第 105 页。

民党核心层逐渐疏远，一度与孙中山等人形同对立。① 此后，熊克武一度高唱联省自治，对南北双方均虚与委蛇。②

1923 年初，四川内战发生，为北京政府插手四川提供了机会。在吴佩孚的支持下，杨森、刘存厚、邓锡侯、刘湘等部通电讨伐熊克武、但懋辛等人，并向但懋辛的第一军、刘成勋的第三军及川北边防军赖心辉、川东边防军石青阳等部开战。吴佩孚随后更是组织陕、甘、鄂、黔等省援川军，以王汝勤为鄂西总司令、卢金山为总指挥，刘镇华为陕边总司令、吴新田为总指挥，孔繁锦为甘边总司令，袁祖铭为黔边总司令，在四川周边摆开合围之势，再次进图四川。③

在此情势下，大元帅府以直系方面仍继续推行武力统一政策，不仅对自治各省均欲以武力削平，且有"吞并西南，摧残民治之野心，乏和平之诚意"，呼吁西南各方联合抗拒吴佩

① 《致石青阳等嘱疏通川省议会选杨庶堪为省长并联同各军劝唐继尧速就元帅职电》（1918 年 3 月 2 日），《国父全集》第 3 册，第 527 页；《民国八年总理函稿》（上），《中央党务月刊》第 11 期，1929 年 6 月，第 7～10、20 页；严啸虎：《国民党改组前四川国民党派系争战》、四川省文史研究馆史一组：《有关一九二〇年川战的谢持私电》，政协四川省委员会、四川省省志编辑委员会编《四川文史资料选辑》第 5 辑，1979，第 44～53、65～80 页；熊克武：《大革命前四川国民党的内讧及其与南北政府的关系》，政协全国委员会文史资料研究委员会编《文史资料选辑》第 30 辑，文史资料出版社，1962，第 1～27 页。熊克武，四川井研人，老同盟会会员，较早即追随孙中山革命，是辛亥革命、二次革命、护国战争时期四川的重要领导人。

② 铁僧：《西南健将之熊克武》，《国闻周报》第 1 卷第 14 期，1924 年 11 月，第 22～23 页；《六十自述》（1940 年 1 月），中共四川省委党史工作委员会《吴玉章传》编写组编《吴玉章文集》（下），重庆出版社，1987，第 1284 页。

③ 汪朝光：《中华民国史》第 4 卷，中华书局，2011，第 227～228 页。

孚势力入川，重振北伐旗鼓。① 1923 年 3 月中旬，在石青阳等的联络下，孙中山与滇川黔湘各省要人唐继尧、熊克武、刘成勋、刘显世、赵恒惕等人通电，表示西南五省"领袖""决以推诚相见，共议图存，弃前事之小嫌，开新元之结合……其他省有被直系蹂躏，愿同心敌忾者，文等为之敬执鞭弭，所不辞也"。② 此后，大元帅府进一步派遣军事特派员赴川联络军事。③ 在孙中山看来："川军因内讧过深，即引吴者亦非本怀，此时已渐酝酿逐吴之谋，顷已派人前往开说，大要不至无望。反吴军队如熊、但、石、汤诸人，尚余军额三四万，足以一战。其中立诸军，仍可望结合。"据此，大元帅府通令讨伐曹锟，南北双方的对峙走向公开化。为抗拒直系的军事南下，大元帅府采取了一系列军事部署，着手北伐。孙中山在加紧与奉系联络的同时，主张广东方面以谭延闿、朱培德分别回师湘、赣，以牵制直系吴佩孚的力量，并为此督促朱培德部早日出师江西，以开北伐之先声。④

6 月，直系逼走总统黎元洪，加紧贿选总统职位，同时部

---

① 《孙文重莅广州实践裁兵宣言通电》（1923 年 2 月 24 日），中国第二历史档案馆编《中华民国史档案资料汇编》第四辑（一），江苏古籍出版社，1991，第 204 页；罗家伦主编，黄季陆、秦孝仪增订《国父年谱》，台北：中国国民党中央委员会党史委员会，1985，第 1058 页。

② 罗家伦主编《国父年谱》，第 1058 页；《西南五省之大结合》，天津《大公报》1923 年 4 月 17 日，第 2 版。

③ 《任吴敌为四川军事特派员令》（1923 年 3 月 20 日），《国父全集》第 4 册，第 519 页。

④ 《复张作霖商时局函》（1923 年 5 月 3 日），《国父全集》第 3 册，第 911 页。

署军事南征。对此，大元帅府公开指责北京政府无意和谈，直系军阀"乱闽祸川扰粤，以及种种行动，无一不与和平为敌"。① 7月中旬，孙中山任命谭延闿为湖南省省长兼"讨贼"湘军总司令，蔡钜猷、陈渠珍、鲁涤平等人为湖南"讨贼军"各军军长，进军湖南，意图推翻吴佩孚支持的湖南主政者赵恒惕，湖南谭赵之战旋即打响。② 广西方面，大元帅府则通过支持黄绍竑的广西"讨贼军"与李宗仁的定桂军，与陆荣廷、沈鸿英等旧桂系形成对峙之局。湖北方面，大元帅府亦派出军事代表前往联络，号召全国一致讨伐曹吴。③ 在此背景下，四川内战发展演化为南北对峙的重要一环。

四川方面，孙中山6月初正式任命熊克武为川军"讨贼军"总司令，刘成勋为四川省省长兼川军总司令，赖星辉为川军"讨贼"总指挥，四川"讨贼"各军统归熊克武节制。④ 熊克武旋即联合石青阳统率的川东边防"讨贼军"及旧川军刘成勋部，与北洋政权所支持的杨森、刘湘、袁祖铭等部展开

① 《致孙洪尹电》（1923年7月12日），《孙中山全集》第8卷，第22页。
② 《特任谭延闿为湖南省长兼湘军总司令令》（1923年7月16日）、《任蔡钜猷陈渠珍谢国光吴剑学宋鹤庚鲁涤平为湖南讨贼军各军军长令》（1923年7月16日），《国父全集》第4册，第744~745页；陶菊隐：《记者生活三十年》，中华书局，1984，第94~100页。
③ 《派喻毓藩为湖北军事联络员令》（1923年7月8日），《国父全集》第4册，第735页。
④ 《特任熊克武为川军讨贼总司令令》（1923年6月4日）、《特任刘成勋为四川省省长兼川军总司令令》（1923年6月4日）、《任赖星辉为川军讨贼总指挥令》（1923年6月4日）、《着熊克武节制四川讨贼各军令》（1923年8月16日），《国父全集》第4册，第687~688、784页。

图 1-1　熊克武戎装照

争战。[1] 战事开始不久，熊克武率领的四川"讨贼军"迅即克复成都。孙中山旋即训勉"讨贼军"各将领协力同心，迅率所部"扫清残寇，奠定川局，然后会师东下，申讨国贼"。[2] 熊克武奉令后向孙中山表示将率四川"讨贼军"长驱东路，直取重庆，歼灭北洋军主力，然后"进图荆宜，会师武汉"，同时请求

---

[1]　郭廷以编著《中华民国史事日志》第 1 册，台北：中研院近代史研究所，1979，第 726、738 页。

[2]　《给四川讨贼军将领的训令》（1923 年 6 月），《孙中山全集》第 7 卷，第 585 页。

孙中山训令"同志各省",一致出兵"讨贼"。① 7月,熊克武宣告奉大元帅府之命兴师"讨贼",指责曹锟、吴佩孚假借中央名号,"破坏纪纲,污辱国体"。② 7月底,熊克武正式通电就任"讨贼军"总司令,以吕超为"讨贼军"第一军军长,石青阳为"讨贼军"第三军军长,连同但懋辛的川军第一军,共三个军,并发出"讨贼"布告,指称川中历年事变,无不与大局相关,推其乱源,"则曹锟吴佩孚诸人,实尸其咎","西南诸省,夙以保障共和为职志,而主张联省自治……总之,捍卫川省,即所以屏障西南;廓清渝夔,即可以进窥武汉"。③

此后,熊克武又联同川军各将领发出通电,指称曹锟与吴佩孚"暴戾恣睢,把持魁柄,阻兵怙乱,贻祸家邦,前经川省各将领申罪致讨,近且明目张胆,躬行篡夺,迭接各处文电,罪状昭著。似此狐埋狐搰,任意废立,宁独破坏纪纲,实已污辱国体,应请全国一致,共张挞伐,同申正气,并速组织合法政府,用维国本,庶不致因一隅之政变,影响及于国家之尊严也"。④ 11月底,广州大元帅府方面又宣布吕超、石青阳分别为四川第一、第三军总司令,汤子模为四川"讨贼军"

---

① 《熊克武致孙中山函》(1923年6月),桑兵主编《各方致孙中山函电汇编》第7卷,第179页。

② 《熊克武致孙中山等电》(1923年7月15日)、《熊克武、刘成勋等致孙中山电》(1923年7月25日),桑兵主编《各方致孙中山函电汇编》第7卷,第201~203、208页。

③ 四川省志近百年大事纪述编辑组小波:《吴佩孚侵川与四川"讨贼之役"》,政协四川省委员会、四川省省志编辑委员会编《四川文史资料选辑》第5辑,1979,第105~106页。

④ 《熊克武就职后之川军形势》,《申报》1923年8月11日,第10版。

师长，贺龙为"讨贼军"混成旅旅长。① 在南北双方的部署下，川战发展成为"南北政府争夺四川的最后决战"。②

虽然孙中山认为"团结西南，必联其当道"，但大元帅府方面对熊克武并不完全信任。③ 联合不久，大元帅府秘书长杨庶堪在向孙中山呈报时局意见时即称："川军一、二两军已开战，权利之争，无足齿数，唯青阳则不免卷入漩涡，非真助，但（懋辛）余（际唐）自身军队图存，非占得地域，不能生活，曩日曾请钧座赐济，粤变以还，遂不忍提及，独其名义亦靳而不与……青阳要为可共患难之党徒，川、粤相距太辽远，以是不能赴难。若有路可通，敢保其立即为陈嘉佑第二也。"据此，杨庶堪建议孙中山北伐行动宜重新规划，在四川方面改以石青阳为基干力量。④ 显然，碍于历史的嫌隙，广州的国民党人对熊部川军仍存芥蒂。另外，熊克武虽名义上接受孙中山的任命，亦非"纯属中山"。⑤

四川战事方面，熊克武统率的"讨贼军"起初势如破竹，一度向东攻占重庆，击败北军及其所支持的刘湘、杨森等部。

---

① 《任吕超石青阳为四川第一第三军总司令令》（1923 年 11 月 25 日）、《任汤子模等为四川讨贼军师长令》（1923 年 11 月 25 日）、《任贺龙为四川讨贼军混成旅长令》（1923 年 11 月 25 日），《国父全集》第 4 册，第 906~907 页。

② 姜克夫编著《民国军事史略稿》第 1 卷，中华书局，1987，第 194~196 页。

③ 《复中央干部会议指示应付政局变化电》（1923 年 9 月 5 日），《国父全集》第 3 册，第 927 页。

④ 《杨庶堪上孙中山报告局势并陈述对时局意见书》（1923 年 7 月 26 日），桑兵主编《各方致孙中山函电汇编》第 7 卷，第 210 页。

⑤ 《章太炎致韩玉辰函》（1923 年 8 月），中国社会科学院近代史研究所近代史资料编辑组编《近代史资料》总 36 号，中华书局，1978，第 124 页。

但随着内部日益分裂、隔阂，加之对手强力反扑，"讨贼军"节节败退。① 大元帅府所筹划的各路北伐亦因吴佩孚派兵沿粤汉、株萍铁路进驻常德、长沙等地反扑而受挫。此外，盘踞广东东江的陈炯明部复图广州，谭延闿等部 1923 年 11 月回师救粤，退出湖南。福建方面，大元帅府原拟以东路"讨贼军"何成濬部与皖系的臧致平合作，坚守闽南，但以闽固粤的计划亦被迫放弃，福建为直系孙传芳控制。

在各路"讨贼军"纷纷受挫的情况下，四川"讨贼军"亦无力支撑。1924 年初，熊克武致电孙中山请辞四川"讨贼军"总司令职务。② 对此，孙中山一度令湖北"讨贼军"总司令孔庚率部援助熊克武："现在川战方急，寇焰滋张……务即淬励部属，会合川军早定川局，进规武汉。"③ 4 月，熊克武部"讨贼军"几度联合滇军胡若愚、黔军周西成等部试图反攻，但均以失败告终。最终在贵州刘显世的收容下，熊部川军退入贵州东北部的遵义、铜仁一带休整。④ 退入贵州后，熊克武即派遣所部第一军军长但懋辛赴昆明、广州与唐继尧、孙中山接洽出路问题，遗缺由师长余际唐接任，而第三军军长石青阳亦

① 吴克雄：《四川讨贼军之兴起和失败》，四川省文史研究馆编《四川军阀史料》第 3 辑，四川人民出版社，1985，第 63~74 页。

② 《熊克武请解除四川讨贼军总司令电》（1924 年 2 月 2 日），《四川军阀史料》第 3 辑，第 394 页。

③ 《给孔庚的指令》（1924 年 2 月 19 日），《孙中山全集》第 9 卷，第 482 页。

④ 郭廷以编著《中华民国史事日志》第 1 册，第 790 页；《熊克武致××告以退驻贵州情况函》（1924 年 6 月 4 日），《四川军阀史料》第 3 辑，第 431 页。

被所部师长汤子模胁迫离部。①

虽然西南的"讨贼"再次以失败告终，但以孙中山为核心的国民党人在西南乃至全国仍占据举足轻重之地位。对于1924年初全国的政局，时人有入木三分的观察。

> 我国目下政局之中心，在北曰吴佩孚，在南曰孙文。二人皆以武力统一相标榜，又皆以善借他人之兵力见长者。故二人虽未直接冲突，然前锋小触，已屡见于西南各省矣。西南各省，虽号称自治，然每以内部之竞争，召致外势之伸入。吴佩孚既利用其一方，其对方亦即与孙文相结托。如四川杨但之战争，湖南谭赵之战争，及闽南臧王之战争，皆不过孙吴间接之争斗而已。此间仅有一例外，即既不能独树一帜，又不欲为人所用之浙江卢永祥而已。然浙卢为局势所迫，仍不能不向孙文一方，表示接近。故谓今日之政局，实成直系以外各派作一大结合，以与直系相持之势。②

在熊部四川"讨贼军"败退贵州之际，西南各省的军政格局也发生重组。唐继尧利用袁祖铭以黔边总司令身份率部参与四川内战的时机，组织滇黔联军扶助流亡昆明的刘显世复位。

---

① 《熊克武致××告以退驻贵州情况函》（1924 年 6 月 4 日），《四川军阀史料》第 3 辑，第 431 页。

② 郑霆昇：《二十年来我国政局概观》，《东方杂志》第 21 卷第 3 期，1924 年 2 月，第 45 页。

滇黔联军重夺贵州政权后，刘显世出任贵州省省长，唐继虞出任贵州军务善后督办，贵州再次成为滇军的附庸。此后，唐继尧一面以"联省自治"为名，巩固对云南的统治，一面企图重温"大云南主义"，伺机向川、黔、桂等西南各省扩张。① 湖南方面，1923 年谭（延闿）、赵（恒惕）之战后，借助吴佩孚之力的赵恒惕控制了除湘西之外的湖南全境，倒向直系倾向渐显。此后，赵恒惕虽名义上仍归属南方阵营，但某种程度上已成为直系的附庸，"每以鄂为后援，鄂亦以赵为屏蔽"。② 广西方面，以李宗仁、黄绍竑为代表的新桂系逐渐崛起，与陆荣廷、沈鸿英等老桂系竞逐广西政权。广东方面，经过与浙、奉等各方的接洽，以孙中山为核心的广州政权与皖系、奉系之间的反直三角同盟大为进步，大元帅府方面再次筹划北伐。③ 1924 年 2 月，孙中山向友人透露北伐军事业已准备就绪，拟先自梅岭进湖南，再征服湖北，以掌握长江之枢纽。两湖下后，再分军为二，一部入赣，一部入豫。④

1924 年 9 月初，直皖之间的江浙战争爆发，引起反直各方的强烈反应，国内政局陡然紧张。粤、皖、奉反直"三角

① 汪朝光：《中华民国史》第 4 卷，第 222~223 页。
② 《团湖南区委十一月份政治报告——湖南军阀内部派系冲突及民众运动》（1925 年 12 月 20 日），中央档案馆、湖南省档案馆编《湖南革命历史文件汇集》群团文件（1925 年），1984，第 417 页。
③ 直皖战争前后，为对付咄咄逼人的直系武力扩张，粤、皖、奉（孙中山、段祺瑞、张作霖）三方即开始酝酿反直"三角同盟"。关于反直三角同盟的形成演变，可参见汪朝光《中华民国史》第 4 卷，第 189~193 页。
④ 《与日人某君的谈话》（1924 年 2 月），《孙中山全集》第 9 卷，第 535 页。

同盟"各方实践前约，着手采取反直军事行动。9月4日，孙中山召开北伐第五次军事会议，令所有滇、桂、湘、豫、赣、山、陕各军一律出师北伐，任命谭延闿为北伐军总司令，并组织北伐筹备处，同时将大本营移驻韶关，声援浙江卢永祥。① 为动员各部北伐，大元帅府指示各部称战事将由东南渐及于东北，因曹锟贿选所酝酿的大战将一发而不可遏，且浙江、上海为广东之藩篱，"假使曹、吴得逞志于浙江、上海，则广东将有噬脐之祸，故救浙江、上海亦即以存粤"。因此，必须兴师北伐，"北向讨贼"。② 5日，孙中山发表讨贼宣言。

> 本大元帅夙以讨贼戡乱为职志……今者烽燧虽未靖于东江，而大战之机已发于东南，渐及东北，不能不权其缓急轻重……故遂克日移师北指，与天下共讨曹、吴诸贼。此战酝酿于去岁之秋，而爆发于今日，各方并举，无所谓南北之分，只有顺逆之辨……民国存亡，决于此战，其间绝无中立之地，亦绝无可以旁观之人。③

---

① 《在北伐第五次军事会议的谈话》（1924 年 9 月 4 日），《孙中山全集》第 11 卷，第 10 页；蒋纬国总编著《国民革命战史第二部：北伐统一》第 2 卷，第 2 页。
② 《大元帅关于移师北伐令》（1924 年 9 月 5 日），《中华民国史档案资料汇编》第四辑（二），第 794 页。
③ 《为讨伐曹吴告军民文》（1924 年 9 月 5 日），《国父全集》第 1 册，第 907 页。

稍后，孙中山进一步通电全国，表示将躬率师旅，与卢永祥一致讨伐曹锟和吴佩孚。① 12 日，大元帅府发表布告，声讨直系"以武力统一，叛国干纪，侵扰闽粤，蹂躏川湘，抗奉天入关之师，以成非法贿选之罪，近复无故称兵犯浙，荼毒东南，宇内骚然"，将本吊民伐罪之志，奖率三军，共张北伐。② 13 日，孙中山决定出发前线督师北伐，令大本营总参议胡汉民留守广东，代行大元帅职权。③

是时，熊克武部也在积极与西南各方联络接洽以谋出路。但懋辛、石青阳在脱离四川"讨贼军"后，即衔熊克武之命转赴云、贵、粤等各省与唐继尧、孙中山、林虎、陈炯明等接洽，"力谋西南团结"，借助各方力量再次返川。④ 9 月初，但懋辛等人在运动唐继尧、刘显世与熊克武共组三省联军初获成功后，又以川、滇、黔三省代表的名义到达广州，进一步谋求西南的大"团结"，得到大元帅府的肯定与支持。是时，孙中山已决定响应卢永祥，筹备北伐，捐弃前嫌，再度与熊克武等

① 《为讨伐曹吴复卢永祥电》（1924 年 9 月 10 日），《国父全集》第 3 册，第 953 页。
② 《为讨伐曹吴移师韶关布告》（1924 年 9 月 12 日），陈旭麓、郝盛潮主编《孙中山集外集》，上海人民出版社，1990，第 552 页。
③ 《饬知特派总参议胡汉民留守广东代行大元帅职权令》（1924 年 9 月 13 日），《国父全集》第 4 册，第 1252 页。
④ 《石青阳已抵云南之沪讯》，天津《大公报》1924 年 6 月 11 日，第 2 版；《川省战事将再起　熊克武计划反攻》，天津《大公报》1924 年 6 月 26 日，第 2 版；《粤省将召集西南联合会议》，天津《大公报》1924 年 6 月 26 日，第 6 版；铁僧：《西南健将之熊克武》，《国闻周报》第 1 卷第 14 期，1924 年 11 月，第 22~23 页。

西南各方联手。[1]

9月中旬，孙中山发表讲话称民国建立13年来，"作事始终不离革命这条路的，还只有西南几省；但是这几省彼此都是不联络，所以至今还是不成功。现在石佃二君想联络西南各省一致对北，这次到广东来，恰恰遇到了一个好时机。这个时机，就是江浙已经动兵，奉天的军队不久也要入关，一定要大有战争"。孙中山主张利用此次时机，西南一致北伐，会师武汉。[2] 但懋辛等人的倡议与孙中山的主张不谋而合。但懋辛等人随即衔命赴滇，力促西南的大联合。孙中山为促成西南的联合，亦迭电唐继尧，许以大元帅府副元帅及川滇黔总司令之职，主持川滇黔联军的北伐行动，以团结西南力量，北伐中原。[3] 与此同时，大元帅府派代表赴贵州与刘显世接洽，促其兴师共讨曹吴。[4]

在孙中山的推重下，唐继尧虽然谦辞副元帅之职，但允诺"合作"，组织川滇黔建国联军。唐继尧表示合作态度后，西南的联合迅速发展。9月中旬，在唐继尧的主导下，川滇黔建

---

① 《谭延闿日记》，手稿本，1924年9月5、6、29日，台北：中研院近代史研究所藏数位资料；大山：《北伐声中的西南团结运动》，《东方杂志》第21卷第18期，1924年9月，第6~8页；木庵：《西南各省之大团结》，《申报》1924年9月21日，第6版。

② 《西南要联成一气出兵北伐》（1924年9月12日），《国父全集》第2册，第724页。

③ 《致唐继尧电》（1924年9月11日）、《咨唐继尧文》（1924年9月18日），《孙中山全集》第11集，第43、79页。

④ 《致刘显世促联同滇军出师北伐电》（1924年9月），《国父全集》第3册，第955页。

国联军总司令部在昆明成立,以唐继尧为联军总司令,刘显世为副总司令兼黔军总司令,熊克武为前敌各军总司令兼川军总司令,胡若愚为滇军总司令。次月,唐继尧发表建国联军组织大纲,唐继虞、胡若愚、石青阳、吴醒汉、龙云、何海清、刘显潜、周西成分别任川滇黔联军第一军到第八军军长。① 至此,西南的联合北伐初步告成。

9月18日,国民党方面发表《北伐宣言》,正式揭开西南联合北伐的序幕:"此战之目的,不在覆灭曹、吴,尤在曹、吴覆灭之后,永无同样继起之人,以持续反对革命之恶势力。换言之,此战之目的,不仅在推倒军阀,尤在推倒军阀所赖以生存之帝国主义。盖必如是,然后反革命之根株乃得永绝,中国乃能脱离次殖民地之地位,以造成自由独立之国家也。"②

事实上,孙中山此次北伐在某种程度上是迫于形势的无奈之举。大元帅府建立伊始,即处于以一隅之地挡四面之敌的困境。1924 年 3 月,孙中山在广州对东路"讨贼军"的演说中即宣称,"此刻在广东的军队,有滇军、湘军、豫军、粤军、桂军、赣军、山陕军,总共有六七省的军队,都来为革命党出力",但"没有那一种军队,可以居于革命军

---

① 罗家伦主编《国父年谱》,第 1239~1240 页;《唐继尧公布建国联军暂行组织大纲致外交司训令》(1924 年 10 月 17 日),《中华民国史档案资料汇编》第四辑 (二),第 888~890 页。
② 《中国国民党北伐宣言》(1924 年 9 月 18 日),《国父全集》第 1 册,第 915 页。

的地位"。① 江浙战争开始后，在论及北伐的必要性时，孙中山直指大元帅府面临的险恶环境，"肘腋之地，伏莽纵横，乘隙思逞"，"北江群寇，蜂拥而至，东江叛兵，乘时蠢动，西江南路，亦跳梁并进"。② 稍后，孙中山在鼓励蒋介石等人积极北伐时，也强调称在粤有诸多死因，绝无出路，"所以宜速舍去一切，另谋生路。现在之生路，即北伐为最善况"。③ 就此观之，在以北伐求生存上，国民党广州政权与熊部川军实是如出一辙。

此后，孙中山矢志备战，声言此次提师北伐，"便是要将西南军队联结奉浙军队，扫除旧屋砖瓦渣滓垃圾之北洋军阀官僚，以建设新国家"。④ 因此，当留守广州的蒋介石以商团"叛变"，广州形势危急，向孙中山建议先图巩固广州根据地时，孙中山反而要求蒋介石放弃广州，将黄埔军校之学生、弹药开赴韶关前线，孤注一掷北伐："然我来韶之始，便有宁弃广州为破釜沉舟之北伐。今兄已觉得广州有如此危险，望即舍去黄埔一孤岛，将所有枪弹并学生一齐速来韶关，为北伐之孤注。此事电到即行，切勿留恋，盖我必不回救广

---

① 《在广州对东路讨贼军的演说》（1924 年 3 月 10 日），《孙中山全集》第 9 卷，第 566 页。
② 《为讨伐曹吴告粤民文》（1924 年 9 月 5 日），《国父全集》第 4 册，第 1239~1240 页。
③ 《孙文鉴于当前广东形势以北伐为善策致蒋介石函》（1924 年 9 月 9 日），《中华民国史档案资料汇编》第四辑（二），第 795 页。
④ 《北伐的原因》（1924 年 9 月 29 日），《国父全集》第 2 册，第 726 页。

州也。"①

10月初，为动员各方北伐，大元帅府先后任命谭延闿为建国军北伐总司令，林支宇为赣鄂宣抚使，程潜为建国军攻鄂总司令，孔绍尧为赣南善后委员长。② 10月中旬，大元帅府正式将西南"讨贼"和靖国各军统一改称建国军，"各军有地盘者，称某省建国军总司令；无地盘者，称建国军某省司令"，各部的编制均按原有建制编成。③ 同时，正式任命唐继尧为大元帅府副元帅兼滇川黔建国联军总司令，熊克武为建国川军总司令。

11月2日，熊克武在贵州铜仁通电就任唐继尧委任的建国联军前敌总司令。次年1月，熊克武又通电就任大元帅府任命的建国川军总司令职务。④ 至此，以江浙战争为契机，在广州大元帅府的号召和主导下，西南各方再次聚集在"北伐"

---

① 《孙文拟放弃广州将黄埔军校学生弹药移韶北伐致蒋介石密电》（1924年10月9日），《中华民国史档案资料汇编》第四辑（二），第801页。

② 《特任谭延闿职务令》（1924年10月6日）、《任命林支宇职务令》（1924年10月8日），中国社会科学院近代史研究所等合编《孙中山全集》第11集，第134、142页；《特任程潜为建国军攻鄂总司令令》（1924年10月6日）、《任孔绍尧为赣南善后委员长令》（1924年10月6日），《国父全集》第4册，第1269页。

③ 《建国大纲之规定及编组建国军》，罗家伦主编《革命文献》第10辑，1984年影印本，第63页。对于北伐各军改称建国军的原因，孙中山的解释为："至北伐各军名称，西南各省多数主张用建国军名义，吾党早有建国方略、建国大纲宣布，当然改为建国联军，以期一致。"《为北伐军改用名义复焦易堂函》（1924年10月8日），《国父全集》第3册，第961页。

④ 《熊克武就任建国军川滇黔联军前敌总司令通电》（1924年11月2日）、《熊克武向孙中山呈报就任建国川军总司令文》（1925年1月11日），《四川军阀史料》第3辑，第433、437页。

的旗帜之下。熊克武身兼唐继尧和大元帅府所委之双重身份，可谓"师直为壮"，但也成为西南局势骤变，尤其是唐继尧和国民党广州政权决裂后所部处境的隐患。

二　北伐中挫与川军入粤

建国军组建后，大元帅府即令其出师北伐，一路以程潜和朱培德部为主力，向湖南进发，期与川军会师后再进武汉；一路以谭延闿为援赣总司令，直攻江西。熊克武部川军在退驻黔北不久，所属汤子模、贺龙等部即会同湘西蔡钜猷等部谋取湘西，为赵恒惕方面击退。① 江浙战争爆发之际，熊部又一度出师四川，与杨森等部僵持于川南。② 10 月，在北伐的旗帜下，以熊克武等部为前锋的川滇黔联军陆续向湘西方向移动。③ 是时，熊克武麾下汤子模、贺龙等人均为湖南籍，也为其入湘提供了有利条件。④ 因此，熊部在奉唐继尧之令后，即决定以进

---

① 《川蔡两军退回铜仁》，《申报》1924 年 8 月 22 日，第 9、10 版。熊部汤子模、贺龙均为湘籍将领，而蔡钜猷原为赵恒惕所辖，1923 年 7 月与赵恒惕脱离，就任大元帅府所委任之讨贼军第一军军长。1923 年秋，蔡钜猷部一度进迫长沙，迫使赵恒惕退走平江。郭廷以编著《中华民国史事日志》第 1 册，第 812 页；《蔡钜猷等致孙中山电》（1923 年 7 月 12 日），桑兵主编《各方致孙中山函电汇编》第 7 卷，第 179 页；《中国晚报关于赵恒惕败退平江通讯函稿》（1923 年 10 月 30 日），《中华民国史档案资料汇编》第三辑军事（三），江苏古籍出版社，1991，第 445 ~ 446 页。
② 《熊但再起之川战》，天津《大公报》1924 年 9 月 9 日，第 5 版。
③ 《川滇黔联军北伐图鄂》，《申报》1924 年 11 月 2 日，第 6 版。
④ 《熊克武联合川鄂北伐之计划》，《申报》1924 年 12 月 21 日，第 10 版。

攻湘西为窥伺武汉之举，最小限度亦期牵制武汉以上之敌，使其不能加入下游战事。[①] 在熊克武向湘西挺进之际，蔡钜猷部亦协同向湘境进攻，旋即进驻洪江，并电请孙中山、谭延闿速令北伐军进攻湖南，"以期歼灭敌人，戡定湘局，克日会师北伐"。[②]

江浙战争开始后，反直三角同盟的粤、奉两方积极调兵遣将，共讨直系，以寻"白马之盟"，但大元帅府碍于商团事变及内部不统一等因素，所谓的北伐自始即雷声大雨点小。奉系方面虽然调集大军准备入关，但未及完全响应，卢永祥即于10月中旬兵败下野。皖系在浙江的失败虽让反直三角同盟和西南的北伐遭到打击，但随着奉军入关，第二次直奉战争爆发，孙中山仍矢志北伐，认为大军一出，必能成大功。为此，孙中山再次向蒋介石等后方留守人员强调北伐的重要性："北伐志在必行，且必有大影响，樊钟秀所部数日前已破万安，收降卒一团，闻敌因此已疲于奔命……江西敌甚无斗志，亦无斗力，大军一出，必得江西全省，便可补上海之失。张静江有电催出师江西甚力，亦有宁弃广东亦当为之，此可见各省同志之望我，不可不有以慰之也。此次一出，必能成大功，可无疑义。望兄鼓励各人速出，一由东江击破陈逆而出福建，一出江西，则川、湘各军必争先而出武汉，而中原可为我有，否则无

---

① 《熊克武致××告已率部向思南、铜仁前移电》（1924年10月）、《杨森转吴佩孚令防止熊克武假道湘西北伐电》（1924年10月9日），《四川军阀史料》第3辑，第432页。

② 《蔡钜猷致孙中山、谭延闿电》（1924年10月24、30日），桑兵主编《各方致孙中山函电汇编》第9卷，第145、160页。

论奉直谁胜，西南必亡。"①

　　是时，孙中山对北伐确实抱有极大的期望。10月，孙中山又从前线电示蒋介石："此间自樊部出发而后，已使赣敌疲于奔命。昨日何雪竹部始能继续出发；如此出兵，当然正犯兵家各个击破之所忌。然樊钟秀竟然冒此忌而出，未见敌有何能力击破也。吾料湘军与朱部一出，则赣南全部必为我有也。"与此同时，孙中山告知蒋介石向江西进取的决心和部署："赵成梁及朱培德两部枪支各四千，湘军谭延闿部枪支一万二千，三部共枪支两万，以此三部向江西进取。江西得后，则湖南不成问题；然后再合滇唐、川熊、黔袁会师武汉，以窥中原。"②

　　然而，西南各方的北伐自始即徒具声势，建国各军虽"义旅云合"，但旗帜各异、步骤不齐，意见极分歧。③ 力主北伐的孙中山自始即受内部不统一及军费困难等因素的掣肘。如孙中山原拟率军两万进驻韶关，先取赣南，但所辖各部自豫赣军及零星部队出发后，其余滇、桂、粤之各部均未动。④ 对于

---

① 《为东征与北伐致蒋中正函》（1924年10月16日），《国父全集》第3册，第970页。

② 《北伐致蒋中正指示关于分配枪械与练兵等事函》（1924年10月），《国父全集》第3册，第974~975页。

③ 《复蒋中正函》（1924年10月19日），《孙中山全集》第11卷，第207页；《颜德基所接川熊滇唐函》，《申报》1924年12月11日，第13版；《熊克武呈大元帅府请任命蔡钜猷为建国湘军第六军军长文》（1925年4月4日），《四川军阀史料》第3辑，第442页。

④ 《军事处关于孙中山拟率军进驻韶关绕出东江北伐致蔡成勋等电》（1924年9月）、《大总统府军事处关于孙中山部向韶州调集等情报致吴佩孚电》（1924年9月29日），《中华民国史档案资料汇编》第四辑（二），第797~798页。

西南北伐迟缓的原因，孙中山向盟友奉系方面解释道："文到韶已一月，军队集中亦毕。惟自樊部出发之后，财政竟陷于绝地，其他部队因此不能继出……若我大军一出，江西直唾手可得也，其奈十日行粮亦不可得，坐失事机，深为抱愧。"①

大元帅府方面未能如约调遣后续部队北伐，对客处异乡、急谋出处的熊克武部影响甚大。10月19日，熊克武急电大元帅府请示机宜，表示如果条件许可将大举出兵武汉，否则即率川军全部及蔡钜猷各部径出湘西，以牵制武汉以上之敌，使浙方得以专力对苏，于大局辩万一之补，同时询问广州方面"现在帅定大计如何，闻已出赣攻闽，确否？务恳时颁训示"。② 11月初，大元帅府任命谭延闿为北伐联军总司令，所有入赣入湘各军归其节制，同时令广西建国军沈鸿英部向湖南进发，以支援熊克武、程潜等攻鄂军的行动。③ 11月底，滇军唐继虞部进入洪江，熊克武部川军进占常德，击败湘军唐荣阳旅，并将广州大元帅府所委任之林支宇部强行收编。④

---

① 《复叶恭绰郑洪年询卢永祥去职原因等事并转张作霖告北伐军需款接济电》（1924年10月14日），《国父全集》第3册，第968页。

② 《熊克武为江浙战起请示大计密电》（1924年10月19日），《中华民国史档案资料汇编》第四辑（二），第803页。

③ 中国第二历史档案馆编《蒋介石年谱（1887—1926）》，九州出版社，2012，第230页。

④ 《章太炎致李根源函》（1924年12月28日），《近代史资料》总36号，中华书局，1976，第135页；郭廷以编著《中华民国史事日志》第1册，第844页；《林支宇通告与熊克武部发生冲突情由电》（1924年12月5日），《四川军阀史料》第3辑，第436页。

北方局势的演变也促使西南的北伐逐渐回落。10 月 23 日，冯玉祥发动北京政变，直系政权迅速垮台。冯玉祥随即通电倡导和平，邀孙中山、张作霖、段祺瑞等各方赴京共商国是。27 日，孙中山致电冯玉祥、胡景翼等人，赞其义举，表示即日北上，共商建设大计。11 月初，孙中山由韶关北伐前线返回广州，稍做部署后即行北上。① 孙中山北上之际，继续号召南方革命军民继续团结力量，"把北伐军前进到武汉，和北方响应"。② 与此同时，孙中山勉励熊克武"此次北上，固有可为"，如熊部能联合胡景翼方面取得武汉，则对其北上主张更为有利。③ 然而，孙中山随即发表宣言，主张召集国民会议为解决目前中国问题之唯一办法。④ 这意味着西南主张北伐最力的孙中山亦开始考虑放弃军事北伐，将重心放到政治谈判上。

孙中山离粤北上后，北伐军攻赣部队一度进至江西吉安等地，但旋为方本仁部阻击。且方本仁与陈炯明、赵恒惕初步达

① 《孙文决定北上致冯玉祥等电》（1924 年 10 月 27 日）、《大元帅孙中山北上命令》（1924 年 11 月 4 日），《中华民国史档案资料汇编》第四辑（一），第 261 页。孙中山北上后，令胡汉民留守广州，代行大元帅职权，将大本营北伐事宜交由建国北伐军总司令谭延闿全权办理。《饬建国军北伐总司令谭延闿全权办理北伐事宜令》（1924 年 11 月 4 日），《国父全集》第 4 册，第 1312 页。

② 《北上之意义与希望》（1924 年 11 月 11 日），《国父全集》第 2 册，第 737 页。

③ 熊克武：《大革命前四川国民党的内讧及其与南北政府的关系》，《文史资料选辑》第 30 辑，第 29 页。

④ 《总理为派员宣传召集国民会议主张通电》（1924 年 11 月），罗家伦主编《革命文献》第 10 辑，第 82 页。

成夹击北伐各军的共识。① 甚至有传闻称陈炯明向赵恒惕、唐继尧建议组织"联治救国军"，联合入粤。② 至此，西南的北伐各军愈发力不从心，转取守势。1925 年 1 月初，谭延闿所节制的北伐军分退湘粤边境，北伐师行顿挫。随着孙中山北上和建国各军北伐中挫，熊克武部只能滞留湘西，对于进入常德后的军队进展问题亦无明确计划。

湖南自 1920 年代初起即处于以赵恒惕、谭延闿、程潜等人为代表的南北各派的争夺之中，湘西则更是军匪盘踞。③ 退驻贵州期间，因饷项无着，熊部采取就地筹饷办法解决官兵生活问题，每到一县即令县知事筹集粮食，分配供给部队，或由县知事指定某乡镇筹集粮食若干，由部队派官兵押运回部队驻地分配。④ 在湘西，川军继续就地筹饷，责令当地商会及县知事负责，按日缴解。⑤ 此外，熊克武先后将湘西蔡钜猷、林支

① 《谭延闿关于北伐军攻赣密电稿》（1924 年 12 月 24 日），《中华民国史档案资料汇编》第四辑（二），第 809；加伦：《军事政治形势》（1925 年 1 月 10 日），中共中央党史研究室第一研究部编《共产国际、联共（布）与中国革命文献资料选辑（1917~1925）》，北京图书馆出版社，1997，第 644~646 页；亚·伊·切列潘诺夫：《中国国民革命军的北伐——一个驻华军事顾问的札记》，中国社会科学院近代史研究所翻译室译，中国社会科学出版社，1981，第 145~147 页。

② 陶菊隐：《记者生活三十年》，第 104 页。

③ 《阎相文关于湘省谭赵程三派之争暨请领枪弹备防致靳云鹏密电》（1921 年 1 月 4 日）、《顾问杨岳转报邬盛禧派往湘西联络军事的报告致陆锦函》，《中华民国史档案资料汇编》第三辑军事（三），第 444、446~449 页。

④ 吴克雄：《四川讨贼军之兴起和失败》，《四川军阀史料》第 3 辑，第 78~79 页。

⑤ 《熊克武于常德召集各公团开会致词》（1924 年 12 月 7 日），《四川军阀史料》第 3 辑，第 437 页。

宇等部收编，更为主政湖南的赵恒惕所忌。在此背景下，湘西的军民矛盾、土客矛盾日渐严重，局势愈趋复杂。据北方段祺瑞方面的情报观察：

　　窃以湘局自谭赵纷争以来，政权入于赵氏手，肃清湘土以一事权。去岁曹吴新败，赵氏因环境空气不利于湘，允从熊克武入境，敷衍一时，以待机会。讵知熊氏入湘后，政权复杂，真令人所难逆料，竟演成川军中之湘人与湘军中之湘人，复与川湘非川湘之军队，彼逐我争，甲应乙付，兵与匪互相勾结……盖赵氏处于南北之冲，借省宪保境息民，自九一政变后，几经艰巨，熊氏以曹吴失势，饵以友善，假道北伐，冒川滇黔联军总司令之虚名，以欺赵氏。而赵氏亦借熊之势力，以灭蔡林，所以报九一祸首也。自条约交换后，不惟熊不与蔡仇，反与蔡友，攻守同盟，关系至密。断定吴氏新败，赵氏势孤，遂将湘西沅、澧流域，千数百合之地盘，全行占领。赵氏引恨切骨，以仇蔡加以仇熊，其所以不露于形色者，实鉴于内部，将有涣散之势。其时常澧镇守使唐荣阳，宁将本系军队舍其侄孙唐生明劲旅，即行解散，以揖熊氏……湘省当局，对于熊蔡目前之态度，即熊对于湘省当局之心理，各自为谋，不以民生为念，其中复杂离奇，时友时仇，欲剿不能，欲抚不得，长此悠悠，终无了日，纵使湘西人民同归于尽，亦不能破此黑幕，他事不论矣。即显而易见，制湘民之死命者，所谓湘人川军，如蔡钜猷、林支宇、汤子谟

（模）、周朝武等，虽甘心与熊氏蔡为伍，然部中多属湘军之宿将，如赵视以情而改编之，则怀疑畏若毒蝎。如赵动以威而驱除之，则合力能为困兽，甚至移花接木，张冠李戴，魔术幻情，神鬼莫测。①

起初，熊、赵双方曾试图通过谈判解决问题，终因分歧太大，不欢而散。② 1924 年 12 月，川军进入湘西不久，赵恒惕即派代表赴常德与川军会商，"暗自加入北伐"，借以收回湘西财、政两权，但终无结果。此后，赵恒惕碍于局势被迫隐忍，"而驱熊除蔡之运用，蠕蠕欲动矣。于是暗自促省议会，提出省宪客军不准入境之条文以逐熊，又复暗派能员，乘机说贺（龙）以倒熊。再以省军包围湘西一带，分熊势力"。③ 川军与湖南当局之间的矛盾日渐严重。

曹吴政权垮台后，长江中下游一带重新为各方所觊觎。熊克武部川军与新入河南的胡景翼部国民军均有图鄂之意。④ 为解决所部滞留湘西的困境，熊克武积极与胡景翼方面接洽，双

① 《孙忍鑫等关于赵恒惕允川军熊克武入湘又驱之出湘使湘民遭劫等情致段祺瑞呈》（1925 年 5 月 11 日），《中华民国史档案资料汇编》第三辑军事（三），第 454~456 页。
② 廖仲和：《建国联军的形成及其演变》，《四川军阀史料》第 3 辑，第 112~113 页。
③ 《孙忍鑫等关于赵恒惕允川军熊克武入湘又驱之出湘使湘民遭劫等情致段祺瑞呈》（1925 年 5 月 11 日），《中华民国史档案资料汇编》第三辑军事（三），第 455 页。
④ 立民：《长江问题与东南战祸》，《东方杂志》第 22 卷第 2 期，1925 年 1 月，第 4 页。

方初步达成联合对抗两湖萧耀南、赵恒惕的计划，寻图会师武汉。[1] 与此同时，熊克武亦注意加强与广州大元帅府的关系，以增强自己在湘西的正当性和实力。1925 年 1 月，熊克武呈文广州大元帅府，表示就任建国川军总司令，并将所部着手改编，请求任命所部川军第六师师长余际唐为建国川军第一军军长，原川东边防军前敌总指挥汤子模为建国川军第二军军长。同时将湘西林支宇部所辖的部队"收束整齐"，改编为建国联军湘军第一军。[2] 3 月，熊克武复以建国联军前敌总司令名义呈请大元帅府任命林支宇、蔡钜猷为建国联军湘军第一军总司令、第六军军长，以统一名号，明晰统属。[3]

　　根据当时章太炎的观察，熊克武与胡景翼会师武汉一事成谋虽久，但遥遥无期。单凭熊部实力无法与湖北萧耀南方面的力量相抗，而滇军张汝骥部虽即将进抵湘西，但因唐继尧迟疑，滇军北伐行动逐渐停滞。胡景翼方面虽欲南下，却碍于段祺瑞的掣肘，"不欲身为戎首，乃欲川湘先起，而己应之"。[4]

① 《李根源致章太炎电》（1925 年 1 月 6 日），汤志钧编《章太炎年谱长编》，中华书局，1979，第 789 页；郭廷以编著《中华民国史事日志》第 1 册，第 853 页；《熊克武联合川鄂北伐之计划》，《申报》1924 年 12 月 21 日，第 10 版。

② 《建国川军总司令熊克武呈孙中山文》（1925 年 1 月），桑兵主编《各方致孙中山函电汇编》第 9 卷，第 429 页。2 月中旬，大元帅府对熊之请求予以备案发表，参见《大元帅令》（1925 年 2 月 12 日），《陆海军大元帅大本营公报》第 5 号，1925 年 2 月，第 5~6 页。

③ 《大元帅指令第二六四号》（1925 年 4 月 4 日）、《大元帅指令第二七七号》（1925 年 4 月 7 日），《陆海军大元帅大本营公报》第 10 号，1925 年 4 月，第 14~15、25~26 页。

④ 《章太炎致李根源、但懋辛函》（1925 年 1 月 14 日），《近代史资料》总 36 号，第 136 页。

此后，唐继虞指挥的滇、黔军虽有东出北伐迹象，但行动迟缓，熊部则因力不从心，继续趑趄不前。[①]

随着时间的推移，西南局势的发展让熊部川军愈发陷入孤立无援的困境。先是孙中山北上后，盘踞广东东江一带的陈炯明等部反扑广州，大元帅府决定进行第一次东征，更无力派出主力北伐。1925 年 3 月，孙中山在北京逝世，广州政权出现权力真空。川滇黔建国联军总司令唐继尧随即宣布就任此前大元帅府所委任的副元帅之职，意欲以此名义统辖西南各省，入粤夺权，染指广州政权的领导地位。[②] 广东方面的滇军亦传闻有响应唐继尧之谋划。[③] 对此，广州革命政府一面发表声明，表示将继承孙中山之遗志完成国民革命的工作，"凡有反革命行为，以及余孽蠢动"，势当廓清；[④] 一面通电否认唐继尧的副元帅之名，指责唐继尧"包藏祸心"。

（唐继尧）兹乘孙大总统薨逝，举国痛悼之时，忽就副元帅之职，起伏自由，进退失据，诚不足当有识者之一

---

① 《滇黔军北伐之湘讯》，《申报》1925 年 2 月 22 日，第 6 版；《熊克武分三路集中北伐》，《申报》1925 年 3 月 4 日，第 6 版；《湘省之客军消息》，《申报》1925 年 3 月 16 日，第 10 版。

② 《唐继尧乘孙文逝世就副元帅职通电》（1925 年 3 月 19 日）、《五族新闻社关于孙中山逝世后国民党对唐继尧态度新闻稿》（1925 年 3 月 27 日），《中华民国史档案资料汇编》第四辑（二），第 897~898 页。按：自大元帅府成立后，大元帅这一职位逐渐成为南方革命政府最高政治军事权力的象征，革命政府及承认革命政府的各军总司令均受其支配。

③ 中国第二历史档案馆编《蒋介石年谱（1887—1926）》，第 310 页。

④ 《胡汉民等继承孙中山遗志完成国民革命宣言》（1925 年 3 月 21 日），《中华民国史档案资料汇编》第四辑（一），第 266 页。

嗾。即令其悍然不顾，窃号自娱，亦只认为唐氏个人自欺
欺人之行为，绝无何等关系……如有包藏野心，假借名
义，违反吾党主义者，当众弃之。①

4月，唐继尧以解决驻粤滇军为名，向广西新桂系李宗
仁、黄绍竑方面假道广西入粤。在数度交涉未果后，唐继尧以
北伐为借口向广西出师，进图广东。② 为此，唐部滇军先后兵
分两路，一路由龙云指挥，由云南出发，直趋南宁；一路由贵
州省省长兼军务善后督办唐继虞率领，由贵州进迫柳州。同时
联络旧桂系沈鸿英、林俊廷等部，企图一举攻下新桂系控制的
南宁、柳州后，会师东下广州。对此，广州方面先后派出陈济
棠和驻粤滇军范石生两部西上援助新桂系，抗拒滇军。4月
底，新桂系在肃清沈鸿英部后正式会同广州政权声讨唐继尧假
借名义，祸党叛国，"妄冀非分，擅自称尊，出兵邕龙，图占
桂粤，希冀复我革命政权，捣乱我西南和平"。③ 5月初，唐继
尧仍对撤兵及改道北伐无确实表示，广州大元帅府正式发布反

---

①　《通电不承认唐继尧就副元帅职》（1925年3月），周秋光主编《谭延闿
　　集》（二），湖南人民出版社，2013，第643页。

②　1924年底，新兴的李宗仁、黄绍竑等"新桂系"已通过李济深的关系，
　　与广州大元帅府方面逐渐达成一致并加入了国民党，被委任为广西绥靖
　　督办、会办。《特任李宗仁为广西绥靖督办令》（1924年11月24日）、
　　《特任黄绍竑为广西绥靖会办令》（1924年11月24日），《国父全集》第
　　4册，第1332页。

③　黄绍竑：《滇桂战争》，政协全国委员会文史资料研究委员会编《文史资
　　料选辑》第2辑，中华书局，1960，第63~64页。

对唐继尧为副元帅通电，滇桂战争正式开始。①

　　西南的联合北伐中挫后，赵恒惕趋附北洋方面的倾向更加明显。此时，建国川军进驻湘西已及数月，仍未能进取，而唐继尧在有意图粤后，即置武汉为后图，熊部北伐入鄂之计无疾而终。在此情势下，赵恒惕借解决"叛军"蔡钜猷、林支宇两部为名，加紧驱逐川军出境。

　　其间，对湖南政权影响甚大的李根源、章太炎等政学系和联治派要人先后出面，调解熊部川军与赵恒惕之间的冲突，力图为熊克武缓颊。3月底，章太炎向赵恒惕解释，称熊克武不北进主要是为联治派中实力最强的唐继尧所误，"盖（唐继尧）以左次邕桂，置武汉为后图。锦帆孤军无继，势难独进，不应以有意占据常、澧责之。况吴子玉与湘深仇，尚不拒却"。然而，章太炎也注意到川湘军之间已成积不相能之势，"此种调人，亦不过敷衍一时，过三月后，如局势无变，锦帆终于不进，恐湘中仍有责言"。②

　　4月初，赵恒惕进一步逼迫川军，指称熊克武"为林、蔡所蛊惑，蔡部积极攻湘，于汉寿沅江方面，陆续增兵进逼。一面勾引滇军，占据洪江，进窥武、宝，不向鄂方出动，而专以长沙为攻击目标，非决裂不止"。章太炎为此又电请唐继尧迅嘱熊克武"勿听林、蔡簧鼓，致乱西南大局"，同时建议将熊

---

① 王仰清、许映湖标注《邵元冲日记》，1925年5月1、3日，上海人民出版社，1990，第147~148页。

② 《章炳麟致李根源望胡景翼转环赵恒惕与熊克武冲突书》（1925年3月31日），《四川军阀史料》第3辑，第439页。

克武部调赴广西，"与滇中大军共解范部"。① 此后，湘军各部虽极欲驱熊，但在政学系等长衣政客的影响下迟迟未能成行。②

在章太炎看来，熊克武"自既无力北伐，滇军唐继虞等亦不能助之成功，而反欲用以祸湘，诚不可解。今欲令炎午不动，恐亦无法"，但仍力劝赵恒惕"遇锦帆以礼，而威林、蔡以兵"。③ 与此同时，章太炎向熊克武、李根源建议川军如果不能向湖北进发，应将蔡钜猷等部解决，并交还湘西部分地盘，以缓和与赵恒惕的关系。④ 然而，熊克武非但不牺牲林、蔡等部，反电请广州大元帅府委任蔡钜猷为建国湘军第六军军长，以示与之共进退。⑤

川军内部的分裂也在加剧，建国川军第二军贺龙师离心渐显。⑥ 3月底，川军汤子模、贺龙两部"内衅决裂，战于澧县"。4月5日，赵恒惕限令湘西熊克武、唐继虞之川、滇军队于二周内出境。赵随即以动员的三个师集中常德、桃源附

---

① 《章炳麟为熊克武驻湘致唐继尧书》（1925年4月2日），《四川军阀史料》第3辑，第440~441页。
② 《湘西战事久未爆发之内幕》，《申报》1925年4月17日，第5版。
③ 《章炳麟再致李根源望胡景翼力任调解赵、熊冲突书》（1925年4月3日），《四川军阀史料》第3辑，第441~442页。
④ 《章炳麟致熊克武请制止林、蔡对湘用兵电》（1925年4月2日）、《章炳麟再致李根源望胡景翼力任调解赵、熊冲突书》（1925年4月3日），《四川军阀史料》第3辑，第440~442页。
⑤ 《熊克武呈大元帅府请任命蔡钜猷为建国湘军第六军军长文》（1925年4月4日），《四川军阀史料》第3辑，第442页。
⑥ 《熊赵势将破裂　贺龙不与熊氏合作》，《申报》1925年3月18日，第5版。

近，节节进逼。① 4 月 10 日，原与熊克武部共谋会师武汉的胡景翼突然病逝，川军图鄂之计胎死腹中。4 月 13 日，贺龙师以"北伐之事无期，桑梓之祸益炽"为由，宣布脱离川军，并指责蔡钜猷部乘川军假道北伐之机，"收编土匪，招集流亡，追随川军入湘，勾结唐逆荣阳，盘踞要隘……阳假北伐之名，阴图捣乱之实"，电请赵恒惕下令讨伐，"敢率所部，效命前驱"。② 赵恒惕随即委任贺龙为澧州镇守使。③

湘西战事酝酿伊始，湘军即派出唐生智等人与湖北萧耀南、王汝勤等部接洽，获湖北方面的同情和支持，达成合力驱逐川军的计划。④ 4 月 15 日，赵恒惕以"蔡唐两部盘踞湘西，假借锦帆名号，搜刮民财"，蓄意乱湘为由，开始向蔡钜猷等部进攻。⑤ 熊克武、蔡钜猷等部因子弹缺乏、军无斗志，未经剧战即行退却，湘军迅即进占常德、桃源。随后，湘军分途追击，鄂西萧耀南部亦有向湘西前进，配合湘军剿熊、蔡各部之意。⑥

北方的情报显示，在赵恒惕所部湘军向熊克武等部进攻之

① 《张雪颜关于湘鄂军联合驱逐熊克武唐继虞等情致执政府密电》（1925 年 4 月 23 日），《中华民国史档案资料汇编》第三辑军事（三），第 453 页。
② 《贺龙率部回湘保卫桑梓电》（1925 年 4 月 13 日）、《贺龙请赵恒惕下令讨伐蔡钜猷电》（1925 年 4 月 15 日），《四川军阀史料》第 3 辑，第 442~444 页。
③ 中国第二历史档案馆编《蒋介石年谱（1887—1926）》，第 437、438 页。
④ 《王赵联合解决在湘窥鄂川军》，天津《大公报》1925 年 4 月 21 日，第 4 版。
⑤ 《赵恒惕声明已严令前方各军不得与川军发生误会电》（1925 年 4 月 15 日），《四川军阀史料》第 3 辑，第 444~445 页。
⑥ 《肖耀南转报湘军贺龙等驱逐熊克武至辰州致执政府密电》（1925 年 4 月 19 日），《中华民国史档案资料汇编》第三辑军事（三），第 450 页。

际，熊克武、汤子模、林支宇、蔡钜猷等部在湘西作战的兵员约 2.7 万人，枪支约 1.4 万支，子弹缺乏。在湘西但未参与战事的滇军唐继虞和桂军沈鸿英两部各三四千人。而赵恒惕方面动员的枪支达 2.4 万支，且士气奋勇。① 双方力量差距较大。

起初，熊克武方面一度集合各部凭险抵抗，欲与滇军联合后再行反攻。"然湘军贺、刘、叶克复常桃，贺龙克复慈利，鄂军进至澧州，四面包围，熊军无能为力"。同时，湘军计划"以贺、刘二师转向西南，攻敌（川军）正面，叶师直趋辰州之后，以附其背。贺龙进向大庸，攻其左翼，鄂军进至桑植，截其西去之路"。② 而且，"湘军拟第二步，不能将敌歼灭，则第三步作战以各队追至洪江，进问绥宁，将敌驱逐净尽，以肃清湘西"。此时，原为熊部策应的唐继虞部滇军虽驻洪江，但主动向湘军表示撤退。至此，熊克武各部势极穷促，子弹缺乏，军士离贰，殊无抵抗之实力。5 月初，湘军进占辰州，熊克武、蔡钜猷等部向西溃走。③

湘西战事酝酿之初，熊部即有回川之说。④ 常德撤退之际，熊部复欲利用四川"倒杨战争"的时机，取道黔东或鄂

---

① 关于熊克武等部的枪支数另有 1.7 万支一说。参见《朱彭寿关于熊克武被湘军包围自常德逃往辰州致张树元密电》（1925 年 4 月 22 日）、《张雪颜关于湘鄂军联合驱逐熊克武唐继虞等情致执政府密电》（1925 年 4 月 23 日），《中华民国史档案资料汇编》第三辑军事（三），第 452~454 页。

② 《朱彭寿关于熊克武被湘军包围自常德逃往辰州致张树元密电》（1925 年 4 月 22 日），《中华民国史档案资料汇编》第三辑军事（三），第 452 页。

③ 《张雪颜关于湘鄂军联合驱逐熊克武唐继虞等情致执政府密电》（1925 年 4 月 23 日—5 月 3 日），《中华民国史档案资料汇编》第三辑军事（三），第 453~454 页。

④ 《国内专电》，《申报》1925 年 2 月 19 日，第 4 版。

西回川，但黔、鄂边境地方军对川军均甚为顾忌和防范，回川阻力极大。贵州彭汉章方面恐川军入黔，即派兵进入边界堵截。[①] 熊部溃退之际，唐继虞部在与赵恒惕达成协议后又离湘入桂，加入滇桂战争，川军更形孤立。面对严峻的形势，川军各部对出处问题均有所讨论，意见分歧极大，最终在熊克武的主导下决定向广东方向前进。[②]

5月中旬，熊克武通电声明个人的"革命"立场，表示始终致力于川湘滇"革命三派之大同盟"，"虽备受压迫，亦惟有容忍逊避"，退出湖南。

> 武奉故大元命令，出发讨贼，组织建国诸军，并加入改组之中国国民党。前之省宪运动与援鄂自治，所以谋省民革命；而后之组织建国军与改组国民党，所以谋国民革命；其反抗国中军阀之割据及国际帝国主义之侵略，前后初无二致……凡今国中革新党人，无论主张国民革命或省民革命，皆当通力合作，结为革命三派之大同盟。故武受任以来，一

---

① 《熊克武假道回川被拒》，天津《大公报》1925 年 5 月 4 日，第 4 版；《熊克武加入川战》，天津《大公报》1925 年 5 月 8 日，第 5 版；《熊克武部窜入鄂边》，天津《大公报》1925 年 5 月 11 日，第 4 版。

② 目前尚不清楚熊克武决定南下是否受建国联军总司令唐继尧之令或与唐继尧达成默契，但时间上与滇桂战争正式开始相差无几。而熊克武等川军当事人所说的为"革命利益"而入粤的说法则难免有自辩之嫌。熊克武：《虎门蒙难记》，政协成都市委员会文史资料研究委员会编《成都文史资料选辑》第 4 辑，1983，第 42 页；廖仲和：《建国联军的形成及其演变》，《四川军阀史料》第 3 辑，第 114~117 页。

面服从故大元帅令，一面仍尊重湘滇诸省之意思。①

　　此后，川军以第一军余际唐部为先头部队，以第二军汤子模部殿后，南下广东，途中陆续收罗湘西陈渠珍的部分军队及刘承烈、杨源濬等谭延闿旧部同行。② 6 月中旬，川军行抵湘西凤凰、乾州一带，要求赵恒惕允其安全离境。7 月中旬，川军取道湘黔边境进入广西。③ 川军退出湘境后，陆续出没于湘桂边界，欲借此入粤，再谋发展，但湘桂两省军队对其防范监视均甚为严厉。④

　　滇桂战争期间，外间即传向西溃退的熊部川军乃唐继虞由黔入桂之盟军。及川军入桂，唐继尧与新桂系之间的战争刚进入尾声，虽然熊部宣称系假道入粤，在广西境内不停留，但新桂系对熊部进入辖境极为疑虑，决定由白崇禧调集部队防备川军，同时电请广州国民政府酌情阻止川军前进。⑤ 国民政府对

<hr>

① 《熊克武声明始终尽力于川湘滇革命三派大同盟电》（1925 年 5 月 18 日），《四川军阀史料》第 3 辑，第 447～448 页。

② 《王育质关于川军要求退出湘境与贺龙凯旋澧州致张树元密电》（1925 年 6 月 16 日），《中华民国史档案资料汇编》第三辑军事（三），第 457 页。刘、杨两部在到达粤境后即归还谭延闿所部湘军，但谭延闿是否因此而远离熊克武则不得而知。廖仲和：《建国联军的形成及其演变》，《四川军阀史料》第 3 辑，第 120 页。

③ 郭廷以编著《中华民国史事日志》第 1 册，第 911 页。

④ 《川军入粤之困难》，《申报》1925 年 8 月 28 日，第 10 版。

⑤ 黄绍竑：《新桂系的崛起》，《文史资料选辑》第 52 辑，中华书局，1985，第 45 页；木庵：《四面楚歌之桂省》，《申报》1925 年 6 月 12 日，第 10 版；《熊蔡两军已抵粤边》，《申报》1925 年 9 月 10 日，第 10 版。1925 年 6 月，国民党中央决定将大元帅府改组为国民政府。7 月，国民政府正式在广州成立。

川军入粤亦不放心。为解除两广方面的顾虑，熊部在进入广西之际即派代表赴广州与国民政府方面接洽。[①] 国民政府也派遣林森、李济深作为代表入桂，商讨两广统一及熊军入粤问题。[②] 8 月 11 日，国民政府正式指示熊克武及新桂系，川军暂驻广西之富川、贺县两地休整，不必急进广东。[③] 显然，国民政府亦不希望川军遽然入粤。

然而，富、贺等地行政长官从地方实际利益出发，极力排斥川军留驻，迭促该部离境，免致误会。为阻止熊克武等部停驻，贺县等地方当局不仅对国民政府安置熊克武部川湘军停驻广西的做法表示抗议，而且请求速令川湘军出桂入粤。[④]

在此情势下，熊克武部也无心在广西停留，在略获地方的接济后继续南下，向粤北前进。对于川军入粤后的意图和前途，时人有较为清晰的预言："推川军入粤之用意，无非希图与谭延闿联络，或扰湘或入赣，或先谋入赣后再扰湘。若欲久留粤中，则粤中主客军队，复杂万状，其不容有川军驻足之地，且不容有川军久驻之时，盖甚了然。"[⑤]

8 月下旬，在国民政府商讨如何安置川军之际，熊部已进

① 《谭延闿日记》，1925 年 7 月 13、16 日，8 月 11、18 日。
② 《国民政府委员会为两广统一问题致桂省政府问题函》（1925 年 7 月 22 日），周秋光主编《谭延闿集》（二），第 790 页。
③ 《国民政府委员汪精卫胡汉民谭延闿等复熊克武卅冬敬各电》（1925 年 8 月 11 日）、《国民政府委员汪精卫胡汉民谭延闿等致李济深李宗仁等电》（1925 年 8 月 11 日），台北"国史馆"藏，档案号：001-072430-0002。
④ 《贺县知事陈德文呈国民政府》（1925 年 8 月 28 日），中国第二历史档案馆藏，档案号：十九-380。
⑤ 《川军入粤之困难》，《申报》1925 年 8 月 28 日，第 10 版。

至粤北,始向国民政府报告解释称:"川军前队已达连山,是大府指驻桂属富贺两县之真电发时部队当在桂粤边境道中,尚未奉到。"此外,熊部表示进至粤北的部队已承朱培德方面允让地方暂为停驻,迫需急款,请速予接济。① 8月底,川军陆续进入粤北。第一军余际唐部分驻连县、三江、星子等地,第二军汤子模部分驻连山、阳山等地,总司令部驻连县。② 对此既成事实,国民政府只得表示欢迎和慰问,并从粤北朱培德部划出防地让予川军暂驻。③

随后,国民政府派遣谭延闿部师长谭道源携带军费及药品前往连县川军总部慰问,增加乳源、四会、广宁等地作为川军驻地,同时将川军驻地各县税收拨作川军军费,不敷之数再由政府补给。④ 虽然广东方面对熊部擅自闯入未予深究,并在军饷上予以接济,但对川军遽然入粤自始即存疑虑。⑤ 而川军汤子模部进驻阳山后,在未获国民政府的明令下即向较为富庶的清远、四会移动,更增加广州政权的疑忌。⑥

在南下数月的行军中,川军所经之地多为山区,地瘠人

---

① 《余际唐呈国民政府委员函》(1925年8月24日),中国第二历史档案馆藏,档案号:6-380。
② 廖仲和:《建国联军的形成及其演变》,《四川军阀史料》第3辑,第119页。
③ 《国民政府致川军总司令熊克武函》(1925年9月3日),中国第二历史档案馆藏,档案号:6-380。
④ 《国民政府告熊克武部将士书》(1925年10月9日),《四川军阀史料》第3辑,第454页。
⑤ 9月中旬,广州国民政府一度议决接济熊克武部十万元军费。《谭延闿日记》,1925年9月17日。
⑥ 廖仲和:《建国联军的形成及其演变》,《四川军阀史料》第3辑,第121页。

稀，部队给养困难、医药缺乏，部队死亡、散佚甚重。据谭道源的调查报告，熊克武各部到达粤北后，总数仅剩万余人，"第一军五千余枪，第二军不过四千，至刘承烈则数百，杨源濬亦未过千人"。[①] 尽管如此，川军进入粤北自始即对正在力谋统一广东的广州政权构成威胁。

1925 年 6 月，第一次东征胜利后，大元帅府根据国民党中央整饬军队决议案，决定在最短时间内力求军民财政之统一。[②] 奉此，粤北的朱培德部 6 月底将该部连阳、乐昌等各县的财政交归大本营。[③] 虽然粤北地方政府和民众迭次以粤北地瘠民贫，加以频年兵燹匪患，适逢旱灾为由，表示难以供给川军给养，"惟川军已奉调来粤，所需军费必须有着"，广东省政府及国民政府亦只得饬令粤北各县将征收粮税等项拨交川军作为伙食。[④] 此后，川军继续就地筹饷，以解决部队生存问题，让原本就存在的军队与地方关系、主客矛盾更

---

① 参见《谭延闿日记》，1925 年 9 月 24 日；何赤《解决熊部大事记》，《军事政治月刊》第 1 期，1926 年 3 月，第 2~3 页；中国第二历史档案馆编《蒋介石年谱（1887—1926）》，第 380 页。对于川军入粤后的军额，各种说法不一。结合川军在湘西败退之初的数目及入粤途中的减员，国民政府方面所调查汇报的万余人应较为准确，部分回忆录所称的 2 万人或出入较大。廖仲和：《建国联军的形成及其演变》，《四川军阀史料》第 3 辑，第 119 页；包惠僧：《包惠僧回忆录》，人民出版社，1983，第 185 页。

② 《统一军民财政宣言》，《陆海军大元帅大本营公报》第 14 号，1925 年 5 月，第 19~20 页。

③ 《大元帅指令第四七九号》（1925 年 6 月 27 日），《陆海军大元帅大本营公报》第 14 号，1925 年 5 月，第 160~161 页。

④ 《广东省政府致国民政府函》（1925 年 10 月 14 日）、《国民政府令广东省政府》（1925 年 10 月 17 日），中国第二历史档案馆藏，档案号：十九-380。

加紧张。

此外，川军入粤前后，各部之间的分歧与隔阂更加严重。赴粤途中，汤子模第二军在余际唐第一军后行军，补给较为困难。汤子模由此认为熊克武对第一军与第二军有嫡系与非嫡系之区别。入粤不久，汤子模即暗中派代表赴广州活动，欲利用与谭延闿的同乡关系另辟出路。[①] 而湘军蔡钜猷、林支宇等部则在川军从湘西溃退时逐渐与川军分离，林支宇部在溃退途中与川军脱离星散，蔡钜猷残部入粤后即归入谭延闿麾下。[②] 显然，川军南下后的处境并未得到改善，不仅两广方面对其有所顾忌，其与粤北地方士绅、民团、民众各方的关系亦呈现出不同程度的紧张趋势，而川军内部的分化更是有增无减。

三　西南变局与建国川军的消亡

川军入粤前后，围绕广州国民党政权与唐继尧、陈炯明等联治派的征伐，不仅西南军政格局发生根本变化，广州革命政权内部也发生急剧的权势更迭。

孙中山逝世前后，在严峻的形势下，广州国民党政权所辖

---

① 《谭延闿日记》，1925 年 9 月 12、16 日，1925 年 10 月 1、3 日。

② 参见《最近湘西战讯》，《申报》1925 年 4 月 27 日，第 6 版；《熊克武蔡钜猷两部之踪迹》，《申报》1925 年 8 月 9 日，第 10 版；《熊克武部来粤之经过》，《申报》1925 年 10 月 1 日，第 10 版；《谭延闿日记》，1925 年 10 月 18 日。

的各军将领除党军外都有不同程度的动摇，形成各自为政，互不相下的局面。① 对此，蒋介石在致好友黄郛的信中痛陈："粤中纷乱，日甚一日，要想于纷乱中理出一个头绪来，恐非朝夕所能为力。然粤治之时，即为国治之日。此时要知治国非难，治粤为难。"② 为巩固广州政权，大元帅府 1925 年二三月以粤军和党军（黄埔军校教导团）为主力展开第一次东征，打退东江陈炯明部反攻广州。其间，大元帅府从兴宁等克复之地获悉"各方种种交通"的情报。③

第一次东征结束之际，滇军杨希闵和桂军刘震寰两部趁广州空虚，与唐继尧、陈炯明及港英方面暗通款曲，"共谋颠覆革命政府"。对此，国民党中央 5 月底以大元帅府所辖各军队"各自为政，虽有最高军事机关，形同虚设，军队更以饷源为借口，对于地方政事，肆行干涉，用人行政之权，掠夺殆尽"，决定从整理军队入手，整顿内部，以求军令、财政、民政之统一，"对于抗命者与以严厉之制裁，对于阳奉阴违者与以严厉之惩罚"。④ 6 月初，为肃清反动军阀及其军队，使广东成为国民革命运动的真正根据地，党军和部分粤军在精心部署后，以讨伐唐继尧为由，回师将盘踞广州的杨希闵、刘震寰两

---

① 包惠僧：《包惠僧回忆录》，第 169 页。
② 《蒋介石致黄郛书》（1925 年 1 月 20 日），湖南省档案馆藏，档案号：129－1－3509。
③ 《谭延闿日记》，1925 年 4 月 2 日。
④ 《国民党中执会为东江战事已平请整顿内部致胡汉民函》（1925 年 5 月 30 日），《中华民国史档案资料汇编》第四辑（二），第 843～844 页。

部解决。① 与此同时，图谋入粤夺权的云南唐继尧也在广西遭到重创。② 7月，唐继尧入桂的两路滇军先后被新桂系各个击破，退回云南，从此一蹶不振，日渐式微。而新桂系在击溃唐继尧，控制广西全境后，进一步与国民政府商讨两广内部的统一问题。③

然而，用苏联军事总顾问加伦的话来说，参与杨刘之役的大部分将领"并不是因为他们有政治积极性和革命精神，而是考虑有利可图"，尤其是绝大部分粤军认为滇军的失败可以使自己成为广东省的主人，并改善自己的财政状况。换言之，粤军只是在"为粤人治粤而战"。④ 因此，刘、杨之役的结果"乃增主客仇杀之端"。⑤ 广州革命政权仍毫无革新的气象，军人包庇烟赌、截留税收，政府财政无法整理，党军不仅饷源陷于枯竭，与许崇智等粤军之间的土客矛盾也愈发不可调和。⑥

---

① 加伦：《广东战事随笔（1924年12月—1925年7月）》（节录），中共中央党史研究室第一研究部编《共产国际、联共（布）与中国革命文献资料选辑（1917—1925）》，第669~691页。在时人看来，杨希闵、刘震寰"等勾结北京政府，企图颠覆革命政府，容或有之"，但革命政府并没有掌握真凭实据。包惠僧：《包惠僧回忆录》，第171页。

② 《张左丞报告龙云侵桂战况密电》（1925年5月5日）、《李宗仁报告邕城附近战况并请发给子弹电》（1925年5月6日），《中华民国史档案资料汇编》第四辑（二），第900、902页。

③ 《国民政府委员会为两广统一问题致桂省政府问题函》（1925年7月22日），周秋光主编《谭延闿集》（二），第789~790页。

④ 《广东战事随笔》，阿纳斯塔西娅·卡尔图诺娃编《来到东方：加伦与中国革命史料新编》，张丽译，广东人民出版社，2017，第352页。

⑤ 《谭延闿日记》，1925年6月17日。

⑥ 包惠僧：《包惠僧回忆录》，第178~179页。关于此间广东的地方主义及客军与粤军之间的冲突，可参见罗志田《国际竞争与地方意识：中山舰事件前后广东政局的新陈代谢》一文。

面对广州政权内部的纷争与冲突，一直坚持将广州作为根据地的蒋介石亦悲观地认为广东"决非革命根据地"。[①]

在此背景下，广州政权利用军事行动取得胜利的契机，以党军为凭借，继续推进内部的整顿，着手统一军、民、财各政，将一切财政收入集于党和政府手中，将军事管理和民政管理分开。7 月初，大元帅府根据国民党中央决议改组为国民政府，推选汪精卫、胡汉民、谭延闿、许崇智、林森为常务委员，汪精卫为主席，胡汉民为外交部部长，许崇智为军事部部长，廖仲恺为财政部部长。[②] 国民政府下成立军事委员会，作为统辖各部队的最高机关，将各地方军名目取消，统称国民革命军。稍后，蒋介石在向军事委员会提出的革命计划中明确提出采取严厉手段涤除旧秽，改建新猷，三个月内将广东境内的"残逆"一律铲除，"务使杨、刘倒后，不再复有杨、刘继起

---

① 《蒋介石日记》，1925 年 6 月 13 日。1924 年，在孙中山赴韶关督师，商团叛乱，黄埔军校危急之际，孙中山曾让蒋介石放弃广州。蒋介石复函称："中决守孤岛，以待先生早日回师来援，必不愿放弃根据重地，致吾党永无立足之地……先图巩固根据地之广州，则吾党自不患其不能发展也。"《蒋介石致孙中山函》（1924 年 10 月 9 日），桑兵主编《各方致孙中山函电汇编》第 9 卷，第 98~99 页。蒋介石后来进一步回顾称："刘杨既倒以后，敌人的势力便更加集中来压迫了。我们都知道广东的敌人有内外二部份：内部的敌人，东江有陈炯明、林虎、洪兆麟辈，南路有邓本殷、申保藩辈……除了这些以外，我们政府所在地之下也有不少的敌人。在那个时候，几乎不能分别谁是我们的敌军，谁是我们的友军；不但外面的人看不清楚，即军事当局也没法辨清。在这样纷乱之下，稍不留意，军事上不能应付，便危险万分，不但政府可倒，党也要受危害。"蒋中正：《在中国国民党第二次全国代表大会之军事报告》（1926年 1 月 1 日），罗家伦主编《革命文献》第 11 辑，1984 年影印本，第329~330 页。

② 郭廷以编著《中华民国史事日志》第 1 册，第 902~903 页。

之可能，更不复再有杨、刘继起之可能环境"。①

8月初，建国各军总司令谭延闿以建国各军"自成风气，存尔我之见，怀主客之辩，使共同努力国民革命之目的，为之隐晦"，不仅使军令不能统一，"其尤甚者，各军竞求自给，于是分裂防地，把持收入，使财政收入为之破坏"。更有甚者，各军"以厚薄丰歉不均之故，至于不能相安"，"凡此诸端，不但军政无整理之可能，其于国计民生亦贻累匪浅"，宣布辞去建国各军总司令职务。② 随后，许崇智、谭延闿、朱培德等人亦宣布解除各自担任的建国各军军长职务，改用国民革命军旗号，将军权交诸国民政府。③

与国民政府推进军政统一取得初步成效同时，广东政局也因此"人心变幻，议论纷纭"。④ 尤其是党军与粤军之间的土客矛盾和冲突日渐严重，部分不满于国民政府的粤籍将领开始谋变，最终导致廖仲恺案发生。8月20日，国民政府财政部部长兼广东省财政厅厅长廖仲恺被刺身亡。廖案的发生让广东政情更为复杂，同时为国民政府进一步整肃内部提供了新的契机。⑤ 8月下旬，蒋介石、谭延闿等人召开廖案特别委员会，

---

① 《蒋介石致军事委员会革命计划书》，中国第二历史档案馆编《蒋介石年谱（1887—1926）》，第341~344页。

② 《解除建国各军总司令职通电》（1925年8月4日），周秋光主编《谭延闿集》（二），第647页。

③ 郭廷以编著《中华民国史事日志》第1册，第913页。

④ 《谭延闿日记》，1925年7月13日。

⑤ 参见中国第二历史档案馆编《蒋介石年谱（1887—1926）》，第362~379页。

决定捕拿廖案嫌疑人胡毅生、林直勉等人。① 随后，出任广州
卫戍司令的蒋介石在粤军总部扣留谋叛的梁鸿楷等人，并将其
部队缴械、裁汰。② 8 月 26 日，国民政府军事委员会正式将所
辖各部统一编组为国民革命军，党军改为第一军，以蒋介石为
军长。建国湘军、滇军、粤军、福军改为第二、第三、第四、
第五各军，以谭延闿、朱培德、李济深、李福林分任军长。③
此后，蒋介石奉令全权处置粤局，准备解决广东"反革命
各军"。

9 月，蒋介石将"把持财政，必欲限制本军（党军）之
发展"，"内阻革命事业之进行，外联林、刘、杨、熊叛逆"
的粤军总司令许崇智等人礼送出省，同时将郑润琦、莫雄等部
粤军缴械解散，逮捕"接济反革命军"之广东财政厅厅长李
鸿基、军需局局长关道等人。④ 与廖案有所牵涉的粤籍政
要——外交部部长胡汉民亦被礼送出国。对于当时广州政权内
部一系列的急剧变化，当事人谭延闿即感慨称，"既以辣手对
人，即不能不以辣手自对"，"此如雷电然，及人闻雷声，电
过已久矣"。⑤ 在这一背景下，进入粤北的"不速之客"熊克
武部川军亦"因缘际会"地卷入广东政局的纷争。

---

① 《蒋介石日记》，手稿本，1925 年 8 月 24 日，美国斯坦福大学胡佛研究
　所藏（下略）。
② 《蒋介石日记》，1925 年 8 月 25 日；郭廷以编著《中华民国史事日志》
　第 1 册，第 920 页。
③ 秦孝仪总编纂《总统蒋公大事长编》卷 1，1978，第 101 页。
④ 中国第二历史档案馆编《蒋介石年谱（1887—1926）》，第 373~379 页。
⑤ 《谭延闿日记》，1925 年 9 月 21 日。

熊部甫至粤北，廖案发生，"甚欲一得真相"。① 进入粤北不久，熊克武即派出师长喻培棣等人先行前往广州与国民政府方面接洽，探查情况。② 9 月 20 日，熊克武应国民政府之邀，率官兵百余人赴广州商谈要公，受到热情接待，汪精卫、伍朝枢等人前往车站迎接。③ 熊克武先后与汪精卫、蒋介石、谭延闿、朱培德等政要会谈。④ 然而，10 月 3 日，蒋介石等人即以熊克武暗通陈炯明，"图倒我后方"为由，将熊克武及随行的余际唐、喻培棣等人扣押，囚禁于广州虎门。⑤

次日，国民政府发布通告，宣布熊克武等人被扣押，公布其"广布羽党，交通敌人，谋危国民政府"之罪状：一、第一次东征期间，在广东兴宁敌军司令部搜获但懋辛致林虎信函，为陈炯明向林虎做说客。杨刘之役期间，但懋辛又为陈炯明、唐继尧等各方联络谋危广州政权做中间联络人，"但懋辛等为熊克武亲信之部下、特派之代表，敢于为此，必有所授"。二、10 月 2 日在广州市内俘获陈炯明的代表张识万供称熊克武与陈炯明密使往来，已达成协议。三、扣押熊克武后所搜获的陈炯明、但懋辛等致熊克武陈述各方密谋情形及联络办

---

① 《邵元冲日记》，1925 年 10 月 1 日，第 200 页。
② 《蒋介石日记》，1925 年 8 月 28 日；《谭延闿日记》，1925 年 9 月 12 日。
③ 《余际唐喻培棣致国民政府委员函》（1925 年 9 月 21 日）、《国民政府致广州市公安局招待建国川军熊克武令》（1925 年 9 月 21 日）、《国民政府致汪精卫伍朝枢赴黄沙车站代表欢迎熊总司令函》（1925 年 9 月 23 日），中国第二历史档案馆藏，档案号：十九–380。
④ 《谭延闿日记》，1925 年 9 月 24、25、28、29 日，10 月 1 日。
⑤ 《蒋介石日记》，1925 年 10 月 3 日；《谭延闿日记》，1925 年 10 月 3 日。

法的函电。① 随后，国民党中央也决定停止熊克武的中央执行委员职务，并开除其党籍。②

从国民政府公布的罪状来看，直接促使蒋介石等人将熊克武扣押的原因当为第二项中张识万的供词，第一项与第三项均为熊克武部下但懋辛与陈炯明方面的间接性证据。③ 而在抓获张识万之前，国民政府虽对入粤川军有所顾忌，但一直对其"优抚有加"，望能"共展新猷"。④ 蒋介石事后亦解释称：

---

① 《国民政府公报》第 11 号，1925 年 10 月，第 53—54 页；《国民政府布告熊克武通敌叛国罪状通令》（1925 年 10 月 4 日），《四川军阀史料》第 3 辑，第 448~449 页。

② 中国国民党中央执行委员会秘书处编《中国国民党第一届中央执行委员会会议记录汇编》，1954，第 163 页。

③ 熊克武被捕后，但懋辛即书致汪精卫，对国民政府所指认的各罪状予以辨析，称第一点乃奉孙中山之命前往接洽，"闻浙军挫衄，深恐隐青更转而图粤，为欲免除障碍北伐起见，乃致此书。故特依顺其意而为词……不审其有犯尊亲"；至第三点则"因粤中迭次剧变，人人自危，弟虑川军远来，人地两生，情形变化，颇难逆料，锦帆到时，或须本调和之义与各方相周旋，故问及须与各方取联络否，似属行人远出应有之顾虑，以此责弟对于兄等信任不坚，则可，而用以归咎于锦帆诸人，则大不可也"。至于张识万，则"为炯明片面之代表，彼既知有条件，能一一指出否？锦帆远道来粤，与国民政府合作，陈系与国民政府作敌，致函诱劝，锦帆动以旧情，期与己合，此亦人情之常"。《但懋辛为营救熊克武致汪精卫书》（1925 年 10 月），《四川军阀史料》第 3 辑，第 450~452 页。国民党邵元冲亦认为蒋介石等人以"得陈炯明致熊函，愿与之合作云云"而拘押熊克武，"此说若信，实不足为熊罪，因尚未得熊本人复陈之函，即无从定其是否同意，或竟为陈倾陷离间之计"。参见《邵元冲日记》，1925 年 10 月 6 日，第 201 页。当时但懋辛与陈炯明、林虎等各部之接洽，是否奉孙中山之指示虽无从考证，但实为当时广州政权中的公开之事，但懋辛对此亦毫不掩饰，多次与谭延闿等广州要人谈及其行止。《谭延闿日记》，1924 年 9 月 29、30 日。

④ 《国民政府布告熊克武通敌叛国罪状通令》（1925 年 10 月 4 日），《四川军阀史料》第 3 辑，第 449 页。

"克武穷蹙，率部来粤就食，政府以其为本党同志，让防济款，抚辑甚至。及朱培德由张识万（陈逆代表）处得其通逆状，转相告语，俱各骇然"，"乃诱熊、余至寓，一并扣留"。[①]由此可判断，扣押熊克武乃蒋介石等人临时决定的突发之举。国民党改组后，蒋介石大体上是主张革命阵营内部应尽可能妥协。1924 年 3 月，蒋介石甚至向孙中山进言说："吾党自去岁以来，不可谓非新旧过渡之时期，然无论将来新势力扩张至如何地步，皆不能抹杀此旧日之系统。"[②]熊克武被扣押当日，获悉此事的谭延闿质疑拘押熊克武为时过早。[③]由此观之，张识万的供词确实刺激了蒋介石等人此间敏感的神经。[④]

张识万确为陈炯明之代表，此前曾到广州、上海等地活动谭延闿、胡汉民等人。1925 年 8 月底，张识万又试图与谭延闿接洽，被谭延闿以"不闻不见"婉拒。[⑤]10 月 1 日，张识万前往游说朱培德加入陈炯明阵营，表示陈炯明与熊克武已有约定，只待朱的同意，被朱培德拘捕报告国民政府。根据国民政府主席汪精卫对熊克武事件的报告，国民政府获悉张识万供认的情况后，经查证又发现新的证据，觉得事机危迫。当时，

---

① 中国第二历史档案馆编《蒋介石年谱（1887—1926）》，第 384 页。
② 中国第二历史档案馆编《蒋介石年谱（1887—1926）》，第 145 页。
③ 《谭延闿日记》，1925 年 10 月 3 日。
④ 熊部将领指称蒋介石扣押熊克武有公报私仇的个人因素，称 1918 年孙中山曾派遣廖仲恺、蒋介石、张群等人赴川，但时任四川督军的熊克武只对张群委以职务，蒋介石只得怏怏而返，为此对熊存有报复之心。这一说法或可视为蒋介石与熊克武关系不佳的历史原因，当不足以促使蒋介石悍然扣押熊克武。钟子勋：《我在虎门看守熊克武等的片段回忆》，《四川军阀史料》第 3 辑，第 132 页。
⑤ 《谭延闿日记》，1924 年 5 月 28 日、1925 年 8 月 28 日。

国民政府正在筹划讨伐陈炯明部的第二次东征，认为"这件事实关系国民政府的安危"，只有解决川军，免除广州的后顾之忧，驻防粤北的朱培德、谭延闿的第二军和第三军始能调离北江，参加东路、南路的战事。①

由此看来，朱培德拘捕张识万实为此事的关键。扣押张识万的次日，汪精卫、蒋介石、谭延闿、朱培德等人在黄埔军校"协议一切"，"计事甚久"。② 虽然蒋介石等所计之事不得而知，但如何应对张识万所供称的"熊陈约定"当为所议的内容。值得一提的是，在此之前，蒋介石即对朱培德颇有好感。1925 年 8 月 14 日，蒋介石在与朱培德谈话后称其"诚一血心男子，可与共事也"。③ 更重要的是，蒋、朱二人在熊克武事件发生后的第二日即结拜金兰，更不能不联想朱培德在此事件中所扮演的角色。④

特定的历史事件不一定都有明确的因果。目前仍不清楚熊克武是否确有联合唐继尧、陈炯明等共同颠覆广州国民党政权的计划，似乎事件因误会而起的可能性极大。但即使是偶发事件，亦必有其前后左右时势等各种因素的影响。

其一，不能排除熊克武部有联络陈炯明、唐继尧以自重的

① 汪精卫：《对中国国民党第二次全国代表大会政治报告》（1926 年 1 月 6 日），中共中央党史研究室第一研究部编《共产国际、联共（布）与中国革命文献资料选辑（1926—1927）》 （上），北京图书馆出版社，1998，第 17~18 页。
② 《蒋介石日记》，1925 年 10 月 2 日；《谭延闿日记》，1925 年 10 月 2 日。
③ 《蒋介石日记》，1925 年 8 月 14 日。
④ 《蒋介石日记》，1925 年 10 月 5 日。

某种计划存在。熊克武进入粤北后即收到陈炯明告诫其粤中情
况不明，言行务必慎重的来函，并将此事告知国民政府。稍
后，熊克武又收到陈炯明方面的"捏造信"，请其在北江按兵
不动，"俟我东江部队会师羊城，再行迎驾主持一切"。① 汪精
卫更是指称熊克武被扣押不久，国民政府又截获陈炯明致川军
电报，谓已与湖南赵恒惕商妥设法保护川军，让川军退回湘
境。② 如学者所揭示的，主义的分歧和冲突并不能涵盖北伐前
夕广东权力斗争的全部，关键在于各方皆欲染指广东之地，或
试图掌握全部权力，或至少分一杯羹。③ 熊克武在失意于川湘
之后南下入粤，未始不无在孙中山去世后的广州政权中谋取一
席之地的初衷。

　　也不排除蒋介石、朱培德等人有意借助张识万的供词发
难，除去党内竞争对手的可能。熊克武为同盟会元老和 1924
年初国民党改组后的第一届中央执行委员，党内资历颇深。且
川军入粤后，"军纪甚好，军士饥疲而操课不辍"，实力不可
小觑。④ 就民国前期的实际作战情形而言，每一具体战役所涉
兵员不过数万，战斗规模并不大。故那时只要有万人甚至数千

---

① 熊克武：《虎门蒙难记》，《成都文史资料选辑》第 4 辑，第 41~42 页。
　廖仲和：《建国联军的形成及其演变》，《四川军阀史料》第 3 辑，第
　121~122 页。
② 汪精卫：《对中国国民党第二次全国代表大会政治报告》（1926 年 1 月 6
　日），《共产国际、联共（布）与中国革命文献资料选辑（1926—
　1927）》（上），第 18 页。
③ 罗志田：《国际竞争与地方意识：中山舰事件前后广东政局的新陈代
　谢》，《历史研究》2004 年第 2 期，第 125 页。
④ 《谭延闿日记》，1925 年 9 月 15 日。

人的军队且敢战肯战，就是非常重要或不可忽视的力量。① 因此，如何安置熊克武实为广州政权的棘手问题。

当时正参与"西山会议派"另立中央的邵元冲日记记载，当熊克武派代表与其接洽时，邵元冲曾告其"此间同人之意，对于军事则盼介石、锦帆、组庵、益之共同负责"，对于党事及政治则当商定一妥当办法后共同进行。② 此外，苏联顾问亦有支持熊克武出任军事总监，在北伐中独当一面之议。熊克武此后回忆也承认其对此"自谓当仁不让"，"但对有些事情的权宜措置，亦颇失之疏忽"。③ 若这些描述属实，则不仅熊克武事件与国民党内的分裂及苏联方面有所关联，且反映了国民党及广州政权内部纷争的诸多面相。

其二，可以确定蒋介石等人之所以决然扣押熊克武等人，与广州政权与陈炯明、唐继尧等西南联治派的公开敌对直接相关。据苏联顾问的观察，孙中山北上后，西南以唐继尧、陈炯明等为首的在国民党改组后没有再加入国民党，但仍以国民党自居的"国民党党外元老派"以联治为号召，一度得到甚多国民党"中派"的拥护。④ 联治主义是 1920 年代初兴盛一时

---

① 罗志田：《激变时代的文化与政治》，北京大学出版社，2006，第 213 页。

② 王仰清、许映湖标注《邵元冲日记》，1925 年 10 月 1 日，第 200 页。

③ 钟子勋：《我在虎门看守熊克武等的片段回忆》，《四川军阀史料》第 3 辑，第 131~132 页；熊克武：《虎门蒙难记》，《成都文史资料选辑》第 4 辑，第 41、42、48 页。

④ 所谓"国民党党外元老派"指 1924 年国民党一大改组后不再加入国民党，但仍以国民党自居的老党员。参见加伦《广东战事随笔（1924 年 12 月—1925 年 7 月）》（节录），《共产国际、联共（布）与中国革命文献资料选辑（1917—1925）》，第 660~662 页。

的政治思潮与实践，历时数载，喧嚣一时。自湖南率先提出
"自治"主张后，西南的川、滇、黔、桂等省先后响应，以此
与北方的"武力统一"相抗衡。① 熊克武在川期间，亦曾以联
治为名，对南北各方虚与委蛇。② 孙中山起始虽对联治持模糊
态度，但随着形势和个人认识的发展，其反对的态度趋向坚定
而公开。③

孙中山逝世后，随着唐继尧企图入粤夺权，广州政权公开
与唐继尧、陈炯明等联治派势不两立。1925 年 5 月下旬，国
民党发表《时局宣言》，在指责中国之内乱"由依赖帝国主义
以为生存之军阀所造成"的同时，明确宣示对于国内政局的
进行方针。

> 军阀之大者，把持中央政柄，借统一之名义，以迷惑
> 国人；军阀之小者，割据地方，借联省自治之名义，以迷
> 惑国人。其名义虽不同，其为造成内乱则一。本党向持根
> 本解决之旨，对于把持中央之大军阀，从事挞伐；其割据
> 地方之小军阀，有敢凭陵自恣及窥伺革命政府根据地，受
> 帝国主义者之嗾使，以图倡乱者，本党必联合国民痛击

---

① 关于"联省自治"运动，可参阅胡春惠《民初的地方主义与联省自治》，
台北：正中书局，1983。
② 《熊克武复李伯玉力谋川省自治电》（1920 年 11 月 17 日）、《熊克武致刘
光烈告以川谋联省自治对靳、曹两方均应周旋电》（1920 年 11 月 20
日），《四川军阀史料》第 3 辑，第 582~583 页。
③ 汪朝光：《中华民国史》第 4 卷，第 214~215 页。

之……盖凡为本党革命之梗者，则必为本党所不容……①

随后，国民党中央又声讨唐继尧"阳假联省自治之名，实欲遂其割据之私"，要求"所有与唐逆一切政治关系皆应迅速宣告脱离。如有违反党义，甘心与唐逆联络勾结者，本党惟有执行纪律，决不宽贷"。② 显然，在广州政权的划分中，北方的武力统一和西南的联省自治均为革命的对象。

图 1-2　唐继尧（前排左五）和其僚属

① 《中国国民党对于时局宣言》（1925 年 5 月 22 日），《中华民国史档案资料汇编》第四辑（一），第 120 页。
② 《国民党第三次中执会全体会议声告名列同志俱乐部者应速声明脱离并声讨唐继尧就职副元帅通告》（1925 年 5 月 23 日），《中华民国史档案资料汇编》第四辑（二），第 903~904 页。

　　熊部川军从湘西溃退之际，在广州政权核心圈子的讨论中，原属唐继尧所辖的建国川军即被视为唐继尧图粤联军的"第五纵队"，认为其西进之目的是要与唐继尧会师桂林。① 蒋介石在扣押熊克武后不无得意地称"一枪不发而平此大难，人以我为凶，而不知革命非严厉迅速不能彻底，国家扰乱至此，无非人无决心，苟且偷安，姑息善奸之过也。如有人不顾利害做去，一切假革命党不难消灭殆尽，盖人心本弱也。以后联治派、政学系或能息迹也"。② 显然，在蒋介石的认知和区分中，熊克武已然被划入联治派、政学系的阵营。

　　蒋介石的顾忌确实非空穴来风。入粤之前，熊克武、但懋辛等人就与李根源、章太炎等政学系、联治派耆宿往来甚密。③ 1925 年春，湘军在电请川滇军出境时，亦宣称"唐蓂公陈竞公熊锦公与敝省长赵公"夙为联治主义之中坚。④ 更有甚者，熊克武在入粤之际，犹通电称其始终致力于川湘滇革命三派大同盟。不管熊克武此番表态是其真实态度或权宜之计，在广州方

---

① 加伦：《广东战事随笔（1924 年 12 月—1925 年 7 月）》（节录），《共产国际、联共（布）与中国革命文献资料选辑（1917—1925）》，第 678～679。

② 《蒋介石日记》，1925 年 10 月 3 日。

③ 《章太炎致李根源的信》，《近代史资料》总 36 号，第 103、136～142 页。1924 年国会解散后政学系虽日趋瓦解，但仍在湖南等地活动，而川军由粤溃入湘境后，亦有政学系"因熊为同系，极主收编"之说。《团衡阳地委政治经济报告》（1925 年 12 月 31 日），《湖南革命历史文件汇集》群团文件（1925 年），第 457 页；《湘局即将变化》，《申报》1926 年 2 月 23 日，第 9 版。

④ 《贺耀祖等致唐继虞请移驻湘黔边境电》（1925 年 4 月 21 日），《四川军阀史料》第 3 辑，第 446 页。

面看来，显然有不够革命甚至与"反革命"联合的倾向。

其三，"熊案"的发生与第二次东征前后广州政权面临的危局密切相关，"所谓紧张无慈悲者也"。① 1926 年 1 月，蒋介石在国民党第二次全国代表大会的军事报告中谈道：

> 因为较大的势力虽已铲除，而许多不好的零星部队，还是跃跃欲试；尤其以廖案发生后，发觉内部叛逆分子的阴谋，失意的政客与跋扈的军人勾结起来，想推倒我革命政府……同时川军熊克武所部又突然来粤，政府虽早有种种报告，但因川军远道来归，不惜曲予优容。不料事实相逼而来，缉获了陈炯明的代表张炽（识）万，得到了确实的供证，遂于九月二十日将熊克武扣留，其所部亦由二、三两军协同解决……内部既已肃清，政府便决定二次东征。东征军各部自十月一日陆续出发。②

蒋介石的这份报告除扣留熊克武的时间略有出入外，大体概括了熊部川军进入粤北前后广州国民政府面临的复杂环境。是时，国民政府决心肃清各"反革命派"，"决不稍有姑息"。③ 川军进入粤北之际，东江陈炯明各部乘广州政权整顿内部，无暇东顾之机，复据潮汕叛乱，进占惠州、海陆丰等地

---

① 《谭延闿日记》，1925 年 9 月 22 日。
② 蒋中正：《在中国国民党第二次全国代表大会之军事报告》（1926 年 1 月 6 日），罗家伦主编《革命文献》第 11 辑，第 333～334 页。
③ 《粤政府应付各方之经过》，天津《大公报》1925 年 11 月 14 日，第 4 版。

区，留守粤军节次败退，陈炯明的前线部队一度进至广州石龙地区。与此同时，川军进入粤北后亦有自由移动的迹象。[①] 在此形势下，对于"来意不明，也有随时侵入广州之势"的川军，国民政府决定派遣党军第二团会同湘军谭延闿部对其进行监视，同时开始考虑第二次东征问题。[②] 9 月中旬以后，广东政局越发危急，蒋介石判断除东江的林虎、洪兆麟等部外，北江熊部川军，南路邓本殷等均有进犯广州的企图。[③]

9 月底，广州政权在完成内部的整肃后，着手筹划第二次东征事宜。东江方面，以第一、第四两军为基干，组织东征军，以蒋介石为总指挥；北路任命鲁涤平（谭延闿部第二军的实际指挥者）为警备司令，负责监视、肃清"附叛"的川军；南路以陈铭枢为警备司令，防堵广南邓本殷部；以朱培德为总预备队司令，待命出动。[④] 显然，国民政府对川军入粤自始即有所防备布置。汪精卫在扣押熊克武后向李石曾解释时亦谈道："此次陈炯明自东江，邓本殷自南路，两路并进，豫（预）约熊克武俟省城大兵尽出，即由北江乘虚直下，当日之处置岂惟不可少，且不能缓。倘稍瞻顾徘徊，则今日广东已为

---

① 廖仲和：《建国联军的形成及其演变》，《四川军阀史料》第 3 辑，第 121 页。

② 包惠僧：《包惠僧回忆录》，第 185~186 页；中国第二历史档案馆编《蒋介石年谱（1887—1926）》，第 365 页。

③ 《蒋介石日记》，1925 年 9 月 25、28 日；中国第二历史档案馆编《蒋介石年谱（1887—1926）》，第 380 页；陈训正：《第二次东征》，罗家伦主编《革命文献》第 11 辑，第 305 页。

④ 陈训正：《第二次东征》，罗家伦主编《革命文献》第 11 辑，第 306 页；郭廷以编著《中华民国史事日志》第 1 册，第 928 页。

敌人根据地，弟牺牲为主义已具夙心，不惟不求谅于世人，有时且不求谅于知己也。"① 广西方面此后更是指称，熊克武自1924年初在四川溃败时，"即归滇唐，承唐意旨来犯广西，因路途遥远，逆军行抵古宜边界方悉唐继虞等全军覆没，始派人疏通请求准其假道入粤，服从国民政府。及至北江，见政府出兵东征，乃乘机勾结东江南路众逆，图谋颠覆政府"。② 这一指控虽系事后对熊部的"诛心"之论，但亦可窥见其对熊部川军的态度和观感。

扣押熊克武等人后，广州政权着手商议解决川军的计划。③ 起初，国民政府意欲收编入粤川军。10月4日，国民政府在公布熊克武罪状的同时，宣称对于"川军随熊克武来粤者，于熊克武通敌谋变各情，概未知悉，而远道劳苦，服食未备，疾痛罔恤，政府尤深廑念。着国民革命军第二军军长谭延闿、第三军军长朱培德妥为安抚"。④ 与此同时，国民政府商决以汤子模为第一任收束者，遵照国民政府颁布陆军编制改编川军。⑤ 随后，国民政府又任命在熊部川军中颇具资历的龙

① 《汪精卫致李石曾电》（1925年10月12日），中国第二历史档案馆藏，档案号：十九-381。
② 《广西李督办出席省代表大会之军事报告》（1926年1月），中国第二历史档案馆藏，档案号：十九-332。
③ 《蒋介石日记》，1925年10月4日。
④ 《国民政府布告熊克武通敌叛国罪状通令》（1925年10月4日），《四川军阀史料》第3辑，第449页。
⑤ 《谭延闿日记》，1925年10月4日；《国民政府着汤子模改编熊克武部川军令》（1925年10月），《四川军阀史料》第3辑，第453页。

光作为抚慰使，前往韶州宣抚。①

10月9日，国民政府发表告川军将士书，呼吁川军服从、拥护革命政府："政府对于川军将士，除了对一二通敌谋变的以外，并非不信任……现在熊克武一人虽叛，川军全体无过。所有从前指定的驻地及饷款，当然仍照旧案办理。现在广州附近的反革命派，业已扫清，骄兵悍将，歼除无遗……革命政府的军队，是国家的军队，不是私人的军队。"② 虽然国民政府欲和平解决川军，但为扫除障碍，减少隐患，又决定乘东征军尚未与陈炯明等部接触之机，调驻防北江的朱培德、谭延闿两部会同广西方面先行解除熊部武装，"各军务必于熊部休养未宁，补充未完，于唐于陈联络未周之先，即以包围姿势，互取联络"，压迫会攻，"务使敌人全军缴械，毋得免脱"。③ 朱培德、鲁涤平等人奉令后着手部署围剿计划，桂军亦由白崇禧率领，分两路向粤北川军进迫。

川军在获知熊克武一行被扣押后即开始集中，推定汤子模为总指挥，统筹应变。④ 此后，双方辗转协商改编问题，终无结果。⑤ 10月13日，鲁涤平等人判断"汤氏不独无遵照政府

① 《国民政府令派龙光为川军慰抚使》（1925年10月7日），中国第二历史档案馆藏，档案号：十九-381。
② 《国民政府告熊克武部将士书》（1925年10月9日），《四川军阀史料》第3辑，第453~454页。
③ 何赤：《解决熊部大事记》，《军事政治月刊》第1期，1926年3月，第1~4页。
④ 《汤子模率熊部突围经过》，《四川军阀史料》第3辑，第455页。
⑤ 《龙光致国民政府函》（1925年10月11日）、《汤子模致国民政府代电》（1925年10月11日），中国第二历史档案馆藏，档案号：十九-381；《谭延闿日记》，1925年10月13日；《国内外一周间大事记》，《国闻周报》第2卷第41期，1925年10月，第24~25页。

命令改编诚意，尚企图冲破星子，窜入湖南"，下令进剿。① 在各方围攻下，连县、连州等地川军陆续向西溃退。② 川军败走之初，鲁涤平等一度认为川军"已至万难之境，或不致如前之抗命"，"欲就此羁縻之，免入湘境"。16 日，朱培德部判断川军决计入湘，"改编一节毫无希望"，决心全面进剿，要求鲁涤平等部"协同堵截，勿使漏网"。③ 此后，川军节节溃退，向湖南方向撤退。④

朱培德、谭延闿等顾虑尾追入湘引起湖南方面的强烈反应，在川军退出广东省境后即停止追击。10 月下旬，国民政府令第二军和第三军主力回师，调往南路增援，粤北由朱培德部酌留部分军队驻防。⑤ 谭延闿、朱培德部主力南调后，国民政府以川军入湘，终为后患，令桂系白崇禧部负责将其完全解决。⑥ 10 月底，川军进入湘境后，国民政府复电令白崇禧全权负责与湖南唐生智协商合剿川军，"务全部解决，勿贻后患"。⑦ 尽管国民政府三令五申，但桂军鉴于"归师勿掩，穷

---

① 《一九二五年东征经过情形》，汕头市档案馆藏，档案号：1-1-22；《谭延闿日记》，1925 年 10 月 14 日。

② 《谭延闿日记》，1925 年 10 月 14、15、16 日。

③ 《一九二五年东征经过情形》，汕头市档案馆藏，档案号：1-1-22。

④ 《白崇禧致国民政府电》（1925 年 10 月 18 日），中国第二历史档案馆藏，档案号：十九-381。

⑤ 《一九二五年东征经过情形》，汕头市档案馆藏，档案号：1-1-22；《谭延闿日记》，1925 年 10 月 24、25 日。

⑥ 《汪精卫致白崇禧电》（1925 年 10 月 24 日），台北"国史馆"藏，档案号：001-072430-0002。

⑦ 《汪精卫致黄绍竑电》（1925 年 10 月 27 日）、《汪精卫致李宗仁电》（1925 年 10 月 29 日）、《汪精卫致白崇禧电》（1925 年 10 月 29 日），台北"国史馆"藏，档案号：001-072430-0001、001-072430-0002。

寇莫追"之理，对川军仅采取"切尾"的追击办法。[①] 因此，川军虽沿途遭地方民团袭击，桂军尾追，终幸免于被全歼。

　　川军退入湘境后，围绕出处问题，内部更形分化。四千余人在湘南为唐生智部缴械遣散，余部继续向黔境败走，经汤子模整编后，计划取道回川。[②] 然而，汤子模部进入黔境后又被黔军围击，汤子模阵亡，除罗觐光师等部被黔军彭汉章收编外，其余继续溃窜湘黔边境。[③] 至此，名噪一时的建国川军归于瓦解。

　　1925 年是以广东为核心的西南军政格局急剧演变的一年。孙中山北上后，围绕东征、滇桂战争、杨刘之役及廖仲恺案的一系列军政整合，西南各省权势发生根本性转换。以广州政权为核心的"真革命军"打败各"假革命军"，渐为西南军政格局的主导。就国民党及其主导的革命事业而言，它见证了孙中山时代的结束和后孙中山时代的开始。[④] 孙中山时代，作为北洋对立面"西南集团"组成部分的广东，不仅是国民党的革命根据地，也是西南各失势力量的避难所："凡富有革命性或

① 黄绍竑：《新桂系的崛起》，《文史资料选辑》第 52 辑，第 45~46 页。

② 《国民政府致军事委员会函》（1925 年 11 月 19 日），中国第二历史档案馆，档案号：十九-381；《汤子谟被黔军击毙》，《申报》1925 年 12 月 11 日，第 9 版。

③ 《广西李督办出席省代表大会之军事报告》（1926 年 1 月），中国第二历史档案馆，档案号：十九-332；《刘重威致赵恒惕报告汤子模确已阵亡电》（1925 年 12 月），《四川军阀史料》第 3 辑，第 455 页；陈纯斋：《汤子模牺牲调查记》，贵州省政协文史与学习委员会编《贵州省政协文史资料存稿选编》第 2 卷，贵州人民出版社，2006，第 35~38 页。

④ 罗志田：《国际竞争与地方意识：中山舰事件前后广东政局的新陈代谢》，《历史研究》2004 年第 2 期，第 124~125 页。

与革命领袖有渊源之军队，亦相率而来此土；甚者假革命、反革命之部队，亦冀暂图生存，徐谋发展，揭革命之旗帜而来混迹其间。以故同一区域，同一革命队伍，乃竟有粤军、湘军、滇军、桂军及鄂军、豫军等等不同之旗帜。"① 此间西南军政格局的混乱和相对均势，为熊克武等边缘力量提供了不时转换立场，或保持"中立"的选择，让其可以同时响应广州政权的国民革命或联治派的"省民革命"。作为当时西南军政格局的边缘者，熊克武部川军虽然在孙中山时代的"讨贼"和北伐中再次参与广州政权的革命事业，但始终未真正融入广州政权的主流体系。其与大元帅府的"联合"北伐很大程度上是为了解决各自所面临的困境，实际的利益需求远多于革命的志同道合。

孙中山逝世后并未明确指定新的革命领导人，恰好给蒋介石、汪精卫、胡汉民、廖仲恺等一批新的党政军领导人锐意进取，以争取有利地位。孙中山去世后，立即引起继承领导的问题——孙的遗嘱未明示何人继续执行他的革命计划。蒋介石、汪精卫、胡汉民、廖仲恺等人均是当时声望和影响较高之人。② 除此之外，包括联治派、政学系部分要人在内的一些国民党内资历较高的元老也是后孙中山时代广州革命政权可能的领导人选。在此情势下，国民党阵营乃至整个西南地区实际上存在一个谁来领导的问题，各方的竞逐及由此引发的军政整合

① 陈训正：《国民革命军战史初稿》第一辑卷二，台北：文海出版社1973年影印本，第35页。

② 蒋纬国总编著《国民革命战史第二部：北伐统一》第1卷，第120页。

自在所难免。

孙中山逝世后，新一代的广州政权领导人为打击各方对革命根据地的觊觎，以"对内肃清国民革命之反动份子，即所以对外而严整国民革命之壁垒"，进一步揭橥革命的旗帜，不仅将唐继尧、陈炯明等联治派划为"反革命""假革命"，也进一步拉开与各类"老革命党员"之间的距离。① 1925 年 5 月，针对各方尤其是国民党"老革命党"人士对广州政权的觊觎，廖仲恺声言："现在吾党中所有反革命者皆自诩为老革命党，摆出革命的老招牌……以为革命的老招牌可以发生清血似的效力。不知革命派不是一个虚名，那个人无论从前于何时何地立过何种功绩，苟一时不续行革命，便不是革命派。反而言之，何时有反革命的行动，便立刻变为反革命派。"②

杨刘之役结束之际，广东省农民协会即警告道，"革命派与反革命派斗争之结果，革命派已完全胜利"，"杨、刘原为响义而来，乃为德不终，卒至覆没"。③ 显然，在当时的革命话语体系中，"为德不终"成了熊克武、杨希闵、刘震圜等川、滇、桂军被整合或消解的合理解释。稍后，蒋介石亦称在南方有革命军与反革命军之分，在广东内部还有真革命军和假

①　《国民政府军事委员会告全体将士书》（1925 年 7 月 6 日），周秋光主编《谭延闿集》（一），第 63 页。
②　廖仲恺：《革命派与反革命派》，中国科学院广州哲学社会科学研究所编《廖仲恺集》，中华书局，1963，第 243 页。
③　《广东省农民协会对粤局重要宣言》（1925 年 6 月 13 日），中央档案馆、广东省档案馆编《广东革命历史文件汇集》群团文件（1925 年），1982，第 226~227 页。

革命军之分。① "革命"与"反革命""假革命"的界限越发森严。在此背景下，熊部川军非但未与联治派等"反革命"派划清界限，反高唱"国民革命"与"省民革命"之合作，可谓不入流。

1926年3月，蒋介石在对官佐阐述孙中山遗训时，借用孙中山的"革命党人做事是极端的，不是站在中间的，是积极的，不是消极的"一语发挥道：

> 做事不在极端，就在中间，不能积极，就是消极，便不配做革命党员了。所以富于革命性的人，不管他做什么事，必定是极端的，积极的。要做一个革命党员，除了必须这两个极端和积极的条件以外，还有一个附带的要件，就是思想要纯正简单。比方做一件事，应当怎样做，便怎样做去，只要寻到革命的道理上做去，就好了，切不要过于疑虑。总理说要纯正简单，就是这个意思……②

蒋介石的这一表述，很大程度上代表了广州革命政权新一代领导人在孙中山逝世后的政治行为方式。1925年，广州国民党政权经历了从大元帅府到国民政府的演变。从大元帅府到国民政府，是广州中国国民党政权从孙中山时代向蒋介石时代转换过渡的重要时期。孙中山组建的大元帅大本营是以军事机

---

① 蒋介石：《在军事委员会讲演》（1925年7月26日），贾伯涛编《蒋中正先生演说集》，上海：三民出版部，1925，第100页。
② 中国第二历史档案馆编《蒋介石年谱（1887—1926）》，第483~484页。

关行使行政权力，表现为军政一体化；而国民政府是以党治政的姿态出现，但也有明显的党政一体化色彩。[①] 孙中山逝世后的大半年中，广州新政权在致力于巩固对广东之控制的同时，政治行为方式亦发生急剧变化。

熊克武事件发生后，国民党各方要人先后函请蒋介石、汪精卫等人顾念熊克武的革命历史，予以优恤。其中，有人劝诫性地说："先帅容纳众流，包涵万荒，致有此业，望兄光而大之，否则同志日少。"[②] 殊不知，此时广州政权的政治行为模式已发生改变，党内的历史已为当时的革命形势和事功所压倒。对于当时广州政局的权势更迭，身处其间的外国观察家形象地描述道："一切法理都荡然无存，全凭手中的武力说话。政变一场接一场，快得让人透不过气来。"[③]

此外，广州政权的新军政领袖与熊克武等老同志之间的关联也相对疏远。邵元冲即抱怨："彼等一方虑异类之侵入，一方又不以公恕待同侪。"[④] 1926 年 1 月，蒋介石在面对张继等

---

① 曾庆榴：《广州国民政府》，"绪论"，第 2~3 页。

② 《民党要人电援熊克武》，《申报》1925 年 12 月 10 日，第 13 版。此后，面对各方的质疑和请求，国民政府陆续释放部分被拘押的川军官兵，但对熊克武、余际唐等高级将领则至 1927 年春南京国民政府建立后始行释放。《国民政府令饬公安局函》（1925 年 10 月 7 日）、《川军官兵王筱舟等呈国民政府函》（1925 年 10 月 20 日）、《国民政府令卫戍司令》（1925 年 11 月 23 日）、《由公安局释放川军官佐名册》，中国第二历史档案馆藏：档案号：十九-381；郭廷以编著《中华民国史事日志》第 2 册，台北：中研院近代史研究所，1984，第 189 页。

③ 哈雷特·阿班：《民国采访战：〈纽约时报〉驻华首席记者阿班回忆录》，杨植峰译，广西师范大学出版社，2008，第 18~19 页。

④ 《邵元冲日记》，1925 年 7 月 13 日，第 169 页。

国民党元老指责其对旧同志太过冷酷，不及孙中山宽大时解释道："惟既以革命为前程，则凡属革命工作有妨碍者，又岂能多所顾惜！汝为不离粤，南路叛将，无从消除，财政统一，无从实现。锦帆不禁锢，不特东征有后顾之忧，亦何如使勾通叛逆者知所儆惧……且革命手段，必须澈底，不能稍违总理晚年严整纪律，改造本党之精神。"① 在某种程度上，革命这一至高的政治口号赋予了蒋介石等新军政力量党同伐异的正当性，一切"假革命"或"反革命"均可成为其革命的对象。

* * *

事实上，熊克武部川军到达广东之前，广东客军林立的状况不仅使广州革命政权号令不行、名不副实，更是广东不安宁的重要原因，滇、桂、湘等省主政之人都因为有该省失势军队在粤而觊觎广东，总思一举解决后患。② 广州国民政府建立后决心结束这一状况。1925 年 11 月，国民政府在给北上的外交代表团的信函中再次阐述了整顿、统一广东政局的决心："至此次政府扑灭各反革命派，系接受本党总理之遗嘱，以利国利民为职志，以求中国自由平等为目的。凡一切反革命者当立即扫除，决不稍有姑息……两月以来，解散反革命派之军队，逮

---

① 《蒋介石致张继书》（1926 年 1 月 20 日），湖南省档案馆藏，档案号：129-1-3509。
② 罗志田：《"有道伐无道"的形成：北伐前夕南方的军事整合及南北攻守易势》，《中国社会科学》2003 年第 5 期，第 182 页。

捕反革命派之人犯，既极迅速，又复严正。政府一方面解决不肖军队及背叛党人，各案为消极的进行。一方面关于财政统一，军政统一，又为积极的进行。从此以后反革命军日渐肃清，人民对于政府信用，日渐增高，政府之地位，亦因之而日就巩固也。"① 在国民政府的努力下，到 1925 年底第二次东征结束，广东全境基本统一。

从财政上看，1925 年的一系列军政整合和统一，也让广州国民党政权具备了向外发展的力量。国民政府成立后，广州政权在任命廖仲恺为财政部部长的同时，责令各军将驻在地的各财政机关交还政府，以收财政统一之效。稍后，中央银行成立，宋子文出任行长。财政业务逐渐纳入正轨，经济基础逐渐稳固。② 廖仲恺遇刺身亡后，继任财政部部长的宋子文继续其未竟的志业。1926 年秋，宋子文在报告其任职后广东的财政改革成效时不无自豪地谈道："自广东境内肃清，统一军政、民政之后，改善广东财政之计划亦随之而实现，各种收支均已直接受承于财政部。"③

虽然 1926 年初的广东给人的印象仍是"搞叛乱""瞎折腾""成不了什么事""一场玩笑"，但部分身处广州的外国人已经明显察觉到"惊天动地的事情正在酝酿中"。④ 国人之中，

---

① 《粤政府应付各方之经过》，天津《大公报》1925 年 11 月 14 日，第 4 版。
② 蒋纬国总编著《国民革命战史第二部：北伐统一》第 1 卷，第 133 页。
③ 《宋子文关于一年间库款收入及整理财政经过情形呈》（1926 年 11 月 5日），《中国民国史档案资料汇编》第四编（二），第 1400 页。
④ 哈雷特·阿班：《民国采访战：〈纽约时报〉驻华首席记者阿班回忆录》，第 18~19 页。

一些嗅觉灵敏的观察者也预感到时局的暗流涌动。1926年初，时人在上海《东方杂志》撰文指出，近来国内军人的举动有两种不同的趋向：第一种是吴佩孚、张作霖及国民军系的活动，"他们都注目光于全局，合纵连横，以酝酿时局的变化，而各谋在这变化中造成自己操纵全局的机会"。第二种是赵恒惕、孙传芳、蒋介石、刘湘等人的举措，"他们对于关系全局的事件，不轻有所活动，而各竭其力以整理自己所有的地方"。第一派人"虽然志大言高，而实际应付各事，常不免左支右绌，自己能力的所及，与自己所抱的志愿，相去不知若干，前途的发展，实在希望很少"。第二派人则"精力饱满，根基稳固，应付周旋，游刃有余"。因此，"第一派的渐就衰颓，与第二派的日益发展，是将来必然的趋势"，这是时局变化中最值得注意的。① 观察者虽未能准确预言广东国民政府在中央–地方的军政格局下积蓄力量，酝酿北伐，但其提及的蒋介石、孙传芳等人确实是当时南方冉冉上升的人物，尤其是蒋介石已经着手谋划改变全国军政格局的北伐："先统一西南，联络东南，然后直出武汉为上乎；或统一湖南，然后联络西南、东南，而后再问中原为上乎？其或先平东南，联络西南，而后再问中原乎？"②

总的来说，经过1925年一系列的军事行动和政治整合，西南的军政格局发生根本性变化。就广东省而言，外来的滇军、桂军、川军等"异志"力量相继被驱逐，旧式地方意识

---

① 《杂评》，《东方杂志》第23卷第2期，1926年1月，第2页。
② 《蒋介石日记》，1926年1月11、28日。

图 1-3　广州举行北伐军誓师典礼

浓厚的粤军或被整编或被消解，新兴的国民政府基本实现全省的军政、民政和财政的统一。就西南数省而言，除却四川仍为大小军阀内乱外，盘踞云贵的滇军唐继尧在被新桂系击溃后一蹶不振，广西的新桂系则主动向国民政府靠拢，实现两广统一。西南军政格局彻底为国民党所领导的革命政府所主导，为出师北伐奠定了初步基础。因此，蒋介石在 1926 年初的国民党第二次全国代表大会上自信地表示：

> 现在的国民革命军完全在政府管辖之下，一个命令出来，完全可以动员；人数有八万五千人，枪械也有六万杆，兵士的饷额有一定的预算，兵士的生活也已较前改善。又有各陆军学校学生六千人，足抵三师之数。再用些精神，积极整顿，本党的力量就不难统一中国……这两年中的军事，总括起来说，有十三年积极的准备，才有十四

年统一广东的成绩。我们从今以后，更要接受总理的遗嘱，继续努力奋斗，国民革命的成功，当不在远。①

到 1926 年春，随着两广统一，革命基地巩固，国民革命军扩充至七个军，连同湖南新近归附的唐生智第八军，共计 15 万余人，北伐准备工作概已就绪。② 稍后，控制两湖的吴佩孚由汉口率主力北上讨伐冯玉祥，武汉空虚，而湖南新崛起的唐生智在向国民政府靠拢的同时，开始以实际行动反吴，正为南方的北伐提供好时机，北伐战争的序幕遂于此拉开。

---

① 蒋中正：《在中国国民党第二次全国代表大会之军事报告》（1926 年 1 月 6 日），罗家伦主编《革命文献》第 11 辑，第 335 页。

② 二次东征后国民政府将程潜部攻鄂军改编为国民革命军第六军，以程潜为军长。1926 年春，两广统一后又改广西新桂系军队为国民革命军第七军，以李宗仁为军长。

第二章

唐生智的崛起及其"革命"之路

　　1923 年国共合作酝酿之初，毛泽东发表《外力、军阀与革命》一文，判断中国的政治形势将是中国共产党等党派与国民党合作成为一个大的民主派与反动的军阀派的对峙，"中国政治的结局是民主派战胜军阀派，但目前及最近之将来一个期内，中国必仍然是军阀的天下"。① 此后中国政局的走向与毛泽东的判断大致相符，但历史演进的多歧与复杂往往超乎时人的预判，国共等"民主派"与军阀在相当长时期内也并非严格的二元对立，二者之间的关系呈现出诸多复杂的面相。在革命形势的催化下，革命政党与军阀甚至在一定条件下形成短暂的合作局面。这既是革命政党政策和策略灵活性的体现，也与军阀寻求集团组织利益最大化的心理和选择密不可分。

----

　　① 《外力、军阀与革命》（1923 年 4 月 10 日），中共中央文献研究室编《毛泽东文集》第 1 卷，人民出版社，1993，第 10~11 页。

第一次北伐时期，唐生智因缘际会由偏居湘南的地方小军阀一跃而成为国民革命军第八军军长兼北伐军前敌总指挥，在革命阵营中的军事地位仅次于蒋介石。[①] 如何评估和应对唐生智的崛起及其与蒋介石的矛盾冲突，是这一时期国共决策的重要一环。尤其是 1926 年国民革命军出师北伐后，利用各军事集团（主要是唐生智为首的保定派军事力量）抗衡蒋介石成为苏联在华顾问鲍罗廷的重要策略，[②] 唐生智在中共的策略运用中所处的地位日趋微妙。[③]

一　走向革命

唐生智，字孟潇，1890 年出生于湖南东安官宦世家，先后求学于湖南陆军小学、湖北第三陆军中学和保定陆军军官学校（下文简称"保定军校"）。1914 年，唐生智从保定军校

---

① 关于唐生智与北伐时期政局的研究，可参见叶惠芬《唐生智与北伐时期政局的转变》，台北，"中华民国史专题第二届讨论会"会议论文，1981；韩冰《论唐生智北伐期间的表现》，《民国档案》1993 年第 4 期；范忠程《北伐时期唐生智的军政建设》，《求索》1997 年第 5 期；谭崇恩《唐生智评传》，湖南人民出版社，2002，第 55~148 页。

② 《鲍罗廷在老布尔什维克协会会员大会上所作的〈当前中国政治经济形势〉的报告》（1927 年 10 月 23 日），中共中央党史研究室第一研究部译《联共（布）、共产国际与中国国民革命运动（1926—1927）》（下），第 486 页。

③ 既有研究多以"扶蒋抑唐""联唐反蒋"或在军事上制造"蒋唐分裂"对这一时期中共与唐生智的关系进行概括，忽略了中共策略的演变调适过程及其内部的分歧。此外，相关研究对唐生智言行态度的分析亦甚少涉及。相关代表性研究可参见司马璐编著《中共党史暨文献选萃》第 4 部，香港：自联出版社，1976，第 62 页；唐纯良主编《中共与国民党地方实力派关系史》，人民出版社，1995，第 190~206 页；文建龙《论唐生智与共产党的关系》，《同济大学学报》2000 年第 4 期。

第一期毕业后回到湘军第一混成旅任见习排长，此后渐次升迁至团长、旅长等职务，曾参加辛亥革命、护国战争和护法战争。[①] 家世背景和军旅生涯的磨炼，让唐生智性格中自命不凡、富有领导欲的个性在回湘后迅速彰显。据唐生智部属李品仙的描述，唐生智"自负不凡……领袖欲极强，生就一副不能屈居人下，刚愎自用的性格，也缺乏纳言听谏的雅量。他的长处是胆识过人，机智果断，遇事大刀阔斧敢作敢为，待人接物不拘小节，对下能任专器使不干求苛细。他对于事务的处理，每有出人意料的独特见解，甚至在游戏场中也有惊人的举措，处处表现他的卓尔不凡，胜人一等"。[②]

北洋时期，湖南因位置关系时常处于南北交争的局面。1920年谭延闿被赵恒惕逐出湖南后，赵恒惕打着"湘省自治"的旗号，表面上独立于南北之外，实际上倾向于北洋政府，对国共两党的活动亦严防密缉。[③] 1923年，赵恒惕在吴佩孚支持下赢得谭（延闿）赵（恒惕）之战后，为酬答战功，将出力的各将领均递升一级，湘军也由此扩编为四个师，第一师师长

---

① 唐粉玉：《唐生智先生家谱述略》，湖南省政协文史委员会、政协东安县委员会《唐生智先生诞辰一百周年纪念专辑（1889—1989）》，1989，第29页；刘绍唐主编《民国人物小传》第4册，上海三联书店，2014，第207页。

② 李品仙：《李品仙回忆录》，台北：中外图书出版社，1975，第62页。李品仙，广西苍梧人，广西陆军小学毕业，后入保定军校，与唐生智系保定军校同期同学。自1916年进入湘军担任连长起，即一直与唐生智共事，北伐时先后出任第八军第三师师长、第八军军长等职务。

③ 《中国社会主义青年团湖南区委关于1923年9月至1924年12月湖南政治经济概况的报告》（1924年12月），《湖南青运史资料选编》第2辑，1988，第659~660页。

贺耀祖，第二师师长刘铏，第三师师长叶开鑫，第四师师长唐生智。当时湘军各师的编制均为每个师两旅，每个旅三团，惟唐生智第四师辖有三个旅，每旅仍是三个团，实力在其他三个师之上。此外，叶开鑫和唐生智两人因所部实力较强，分别兼任湘西和湘南善后督办。[1]

盘踞湘南期间，雄心勃勃的唐生智只要军费稍有节余，或从其他方面可以筹得款项，就用于添购武器，充实所部力量。[2] 湘南虽较为贫瘠，但唐生智利用掌控湖南水口山铅锌矿矿产收入之利，截留其中大部分收入，利用该项收入秘密从汉阳兵工厂等地购买枪械，大力整训部队，将所部扩大到 2 万余人，逐渐成为湘军中实力最大的一支队伍。[3] 以"佛教将军"自命的唐生智宣扬以佛教治军，在部队中提倡学佛，尝谓"冯玉祥之军队基督化，蒋介石之军队赤化，我之军队则佛化"。为此，唐生智"每至其所属一地阅兵必先拜神，令随行之和尚念经，全体军官亦须先受戒，以是颇得一般茫无所知的农民之信仰"。在士兵训练方面，唐生智亦极为严厉，每日操练总在八小时以上。湘南督办驻扎之地衡阳城中不常见兵士出走，戏院及娱乐场则禁止士兵前往，兵士如在戏院看戏，任何

---

① 李品仙：《李品仙回忆录》，第 58 页；《团湖南区委政治报告（三四月份）——赵恒惕倒台，唐、叶战争和我们的策略》（1926 年 5 月 5 日），《湖南革命历史文件汇集》群团文件（1926 年），第 178~181 页。

② 李品仙：《李品仙回忆录》，第 59 页。

③ 唐生智：《关于北伐前后几件事的回忆》，中国人民政治协商会议湖南省委员会文史资料研究委员会编《湖南文史资料选辑》第 6 辑，1963，第 102~103 页。位于湘南常宁县的水口山有当时全国最大的铅锌矿，也是湖南财政的主要来源之一。

军营的官长可以打骂。① 在军官训练方面，唐生智创办军官讲习所，本人亲自任所长，除选调部分连排长受训外，另吸收一部分青年学生予以训练，作为充实基层干部之用。②

当时，湘军中分军官系、士官系、干部系、宝庆系、新化系等派别。军官系以唐生智为首领；干部系以叶开鑫为首领；宝庆系以刘铏为首领；贺耀祖为士官生，但士官系人数少，基本不成为系。四个师长中，贺、叶两人大体忠于赵恒惕，刘与唐关系较深，赵恒惕地位的保持和维系建筑于各系军官积不相能基础之上。③ 其中，以唐生智为首的军官系不仅实力最雄厚，且内部最团结，"所部系一鼻孔出气"，对唐生智极为忠实，逐渐形成以李品仙、刘兴、何键、周斓、周荣光、龚浩等人为骨干的"保定派"军事集团，所部旅、团、营等各级官佐亦基本为保定军校出身。自保定军官系名目树立后，唐生智特殊势力日益养成，声望日隆，湘军四师鼎立平衡之局渐次打破。④

---

① 《团湖南区委一九二五年十二月至一九二六年一月政治、经济情形的报告——赵、唐关系与力量之消长、军财会议与筑路会议、旱灾与财政困难等》（1926 年 2 月），《湖南革命历史文件汇集》群团文件（1926 年），第 81~82 页。事实上，唐生智在升任师长之前系一"花花公子"式人物，直至升为师长，信奉佛教后行为始大为一变，其信佛不无利用佛教作为工具改造自己及所部军队的意图。参见《伴唐总指挥赴武穴督战记（一个同志的日记）》，1926 年 11 月 6 日，中央档案馆编《北伐战争（资料选辑）》，中共中央党校出版社，1981，第 13 页。

② 刘兴：《回忆国民革命军第八军》，《湖南文史资料选辑》第 6 辑，第 79 页。该讲习所在北伐开始后并入长沙的中央军事政治学校第三分校。

③ 《团湖南区委十一月份政治报告——湖南军阀内部派系冲突及民众运动》（1925 年 12 月 20 日），《湖南革命历史文件汇集》群团文件（1926 年），第 418 页。

④ 《四面楚歌之赵恒惕》，广州《民国日报》1926 年 3 月 16 日，第 12 版。

以国共合作为基础的国民革命兴起后，毗邻广东的唐生智南北逢源，既与吴佩孚方面虚与委蛇，也积极同国民政府进行试探性接洽。尤其是赵恒惕在吴佩孚的压力下附北趋向日渐明显之时，唐生智"投南"的消息时有所闻。① 起初，唐生智与国民革命的关系主要由中共湖南地方党、团员以国民党的名义从中联络。湖南是大革命时期中共地方组织较为强大的地区之一。1922 年 5 月，中共湖南区委在湖南支部的基础上成立。到 1925 年 9 月，全省党员发展到 700 余人，并创办了机关报《战士》旬刊。1926 年 10 月，全省党员发展到 3000 余人。②

1923 年中国共产党与国民党合作的政策初定后，湖南区委开始投入该省国民党的改组和组织发展工作。经湖南区委的动员，湖南的中共党员及团员次第加入国民党，从民众中发展国民党组织。1924 年 4 月，在夏曦等共产党人的筹备和努力下，瘫痪已久的国民党湖南临时省党部恢复，夏曦、李维汉、何叔衡、郭亮等中共党员当选为执行委员。③ 据统计，1924 年 5 月，中共湖南区委的全部党员均加入国民党，团员加入国民党者亦达十分之八。④

---

① 《团湖南区委关于本省政治动态的报告——各方对赵恒惕取消省宪态度与我们的政策》（1924 年 3 月），《湖南革命历史文件汇集》群团文件（1919—1924 年），1983，第 152 页。
② 顾群、龙秋初：《北伐战争在湖南》，湖南人民出版社，1986，第 23~25 页。
③ 《中执会致夏曦公函》（1924 年 2 月 11 日），台北原中国国民党党史馆藏，档案号：汉 2709；司马璐编著《中共党史暨文献选萃》第 4 部，第 67 页。
④ 《湘区报告——党的组织状况，在国民党中工作及政策，劳动运动及工人、农民、国民运动、教育宣传工作计划》（1924 年 5 月），《湖南革命历史文件汇集》省委文件（1923—1926 年），1983，第 6~7 页。

两广统一后，随着蒋介石出赣，谭延闿回湘等声势喧腾，国民党湖南省党部的活动也走向公开。在夏曦等为核心的一批湖南国、共党员的活动下，毗邻广东的湖南革命思潮日益澎湃，尤其是五卅事件后，民众组织渐强，一般民众在心理上也日益倾向广州革命政府。这一民心士气的发展，逐渐冲击了赵恒惕所标榜的"中立自治"。雄心勃勃的唐生智自然不会忽视湖南舆论对赵恒惕政权已有不同见解，而且广西李宗仁为首的新桂系的崛起也给唐生智极大刺激和鼓励，开始有意无意地表露出对湖南现状的不满。①

为推动革命形势的发展，中共湖南区委也有意识地利用唐生智与赵恒惕的矛盾，采取争取唐生智的策略，以建立反对赵恒惕的联合战线。② 在中共湖南团组织看来，当时据有湘南一带的唐生智颇为精明，厉兵秣马、屯粮操兵，大有养精蓄锐取赵恒惕以自代之势。对于唐生智的力量及其发展动向，中共湖南地方党和团组织予以了相当的重视："唐氏军队，不可轻视，枪械子弹既甚充足，军纪亦极严格，兵士不但终日操练，且在晚间教以各种战术，下级军官及上级军官，每晚七时至九时，一律上课，教以军事知识。"③

对于国民革命形势的发展，唐生智亦极为关心，抓住配合两广方面追击熊克武部建国川军的时机与国民政府建立起初步

---

① 李品仙：《李品仙回忆录》，第 66 页。

② 李维汉：《回忆与研究》（上），中共党史出版社，2013，第 35、59 页。

③ 《团衡阳地委政治经济报告——唐生智的政治态度，经济与社会状况，国民党的情况》（1925 年 12 月 31 日），《湖南革命历史文件汇集》群团文件（1925 年），第 456 页。

联系。1925 年 10 月底，被广州国民政府以"通逆"罪名追剿的建国川军从粤北逃窜至湘桂边界，国民政府责令广西新桂系方面负责与湘南唐生智协调，合剿川军。在同为保定军校毕业的桂系将领白崇禧、黄绍竑等人的联络下，唐生智派部协击川军，将大部分退入湘南的建国川军缴械遣散，并在缴获枪械的基础上添编军队一团。① 事后，唐生智即以黄绍竑等桂系将领为桥梁，进一步向国民政府表示输诚之意，谓自己原系西南一分子，"只缘谭程隔阂，逐致不见容于西南政府。刻下北方大局崩坏，中枢失其统驭，惟西南尚有国民政府为有主义之政治团体，私心窃所向往"。国民政府对唐生智的示好亦予以积极回应，表示"唐若决心输诚，未尝不可予以觉悟之机会，其具决心与否，当以对于此次入湘川军能否处置得当以为断"。11 月下旬，唐生智又向国民政府呈明协剿川军经过，并请示下一步解决计划，同时表示自己对孙中山主义素来服膺，拟派代表刘文岛赴粤与陈铭枢接洽。② 经此一事，唐生智在增进与新桂系等保定将领关系的同时，也打开了通向革命之路的窗口。

---

① 《团湖南区委一九二五年十二月至一九二六年一月政治、经济情形的报告——赵、唐关系与力量之消长、军财会议与筑路会议、旱灾与财政困难等》（1926 年 2 月），《湖南革命历史文件汇集》群团文件（1926 年），第 79~80 页；刘兴：《回忆国民革命军第八军》，政协湖南省委员会文史资料研究委员会编《湖南文史资料选辑》第 6 辑，1963，第 79 页。

② 木庵：《粤湘携手之先声》，《申报》1925 年 12 月 6 日，第 9 版。刘文岛，湖北广济人，与唐生智、陈铭枢同为保定军校毕业。参见湖北省志·人物志编辑室编《湖北人物传记（试写本）》第 1 辑，1982，第 35~36 页。

随后，唐生智进一步密派代表叶琪、刘文岛等人分赴两广接洽，同时继续通过黄绍竑与国民政府联络，选送其弟唐生明及一批湖南青年赴黄埔军校学习。对于湖南省政局，唐生智则遇事掣肘，常令赵恒惕难堪。面对唐生智的步步紧逼及其与广东革命政府的联络往来，赵恒惕亦力图予以抵制，调动与自己关系较为密切的叶开鑫部进驻湘中，以资震慑，唐赵冲突日渐明显。[①] 1926 年 1 月下旬，在新桂系的张罗下，国民政府主席汪精卫、国民革命军第二军军长谭延闿等人赴广西梧州参加西南各方要人联络会议，叶琪作为唐生智代表与会，联络唐生智也成为汪精卫等此行的重要任务。[②] 对于唐生智的靠拢，国民党中央起初并非不无疑虑。国民党中央政治会议一度向唐生智提出四项要求，作为试探和保证：（1）通电取消联省自治；（2）军队编制仿照广州办法，实施政治训练，设置党代表；（3）辖境以内保障人民言论、出版、集会、结社等自由；（4）绝对服从广州国民政府命令。[③]

---

① 李品仙：《李品仙回忆录》，第 67 页；《唐生智称病之里面》，《申报》1926 年 1 月 20 日，第 9 版。叶琪系广西容县人，亦系保定军校毕业，与黄绍竑、白崇禧等桂系将领有保定军校同学之谊。叶当时虽为湘军宝庆系刘铏部第三旅旅长，但实际上并不属于"宝庆系"。叶琪 1926 年初先后赴广西、广东与新桂系李宗仁及国民政府方面联络，返湘后积极游说唐生智加入广州国民政府阵营。参见刘绍唐主编《民国人物小传》第 11 册，上海三联书店，2016，第 240~241 页；《伴唐总指挥赴武穴督战记（一个同志的日记）》，1926 年 11 月 2 日，中央档案馆编《北伐战争（资料选辑）》，第 9 页。

② 《西南会议之经过》，《申报》1926 年 2 月 7 日，第 10 版。

③ 《湘省之时局观 唐赵不和与对民党态度》，《申报》1926 年 2 月 21 日，第 7 版；《湘局渐趋混沌》，《申报》1926 年 2 月 27 日，第 9 版。

当时，唐生智表示不反对共产党，主张打倒军阀，对民众运动也采取较为开明的态度，每年定期出巡各县，关心民众疾苦，积极寻求民众的同情与支持。中共湖南团组织判断倘若唐生智与国民政府联络成熟，其与赵恒惕必有破裂之日。[①] 据此，湖南区委决定对唐生智采取使其参加联合战线的政策。1925 年底到 1926 年初，湖南区委先后派遣夏曦、王基永以国民党省党部代表身份赴衡阳与唐生智接洽，建立初步联系。对于中共提出在政治上与国民政府采取一致行动、与民众共同反赵、反对联省自治、军队中实行政治训练等七项最低条件，唐生智大体赞同，并进一步表示支持国民政府之意，赠送国民党湖南省党部活动经费。[②]

在中共的争取和动员下，唐生智进一步对工农运动予以保护，湖南局势朝着有利于革命的方向发展。1926 年初开始，随着广州国民政府逐渐巩固，湖南民众力量增长，湖南逐渐形成革命势力与反革命势力短兵相接的局面。3 月初，在湖南"反英讨吴"的群众运动声浪中，久蓄取代赵恒惕之意的唐生智乘势以"郴宜米贵"，给养困难为由，调动所部向长沙进迫。为配合唐生智倒赵，中共湖南区委由夏曦、郭亮等人以国民党湖南省党部名义领导长沙各民众团体举行示威大会，发起

---

① 周小青辑注《唐生智重要言论选录》，《唐生智先生诞辰一百周年纪念专辑 (1889—1989)》，第 205 ~ 206 页；《团湖南区委十一月份政治报告——湖南军阀内部派系冲突及民众运动》(1925 年 12 月 20 日)，《湖南革命历史文件汇集》群团文件 (1925 年)，第 418 页。

② 《湖南政治党务报告》(1927 年 3 月 13 日)，台北原中国国民党党史馆藏，档案号：汉 12880；李维汉：《回忆与研究》(上)，第 59 页。

"反英讨吴驱赵"运动，声讨赵恒惕治湘"罪恶"，通过"打倒赵恒惕""废除省宪""组织代表民意的政府""督促湖南军队讨伐吴佩孚""请国民政府北伐"等 24 条决议，并成立由湖南市民大会产生的"湖南人民临时委员会"，统一领导全省的"反英讨吴驱赵"斗争。[①] 3 月中旬，在民众"打倒赵恒惕"的声浪中，赵恒惕为保全实力，宣布下野，委任唐生智为内务司长，代理省长职权。[②]

　　在驱赵运动中，中共湖南党、团组织为建立"反赵"联合战线，极力争取唐生智倾向革命，接近国民政府。[③] 然而，如苏联驻华大使加拉罕所分析，唐生智同情国民政府与革命，与其说是基于对其原则的尊重，不如说是对其实力的借重。[④]唐生智到达长沙后不但对时局持观望态度，态度暧昧，更表示对赵恒惕时期的"省宪""在理在势，均应维持"，对湖南区委推动的取消省宪、解散省议会等议决案亦以革命情形两广和湖南各有不同，"湖南又有特殊情形，自难一步登天"予以

---

① 顾群、龙秋初：《北伐战争在湖南》，第 30~31 页；《赵恒惕出走前之湘局》，《申报》1926 年 3 月 15 日，第 9 版。
② 《温寿泉电阎锡山》（1926 年 3 月 18 日），台北"国史馆"藏，档案号：116-010101-0026-025；《赵恒惕辞湘省长详情》，《申报》1926 年 3 月 17 日，第 9 版。
③ 《团湖南区委政治报告（三四月份）——赵恒惕倒台，唐、叶战争和我们的策略》（1926 年 5 月 5 日），《湖南革命历史文件汇集》群团文件（1926 年），第 181 页。
④ 《加拉罕给苏联外交人民委员部的电报》（1926 年 4 月 3 日），《联共（布）、共产国际与中国国民革命运动（1926~1927）》（上），第 201 页。

婉拒。①

对于唐生智的迟疑，中共湖南区委领导的湖南人民临时委员会采取针锋相对的斗争，发动各团体强调拥护此前议决的"取消省宪"等案，要求唐生智承认实行。国民党湖南省党部也公开发表宣言，讽谏"当省宪假面具撕破之时，犹有人欲继承省宪法统"，委婉对唐生智的敷衍言行加以责难。② 为进一步动员唐生智，中共中央派遣在武汉工作的董必武以国民党代表身份赴长沙，会同广州国民政府北上的代表陈铭枢、白崇禧共同开展对唐生智的工作。③ 湖南区委则借此策划国民党省党部和长沙各界组织欢迎活动，扩大反帝反军阀宣传，进一步促进唐生智"左"倾。在国共双方的推动下，唐生智与国民政府达成联合反对北方军阀，接受国民政府任命，改编所部为国民革命军等初步协定。④ 随后，唐生智为统一湖南，铲除赵恒惕势力，决定将叶开鑫、刘铏两部解决，下令所部向岳阳一线推进，公开以实际行动反对吴佩孚。

4月，吴佩孚在北方击退冯玉祥的国民军后，转而图南，纠集豫、鄂、赣军及湘军叶开鑫等部组织所谓"讨贼联军"，试图阻止广东革命势力的发展。是月下旬，吴佩孚任命叶开鑫

---

① 周小青辑注《唐生智重要言论选录》，《唐生智先生诞辰一百周年纪念专辑（1889—1989）》，第 207~208 页；《唐生智不肯取消省宪　与市民代表之谈话》，《申报》1926 年 3 月 24 日，第 9 版。

② 《唐生智表示护宪》，1926 年 3 月 20 日，第 9 版；《唐生智拥省宪放弃联治》，《申报》1926 年 3 月 28 日，第 9 版。

③ 《董必武年谱》，中央文献出版社，2007，第 65~66 页。

④ 李维汉：《回忆与研究》（上），第 60 页。

为"讨贼联军"湘军总司令，同时派遣董政国、宋大霈、邓如琢等部向唐生智进攻，援助叶开鑫反攻湖南，唐叶战争全面展开。4月底，未获国民政府有力支援的唐生智在多方夹击下独力难支，退出长沙，撤回衡阳一带。① 唐生智退守衡阳后，政治态度仍不明朗，国民政府援军也因此迟迟未发。对于这一局势的发展，中共中央判断吴佩孚向南发展，必先除去唐生智等长江一带反吴势力，然后联合闽、赣、湘等地军阀包围广东革命政府，一举颠覆革命根据地。唐生智若守不住湖南，广东将陷于非常危险之境地。② 中共湖南团组织认为，如果唐生智不能即时大胜，取得长沙、岳阳，驱逐叶开鑫等军队出湘，则赵恒惕重新入主湖南将成定局，决定调整政策，将消极抽象地反对吴佩孚、叶开鑫策略发展为积极具体的斗争策略，同时反对赵恒惕返湘，但也注意避免为唐生智个人宣传。③

唐生智失利退回衡阳后能继续坚持反吴战争，并保存基本实力，与中共湖南区委对唐部的动员工作和民众支援有密切关

---

① 《蒋中正电谭延闿》（1926年4月27日），台北"国史馆"藏，档案号：002-010100-00001-008。中共中央认为唐生智的失败，国民政府负有很大责任，吴佩孚攻豫攻湘时，国民政府如能积极援助，唐生智绝不至于失败。《中央通告第一百零一号——最近政局观察及我们今后工作原则》（1926年5月7日），中央档案馆编《中共中央文件选集》第2册，中共中央党校出版社，1989，第122页。

② 《中央通告第九十七号——北方政局与我们的对策》（1926年4月26日），中央档案馆编《中共中央文件选集》第2册，中共中央党校出版社，1983，第61~62页。本书所引的《中共中央文件选集》第2册除个别特别标注为1989年的版本外，其余均为此版本。

③ 《团湖南区委政治报告——唐生智与叶开鑫、贺耀祖战争及我们的对策》（1926年6月），《湖南革命历史文件汇集》群团文件（1926年），第277页。

系。为稳住唐生智，湖南区委决定由夏曦等人组成"八人团"，随同唐生智一起撤退，夏曦并出任唐生智的政治顾问，进一步对唐生智做思想政治工作，协助其开展部队的政治训练和宣传，领导民众组织"反吴战争委员会"。[①] 5 月中旬，稳住阵脚的唐生智发出讨吴通电，国民政府北伐先遣队亦出师北上。6 月初，唐生智在衡阳设立湖南临时省政府并自任省长，宣布就任国民政府委任的国民革命军第八军军长兼北伐军前敌总指挥职务，并按国民革命军编制将所部各旅扩编为师，以何键为第二师师长、李品仙为第三师师长、刘兴为第四师师长、周斓为教导师副师长，刘文岛为该军党代表兼前敌总指挥政治部主任。[②] 此外，第八军还辖有刚归附的叶琪第五师及鄂军第一师。在唐生智的就职典礼上，夏曦以国民党湖南省党部代表身份发表演说，谓唐生智"早已实行革命，现在就职，不过正名而已，所谓实至名归是也"。[③]

6 月下旬，国民政府从两广先行出师北伐的军队陆续进抵湖南。7 月 5 日，唐生智率部从衡阳出发，会同国民革命军第四军和第七军等部全线反攻，11 日再次进占长沙，唐生智旋即将湖南

---

① 李维汉：《回忆与研究》（上），第 60 页；《湖南政治党务报告》（1927 年 3 月 13 日），台北原中国国民党党史馆藏，档案号：汉 12880。

② 李品仙：《李品仙回忆录》，第 68 页。

③ 《唐生智就革命第八军长职》，《申报》1926 年 6 月 22 日，第 9 版。1926 年 3 月底，唐生智诱捕刘铏及该师旅长唐希抃、秘书长萧汝霖等人后，刘部相继逃散，叶琪"乘机出而收编该师"。唐生智就任国民革命军第八军军长职务后，叶部改编为第八军所属之第五师。

临时省政府改组为正式省政府，就任省政府主席，并加入国民党。[①] 在宣布加入国民革命的同时，唐生智对中共湖南区委提出的实行三大政策和支持工农运动等要求亦予以接受，中共湖南区委则对唐生智主导的湖南省政府工作予以实际支持。此后，湖南省政府遵照唐生智与中共湖南区委达成的协议，对工农运动采取不干涉态度，并拨助经费，湖南工农运动蓬勃发展。[②]

国共合作确定后，为促进国民革命的展开，中共尤其是湖南地方党、团组织对湖南崛起的军事实力派唐生智投入了相当多的精力，并最终推动唐生智在身份上完成从进步军阀到"革命者"的转变。对于唐生智的"军阀"底色和野心，湖南地方党、团组织自始即保持了一定的警惕，强调"军阀之基础，建筑在地主阶级之上，唐氏当无例外"，"唐之向粤输诚并非忠于国民革命，欲利用粤方为后援，以遂其掌握湘政之迷梦"。[③] 1926 年 5 月，在湖南"倒赵"的革命环境中，唐生智与国民政府合作及反对吴佩孚的态度基本确定。湖南团组织在

---

① 《湖南省政府正式改组通电》（1926 年 8 月 3 日），台北原中国国民党党史馆藏，档案号：部 4396.9。

② 李维汉：《回忆与研究》（上），第 64 页。事实上，在中共的争取和动员下，唐生智在衡阳时即对工农运动予以保护。北伐开始后又通令取消"所有劣绅土豪包揽之议会农会"，扶助各县新农会。《唐生智致中央农民部函》（1926 年 8 月 4 日），台北原中国国民党党史馆藏，档案号：部 0253.1。

③ 《团湖南区委十一月份政治报告——湖南军阀内部派系冲突及民众运动》（1925 年 12 月 20 日）、《团衡阳地委政治经济报告——唐生智的政治态度，经济与社会状况，国民党的情况》（1925 年 12 月 31 日），《湖南革命历史文件汇集》群团文件（1925 年），第 418、456~457 页。

承认唐生智最近的表现"似系一较进步的军阀"的同时，也指出其倾向国民政府系以利害关系为最多，此种关系可否持久，"须视全国政局之转变与民众力量之发展"。① 中共在策动、争取唐生智的过程中可谓保持了相当清醒的认识和评估。

二 "扶蒋抑唐"与"包围"唐生智的论争

在唐生智向长沙进军之际，中共方面即注意到国民政府内部各高级将领之间的分裂迹象。其中，广东的陈铭枢、李济深，广西的黄绍竑、李宗仁、白崇禧，以及湖南的唐生智均属军官系将领。该系计划第一步独霸湘、桂，第二步则相机推翻蒋介石和谭延闿，为此极欲联俄，以获取苏联方面的资助。蒋介石和谭延闿对唐生智等人的计划亦有所洞悉，故一面坚持北伐军悉数经湖南北伐的主张，一面延迟不下北伐出发令，以挫唐生智之锐气，同时派人与其他湘军联好。针对这一矛盾和形势，湖南团组织提出此间政策应继续联合谭延闿、蒋介石的关系，防止军官系势力发展，并在必要时造成谭延闿回湘的氛围。②

进攻武汉前后，以唐生智为首的保定军校毕业的保定派将

① 《团湖南区委政治报告（三四月份）——赵恒惕倒台，唐、叶战争和我们的策略》（1926 年 5 月 5 日），《湖南革命历史文件汇集》群团文件（1926 年），第 180~181 页。
② 《团湖南区委政治报告——唐生智对蒋介石、谭延闿的态度及赵恒惕与吴佩孚、孙传芳的关系等》（1926 年 7 月），《湖南革命历史文件汇集》群团文件（1926 年），第 338~339 页。

领对总司令蒋介石越发不屑一顾。第七军、第八军和第四军第十师是保定派中的执牛耳者。此外,第二军军长谭延闿、第三军军长朱培德和第六军军长程潜对蒋介石也开始有所不满。① 显然,北伐伊始,因蒋介石和唐生智的权势争夺,国民政府各军事将领即在某种程度上分裂为以蒋介石和唐生智为首的两大阵营,中共也随之要考虑如何应对湖南及其以外的政治和军事集团,特别是对蒋介石和已在北伐中显示重要作用的新军事政治因素——唐生智采取何种政策。②

北伐开始不久,中共四届三中扩大会议对北伐中的国共合作等问题进行了讨论,决定对国民党采取"联合左派并中派向反动的右派进攻"的总策略,控制甚至有时扶助中派,以使之左倾。③ 这从根本上决定了中共在北伐开始后继续将北伐军事权系于被视为"中间派"领袖的蒋介石身上。与此同时,唐生智也被视为中派,争取唐生智也成为其中一项重要工作。④ 因此,随着唐生智的崛起及其与蒋介石冲突的发展,对

① 《加伦致中共中央、Г. Н. 吴廷康和张国焘的信》(1926 年 11 月 23 日),阿纳斯塔西娅·卡尔图诺娃编《来到东方:加伦与中国革命史料新编》,第 410 页;张发奎口述,夏莲瑛访谈及记录,胡志伟翻译及校注《张发奎口述自传——国民党陆军总司令回忆录》,当代中国出版社,2012,第 77 页。

② 布留赫尔:《北伐时期国民革命军中的派系》(1926 年 8—9 月),《联共(布)、共产国际与中国国民革命运动(1926~1927)》(下),第 389~390 页;亚·伊·切列潘诺夫:《中国国民革命军的北伐——一个驻华军事顾问的札记》,第 466~467 页。

③ 《中共中央局向中央执行委员会扩大会议的政治报告》(1926 年 7 月),中共中央文献研究室、中央档案馆编《建党以来重要文献选编》第 3 册,中央文献出版社,2011,第 271 页。

④ 李维汉:《回忆与研究》(上),第 66 页。

唐生智及蒋唐冲突采取何种策略成为中共面临的重要问题。

8月中下旬，北伐军兵分三路向湖北进发。9月初，唐生智部率先攻克汉口、汉阳，声望进一步提高。在此前后，蒋介石曾召集两湖国民党省党部执行委员和在湘的中央委员开联席会议，意在"借党以抑唐"。是时，苏联军事顾问也认为蒋介石"现在很弱"，应予以扶植。据此，为防止唐生智向右膨胀，湖南区委向中共中央提出在湖南与唐生智密切合作，在湖北则扶蒋以抑唐。① 对于湖南区委这一策略主张，中共中央同意在湖南与唐生智合作，但对在湖北采取"扶蒋抑唐"则不置可否。②

北伐军进入武汉后，唐生智实力迅速扩张，与蒋介石的权势冲突越发明显。唐生智利用掌控汉阳兵工厂之利，将所部第八军扩充至6个师，实际达28个团，按编制可称10个师，军械充足、精神统一，战斗力较强。第四军和第七军将领（同属保定军官系）亦与唐生智接近。③ 唐生智也在极力谋取同在湖北等地作战的粤军的最高领导权。此外，唐生智周围还有一些势力不大的盟友及部分粤军下级军官，极力争取保定军校同

---

① 《中共湖南区委报告——军事政治形势及国民党省代表大会》（1926年8月24日），《湖南革命历史文件汇集》省委文件（1923—1926年），第50~53页。

② 《湘区政治报告》（1926年9月7日），《中共中央文件选集》第2册，第366~367页。

③ 《中央局关于最近全国政治情形与党的发展的报告》（1926年9月20日），《中共中央文件选集》第2册，第240页。

学陈铭枢率领的第四军第十师的支持。[①] 总之，掌握湘鄂实权的唐生智渐有同蒋介石颉颃之势，竭力拉拢保定军校出身的各将领，将不满蒋介石的力量吸收到其周围，同时加强与中共及社会团体的关系。[②]

在湖北工作的中共中央代表张国焘也注意到，两湖克复后实力雄厚的唐生智地位高于其他北伐军各部队将领，表现得极为聪明，野心亦大，颇有与蒋介石竞争的雄心，并为此运用灵活手腕在各方面进行布置拉拢："他团结保定系，企图与黄埔系争一日之短长。他与汉口的日本领事馆来往甚密，其目的似在经由日本方面获得有利于他的情报。"与此同时，唐生智对苏联顾问也极力表示亲善，欲获得苏联方面的直接援助。[③]

唐生智的迅速崛起和扩张不仅引起蒋介石的疑虑，其他北伐将领亦有意对唐生智进行限制。唐生智部进入湖北后，第六军军长程潜对唐生智势力的扩张异常怀疑，主张联合第一、

---

① 《加伦致 И. С. 温什利赫特的电报》（1926 年 11 月 20 日），阿纳斯塔西娅·卡尔图诺娃《来到东方：加伦与中国革命史料新编》，第 391 页。

② 布留赫尔：《北伐时期国民革命军中的派系》（1926 年 8—9 月），《联共（布）、共产国际与中国国民革命运动（1926~1927）》（下），第 382~383 页。

③ 张国焘：《我的回忆》第 2 册，香港：明报月刊出版社，1973，第 549 页。据苏联顾问铁罗尼的报告，唐生智为与蒋介石抗衡曾向其请求：（1）鲍罗廷或加伦做其顾问，如鲍不可能，其他出任人员的地位不能低于鲍罗廷或加伦；（2）凡有关武器之供应，苏联须直接与其本人联络，不必经过国民政府；（3）苏联须给其经济援助。参见《铁罗尼 1926 年 10 月 30 日给鲍罗廷的报告》，转引自张光宇《第一次国共合作时期的国民革命军》，武汉大学出版社，1989，第 144 页。

二、三、六等各军以牵制唐生智。① 蒋介石在随军进入长沙后也意识到其地位危险，努力寻求中共及共产国际代表维持其总司令威信，但又继续放任右派的孙文主义学会攻击中共。② 尽管如此，中共中央认为蒋介石倒台后，继起的军事领袖未必比蒋介石好，且愈滋纠纷。③ 因此，中共策略的重点仍是争取蒋介石向左转，以巩固和加强左派。④ 为此，中共中央对广东地区日渐浓厚的"迎汪倒蒋"氛围进行纠正，批评驱除蒋介石将使国民政府发生极坏的影响，而且军事上继蒋介石而起的唐生智等人亦不可靠，"他们因现时反蒋，故行动较蒋左，恐蒋去后行动比现在之蒋还右"。⑤

稍后，中共中央进一步明确向广东区委指出迎汪精卫复职是"汪蒋合作"而非"迎汪倒蒋"，要继续维持蒋介石的军事首领地位，充实扩大蒋介石的实力，绝不主张其他军人"拥汪倒蒋"，因为以蒋介石所处的环境，有接受中共的忠告和主

---

① 《中共湖南区委军事报告——武昌战况及攻赣部署，湘西杂色军队归向国民政府，三军、六军及叶团情况》（1926 年 9 月 8 日），《湖南革命历史文件汇集》省委文件（1923—1926 年），第 67 页。按：程潜与谭延闿此前在湖南与赵恒惕争夺时曾与唐生智结下仇怨，相对而言自然更接近蒋介石。

② 《中央局关于最近全国政治情形与党的发展的报告》（1926 年 9 月 20 日），《中共中央文件选集》第 2 册，第 240 页。

③ 《中央通告（钟字）第十七号——对国民党中央扩大会议的政策》（1926 年 9 月 16 日），《中共中央文件选集》第 2 册，第 222 页。

④ 《谭平山在共产国际执行委员会东方书记处会议上的报告》（1926 年 9 月 23 日），《联共（布）、共产国际与中国国民革命运动（1926~1927）》（上），第 548 页。

⑤ 《中共中央给粤区的信——制订左派政纲，促成汪蒋合作》（1926 年 9 月 17 日），《建党以来重要文献选编》第 3 册，第 396 页。

张的可能。① 所谓其他军人"拥汪倒蒋",自然包括与蒋介石冲突最严重的唐生智。

图 2-1　国民革命军第八军军长唐生智

然而,中共也注意到唐生智过去虽无革命历史,但也没有比蒋介石更反动的事实,各方面表现甚至比蒋介石良好。尤其是武汉之役,蒋介石表现得极为糟糕。在中共中央看来,进攻湖北之战,"起初决定由第四军、第七军和第八军攻打岳州和

---

① 《中央给广东信——汪、蒋问题最后的决定》(1926 年 9 月 22 日),《中共中央文件选集》第 2 册,第 261 页。

湖北，但这些军队行至半路，蒋介石改变了计划，强令唐生智转向，过江去用第八军攻打汉口和汉阳（因为汉阳的龟山是一个最重要和最难攻的战略要地），而他本人选择了一个他自以为最轻松的任务——攻打武昌。结果却是唐生智夺取了胜利，蒋介石被抛到一边，一气之下到了江西"。① 而且，对于当时各将领派系之间的矛盾冲突，中共中央认为现时的军人，如权力集中在一人之手，反而更有右倾危险，决定对蒋介石和唐生智的冲突不去助长，也不去消灭，只维持其平衡：对于唐生智势力之强大，不在如何限制而在包围使其不反动，同时有条件地维持蒋介石能与之对抗，在此平衡的维持中促使二者更多进行革命工作。②

与此同时，中共中央正式对湖南区委提出的"扶蒋抑唐"策略进行否定和纠正，明确指出"扶蒋抑唐"策略无论在湘在鄂均不可取，对以唐生智为代表的保定系将领的根本策略只能用宣传包围工作使之左倾，不能以抑制为原则："我们不能

---

① 《加伦致中共中央、Г.Н. 吴廷康和张国焘的信》（1926 年 11 月 23 日），阿纳斯塔西娅·卡尔图诺娃编《来到东方：加伦与中国革命史料新编》，第 413 页。按：中共中央对武汉战役指挥部署的这一了解与具体实际有一定的差异，详见本书第四章第一节。中共中央这一认识和判断的来源或与湖南区委的报告不无关系。10 月中旬，湖南区委报告称武汉之役，蒋介石以总司令名义坐镇指挥第四、七、八军等数万劲旅进攻，并亲自指挥攻城，图先得武昌以扬眉吐气，调唐生智渡江攻汉口、汉阳。结果唐生智冒险攻下两汉，而武昌在围困一个多月后，是在第八军加入后始得以攻破。参见《湘区书记报告——江西战事、湘鄂政治情况与党的政策》（1926 年 10 月 22 日），《中共中央文件选集》第 2 册，第 297 页。
② 《中央局关于最近全国政治情形与党的发展的报告》（1926 年 9 月 20 日），《中共中央文件选集》第 2 册，第 240 页。

肯定地说他（唐生智）完全投机而毫无希望。或许说唐表现之好是为对抗蒋而然，我们亦只能维持实力派间对抗的均势，不使造成一人的军事独裁局面，绝不是无条件的抑唐助蒋。若果我们未拿住蒋先失了唐，是大大的失策。"[1]

显然，与湖南区委"扶蒋抑唐"策略中"扶蒋"与"抑唐"的截然对立不同，中共中央的有条件"助蒋"与"抑唐"并不是非此即彼的关系。亦即对北伐开始后表现比蒋介石更好的唐生智并不采取排斥态度，而是试图通过"包围"的策略使之左倾。据此，对湖北问题，中共中央主张按照中央与地方的权限予以分开，地方归唐生智支配，中央方面归蒋介石。中共中央对蒋介石的扶助条件是蒋介石只管军权，将政权、党权交出，请汪精卫复职出任政治及国民党的领袖。对此，中共湖南区委讨论后认为，唐生智在事实上已经是湖北的统治者，蒋、唐势力在湖北的均衡已不成为问题。因此，在湖北应以民众自由与利益为条件向唐生智让步，并与其合作，对湖北政权、军权不妨绝不过问。而在湖南省政府方面，更应与唐生智及其信任的湖南省政府建设厅厅长邓寿荃发生关系。[2]

在此政策下，为避免蒋介石与唐生智等"小军阀"在权力上的冲突，中共中央认为分权是避免冲突的一条出路，主张将湖北等地方的军队及财政与中央分开，地方归唐生智支配，

---

① 《中央复湘区信——关于湖南军事、政治、民众运动的策略和党的工作》（1926 年 9 月 27 日），《中共中央文件选集》第 2 册，第 362~363 页。

② 《中共湖南区委政治报告——蒋、唐及蒋、汪关系，两湖军政形势以及区委的政策意见》（1926 年 9 月 20 日），《湖南革命历史文件汇集》省委文件（1923—1926 年），第 70~72 页。

中央方面归蒋介石，使地方军事领袖不至于因蒋介石为中央军事领袖而顾虑自身地位，同时引导蒋介石准备更远大的革命工作，以维持其军事领袖地位。[①] 9月中旬，因唐生智事实上已成为湖北的统治者，无力在湖北与唐生智争夺的蒋介石决定东下入赣督战，另谋发展。[②] 对于蒋介石东下另开新局后的发展动向，中共中央认为蒋介石"日向左倾"，继续对其予以极高重视。[③]

在蒋唐矛盾凸显的过程中，唐生智不时表示"蒋已疲"，"应休息"，流露出取代蒋介石出任军事首领的愿望。与此同时，唐生智的政治态度尚未彻底明确，甚至有所动摇。[④] 是时，孙传芳试图利用蒋唐之争拉拢唐生智，以牵制蒋介石向江西等长江下游地区进军。[⑤] 10月初，武汉完全克复后，唐生智以鄂西、河南境内的北洋军仍思蠢动，"一致协以谋我"，亦欲与孙传芳妥协谈和。尽管如此，唐生智对湖南民众的态度未变，但对蒋介石颇为不满，且不听命于蒋，对湖北则志

---

① 《中央给广东信——汪、蒋问题最后的决定》（1926年9月22日），《中共中央文件选集》第2册，第262页。

② 据陈公博的描述，面对唐生智咄咄逼人的气焰，蒋介石愤而说道："我们到江西去，我们不要两湖了，最多我们不得了便回广东。"陈公博：《苦笑录》，东方出版社，2003，第57页。

③ 《中央给粤区的信——时局变动与我们对于汪、蒋问题之新决定》（1926年10月3日），《中共中央文件选集》第2册，第263页。

④ 《中共军事特派员一飞的报告——江西战事概况及军政各派系对战事的态度》（1926年10月23日），中央档案馆、湖北省档案馆编《湖北革命历史文件汇集》省委文件（1926—1927年），1983，第9页。

⑤ 《潘连茹电阎锡山》（1926年10月7日）、《潘连茹电阎锡山》（1926年10月7日），台北"国史馆"藏，档案号：116-010101-0034-137、116-010101-0034-142。

在取得财政及兵工厂，以为扩充所部第八军之饷械来源，而于国民政府及国民党中央则欲取得一席，以提高政治上的地位。①

10月底，苏联军事顾问鉴于唐生智和孙传芳有联合的可能，如果蒋介石在江西的战事失败，唐生智和孙传芳势必会妥协，决定要唐生智迅即向鄂东南武穴方向出动，使其与孙传芳彻底决裂。同时，设法使唐生智和蒋介石不发生冲突。② 尽管蒋介石认为唐生智的势头"令人担忧"，但面对孙传芳对唐生智的拉拢和策反，唐生智有意与孙传芳缔结和约的情形，为保证唐生智与国民政府合作，蒋介石决定对唐生智让步，将湖南和湖北交给唐生智负责。③ 与此同时，中共湖南区委也认为全国政局应集全力于江西战场，唐生智应出兵两师入赣作战。为此一方面通过民众团体电请唐生智出兵江西，同时利用唐生智向国民党湖南省党部筹助军饷的机会，让省党部催促其出兵。④ 唐生智对中共方面的要求亦予以积极回应，表示"卓见至

---

① 《湘区书记报告——江西战事、湘鄂政治情况与党的政策》（1926 年 10 月 22 日），《中共中央文件选集》第 2 册，第 298~299 页。

② 《湘区报告（一）——对长江下游各省策略及蒋、唐、汪关系问题等》（1926 年 10 月 30 日），《中共中央文件选集》第 2 册，第 303 页。

③ 1926 年 10 月，在北伐军第一次进攻江西遭遇失利后，唐生智即表示赞成停止与孙传芳之间的战争，建议在江西划出一个缓冲地带。《加伦的电报第 93 号》（1926 年 10 月 6 日）、《加伦的电报 97 号》（1926 年 10 月 8 日）、《加伦致中共中央、Г. Н. 吴廷康和张国焘的信》（1926 年 11 月 23 日），阿纳斯塔西娅·卡尔图诺娃编《来到东方：加伦与中国革命史料新编》，第 384、389、421 页。

④ 《湘区书记报告——江西战事、湘鄂政治情况与党的政策》（1926 年 10 月 22 日），《中共中央文件选集》第 2 册，第 299 页。

佩"，将责令第四军和第八军加入江西方面作战。①

在与唐生智关系日益密切的过程中，中共在湖南的工作颇见成效。湖南区委 11 月报告，区委每星期可增加党员百人。与此同时，工农运动亦得到长足发展。工人有组织者达 14 万（长沙占 12 万），长沙组织起 300 人的工人纠察队，预备扩大到 500 人，并接受了部分军事训练。② 此外，有农民协会组织的县达到 55 个，全省区农协达 462 个，乡农协达 6867 个，农协会员多达 136 万人。③

湖南的中共地方党组织也尽量维护唐生智在国民党湖南省党部的地位。是时，改组后的国民党湖南省党部除中共党员 12 人外，余多系左倾分子，基本上接受中共湖南区委的主张和领导，尤其是省党部中的左派因中共有民众基础且与唐生智接近，对中共颇为敬畏，湖南区委在对其工作中则注意引导左派分子接近唐生智，而非指挥唐生智。④ 11 月初，湖南省政府酝酿改组。在此过程中，唐生智不重视国民党的力量而欲直接

---

① 《湘区报告（一）——对长江下游各省策略及蒋、唐、汪关系问题等》（1926 年 10 月 30 日），《中共中央文件选集》第 2 册，第 304 页。事实上，蒋介石为避免唐生智染指江西，一开始即拒绝第八军东下，又不调驻武昌之第四军增援，尚欲与唐争领湖北，以致江西战事几陷于险地。

② 《颜昌颐报告湘鄂情形》（1926 年 11 月 9 日），《中共中央文件选集》第 2 册，第 313 页。

③ 夏曦估计，至 1927 年 3 月，湖南省有组织的民众约在 300 万以上，其中，农协会员 200 万，工会会员 40 万，能影响的民众在 1500 万以上。夏曦的判断或较为乐观，但大体反映了湖南工农运动的迅猛发展。《湖南政治党务报告》（1927 年 3 月 13 日），台北原中国国民党党史馆藏，档案号：汉 12880。

④ 《湖南十月份民校运动报告》（1926 年 11 月），《湖南革命历史文件汇集》省委文件（1923—1926 年），第 123 页。

与中共湖南党组织方面来往。中共湖南区委判断唐生智是试图借助中共的力量以造成其清一色的省政府,决定在不卷入省政府改组旋涡的前提下,一方面与唐生智等人发生直接关系,另一方面表示尊重国民党湖南省党部,尤其对有可能加入政府之左派及准左派给予积极支持。为此向唐生智笼统表示希望改组后的省政府能够拥护民众利益,继续革命工作。①

11月初,北伐军克复南昌后,蒋介石有意组织军事委员会,取消北伐军总司令。唐生智对此极为积极,欲趁此取消蒋介石的军事"狄克推多"局面。湖北区委对唐生智的这一态度也予以支持。鉴于各将领之间关系不融洽,尤其是蒋唐矛盾的加剧,地位、权力等的分配皆成问题,措施稍不注意,即生危险,中共继续极力避免北伐军内部发生冲突,巩固国民党左派的地位。②为消除北伐军内部的地盘冲突,中共中央认为应在北伐军肃清江西残敌后,赞成和支持蒋介石继续东下,"不得江苏亦须得浙江",蒋介石占据闽浙赣等省后也可自成一个局面,不必再回汉口与唐生智冲突,回广州与汪精卫冲突。③

然而,在蒋唐冲突的加剧过程中,广东方面对唐生智的态度越发糟糕,认为唐生智比蒋介石更不可靠,是将来"最不

---

① 《湘区报告(二)——对唐生智及湖南政治的对策》(1926年11月),《中共中央文件选集》第2册,第304页。

② 《共产国际执行委员会远东局委员和中共中央执行委员会委员联席会议记录》(1926年11月10日),《联共(布)、共产国际与中国国民革命运动(1926~1927)》(上),第622页。

③ 《中央局关于全国政治情形及党的策略的报告(十、十一月份)》(1926年12月5日),《中共中央文件选集》第2册,第365页。

可靠最危险的人物"。是时,在鲍罗廷的影响下,广东区委的工作基本围绕国民党展开。因此,不仅国民党及国民政府对唐生智采取疏远、抑制态度,广东区委内的许多共产党员也持"扶蒋抑唐"主张,认为积极迎汪精卫复职或打击蒋介石,会中唐生智倒蒋之计。中共中央批评这一认识是极大的错误,是还未完全打破以蒋介石为中心的观念,明确指出在军队中的工作要打破革命只有一个独裁者的幻想,重申对唐生智应取包围而非抑制的办法,要运用个人的亲密接触、民众的组织力量、苏联同志的影响等办法使其左倾。对于采取这一政策的理由,中共中央分析道:

1. 本来一个人并无什么固定的好坏,除非是如李福林、杨希闵等绝对不可救药者外,其余怀抱野心英雄主义的军人,只要我们的策略应付得好,均可使他在革命过程中多发生些作用……若说唐生智为人阴险投机,则蒋介石不又比唐更阴险狠毒吗?三月二十日事变他竟可以做得出来!说到投机,又有几个军事领袖不带点投机色彩呢?问题只在我们能否引导他,范围他这种投机倾向是向革命道上走。

2. 我们唯物主义者是只看事实不问心理。说蒋比唐更革命些的证据我们一点也看不到;湘区的报告,蒋最近因军事的失利,表面表示很左倾,但我们没有听着他远离孙会分子的事实,而且处处还发现他对左派及我们的防闲捣鬼。至于唐呢,在一切的民众运动中,他的态度都表现得很好，并没有积极压迫民众的事实。所以从眼前的事实看，唐是比蒋更表现得好些。我们自然不是就梦想唐已经是彻底的革命者，我们把一切工作都建筑在他身上，而是照唐此种态度，我们更容易发展民众，民众的力量增大，同时更可促进唐的左倾而不惧唐的反动（因为我们并不以唐为工作主体而是以民众为工作主体）。所以倘使我们现时说唐的态度是假的，不对唐作工，又幻想蒋比唐要好一点，这是非常之大的错误。

3. 国民党及国民政府对唐现时所取之冷淡防备态度，是要使唐愈对党及政府生恶感，倘使他将来真正反动，应该说完全是国民党及国民政府逼起他反动，因为逼得他没有办法只有找反动的出路。好在唐现时不满意蒋，不满意国民政府，还是向左的反对，正有可以引他为善的机会，我们不能再忽视。我们倘使要责备唐对国民政府过于轻视，说他把持湘、鄂的政权，则我们先就要责备蒋介石。蒋何尝尊重国民政府？总司令权力在国民政府之上，蒋在K. M. T. 这样久的历史尚且如此，唐在党的历史甚浅当然不足深责。

4. 唐对蒋及K. M. T. ，国民政府的轻视态度……不能说他没有理由。现在蒋介石目中何尝有一个党，一个政府？党及政府都是他用来统治别人的法宝，他的手段又太不高明，这怎能叫唐生智尊重党及政府呢？……

5. 所谓"扶蒋抑唐"的政策，许多同志表面虽已不说而观念尚有此倾向，甚至还没有完全打破以蒋为中心，以蒋为唯一独尊者的观念。这自然不是就粤区全体同志说，不过粤区负责同志更为注意纠正此种倾向之发生。①

不唯如此，对于唐生智想要在国民政府及国民党中谋求政治地位的诉求，中共中央认为也应予以满足。国民政府及国民党应该承认唐生智势力的客观存在，"万不可再照老蒋的小孩子办法，留下邓演达、陈公博和他争权"，事实上又绝对不能发生影响，只能引起唐生智的反感和厌恶。同时，蒋介石专制的局面必须改变，而汪精卫如能回来主持国民政府，自能使唐生智对国民党及国民政府的关系更好一点。②

当时，中共中央远在上海，而国民党中央在广州，中共在国民党内的工作实际上主要是由鲍罗廷指示广东区委在领导。对于中共中央的批评和指示，广东区委虽委婉表示接受，但辩解称对于唐生智问题，国民党及国民政府自有其策略，广东区委不能代其负责，区委自身无丝毫抑制唐生智的观念与事实。如果有之，无论是否负责同志，区委当按照中央训令纠正。③与此同时，张国焘也表示"扶蒋抑唐"政策决不可用，但亦不可露出"拥唐倒蒋"的痕迹，主张"包围"唐生智并施加

---

① 《中共中央给粤区的信——关于汪精卫复职问题及对唐生智态度等》（1926 年 11 月 9 日），《建党以来重要文献选编》第 3 册，第 455～457 页。

② 《中共中央给粤区的信——关于汪精卫复职问题及对唐生智态度等》（1926 年 11 月 9 日），《建党以来重要文献选编》第 3 册，第 457 页。

③ 《粤区政治报告（一）——汪复职问题，对唐策略，国民政府迁移问题》（1926 年 11 月 23 日），《中共中央文件选集》第 2 册，第 350～351 页。

"左派的影响"。在张国焘看来，要拉拢唐生智，除国民政府
及国民党要巩固，两湖地区民众运动要发展外，国民政府须设
法拉住冯玉祥以对唐生智。唐生智不信任国民党及国民政府，
轻视国民党的力量，惟对汪精卫较有好感。[①]

　　实际上，不仅湖南和广东区委存在"扶蒋抑唐"倾向，
部分在华的苏联顾问亦持这一主张。1926 年 11 月下旬，针对
张国焘批评"扶蒋抑唐"政策，要求对唐生智采取"包围"
策略一事，苏联驻华军事总顾问加伦表达了强烈的反对意见。
在加伦看来，唐生智部第八军倒向国民党和国民政府是为了谋
取私利并提高自己的地位。[②] 加伦强调，唐生智是一位狡猾的
军人政客，而非革命者和具有远大眼光的政治家，"不是为
革命的冲动来与左派要好"，"他的同盟者到处都可以找到
的，从左派直到日本"，一旦唐生智地位稳固，其对中共的
策略就要改变。"如果蒋介石做了一次大错误使唐的同盟者
增多起来，就会到这个地步。"加伦认为限制唐生智的权限
客观上并无错误，因为这会造成一种局势：迫使提出统一财
政于国民政府的问题，迫使创立统一的饷源以做到军队的统
一。统一军队、统一饷源、统一财政，即等于将权力收回国

---

① 《颜昌颐报告湘鄂情形》（1926 年 11 月 9 日），《中共中央文件选集》第
　 2 册，第 309~310 页。据中共中央的说法，唐生智对国民党、国民政府
　 的这一态度源于其最初向国民政府接洽时，许多人均对其不信任，只有
　 汪精卫主张允许。参见《中共中央给粤区的信——关于汪精卫复职问题
　 及对唐生智态度等》（1926 年 11 月 9 日），《建党以来重要文献选编》第
　 3 册，第 456 页。

② 《加伦致 И.С. 温什利赫特的电报》（1926 年 11 月底），阿纳斯塔西娅·
　 卡尔图诺娃编《来到东方：加伦与中国革命史料新编》，第 426 页。

民政府手中。据此，加伦提出对唐生智策略的原则：唐生智是需要的，需要其有必需的力量以抗衡蒋介石，并借助其力量来控制蒋介石。为此，唐生智应当在军事委员会、国民革命军和国民政府中占有一席之地。但唐生智的势力应该有个限度，必须将其置于蒋介石的控制之下，不能使其从对抗蒋介石的力量变成对抗国民政府的力量。这是确定对唐生智的态度并给予他支持的出发点。① 显然，加伦的策略仍是坚持以蒋介石为中心。

　　加伦提出这一策略和原则的出发点是基于对唐生智的不信任。对于中共中央所指出的，从许多事实看唐生智比蒋介石革命性强这一问题，加伦承认蒋介石并非始终如一的伟大革命者，但是蒋唐二人相比较，"不认为眼下唐对国民革命运动来说就更好、更有用"。为此，加伦提醒中共中央和共产国际远东局代表要对唐生智保持警惕并加强了解："我们不仅准备让唐生智在国民革命军中而且要在政府中担任显要职位，这样就应当了解他的所有情况和他的价值。我不相信他对革命的忠诚：难说他具有革命者的素质，因为他一边与我们的同志交往，同时又与日本人眉来眼去，在司令部设宴款待他们。应当保留唐这个人，又必须迫使他不妨碍革命工作。应该把唐放到一个有利于他在

---

① 《加同志对于国民政府迁移及对唐生智政策意见》（1926 年 11 月 22 日），《建党以来重要文献选编》第 3 册，第 483～485 页；《加伦致中共中央、Г. Н. 吴廷康和张国焘的信》（1926 年 11 月 23 日），阿纳斯塔西娅·卡尔图诺娃编《来到东方：加伦与中国革命史料新编》，第 412 页。

国民革命运动中发挥作用的客观环境里。"①

对于加伦限制唐生智的主张和建议,中共中央明确予以反对,认为其对唐生智的策略"非常之错",完全将唐生智看作敌人,理由是:第一,目前时局仍然严峻,革命阵营内部不能发生问题。第二,北伐军内部各军都相差不远,不能简单地说谁是革命的,谁不是革命的,更不能帮助甲制裁乙。这不但实际上不可能,而且在立场上也不应如此。第三,各军本应受政府及国民党的制裁,但此时除蒋介石外并不存在所谓的政府和党,不应再帮助蒋介石如此横行。针对加伦指称的唐生智独立行动、狡猾,不是一个革命者等问题,中共中央亦悉数予以反驳,指称蒋介石在这些方面均较唐生智有过之而无不及,"唐生智固然是想利用我们反抗蒋以巩固其地位,而蒋又何尝不是利用你削弱唐以达其专政之目的呢?"而且,唐生智还不像蒋介石一派人"有中国革命只许一党存在的成见"。最后,中共中央不无指责地劝诫加伦要尽快改变见解,提醒其久在蒋介石处工作,已经被环境所蒙蔽,完全是站在蒋介石方面说话,希望其从中国革命全局上打算,勿专为蒋打算,切勿幻想中国的革命军事势力可以集中统一。"如果军事势力愈集中统一在任何人手中,都必然去民主政治愈远,屠戮民众及我们将愈快愈利害……"②

---

① 《加伦致中共中央、Г.Н.吴廷康和张国焘的信》(1926年11月23日),阿纳斯塔西娅·卡尔图诺娃编《来到东方:加伦与中国革命史料新编》,第408、424页。

② 《中共中央复加同志的信——关于对唐生智、蒋介石的态度和政策》(1926年12月9日),《建党以来重要文献选编》第3册,第482~483页。

　　从上述争论中不难发现在北伐的发展过程中，中共中央对唐生智的观感和评估逐渐优于蒋介石。① 一方面，从实力上看，至 1926 年冬参加北伐的各军以唐生智第八军实力最雄厚，第一、二、三、六军之总和始能及第八军，且湘、鄂两省实权主要掌握在唐生智手中。然而，蒋介石对唐生智的政策是仍处处想以总司令权力限制唐生智，不顾及事实能否做得通（如初到长沙时即拟以总司令部支配湘中民政、财政，赴江西前又让陈公博、邓演达留汉口与唐争湖北政权）和产生的坏影响，同时影响到国民党及国民政府对唐的政策亦不好，随处表现对唐生智的不信任和抑制态度，以致唐生智指称"K. M. T. 就是蒋介石，蒋介石就是 K. M. T."，"K. M. T. 都是一般小孩子胡闹"，"K. M. T. 没有力量"。如果蒋介石对唐生智及各军的态度仍保持其"阴很（狠）嫉刻偏见，决难为各军所容"。②

　　蒋介石对中国共产党虽然亦极力表示亲近，对民众宣言演说也非常革命，但并未见其排除部下贪污腐化的浙江人，远离反共的孙文主义学会右派分子，其军队仍不免腐化无战斗力，"这般腐化的军队，任意摧残民众自由……又何能牺牲民众以扶助老蒋"，"我们虽毫无倒蒋之意，愿意助蒋。而蒋能否长在革命战线上，就看他自己觉悟与努力了"。相形之下，唐生

---

① 据苏联方面的报告，在中共中央 1926 年 11 月的一份报告中，蒋介石被说得一塌糊涂。《K. E. 伏罗希洛夫致加伦的信》（1927 年 1 月 7 日），阿纳斯塔西娅·卡尔图诺娃编《来到东方：加伦与中国革命史料新编》，第 439 页。

② 《中央局关于全国政治情形及党的策略的报告（十、十一月份）》（1926 年 12 月 5 日），《中共中央文件选集》第 2 册，第 374 页。

智的表现的确很左倾，而且唐生智不满意于蒋介石，并不是站在右派方面反对蒋介石，而是由左反蒋，特别尊重左派领袖汪精卫，尚不妨害民众的自由。据此，中共中央进一步坚定对唐生智采取"包围"而非"抑制"的策略，决定"用明了的同志和他亲密的接触，改变他的观念；发展民众的势力，影响他的左倾；引导他与苏联接近，使他认识世界革命的援助"。① 显然，随着中共中央对蒋介石由失望而转向消极，其对唐生智的策略走向积极。

三 短暂的"蜜月期"

加入国民革命伊始，唐生智就极力与中共接近，认为国民党没有力量而中共力量大，寻求加强与中共的合作。② 北伐开始不久，唐生智即做出"面向农民"的转变，宣布广东关于成立农会的法令对湖南有效，并建议共产党人在其掌控的湖南全省开展政治工作（包括革命舆论上反对蒋介石的斗争）。③ 唐生智善于抓住时髦的口号，努力显示其左派的观点，证明自

---

① 《中央局关于全国政治情形及党的策略的报告（十、十一月份）》（1926 年 12 月 5 日），《中共中央文件选集》第 2 册，第 374~376 页。

② 唐生智对中共的好感和重视应是其与中共合作的基础。他对部属直言国民党"不严密"，而中共是统一的政党，党员都能听从党的命令。参见《伴唐总指挥赴武穴督战记（一个同志的日记）》，1926 年 11 月 1 日，中央档案馆编《北伐战争（资料选辑）》，第 7 页。

③ 《共产国际执行委员会远东局使团关于广州政治关系和党派关系调查结果的报告》（1926 年 9 月 12 日），《联共（布）、共产国际与中国国民革命运动（1926—1927）》（上），第 477 页。

己是"最正统的国民党左派",自命为北伐军中"共产主义思想的最忠实代言人",与中共湖南、湖北区委及汉口工会等各方维持友善关系。① 为加强与中共方面的关系,唐生智甚至向湖北区委书记彭泽湘"交心",表示自己绝对要做一个左派的革命党,"不过在党的历史太短,工作太少,兵力较多,自不免令人怀疑,当在事实上之努力,以释群疑"。② 在对民众演讲时,唐生智极力表示支持民众运动的态度,声言"现在革命时代,无所谓法律,人民即是法律"。③ 与此同时,唐生智亦欲联苏,积极与鲍罗廷联系,对苏联顾问优礼有加,宣称所部第八军是"世界革命的军队"。④

唐生智的言行表现,让其政治立场与派别归属变得日益模糊。因与中共关系密切,唐生智甚至被外国人视为"地道的共产党将军"。⑤ 但是,鉴于北伐开始后中共中央政策的重点是争取"中派领袖"蒋介石,两湖地方党组织对于唐生智加强合作的请求在相当长一段时间内采取敷衍态度。⑥

① A. B. 巴库林:《中国大革命武汉时期见闻录》,郑厚安等译,中国社会科学出版社,1985,第3、8页。
② 《中共湖北区委书记政治报告——唐、蒋对湖北政治的态度及湖北省政府成员名单》(1926年10月25日),《湖北革命历史文件汇集》省委文件(1926—1927年),第25页。
③ 《全国一致声讨唐生智》(1927年10月26日),台北原中国国民党党史馆藏,档案号:部12802。
④ 李维汉:《回忆与研究》(上),第60页。
⑤ 安娜·路易斯·斯特朗:《千千万万中国人——一九二七年中国中部的革命》,王鹿鹿等译,中国社会科学出版社,1985,第176页。
⑥ 湖北区委书记彭泽湘由此认为中共中央采取"扶蒋抑唐"策略,此显系误解。彭泽湘:《自述》,《党史研究资料》1983年第1期,第3页。

1926 年 11 月，南昌克复后，中共中央认为必须立刻迎汪精卫回国，成为左派的中心，建立左派政权，如左派政权不建立，即是让唐生智等以武力去蒋，对革命前途影响更坏。[①] 与此同时，国民政府迁都武汉的呼声日益强烈，中共中央判断此系以蒋介石为首的国民党中派阻止汪精卫回国复职的策略，同时借以抑制唐生智，"非常不妥"，必须予以反对。[②] 在中共中央看来，国民革命内部的危险和艰难极为严重，在政策上要努力使蒋介石与汪精卫、唐生智及各军之间的冲突减少，集中力量准备反奉战争。否则，国民政府迁都武汉必会引起严重纠纷。而蒋唐关系要弄好，须蒋介石"停止唯一首领之幻想"，同时确定唐生智在国民政府中的一定地位。[③]

此后，唐生智的言论进一步左倾，所说之话亦极为透彻，能认识自己是初上政治舞台的人及所处的环境，"能说出军队是一把刀，这把刀的刀把是政治的立场，是党，是群众；我现在要革命就寻找这刀把"，希望中共勿将其视为短期的革命工具。对于唐生智的左倾，中共中央保持了相当的谨慎，认为一方面固然是革命高潮所激荡，另一方面则是唐生智自身地位艰

---

① 《中共中央给粤区的信——关于汪精卫复职问题及对唐生智态度等》（1926 年 11 月 9 日），《建党以来重要文献选编》第 3 册，第 453 页。

② 《对于目前时局的几个重要问题（一九二六年十一月九日中共中央局与共产国际远东局讨论所得的意见）》，《建党以来重要文献选编》第 3 册，第 450~451 页。

③ 《中央局关于全国政治情形及党的策略的报告（十、十一月份）》（1926 年 12 月 5 日），《中共中央文件选集》第 2 册，第 378~379 页。

难所迫。此外，唐生智加入国民党历史短，在国民党及群众的支持等方面远不及蒋介石，这些因素都促使其接近中共以增强自身实力。在中共中央看来，当时革命军三个重要将领中，蒋介石是明显的言行不符，冯玉祥是言行相符，唐生智则是还看不定。不过即使唐生智一时左倾，"其英雄的习气，腐败的部下"也易使其发生反复。据此，中共中央决定不能因唐生智言论之左而对其存过分的希望，但也不能使其走向反革命之路，应着重引导唐生智在事实上进行革命的工作，并向唐生智明示对其的态度与希望：（1）中共及苏联同志自始即承认其是革命者而尽力赞助；（2）望其仍站在国民党内与左派合作，与蒋介石合作，合作讨伐奉军；（3）为革命须不反对农民运动，赞助湖南农运；（4）军事上注意质量的提高，加紧训练，既免专从数量发展所引起的猜忌，又可减轻饷费，须设训练的学校；（5）财政问题上中共因所处的地位不能直接相助，但愿予以间接的帮助。然而，对于唐生智提出在其军队中开展秘密组织工作，中共中央认为这将会使军队发生分化，予以拒绝，"只助唐作政治教育，提高他们能够革命"。① 显然，中共虽承认唐生智的"革命者"身份，并开始迈出联合唐生智的重要一步，但亦清楚其亲共的政治行为并无赖以支撑的思想政

---

① 《唐生智言论之左倾与我们对唐应取策略》（1926 年 12 月 9 日），《建党以来重要文献选编》第 3 册，第 485~487 页。在华工作的苏联人巴库林谈及唐生智曾试探性地建议中共将农民协会组织为几个师的军队，在其军队中成立中共秘密组织，条件是中共帮助其从政治上和财政上整顿其事业，但被中共拒绝。A. B. 巴库林：《中国大革命武汉时期见闻录》，第 8 页。

治基础。

与此同时，中共湖北区委在中共中央的许可下与唐生智就双方的进一步合作进行接洽谈判。唐生智表示接受中共的政治领导，支持湖南的工农运动，并指示代理湖南省主席的张翼鹏接受中共湖南区委提出的撤换湖南各县长的要求，同时将蒋介石任命的北伐军前敌总指挥部政治部主任改由中共党员接替，各军成立政治部，亦由中共派员主持。此外要求派遣苏联军官出任所部军事顾问。[①] 在湖南政治党务上，唐生智亦接受共产党人主导的国民党湖南省党部的要求和主张，指出当前农村中的纠纷问题"是民主势力与封建势力争斗之现象，为国民革命中应有之事"，政府必须帮助农民解决此问题发生之原因。为此，唐生智指示张翼鹏须使湖南省政府"完全建筑于党的基础之上"，"农民运动须充分发展"，省党部与地方行政长官应对农运加强"指导"，对破坏农运之"土豪劣绅及一切反动派均须用革命手段肃清"。[②]

鉴于唐生智掌握有一支庞大的军事力量，更重要的是在对蒋介石越发不信任的情况下，中共中央对反对蒋的国民党左派军事力量寄予了极大的希望。在中共中央的许可下，湖北区委书记彭泽湘应唐生智之请，取代亲蒋介石的刘文岛出任第八军

---

① 彭泽湘：《自述》，《党史研究资料》1983年第1期，第3页。

② 周小青辑注《唐生智重要言论选录》，《唐生智先生诞辰一百周年纪念专辑（1889—1989）》，第214~215页。

和北伐军前敌总指挥部政治部主任。^① 1927 年 4 月初，武汉国
民政府任命蒋介石为国民革命军第一集团军总司令、冯玉祥为
第二集团军总司令；何应钦为第一集团军第一方面军总指挥、
程潜为第二方面军总指挥、李宗仁为第三方面军总指挥、唐生
智为第四方面军总指挥，统归第一集团军管辖。由此，唐生智
部以第八军为基干扩编为三个军，辖李品仙第八军（该军军
长起初仍为唐生智兼，4 月底李品仙始升任军长）、何键第
三十五军及刘兴第三十六军。中共方面又陆续派出王基永、李
亚农、谭因等党员出任唐部各军、师政治部主任。^② 在反蒋的
共同目标下，中共与唐生智的合作进入更高的层次和更广的
范围。^③

---

① 《邓演达电蒋中正据报唐生智决定政治部改以夏煦或彭泽湘继任》（1926
年 11 月 20 日），台北"国史馆"藏，档案号：002-080200-00008-060；
彭泽湘：《自述》，《党史研究资料》1983 年第 1 期，第 3 页。此处夏煦
当为夏曦之误。据时人的观察，唐生智言行中确实不时流露出对刘文岛
负责的第八军政治工作不满意。参见《伴唐总指挥赴武穴督战记（一个
同志的日记）》，1926 年 10 月 30～31 日，中央档案馆编《北伐战争
（资料选辑）》，第 6 页。事实上，中共和苏联顾问对唐生智这一请求亦
顾虑唐会在其与苏联或国民党关系方面要求彭泽湘提供帮助，一开始即
主张彭泽湘以个人名义（而非代表中共）含糊答应唐生智的请求，不必
告知唐生智此事系中共中央同意，以免唐要求偶有不遂，即怨及彭及中
共。参见《特立自汉口来信——关于军事、政治、党务工作情况》
（1926 年 10 月 25 日），《湖北革命历史文件汇集》省委文件（1926—
1927 年），第 18 页。
② 《国府军事委员会上中执会呈》（1927 年 5 月），台北原中国国民党党史
馆藏，档案号：汉 3467。
③ 据部分当事人的忆述，唐生智甚至向中共提出入党的问题，被中共以
"暂不适宜"婉拒。张国焘：《我的回忆》第 2 册，第 548～549 页；彭述
之口述，程映湘、高乐达编撰《彭述之回忆录》（下），香港：天地图书
有限公司，2016，第 160、180～181 页。

1927 年初后，随着中共及国民党左派与蒋介石在迁都之争上的矛盾加剧，武汉方面以限制和削减蒋介石权力为目标的反蒋运动日趋明显，尤其是在鲍罗廷联合反蒋势力的策略指导下，中共"联唐反蒋"态度逐渐公开化，"联唐"政策进入实质性阶段。[1] 然而，双方的联合主要是出于反蒋的政治谋略，而非政治主张或认同上的一致，缺乏合作的基础与前提。对于影响双方关系走向或稳定较具决定性的唐部军队中的工作，中共自始即决定不开展组织工作，更是极大地限制中共在双方关系发展中的影响力。

值得注意的是，尽管此时共产国际方面已将唐生智视为国民革命军中力量最强的同路人，但所获得的关于唐生智的材料仍是严重地互相抵触。[2] 尤其是在华的军事总顾问加伦始终认为唐生智是一个不可靠的人，"他不是革命者，在关键时刻会背叛革命。唐生智在军队中也不受欢迎。如果武汉企图依靠唐生智，这正好就会成为蒋介石手里反对武汉政府的一张王牌"。[3]

此后，唐生智在巩固自身实力的同时，继续树立"左派领袖"威望，反蒋言行也日益明显，并在鲍罗廷的支持下，

---

[1] 据张国焘的说法，在上海的中共中央虽然赞成鲍罗廷的联唐反蒋政策，但在具体步调上与武汉方面不完全一致。张国焘：《我的回忆》第 2 册，第 567~568、571 页。

[2] 《K. E. 伏罗希洛夫致加伦的信》（1927 年 1 月 7 日），阿纳斯塔西娅·卡尔图诺娃编《来到东方：加伦与中国革命史料新编》，第 439 页。

[3] 《M. 尤什克维奇关于加伦与鲍罗廷在军事政治问题上产生意见分歧的报告》（不晚于 1927 年 4 月底），阿纳斯塔西娅·卡尔图诺娃编《来到东方：加伦与中国革命史料新编》，第 443~444 页。

凭借军事实力成为武汉反蒋阵线的支柱。1927 年 2 月，唐生智在长沙对党政军民各界发表谈话时谈道："整个革命的利益，在于建立一个新的制度的社会，使最大多数的民众获得福利。"唐生智甚至表示其掌握的部队虽是国家的军队，"但总是湖南民众武装起来的"，政治工作虽还做得不久，但必能成为国民的武力，其个人也将尽自己的力量，领导武装同志向革命的大路上走。① 5 月中旬，湖北夏斗寅部叛乱发生，面对日益浓厚的反共氛围，唐生智继续对所部强调要与中共"携手并进"，中共是帮助国民革命的，是促进国民革命的，"反共产就是反革命"。针对军队中对民众运动存在的"怀疑愤恨"情绪，唐生智亦积极予以澄清，称"革命的联合战线，是大部的农工群众"，不能因为少数人的不好，便怀疑整个的群众运动。②

随着南京国民政府成立，宁汉对立加剧，尤其是两湖地区工农运动蓬勃发展，越发引起唐部中下级军官和士兵的恐慌，工农运动与地方部队的矛盾冲突不断激化，唐部将领何键、李品仙等人开始筹划推动唐生智分共。③ 在工农运动的强烈冲击下，唐生智面临如何继续确保所部军官忠于自己的问题。为

---

① 《湖南人民欢迎唐总指挥大会纪盛》，汉口《民国日报》1927 年 2 月 11 日，第 2 张新闻第 1 页。

② 《唐生智在西平对将士及政治工作人员之训话》（1927 年 5 月），中国革命博物馆、湖南省博物馆编《马日事变资料》，人民出版社，1983，第 235~236 页。

③ 李品仙：《李品仙回忆录》，第 87~90 页；何键：《一个悲痛的回忆》（1928 年 5 月 21 日），《马日事变资料》，第 191~192 页。

此，唐生智曾向徐谦等国民党要人表示，"他支持工农运动，但他的军官们不同意"，如果情况不改变的话，他将很难管住军队。[1] 虽然中共中央较早即注意到民众运动勃起之后日趋向"左"，使军事力量因对民众运动的恐惧而日渐向"右"，这种"左""右"倾向如继续发展下去而距离日远，会破裂联合战线，危及国民革命。[2] 但是，对于二者之间的矛盾如何协调，中共方面亦束手无策。在湖南，湖南区委一方面拥护国共合作，支持唐生智在湖南的统治，但又未对农运高涨动摇唐生智统治基础的后果进行估量。既没有取代唐生智的意图，也缺乏唐生智或其部属以武力反对农运后如何应对的计划。[3]

5月21日晚，何键第三十五军独立第三十三团团长许克祥等中下级军官在何键的授意下，纠集驻省军队围攻湖南省总工会、农民协会等机关团体，解除工农武装，同时组织"国民党救党临时办公处"，设立戒严司令部，通令改组省党部，着手"清共"，是为"马日事变"。[4] 虽然中共湖南省委在事变前夕对紧张的局势有所防备，但终未能做出有效应对，省委仓促之下解散退却，全省各级组织陷入"群龙无首"的状态，

① 《中共中央执行委员会中央局会议记录》（1927 年 4 月 20 日），《联共（布）、共产国际与中国国民革命运动（1926~1927）》（下），第 207 页。
② 《中共中央特别会议关于政治报告议决案》（1926 年 12 月），《建党以来重要文献选编》第 3 册，第 501 页。
③ 张国焘：《我的回忆》第 2 册，第 627 页。
④ 《长沙兵与农工冲突情形》（1927 年 6 月 4 日），台北原中国国民党党史馆藏，档案号：部 9769；王东原：《浮生简述》，台北：传记文学出版社，1987，第 21~24 页。

近乎瓦解。①

  在河南北伐前线的唐生智获悉事变后，即电令湖南省政府主席，要求各部属须拥护武汉中央党部和国民政府，拥护联俄、联共、联工农的政策，各军队"非有命令，不许有何举动"，同时将事变所缴的工农武装枪支发还，以消弭后患于无形。② 与此同时，唐生智向中共表示其政治立场不变，击败奉军后即回师武汉，亲赴长沙解决事变。③ 中共中央因与长沙消息断绝，对事变一筹莫展，主要指望武汉国民政府出面解决，尤其是认为依靠唐生智有解决许克祥的可能。因此，对马日事变并没有正确的估量，基本上是支持武汉政权与唐生智和平解决的办法。④

  事变发生后，中共意识到局势愈趋危险，提出要彻底改变把革命的未来押宝于所谓的"左派"军阀身上的错误的老政

---

① 《湖南组织报告（五月—八月）》（1927 年 9 月 5 日），《湖南革命历史文件汇集》省委文件（1927 年），1984，第 125 页；《关于我在马日事变过程中一些情况的说明》，李维汉：《回忆与研究》（上），第 111～112页。1927 年春，中共湖南区委根据五大的《组织问题决议案》改组为湖南省委。

② 《唐生智致湖南省政府电》（1927 年 5 月 24 日），《马日事变资料》，第209 页。

③ 彭泽湘：《自述》，《党史研究资料》1983 年第 1 期，第 4 页。

④ 《马日事变以来的湖南概况》（1928 年 3 月），《湖南革命历史文件汇集》乙种本（1927—1931 年），1984，第 25 页；李维汉：《回忆与研究》（上），第 89 页。武汉政权对事变先是由国民党中政会组织特别委员会前往查办，并据其建议于 6 月 3 日决定湖南省政府暂维现状，改组国民党湖南省党部、省农民协会及工会，将长沙和岳阳一切军队归副军长周斓指挥并查办越轨行动之军人，军队及农工武装团体停止军事行动等五项办法。《中国国民党中执会第二届常委会第十四次扩大会议决议录》（1927 年 6 月 3 日），中国第二历史档案馆编《中国国民党第一、二次全国代表大会会议史料》（下），江苏古籍出版社，1986，第 961～962 页。

策，要在充分利用各"左派"军阀领袖之间矛盾的同时，创建自己的武装力量，但采取的基本策略仍是继续在国民党左派和国民政府的旗帜下进行斗争。因此，中共中央决定接受唐生智提出的行动纲领，即（1）支持国民政府；（2）联合苏联；（3）支持工会和农会；（4）把被收缴的武器归还给工人和农民的纠察队；（5）反对蒋介石和张作霖；（6）继续进行第二次北伐。并在上述条件下承认湖南省政府，争取时间为与国民政府势力范围下的军阀反动势力不可避免的战斗做准备。[①] 与此同时，为延宕与"革命"军官发生冲突的时间，中共决定对农运策略进行调整，要求各级党部迅速执行中共五大关于不没收军官家属土地财产的规定，以求得整顿工农运动的组织力量和组建工农武装的可能。[②]

6月初，在莫斯科方面的指示和要求下，中共中央对马日事变做出较为强硬的表态，要求武汉国民政府明令宣布许克祥等组织的省党部——"救党委员会"系反革命组织并取消之，同时赋予唐生智派兵之权，迅速削平湖南叛乱，否则反革命势力将有更多机会"放胆集合发展其势力向革命进攻"。[③] 国民党中央旋即决定处置湘变办法，唐生智表示认同，并派所部副

[①] 《关于湖南事变以后的当前策略的决议》（1927 年 5 月 26 日），中共中央文献研究室、中央档案馆编《建党以来重要文献选编》第 4 册，中央文献出版社，2011，第 260~261 页。

[②] 《中央通告农字第五号——农运策略》（1927 年 6 月），《建党以来重要文献选编》第 4 册，第 280 页。

[③] 《中国共产党致中国国民党书——关于政局的公开信》（1927 年 6 月 4 日），《建党以来重要文献选编》第 4 册，第 287~288 页。

军长周斓回湘执行。① 此时，唐生智在对所部军官的训话中继续强调"本军拥护总理农工政策到底，决不会压迫农工群众"，"共产党是最革命的政党"，绝不能以研究系看待，要拥护联共政策。② 然而，此时中共中央忽然决定"先下手为强"，召集湖南农民军起来解决许克祥等反动势力，并向湖南调拨军事工作人员和经费，任命毛泽东等人重组湖南新省委，准备攻取长沙，显示自身力量，以与即将回湘的唐生智"讲价钱"。稍后，在湖南省委着手准备该项工作之际，这一计划又被放弃，仍待唐生智回湘处理。③

值得注意的是，新的湖南省委在对湖南政局的分析和采取的策略上又与中共中央有所差异。新省委认为事变的政治背景是何键与唐生智的利害冲突，是"湖南的豪绅地主阶级勾结何键在蒋介石影响之下来反共反唐"，"马夜事变就是何键的部队许克祥为先声，何键是想在这一个影响之下来抓住湖南政权"。由此，新省委决定采取"联唐倒何"策略，尽力拥护唐系势力去排除何键势力，但只提出打倒许克祥的口号，不提出打倒何键的口号，以使唐系内部分化，并在唐生智由汉返湘时组织群众欢迎。④

---

① 《唐生智上中执会电》（1927 年 6 月 5 日），台北原中国国民党党史馆藏，档案号：汉 3819。

② 《唐生智在郑州召集军官训话》（1927 年 6 月 5 日），《马日事变资料》，第 246 页。

③ 《马日事变以来的湖南概况》（1928 年 3 月），《湖南革命历史文件汇集》乙种本（1927—1931 年），第 25~26 页。

④ 《马日事变以来的湖南概况》（1928 年 3 月），《湖南革命历史文件汇集》乙种本（1927—1931 年），第 27~28 页。

6 月中旬，唐生智结束河南战事遄返武汉，旋即自告奋勇前往长沙处理事变。武汉的国民党中政会决定将事变交由唐生智根据中央训令和决议案全权处理。[①] 唐生智也表示绝对服从武汉国民党中央对于事变的解决办法，并指责许克祥行动背叛党纪军纪。[②] 差不多同时，鉴于唐生智的第四方面军在河南战事中收编军队众多，武汉政权决定将第四方面军扩充为第四集团军，以唐生智为总司令。在第四集团军之下成立两个方面军：以第八军、第三十五军、第三十六军编为第一方面军，总指挥仍由唐生智兼任；以第四军、第十一军、暂编第二十军编为第二方面军，以张发奎为总指挥，黄琪翔为第四军军长，朱晖日为第十一军军长，贺龙为暂编第二十军军长。[③]

此时，中共中央仍对唐生智予以信任和支持，在湘赣事件宣传大纲中称："湖南政变是背叛唐生智的，因唐赞助湖南民权运动，并表示好意于被压迫的农民。"[④] 面对所部军队中日益高涨的制裁中共及武汉工农团体的呼声，唐生智虽承认工农运动有幼稚之举，但也反对因噎废食，怀疑民众运动，表示其个人对民众运动是一定要极力提倡的，因为革命无论如何不能

① 《中国国民党中央执行委员会政治委员会第二十八次会议速记录》（1927年 6 月 13 日），《中国国民党第一、二次全国代表大会会议史料》（下），第 1233~1235 页。
② 《唐生智对湘请愿代表团表示许克祥背叛党纪军纪》（1927 年 6 月 15 日），《马日事变资料》，第 287 页。
③ 《中国国民党中央执行委员会政治委员会第二十九次会议速记录》（1927年 6 月 15 日），《中国国民党第一、二次全国代表大会会议史料》（下），第 1244~1245 页。
④ 《中国共产党中央执行委员会告全党党员书》（1927 年 8 月 7 日），《建党以来重要文献选编》第 4 册，第 436 页。

离开民众，"如果离开了民众，那就脱离了革命战线"。与此同时，唐生智对马日事变中效法蒋介石排挤、屠杀共产党人的行为也予以否定和批评。① 诚然，唐生智仍试图维持与中共的关系，并未因事变而遽然结束与中共的合作。

然而，在何键等保守将领的要求和影响下，唐生智联共的态度和立场也在悄然发生变化。尽管自国民革命开始唐生智即积极左倾，并与中共方面达成某种条件下的合作，但其部属基本系守旧人物，所部军队仍是以守旧军人为主要支柱。② 尤其是何键思想保守复古，与唐生智关系较浅，"初不隶于唐，迨湘省护宪战起，始受节制"。随着唐部的扩大，何键在唐部军官系之下又发展起以其为核心的醴陵派，"内而师长刘建绪、陶广，外而省政府代主席张翼鹏，财政厅长张开琏，皆醴陵人也"。③ 事变发生后，何键虽表示服从唐生智的处理办法，但其反对工农运动的态度自始就极为明显，屡屡控诉民众运动过于急剧，社会大起恐慌，军队亦多不安。④ 何键之外，事变时负责湖南政局的湖南省政府军事厅厅长兼代主席张翼鹏亦对反共持同

① 周小青辑注《唐生智重要言论选录》，《唐生智先生诞辰一百周年纪念专辑（1889—1989）》，第 226~227 页。

② 张国焘：《我的回忆》第 2 册，第 549 页。

③ 陈公博：《苦笑录》，第 76 页；《陷入坐困中之唐生智》，《申报》1927 年 6 月 19 日，第 9 版。

④ 《何键致国民政府主席团代电》（1927 年 6 月 5 日）、《何键上中央党部电》（1927 年 6 月 9 日），台北原中国国民党党史馆藏，档案号：汉 14432.1、汉 13873。另，据苏联顾问的忆述，夏斗寅叛变发生后，在武汉各驻军的高级将领秘密集会讨论如何推翻"武汉共产党政府""平定农村秩序"等问题时，何键即坚持主张推翻在前线指挥战事的唐生智。A. B. 巴库林：《中国大革命武汉时期见闻录》，第 167 页。

情、支持态度，声言事变之由"不外工农运动操之过激"，"遂致酿成武装同志起而自觉自卫"。① 李品仙则态度模糊，但其与何键在分共主张上早有共识，且与唐生智亦存在隔阂。②

1927年春，在唐生智率部继续北伐期间，其所部主要是刘兴第三十六军参加正面的作战，何键与李品仙两部主力基本留驻两湖后方，有举足轻重之势。唐生智派回湖南查办事变的第三十六军副军长周斓到长沙后，也指责事变系中共领导的农工运动不良所致，"以致前方武装同志及一般民众，均感受极端不安状态"。③ 许克祥等人更是以唐生智"极力左袒，置人民生机于不顾，呼吁再三，始终不悟"，宣布与唐生智脱离关系。④ 稍后，武汉方面亦传闻何键等以唐生智对解决武汉尚犹疑，"颇愤慨，谓唐如不允倒武汉，则先倒唐"。⑤

南京方面对唐生智此间的言行亦极为关注，认为"唐生智态度难在诡秘之中，无人可以促（捉）摸，但与共产党的思想行为相去甚远，亦是显然的事实"。⑥ 这一分析相当直接

---

① 《张翼鹏等致中央党部电》（1927年5月23日），台北原中国国民党党史馆藏，档案号：汉3809.1。
② 1927年春，唐部扩编为3个军之初，所部3个师长中，何键与刘兴皆升任军长，唯李品仙为第八军副军长（唐生智兼该军军长），直至唐生智率部赴河南北伐时李品仙才升任该军军长，并负责武汉卫戍之责。参见《陷入坐困中之唐生智》，《申报》1927年6月19日，第9版。
③ 《查办员周斓到湘》（1927年6月7日），《马日事变资料》，第250页。
④ 《长沙刘监督电汉口陈监督》（1927年6月11日），台北"国史馆"藏，档案号：118-010100-0040-068。
⑤ 《何键等不满唐之犹移》，《申报》1926年6月25日，第4版。
⑥ 中国国民党中央宣传部驻沪办事处编《徐州会议与国民革命》，1927，第6~7页。

地指出了这一时期唐生智与中共关系不稳定之处。任何一个社会团体或集体组织的形成，都需要某种外部刺激条件和内部凝聚力。军阀是有理性和讲求实际的政客，最为重视的是如何维护自己在国家政治生活中的权力和地位。政治利益会造成暂时的结合或敌对，但绝不会允许它们伤害紧密的个人关系。[1] 在这一点上，唐生智与其他军阀并无二致，其与中共的合离在很大程度上带有政治实用主义色彩。唐部所属主要将领何键、李品仙、刘兴三人之间平日"交谊素笃"。[2] 在与唐生智接触伊始，中共衡阳团组织即发现唐生智所部官兵"系一鼻孔出气，对唐氏极为忠实"，"若运动殊无从着手"。[3] 马日事变发生后，何键虽然反叛，且暗中与南京方面接洽，但始终宣称拥护唐生智，不愿公开倒唐。[4] 在部属要求的压力和马日事变既成事实的影响下，为维持自身集团和利益，唐生智最终决定放弃与中共的关系。[5]

回到武汉不久，唐生智根据湖南"救党委员会"的请求，

---

[1] 齐锡生：《中国的军阀政治（1916—1928）》，杨云若、萧延中译，中国人民大学出版社，2010，第 154、157 页。

[2] 李品仙：《李品仙回忆录》，第 88 页。

[3] 《团衡阳地委政治经济报告——唐生智的政治态度，经济与社会状况，国民党的情况》（1925 年 12 月 31 日），《湖南革命历史文件汇集》群团文件（1925 年），第 456 页。

[4] 《夏斗寅电蒋中正》（1927 年 7 月 28 日）、《夏斗寅电蒋中正》（1927 年 8 月 12 日），台北"国史馆"藏，档案号：002-080200-00026-056、002-090300-00002-019。

[5] 李品仙认为武汉"清共"完全是由唐生智第四方面军"几位将领所决定的"，这一忆述虽有夸大其"功劳"之嫌，却提示唐生智所部将领在推动其分共上的影响不可忽略。李品仙：《李品仙回忆录》，第 87 页。

指示先行回湘处理事变的周斓等人，"容共虽为本党政策之一，不可剧（遽）行抛弃"，但国民党湖南省党部改组不让中共参加，同时对许克祥表示该部"士兵起而自卫，自是正当"。① 6 月 26 日，唐生智到达长沙后不仅未如中共的预期惩处许克祥等发动事变的军官、政客及士兵，反而指责工农运动"领导失人，横流溃决，迭呈恐怖"，"留省军人目睹恶化，身受压迫，不得不作自决自卫之谋"。据此，唐生智要求湖南省党部和各民众团体停止活动，听候改组，如少数党团不服从命令，不停止活动，则按反革命罪从严惩治，对许克祥则以其"激于义愤，实误触纪律"，仅予记过处分。② 同月底，唐生智提请国民党中央对湖南省政府和省党部进行改组，并提出相关人选。③

7 月初，国民党中央以此前"领导失人，发生越轨行动"为由，改组湖南省党部。④ 在此前后，中共方面基于唐生智在武汉时表现"还不坏"的判断，指示尚在长沙的谢觉哉等共产党人与唐生智接洽，亦被唐生智以政策未定为由，婉拒中共过问湖南政局。⑤ 随后，何键发表宣言呈请唐生智及武汉国民

① 《赤化？党化？佛化？》，《晨报》1927 年 7 月 6 日，第 2 版。
② 《唐生智致中执会代电》（1927 年 6 月 26 日）、《中执会致长沙唐总司令电稿》（1927 年 6 月 27 日），台北原中国国民党党史馆藏，档案号：汉 11169、汉 11170。
③ 《中国国民党中央执行委员会政治委员会第三十三次会议速记录》（1927 年 6 月 29 日），《中国国民党第一、二次全国代表大会会议史料》（下），第 1293~1294 页。
④ 《改组湖南省党部致中执会电》（1927 年 7 月 7 日），台北原中国国民党党史馆藏，档案号：汉 0369。
⑤ 《谢觉哉日记》，1943 年 5 月 21 日，人民出版社，1984，第 472 页。

党中央分共。唐生智则在湖南省政府纪念周上一改此前态度，将马日事变责任完全推给中共，并要求在其军队中进行政治工作的共产党员自行呈报，否则将予以严惩。[1]

至此，唐生智分共的态度公开表露，中共湖南省委始意识到"何不易倒，而唐不可联，何、唐仍是一家人"。[2] 尽管如此，中共中央在讨论湖南问题时，除张国焘认为唐生智"去共之心已决"外，与会的陈独秀等人仍认为唐生智与事变主导者何键有矛盾冲突，主张利用这一矛盾促成唐生智解决何键，应继续采取联唐反蒋政策。[3] 然而，事与愿违，由长沙返汉的唐生智向中共表示长沙情况复杂，许多军官及其家属对中共怀有"极大恶感"，希望中共有"妥善"解决办法。随后，经彭泽湘与唐生智谈判，唐生智决定"和平"分共，以团结军心"反蒋"。[4]

时局的丕变加速了中共与唐生智合作的破裂。6月下旬，武汉政权和共产国际寄予厚望的冯玉祥公开主张与蒋介石合作，并建议宁汉和解，前提是武汉方面与中共决裂。与此同时，获悉唐生智开始在长沙分共的蒋介石也示好唐生智与冯玉祥合作反共，只需其反共，则一切皆可商量。[5] 与之相对，苏

---

① 《唐生智在湖南省政府纪念周演词（摘录）》（1927年6月），《马日事变资料》，第343页。

② 《马日事变以来的湖南概况——从马日事变到今天湖南党的一笔总账》（1928年3月），《湖南革命历史文件汇集》乙种本（1927—1931年），第28页。

③ 《中共"八七"会议告全党党员书》，《马日事变资料》，第508页。

④ 彭泽湘：《自述》，《党史研究资料》1983年第1期，第4~5页。

⑤ 《蒋介石日记》，1927年6月30日。

共中央以唐生智已公开反革命，指示中共准备与唐生智及武汉国民政府决裂。[1] 7 月 15 日，武汉国民党中央召开扩大会议，正式实施"分共"。中共中央随即宣布武汉完全反动，"不再为革命中心而为反革命中心"。[2] 随着武汉政府由"反对蒋介石之反动的革命斗争中心"变成与蒋介石等革命公敌"毫无差异"的军阀政府，唐生智也成为中共声讨的新军阀和"清党反共"的刽子手。[3] 至此，唐生智复从"革命者"蜕变为新军阀，其与中共的合作关系亦无形结束。

1927 年 8 月 7 日，中共中央在汉口召开紧急会议（即八七会议）。在会议通过的决议中，中共中央对此前关于唐生智等军队的政策和工作进行了检讨，认为之前"一切政策及工作都只是和将领谈话办外交，只注重种种方式的军事结合。实际上在兵士之中没有任何工作，并且也没有丝毫尝试"。而且，决议批评此前对于唐生智等反动派的政策亦"非常可耻"，因为湖南马日事变及此后的大规模屠杀工农群众的情形都是唐生智的部下所为，唐生智当然是与谋的，而唐生智最后也对此举正式予以合法的承认。但此前的宣传在这一情形已经很明显的情况下，仍极力为唐生智辩解，并在组织示威反对马

---

① 《联共（布）中央政治局紧急会议第 116 号（特字第 94 号）记录》（1926 年 7 月 8 日），《联共（布）、共产国际与中国国民革命运动（1926~1927）》（下），第 397 页。

② 《中央对于武汉反动时局之通告》（1927 年 7 月 24 日），《中共中央文件选集》第 3 册，中央党校出版社，1983，第 191 页。

③ 《中共中央致中国国民党革命同志书》（1927 年 7 月 29 日）、《中共中央、共青团中央反对军阀战争宣言》（1927 年 10 月 23 日），《建党以来重要文献选编》第 4 册，第 366~368、567 页。

日事变时，还去欢迎北伐凯旋的唐生智等将领。[1] 这一总结在某种程度上是对此前联唐政策和工作的否定。此后，根据八七会议确定的实行土地革命和武装起义的方针，中共决定在工农运动基础较好的湘鄂粤赣四省发动秋收起义，"消灭唐生智统治，取得两湖政权"也成为中共斗争和暴动的主要目标。[2]

* * *

军阀是 1920 年代中国政治舞台的重要力量，也是以国共合作为基础的国民革命和北伐的直接对象。在北伐的发展过程中，唐生智由地方小军阀一跃成为国民革命军内地位仅次于蒋介石的军事将领。对于唐生智力量的崛起，中国共产党投入了相当多的注意力和精力。基于对唐生智的不同认知与评估，中共对唐生智的策略运用经历了最初的动员争取到"包围"还是"抑制"的论争，再到"联唐"反蒋的调适过程，其中不仅彰显中共内部在革命策略上的分歧与张力，也映射出国民革命时期中共在军事运动工作中存在的问题与不足。

政策与策略即是划界限和讲分寸问题，一定程度的策略或战略灵活性，对政党组织在复杂多变的环境下的生存发展来说是必要的。整体来看，国民革命时期中共对唐生智的策略运用

---

① 《中国共产党中央执行委员会告全党党员书》（1927 年 8 月 7 日），《建党以来重要文献选编》第 4 册，第 436 页。
② 《中央对长江局的任务决议案》（1927 年 10 月 1 日），《中共中央文件选集》第 3 册，第 314 页。

有力推动了大革命在两湖地区的展开，也为中共在两湖地区的发展和活动创造了良好条件。[1] 然而，对于唐生智在国民革命中扮演的角色，中共内部自始即存在不同的评估和主张，尤其是北伐开始后，在争取"中派领袖"蒋介石向左转，以巩固和加强左派的既定政策下，中共中央与广东、湖南地方党组织在对唐策略上逐渐呈现出"扶蒋抑唐"与"包围"唐生智的不同倾向。中共内部的这一分歧在某种程度上既是大革命时期中共在领导上不够统一的表现，[2] 也是驻上海的共产国际远东局与在广州的苏联政治顾问鲍罗廷及军事顾问加伦之间意见分歧的反映。

国民革命时期中共的政策和方针基本受苏联和共产国际指导，但在通信不畅、联络技术滞后等因素的制约下，中共与莫斯科方面的联系并不十分密切。[3] 就共产国际对中共的指导与联络而言，一方面，"中国支部向共产国际汇报情况不够"；

---

[1]　在华的苏联顾问人员也注意到，唐生智等北伐军将领在克复之地大讲革命辞藻，不断发布实施革命措施的命令，为中共和国民党左派开展活动创造了有利条件。参见 A. B. 勃拉戈达托夫《中国革命纪事（一九二五—一九二七年）》，李辉译，三联书店，第 198 页。

[2]　1926 年 11 月，谭平山在共产国际七大会议的汇报上明确指出，中共"由于一系列的各种原因，在北京、上海和广州有三个几乎是各自为政的领导机构"。《谭平山提出的关于中国问题的书面报告》（1926 年 11 月 29 日），中国社会科学院近代史研究所翻译室编译《共产国际有关中国革命的文献资料（1919—1928）》第 1 辑，中国社会科学出版社，1981，第 197 页。张国焘也认为由于鲍罗廷和加拉罕在南方和北方特殊地位的影响，中共内部的广东和北京两个区委历来有些"独立自主"的倾向。张国焘：《我的回忆》第 2 册，第 405 页。

[3]　关于信息联络对早期中共与联共（布）中央、共产国际关系的影响，可参见王奇生《权力机制与联络技术：莫斯科与早期中共》，《民国档案》2021 年第 2 期。

而另一方面，"共产国际对中国支部也缺乏应有的具体指导"。① 时空上的"隔阂"在一定程度上让中共、苏联和共产国际的驻华代表在理解与执行莫斯科指示上有部分的自主空间，中共中央与地方党组织、莫斯科代表在对唐生智的政治评估和策略上出现的分歧与争论即是这一情况的体现。

虽然北伐伊始，中共中央即指出中国目前是带民族革命色彩的军事势力与反动军阀武装冲突的剧烈时期，并提出在此次革命进程中应参加武装斗争的工作，助长进步的军事势力，摧毁反动的军阀势力，渐次发展工农群众的武装势力，从政治上加强对工农武装骨干的训练。② 斯大林等共产国际领导人也指示中国共产党人应当特别注意军队工作，并着手深入研究军事，"因为军事在中国现在是中国革命极重要的因素"，要使各种各样的军阀"同盟者"不发生坏影响，或者使他们成为真正的国民党人，只有加强政治工作并建立对他们的革命监督才能办到。"中国革命者，其中包括共产党人，应当学好军事，以便逐渐前进并在革命军队中担任某些领导职务。要使中国革命军队循着正确道路径向目的前进，其保证就在这里。不这样做，军队中的动摇和犹豫就会不可避免。"③

---

① 《谭平山提出的关于中国问题的书面报告》（1926 年 11 月 29 日），《共产国际有关中国革命的文献资料（1919—1928）》第 1 辑，第 198 页。
② 《军事运动议决案》（1926 年 7 月），《建党以来重要文献选编》第 3 册，第 317 页。
③ 《斯大林论中国革命的前途》（1926 年 11 月 30 日），《共产国际有关中国革命的文献资料（1919—1928）》第 1 辑，第 267 页。

但随着北伐军事上的迅速发展，面对越发复杂的内外部斗争，缺乏经验的中共在军事工作方面实际上有些犹豫和妥协，对国民革命军和西北国民军基本上只是派人前往进行政治工作，不敢争取获得统一战线内部的军权。① 1926 年 9 月，中共中央明令各级党组织不仅不能在国民革命军中发展党的组织，不便有党支部，对于其他军队甚至在反动军队或土匪中亦不能，亦不必有党的支部组织。② 在此原则影响下，即使在与唐生智合作进一步加强的背景下，中共在唐生智军队中也主要是派遣党员以政治工作人员身份进行活动。在缺少组织渗透的情况下，个体的政工人员在军队中的影响和能量极为有限，最好的情况亦不过是使军队对工农运动保持中立。③ 这些倾向和原则在相当程度上限制了中共在唐生智等军队中活动的空间和主动性。

诚如时任湖南区委书记的李维汉所言，在大革命时期，由于国民革命军各部都没有经过必要的改造，各军事长官在北伐

① 李维汉：《回忆与研究》（上），第 63 页。

② 《中央通告第二十号——对于军事组织系统及其与党的关系的新决定》（1926 年 9 月 24 日），《建党以来重要文献选编》第 3 册，第 406 页。此后，湖南省委曾批评称此前在蒋介石、唐生智等各部的军事工作"完全离开了党的组织"，"所谓党的军事部，其秘密程度，简直是不相信党的组织部而是一个第二党了"。这一指责虽有过于事后诸葛之嫌，但也反映了当时中共在军事工作上的谨慎和秘密程度。参见《中共湖南省委通告第八号——马夜事变的教训及今后组织局工作的原则》（1927 年 11 月 15 日），《湖南革命历史文件汇集》省委文件（1927 年），第 299 页。

③ 《维经斯基在共产国际执行委员会主席团会议上的报告》（1927 年 6 月 22 日），《联共（布）、共产国际与中国国民革命运动（1926~1927）》（下），第 341~342 页。

期间随着革命势力的发展，军事实力大增，发展成为"谁的枪杆子最多，谁的发言权就最大"。[1] 为促进革命的发展，中共对部分"革命"军阀出现的割据和包办倾向亦尽可能予以容忍和妥协，只要求其对民众的政策"不十分反动"。[2] 虽然在与唐生智发生关联伊始，中共即对唐生智的"军阀"底色和投机性有较为清晰的认识和评估，但对如何"包围"唐生智使之不反动，尤其对与军阀之间面临的"决战"始终未能做好必要的准备。特别是对第八军军官没有调查研究，对唐生智等军事集团缺乏针锋相对的批评和斗争，不能做到减少中间力量向右倾。[3] 最终在唐生智走向反动时不能做出有效的应对。[4]

---

[1] 李维汉：《回忆与研究》（上），第 98 页。

[2] 《中央局关于最近全国政治情形与党的发展的报告》（1926 年 9 月 20 日），《中共中央文件选集》第 2 册，第 239 页。唐生智进入湖北后，湖南区委即以唐生智事实上已成为湖北的统治者，主张以民众自由与利益为条件向唐生智让步。《中共湖南区委政治报告——蒋、唐及蒋、汪关系，两湖军政形势以及区委的政策意见》（1926 年 9 月 20 日），《湖南革命历史文件汇集》省委文件（1923—1926 年），第 71 页。

[3] 李维汉：《回忆与研究》（上），第 107～108 页。

[4] 事实上，在中共与唐生智关系日益密切之时，加伦在主张对唐生智有所限制时即不无忧虑地指出，"仅仅通过让步我们未必能达到左右他的目的"。参见《加伦致中国共产党中央委员会的信》（1926 年 11 月 21 日），阿纳斯塔西娅·卡尔图诺娃编《来到东方：加伦与中国革命史料新编》，第 397 页。

第三章

北伐变局中的黔系军阀

　　北伐开始前夕，以袁祖铭为首的黔系军阀被刘湘等四川军阀打败，退驻湘黔边境。为觅生存空间，黔军陆续与广州国民政府接洽，脱离北洋军阀，归附国民革命军。国民政府为减少北伐阻力，也积极争取黔军。最终，以袁祖铭为首的黔系军阀成为继唐生智后加入革命阵营的另一支重要力量，并在第一次北伐时期的鄂西和苏北等战场上扮演了重要角色。然而，在关于北伐战争和国民革命的相关研究和历史书写中，多少有意无意地将目光更多地投向比较进步或重要的一方，忽略甚至否定有黔军及湘鄂西等战场的存在。①受时代和资料所限，关于这一时期黔军的叙述亦存在语焉不详或偏

---

① 杨学东：《论北伐左翼军及湘鄂西战场——兼论北伐左翼军先锋贺龙师》，《求索》1989 年第 1 期。

颇之处。①

历史不是孤立发生的，历史进程全貌的"复原"和解析必须兼顾当时参与历史的各方，无论其胜败。只有将革命的主体力量、敌对力量及局外各方放在同一个历史场域来考察，始能再现其"众声喧哗"的历史本相。② 本章梳理北伐时期黔系军阀从革命的对象转变为革命的参与者，以及最后湮没在这场革命中的历史过程，在揭示北伐时期地方军政格局演进之复杂面相的同时，窥探区域性地方实力派所面临的生存环境和在夹缝中采取的纵横捭阖策略。

一 从"靠北"到"投南"

黔系军阀是指以贵州军人为主体的地方军事集团，形成于民国初年的混乱时期。袁世凯死后，刘显世集贵州军政大权于一身，被视为黔系鼻祖。贵州是西南较贫瘠的省份，经济基础薄弱。黔系军阀为生存与发展，常常要依附于实力更

---

① 如时人文公直在论述北伐时期黔军的结局时认为武汉克复后，蒋介石调令黔军东下，袁祖铭、彭汉章两部不听令，只王天培部服从命令东下至九江，"袁祖铭、彭汉章皆因与吴佩孚有旧谊，往来不绝，且有异图"而被唐生智解决。结合目前所见的史料来看，袁、彭两部并非不遵从蒋介石东下之令，且尚有主动请求东下的表示，而唐生智捕杀袁、彭二人的真正原因实为该两部黔军在湘鄂就地筹饷，直接威胁唐生智在两湖的财政、行政权力。参见文公直《最近三十年中国军事史》第二编，河南人民出版社2016年影印本，第402页。

② 王奇生：《革命与反革命：社会文化视野下的民国政治》，"前言"第5页、第68页。

强的邻省滇系军阀等，把矛头指向四川、湖南等比较富庶的地区。黔系军阀内部也是纷争不断。以刘显世为首的贵州兴义系在形成和发展过程中，逐渐分裂为新旧两派。为抑制新派首领、黔军总司令兼师长王文华的发展，刘显世采取"以袁制王"的策略，提升所部参谋长袁祖铭为黔军第二师师长，以分割王之兵权。1920 年 10 月，入川黔军被熊克武等部川军击败，王文华乘机布置卢焘等人率队回黔推翻"旧派"刘显世的统治，是为"民九事变"。其间，王文华因顾虑袁祖铭从中作梗，免去袁的一切职务，并迫使袁同自己一起闲游上海。事变后，主政贵州的新派公开拥护孙中山的护法，与北洋政府进一步对立。①

寓居上海不久，袁祖铭即摆脱王文华的监视，前赴北京投靠北洋政府，请求援助一劲旅入黔驱逐卢焘等新派军人，"事若得手，定举黔省隶于中央统治之下"。② 此后，在袁祖铭为"定黔"积极活动的同时，刘显世及兴义系"旧派"也在滇系军阀唐继尧的支持下图谋"复黔"，利用往日声望、袍泽关系、私人交情等手段分化和争取新派部队，组织定黔军。1921 年春，袁祖铭在北洋政府的支持下派人将王文华暗杀。王文华死后，新派进一步分裂，谷正伦、何应钦等五个旅互不相让。在新派"五旅纷争"的同时，新派部队中的王天培、彭汉章、吴传心等部在袁祖铭的分化下暗中加入"定黔军"。1922 年春

---

① 谢本书、冯祖贻主编《西南军阀史》第 2 卷，贵州人民出版社，1994，第 102～103 页。

② 《鄂军援黔停顿之原因》，长沙《大公报》1921 年 5 月 14 日，第 3 版。

夏期间，袁祖铭在时任两湖巡阅使吴佩孚的援助下，借助王天培、彭汉章等人的力量，同时联合唐继尧及刘显世方面，带领定黔军推翻新派在贵州的统治，重新入主贵州。[①]

定黔战争后，袁祖铭以定黔军总指挥和贵州省省长身份掌握贵州军民两政，拒绝唐继尧支持的刘显世"回黔"。1923 年春，唐继尧组织滇黔联军强行护送刘显世回黔主政，袁祖铭在抵抗失败后退入吴佩孚控制的鄂西南地区休整，旋即以黔军总司令、川黔边防督办等身份加入吴佩孚旨在统一四川的倒熊（克武）战争。其间，袁祖铭一度任援川各军总司令，在帮助吴佩孚赢得战争胜利的同时，所部也不断壮大。1924 年秋，当吴佩孚以全力对奉时，暗中促令刘湘征滇，袁祖铭定黔。唐继尧知事不妙，派代表与袁祖铭接洽，表示愿意和平解决贵州问题。自此，袁祖铭开始着手派遣所部部分军队还黔。[②]

同年 11 月，在吴佩孚的支持下，袁祖铭积极部署回黔，并在"滇军回滇，黔人治黔"的原则下与唐继尧商定回黔条件。[③] 1925 年 1 月初，唐继尧让出贵州防地，大部分交由袁祖铭所属各部接收。[④] 袁祖铭收回贵州军民两政后，推任卢焘为贵州行政委员长，暂行办理民政事宜，同时委任所部第二师师长彭汉章为贵州清乡总司令，第三师师长周西成为清乡副司

---

① 谢本书、冯祖贻主编《西南军阀史》第 2 卷，第 103~109 页。
② 《滇黔妥协中之黔军返黔》，《申报》1924 年 11 月 29 日，第 7 版。
③ 《袁祖铭变计回黔之决心》，《申报》1924 年 12 月 6 日，第 7 版。
④ 《滇军让出贵州防地》，《申报》1925 年 1 月 29 日，第 7 版。

令，率队回黔接防。① 同年 2 月，王天培出任贵州军务善后督办，彭汉章任贵州省省长，周西成任贵州军务善后会办。②

在安排彭汉章、周西成等部接收黔政后，袁祖铭继续率领所部主力留驻四川。入川后，袁部黔军占领川省 30 余县，川东南一带成为黔军势力范围。但因侵防争饷，与川军各部的矛盾不断积累，川军合力驱逐黔军的症候日渐显现。③ 1926 年春，在刘湘、杨森等川军各部的联合进攻下，袁祖铭部节节败退。④ 6 月下旬，在川军的进逼下，袁祖铭被迫宣布退出四川，将所部移驻黔边，表示："敝军志在国家，耻为私斗，不愿以有用之实力，为无谓之牺牲。"⑤

袁祖铭被逐出四川后，黔军面临生存空间与财力匮乏的严重困难，必须另觅地盘。当时主政贵州的周西成虽系由袁祖铭委派而得以掌控军政大权，但其对袁部回黔极为不安，竭力怂恿袁祖铭率部"问鼎中原"。⑥ 袁祖铭亦鉴于贵州地瘠民贫，而黔军"兵额较前加增至七八倍之多，长赖地方供给，实属力有不逮"，决定将贵州之治安专责于周西成，自己则与王天

① 《袁祖铭电告接收黔军民两政》，《申报》1925 年 2 月 13 日，第 10 版。
② 《时事日志》，《东方杂志》第 22 卷第 6 期，1925 年 3 月，第 143 页。
③ 《川省主客军交恶原因》，《申报》1925 年 6 月 24 日，第 9 版。
④ 万仁元、方庆秋主编《中华民国史史料长编》第 24 册，南京大学出版社 1993 年影印本，第 96~97 页。
⑤ 《袁祖铭通告移师回黔电》（1926 年 6 月 23 日），四川省文史研究馆编《四川军阀史料》第 4 辑，四川人民出版社，1987，第 252 页。
⑥ 《王文华、袁祖铭、周西成以及李燊的兴起和覆亡》，政协贵州省委员会文史资料研究委员会编《贵州文史资料选辑》第 12 辑，贵州人民出版社，1982，第 117 页。

培率领其余各部出湘，另图发展。为此，袁祖铭宣称："此次应调出湘，道经黔北，对于地方所需，除必要之粮秣外，无他取求……并将在黔各部召集，督饬出湘，略事盘桓，即行首途。"① 6月，袁祖铭率部分军队进驻黔北遵义，随后进驻贵阳，准备与周西成磋商所部赴湘问题。② 是时，新败的袁部军队尚号称"十万之众"。③ 贵州素来贫瘠，在1924年和1925年连续遭受灾荒后，到处饿殍相望、疮痍满目，实无力继续供给这支大军。

自定黔开始，袁祖铭部黔军一直以吴佩孚为靠山。1926年4月初，袁祖铭通电就任吴佩孚委任的川黔讨贼联军总司令，表示已将各部编组完竣，誓为前驱。④ 从四川败退之际，袁祖铭召集部属议决分三路由长江南岸取道酉秀到湘西，再赴湖北听吴佩孚指挥。⑤ 1926年5月，吴佩孚支持的叶开鑫进占

---

① 《黔袁拟召集各部督师出湘》，《申报》1926年7月7日，第9、10版。
② 《袁祖铭到贵阳》，《申报》1926年7月8日，第7版。
③ 当时袁祖铭所辖的部队主要包括自己兼任师长的陆军第三十四师、李燊的黔军第一师、彭汉章的黔军第二师、周西成的黔军第三师、何厚光的黔军第四师、吴传心的黔军第五师、王天培的黔军第九师、吕超的川黔边防军等部。参见陈训正《国民革命军战史初稿》第一辑卷二，周培光整理、集注《中华民国史料三编》第60册，辽海出版社2007年影印本，第22~24页。
④ 《袁祖铭等通电》（1926年4月1日），台北"国史馆"藏，档案号：116-010108-0104-031。事实上，1925年10月下旬，吴佩孚即任命袁祖铭为川黔讨贼联军总司令，邓锡侯为副司令兼四川讨贼军第二路总司令，刘湘为川黔联军后方筹备总司令，王天培为讨贼联军贵州第一路总司令、彭汉章为第二路总司令、周西成为第三路总司令。但因时局变化，袁祖铭等迟迟未通电就职。参见《时事日志》，《东方杂志》第22卷第23期，1925年12月，第123页。
⑤ 《袁军退却中之川局》，《申报》1926年5月16日，第5版。

长沙，唐生智处境危迫。袁祖铭又拟具"援湘"办法，派人赴汉口呈报吴佩孚，同时派代表赴长沙与叶开鑫接洽"援湘"条件，要求承认彭汉章为湘黔边防督办或总司令，以湘西数县作为黔军驻地，湘西特税（鸦片税）为黔军军饷。6月中旬，黔军与叶开鑫初步达成妥协，联衔致电吴佩孚，特任彭汉章为湘黔边防督办。[①] 同月下旬，彭汉章在铜仁宣布就任湘黔边防督办一职，表示继续追随吴佩孚"尽力国家"。[②] 不料，吴佩孚此时却向袁祖铭提出三条去路：一援滇，二攻陕，三入鄂，唯独不允其入湘发展。[③] 吴佩孚的断然拒绝在让袁祖铭吃闭门羹的同时，二人的关系亦开始出现微妙的变化。

在被迫退出四川，进军湖南又为吴佩孚拒绝的情势下，黔军内部的矛盾不断激化，分歧渐多。在四川时，在黔军总司令袁祖铭之下，王天培、彭汉章、周西成各部即有各成派别之势。1925年春，彭、周两部回黔后，王天培与袁祖铭更是貌合神离。1926年黔军被迫退出四川之际，各部"名义上均受袁祖铭节制，而实际上则已各立派别。袁祖铭自为一派，王天培为一派，周西成为一派，彭汉章又为一派"。袁祖铭所能恃以为心腹者，仅李燊师、何厚光师及其卫队旅等部。[④]

此外，黔军各部之间因利益分配导致的矛盾也不断积聚。

---

① 《黔彭有与叶方议和倾向》，《申报》1926年6月21日，第9、10版；《湘西黔军已与叶方妥洽》，《申报》1926年6月22日，第9版。
② 《时事日志》，《东方杂志》第23卷第15期，1926年8月，第134页。
③ 《袁祖铭援湘计划失败》，成都《国民公报》1926年6月25日，第5版。
④ 《黔军之派别及其实力》，《申报》1926年6月4日，第9版。

在 1925 年接受贵州军政过程中，周西成与彭汉章意见日深。[①]彭汉章虽出任贵州省省长，但因实力不充，事事受制于周西成，彭汉章转而与国民政府联系，密派贵州的国民党人士安健作为代表赴粤接洽。1926 年 1 月下旬，在新桂系的张罗下，粤、桂、湘、黔、滇等西南各省要人发起西南诸省大会议，拟拥国民政府为中央政府，提挈西南各军，发动北伐，安健作为彭汉章的代表参加此次会议。[②]同年 6 月，鉴于周西成的强势，彭汉章已难以掌控黔政，袁祖铭将彭汉章与周西成职务对调，令彭汉章以贵州军务善后会办身份率部赴湘边，周西成则赴贵阳接任省长职务。[③]彭汉章与袁祖铭虽系十余年"患难之友"，但因撤换省长一事对袁祖铭极不谅解，二人关系进一步隔阂。[④]黔军内部的分化及处境也为国民政府争取其脱离北洋阵营，加入北伐提供了契机。

　　黔军退出四川之际，适值全国局势剧变。在南方，两广的统一为国民政府出师北伐奠定了坚实基础。在北方，奉系张作

① 《分离中之黔局形势》，《申报》1925 年 4 月 10 日，第 4 版

② 《西南重要会议之内容》，《申报》1926 年 1 月 30 日，第 9 版。按：安健系贵州郎岱（今六枝）人，为老同盟会成员，曾参与同盟会的早期起义和护国战役等活动。北伐前后他主要在贵州活动，1926 年 9 月被国民党中央任命为第九军副党代表，次年 1 月正式就职。参见《军人部致中常会函》（1926 年 8 月 31 日），《中常会致中央军人部函稿》（1926 年 9 月 10 日）、《安健呈中央军人部部长蒋介石函》（1927 年 1 月 23 日），台北原中国国民党党史馆藏，档案号：汉 4537.2、汉 4537.3、汉 2860。

③ 《时事日志》，《东方杂志》第 23 卷第 14 期，1926 年 7 月，第 141 页。

④ 《袁祖铭致刘达五函》（1926 年 10 月 20 日），台北"国史馆"藏，档案号：002-080200-00011-006；周素园：《贵州陆军史述要》，政协贵州省委员会文史资料研究委员会编《贵州文史资料选辑》第 1 辑，1962，第 28 页。

霖与直系吴佩孚在"反共""讨赤"的口号下拟订"合作讨赤"计划，夹击冯玉祥部国民军。[①] 3 月，在广州国民政府的推动下，湘南的湘军第四师师长唐生智率部向省城长沙进迫，与支持省长赵恒惕的湘军第三师叶开鑫等部发生战事。此后，直系军阀吴佩孚动员湘鄂边境各部援助叶开鑫攻唐，一场关乎南北命运的战事在湖南提前拉开帷幕。

在北伐的战略部署中，广州国民政府对西南军阀的策略是争取与川、黔军阀合作，消极方面是防止其扰乱后方，积极方面是增强己方力量。1926 年 4 月初，国民党中央在讨论北伐军事计划时，蒋介石提出派员赴川黔联络，争取川黔军队参加北伐，以牵制云南、湖北方面之敌。[②] 1926 年春，吴玉章等人又以国民政府代表的身份到驻川黔军中活动，曾与孙中山有过接触、思想相对左倾的王天培归附倾向明显，表示愿意加入革命队伍。[③]

彭汉章被周西成取代省长职后，率部向湘黔边境移动，同时向国民政府表示率部效力国民政府之意，并请示方略。[④] 稍后，彭汉章在黔东召集军政会议讨论出路问题，部下有主张赴川，有主张投靠南方，后者尤以驻扎在湘黔边境的贺龙部

① 《吴张互商中之进兵计划》，长沙《大公报》1926 年 7 月 16 日，第 3 版；万仁元、方庆秋主编《中华民国史史料长编》第 24 册，第 62、70 页。

② 《中国国民党第二届第二次中央委员全体会议提议案（整饬党务军备）》（1926 年 4 月 3 日），台北"国史馆"藏，档案号：002-060500-00006-002。

③ 吴玉章：《第一次大革命的回忆》，《吴玉章文集》（下），重庆出版社，1987，第 1089 页。

④ 《时事日志》，《东方杂志》第 23 卷第 14 期，1926 年 7 月，第 142 页。

所坚持。① 6 月，彭汉章又在铜仁召开军政会议，决定本拥戴
国民政府、待命北伐之旨规劝袁祖铭加入国民政府，"如北伐
军出，彼仍不从谏，即宣告脱离"。② 与此同时，贺龙率部进
入湘西，李宗仁致函贺龙部磋商联合讨吴计划，贺龙当即表示
"决以奋斗之精神，求主义之贯澈，一俟湘西障碍排除，即以
所部从诸公之后"。③

事实上，国民政府对袁祖铭的争取工作在北伐开始前就在
秘密进行，但袁祖铭依靠北洋政府的立场基本未变。④ 1926 年
春，国民政府主席谭延闿复派员至重庆与袁祖铭接洽，拟将
川、黔、湘、鄂四省交由袁祖铭主持。⑤ 6 月底，唐生智又派
代表赴黔游说袁祖铭合力攻湘，进临江表，一举囊括西南数
省。⑥ 7 月初，唐生智以袁祖铭与彭汉章各部与湘西、鄂西关
系甚大，电请蒋介石速予招纳，以免后患。⑦

北伐开始后，国民政府方面进一步利用黔系的内部分裂，
通过争取王天培、彭汉章来促袁祖铭转向。7 月初，何应钦向

① 傅顺章：《国民革命军第九军第一师参加北伐战争的始末》，政协贵州省
　委员会文史资料研究委员会编《贵州文史资料选辑》第 25 辑，1987，第
　176～178 页。
② 陈纯斋：《贵州省长兼清乡军总司令彭汉章参加北伐》，《贵州文史资料
　选辑》第 25 辑，第 150 页。
③ 《北伐军影响西南全局》，《申报》1926 年 6 月 24 日，第 7 版。
④ 丁宜中：《我所亲见的袁祖铭和"定黔军"》，《贵州文史资料选辑》第
　1 辑，第 135 页
⑤ 《袁祖铭致刘达五函》（1926 年 10 月 20 日），台北"国史馆"藏，档案
　号：002-080200-00011-006。
⑥ 《袁祖铭五路入湘》，《申报》1926 年 7 月 27 日，第 5 版。
⑦ 《唐生智电蒋中正》（1926 年 7 月 4 日），台北"国史馆"藏，档案号：
　002-020100-00006-002。

蒋介石陈述袁祖铭对部下已失威信，国民政府如对彭汉章、王天培等予以相当名义，必能为我所用。① 王天培与彭汉章先后分途与广州国民政府接洽，确实成为促使袁祖铭转变的重要因素。② 不久，随着王、彭先后输诚，徘徊不定的袁祖铭"又来向粤投机"。③ 差不多同时，袁祖铭和彭汉章分派代表到广东接洽，并初步商定具体办法，拟任袁祖铭为川黔湘国民革命军联军总指挥，彭汉章为第十军军长，嘱袁、彭各部沿鄂西、湘西分道并进，以期与北伐军会师武汉。④

此后，随着北伐军在湖南接连告捷，革命形势大好，袁祖铭趋向国民政府的态度更为积极。7 月初，袁祖铭向国民政府表示已令所部出师北伐，将与王天培、彭汉章等亲率 18 个混成旅开赴湘西、鄂西等处，加入北伐军作战，并请示行动方略："现令彭会办仲文率三混成旅，协同贺云卿（龙）部前进，已达沅辰以下，何总指挥厚光率三混成旅出永保大庸，李总指挥晓炎率三混成旅暂驻秀山，并兼驻鄂西，王督办植之率

---

① 《何应钦电蒋中正》（1926 年 7 月 10 日），台北"国史馆"藏，档案号：002-090101-00005-086。

② 据时人描述，在王、彭与国民政府联系日密后，袁祖铭也意识到"我出，则王、彭宜可复归；不出，则坐失两部"。参见周素园《贵州陆军史述要》，《贵州文史资料选辑》第 1 辑，第 28 页。

③ 《李仲公电何应钦》（1926 年），台北"国史馆"藏，档案号：002-080200-00014-021。此电具体月份不详，根据内容，当在 1926 年北伐出师前后。

④ 《蒋中正复唐生智电》（1926 年 7 月 11 日），台北"国史馆"藏，档案号：002-090106-00006-012。按：不久又改任袁祖铭为川黔联军总司令，彭汉章为第九军军长。据袁祖铭的说辞，国民政府对其的这一任命仅系口说，其并未奉到正式命令。参见《袁祖铭致刘达五函》（1926 年 10 月 20 日），台北"国史馆"藏，档案号：002-080200-00011-006。

四混成旅出宝庆，已到麻晃一带，弟随即率五混成旅赴洪江策应。"① 此后，袁祖铭迭次通过湘桂要人黄绍竑、唐生智表示加入国民革命军，汇报援助唐生智攻湘的军事部署，并派代表到广州面呈一切。②

7月中旬，王天培、彭汉章经所部代表赴粤接洽后，分别被国民政府任命为国民革命军第九军和第十军军长，并令其进驻湘西常德、澧县一带，直攻鄂西，会师武汉。③ 8 月 6 日，彭汉章在湖南辰州正式就任第九军军长，并将所部改编，以贺龙、杨其昌、毛鸿翔分任该军第一、二、三师师长。④ 9 日，王天培亦通电就任第十军军长职务，任命王天锡为该军第二十八师师长、杨胜治为第二十九师师长、王天生为第三十师师长，同时声讨吴佩孚"贪恋一时之权位，牺牲亿万之生灵，蹂躏西南，荼毒中土"诸罪行。⑤ 12 日，彭汉章、贺龙等人发出讨吴通电，"誓不与祸国殃民之吴贼共戴天日"。⑥

至此，除袁祖铭尚未正式宣布归附国民政府外，先行向湘

① 《西南北伐军要讯》，《申报》1926 年 7 月 31 日，第 9 版。
② 《袁祖铭加入革命军消息》，长沙《大公报》1926 年 8 月 9 日，第 6 版。
③ 《谭延闿蒋中正李济琛电袁祖铭》（1926 年 7 月 20 日），台北"国史馆"藏，档案号：002-090101-00001-071。
④ 《北伐声中之黔滇动作》，《申报》1926 年 8 月 23 日，第 7 版；《杨其昌呈蒋中正》（1926 年 8 月 9 日）、《蒋中正电彭汉章》（1926 年 8 月 15 日），台北"国史馆"藏，档案号：002-080200-00002-047、002-080200-00003-029。实际上，彭汉章所能掌握者主要为战斗力较弱的第三师，实力最强的贺龙师仍有相当大的独立性。
⑤ 《王天培通电就第十军军长职》，长沙《大公报》1926 年 8 月 20 日，第 6 版；《湘西袁贺加入情形》，天津《大公报》1926 年 9 月 9 日，第 6 版。
⑥ 《彭汉章率部声讨吴佩孚电》（1926 年 8 月 10 日），罗家伦主编《革命文献》第 12 辑，1984 年影印本，第 162 页。

西移动的彭汉章、王天培两部黔军完成易帜，正式加入北伐军阵营。留驻贵州的周西成部及鄂西施南一带的李燊部虽未直接参与北伐战事，但经过接洽谈判也陆续接受国民政府的改编。此后，黔军经湘西向鄂西进攻，不仅解除了革命军侧背的威胁，也破坏了吴佩孚利用黔军和滇军配合直系进攻两广的战略企图。[①]

二　徘徊中的革命

黔军各部在与广州国民政府接洽的同时，相继出师湘西。彭汉章部最先出动。1926 年 4 月 18 日，曾任湖南澧州镇守使的贺龙发表通电，宣布率部向湖南进攻，占驻湘西麻阳，进扑辰州，5 月下旬进驻沅陵。[②] 与此同时，王天培部亦于 4 月乘虚进驻湘西靖州。[③] 6 月初，在湖南唐叶之战焦灼之际，彭汉章部主力入湘，并以贺龙为前驱，分攻常澧，湘西屯边使陈渠珍部不战自退，黔军迅即占据湘西十余县。[④] 对于彭部黔军入

---

① 蒋纬国总编著《国民革命战史第二部：北伐统一》第 2 卷，第 82、157 页。

② 贺龙原为离川入湘的熊克武部建国川军第一师，1925 年春脱离川军后以澧州镇守使身份继续留驻湘西。同年秋，湖南省省长赵恒惕令湘军叶开鑫、贺耀祖等部讨伐贺龙，贺部离湘进驻贵州铜仁、松桃一线。其间，贺龙与时任贵州省省长的彭汉章联系接洽，待机返湘。1926 年春唐生智开始反对赵恒惕后，贺龙即以川黔军名义北伐入湘。参见李烈主编《贺龙年谱》，人民出版社，1996，第 50~66 页；《贺龙已被黔军收编》，《申报》1925 年 11 月 22 日，第 9 版。

③ 《湘省二三两师改编就绪》，《申报》1926 年 4 月 21 日，第 9 版。

④ 《湘战变化中之新形势》，《申报》1926 年 6 月 11 日，第 7 版。

湘的原因，时人众说纷纭，"有谓袁受川逐，黔省地瘠民贫，不足以资供给，故以一部分入湘西就食，与叶唐战事无关者；有谓袁彭均属军官系，旗帜即已标明援湘，决非与叶唐战事无关，当系援唐者；有谓袁彭虽属军官系，但系受吴佩孚之命，当系援叶者，传说纷纭，莫衷一是"。①

7月初，黔军大部进抵湘黔边境，王天培进驻铜仁，彭汉章进驻湘西辰溪，拟分五路援湘，并要求唐生智接济给养。五路为：（1）何厚光师及贺龙师为第一路，何厚光任总指挥，贺龙副之；（2）李燊师及杨其昌师、罗觐光部为第二路，李燊任总指挥，罗觐光副之；（3）金汉鼎为第三路总指挥，王纯武副之；（4）袁祖铭自兼第四路总指挥，吴厚安副之；（5）王天培为第五路总指挥兼前敌总司令，彭汉章副之。② 7月中旬，向湘西前进的黔军大部进抵洪江，先头部队进迫桃源。与此同时，蒋介石接连电催袁祖铭、王天培、彭汉章等人率部兼程向常澧集中，后进攻鄂西，道出荆沙，以会师武汉，然后与冯玉祥部国民军及樊钟秀等部取得联络，直捣幽燕。③ 7月22日，黔军先头部队贺龙等部离开沅陵，向桃源、常德等地进

---

① 《黔军突然大举入湘》，《申报》1926年6月10日，第9版。
② 《唐生智电蒋中正谭延闿李济琛白崇禧》（1926年7月10日），台北"国史馆"藏，档案号：002-090101-00005-106。罗觐光部原属建国川军熊克武部，1925年底由粤返川的熊部瓦解后，师长罗觐光率部分川军归附彭汉章，改编为川黔边防军。北伐开始不久，罗即率部赴川，脱离黔军。
③ 吕芳上主编《蒋中正先生年谱长编》第1册，台北"国使馆"、中正纪念堂、中正文教基金会，2014，第470~471页。

攻。同月底，贺龙、杨其昌两师进驻常德。①

尽管黔军各部陆续以北伐之名入湘，但其真实目的主要在地盘和就食两项。7月底，时人即撰文指出，袁部黔军加入北伐，表面上虽为主义而战，实际则因黔省地瘠民贫，不能给养此多数由川回黔之饥军，不得不向外发展，借以觅食。② 当时，黔军对于南北双方均派有代表联络，"南方请其北伐，彼即应之曰即日派兵会师武汉，而兵实未准备开动，北方请其南征，彼亦即应之曰即日派兵会师衡宝，而兵亦实不开动"。③尤其是黔军首领袁祖铭与吴佩孚等北洋方面一直藕断丝连。袁祖铭进驻贵阳后，即通过任可澄等前贵州政要向吴佩孚争取名义和接济。④ 阎锡山方面的情报也显示，袁祖铭、彭汉章、王天培等虽然已投向国民政府，但袁祖铭仍对吴佩孚表示服从，以图获取械弹之接济。⑤

7月中旬，袁部除一小部分留驻川南、川东外，悉数开拔入湘，但袁祖铭在致电旅京的黔籍要人说明所部入湘原因及部署时，仍谓系奉吴佩孚之命援湘："我军单独作战，即令完全胜利，就川省以往及现在情形，亦难澈底，适因吴玉帅有援湘之命，湘人亦自动表示欢迎，遂与各将领协商，决定以大部分

① 《李奇中函蒋中正》（1926年9月27日），台北"国史馆"藏，档案号：002-080200-00006-038。

② 《川黔军加入北伐之声势》，《申报》1926年8月5日，第7版。

③ 《南北大战尚未开始前之湘局》，《申报》1926年8月15日，第9版。

④ 《李仲公电蒋中正》（1926年7月4日），台北"国史馆"藏，档案号：002-090102-00013-002。

⑤ 《温寿泉等电阎锡山》（1926年7月31日），台北"国史馆"藏，档案号：116-010101-0034-019。

沿沅江向湖北（南），便谋补充。"①

当时，南北双方在湖南交战正酣，黔军入湘后的态度举足轻重，南北双方均意图拉拢其以壮声势。时人注意到湖南战事开始后，湘西方面"其最惹人注目者，莫如贺龙之川军，袁祖铭、彭汉章、王天培等之黔军，彼等貌合神离，亦无何等主义可言，志在占地盘，分税款，坐观成败，力避牺牲而已，故于南北双方，各有接洽。北方宣传其援湘，南方声称其北伐，其实南北何尝不明若辈伎俩，不过鞭长莫及，聊作鼓吹，以壮本方之声威而已"。②

8月中下旬，底定湖南后的北伐军略经休整便准备继续向湖北前进。在此前后，蒋介石迭次电催袁祖铭、王天培、彭汉章等人兼程前进，由常澧方面进攻荆沙，以收夹击之效，最后会师武汉。③ 在北伐军前敌总指挥唐生智看来，如黔军第九军和第十军不能协同配合，则鄂西军事可虑。④ 8月中旬，蒋介石在长沙召开军事会议，决定第二期作战计划先取武汉，以中央军、左翼军、右翼军三路会攻武汉。具体部署为第四、七、八军编为中央军，由前敌总指挥唐生智指挥，负责击破当面之敌，进取武汉；以第二、三军及独立第一师为右翼军，由第三

① 《袁祖铭军五路入湘》，《申报》1926 年 7 月 27 日，第 5 版。
② 《湘战停顿之状况》，《申报》1926 年 8 月 8 日，第 9 版。
③ 《蒋中正电袁祖铭彭汉章王天培》（1926 年 7 月 27 日）、《蒋中正电袁祖铭等》（1926 年 8 月 10 日），台北"国史馆"藏，档案号：002-020100-00006-014、002-080200-00002-041。
④ 《唐生智电蒋中正》（1926 年 8 月 8 日），台北"国史馆"藏，档案号：002-090101-00001-015。

军军长朱培德指挥，集结湘东监视江西之敌；以黔军第九、十军为左翼军，由袁祖铭指挥，负责夺取荆沙、肃清鄂西。此外，第一、六军为总预备队，随中央军推进。[①] 据此，蒋介石要求第九军在攻击开始前集中常德附近，以迅速动作扑灭澧州方面残敌，协同第十军进占荆沙后相机以主力击破宜昌、襄阳之敌。在催促袁祖铭等左翼各军向荆沙方面进攻的同时，蒋介石表示对于黔军军实当尽力接济，若黔军能迅速进抵常澧一带，则联络较易，"筹济匪难也"。[②]

然而，此时吴佩孚还未完全败北，袁祖铭犹存观望之心，对这一作战计划和要求并未积极执行。袁祖铭先是以自己未到前方，不便指挥为由，改请国民政府委任王天培为左翼军前敌总指挥。与此同时，对于吴佩孚先后委任的川黔检阅使、讨贼联军副司令兼第七军军长、川黔湘桂粤讨赤联军副司令及总司令等职务，袁祖铭亦均未接受。在袁祖铭看来，"不受即是反对，即是与国民政府合作"，"兼北军将领

① 《蒋中正电何应钦等》（1926 年 8 月 14 日），台北"国史馆"藏，档案号：002-090106-00005-172；《国民革命军北伐作战经过报告书》，中国第二历史档案馆藏，档案号：七一一—195。9 月初，因袁祖铭尚滞留贵州，左翼军总指挥一职由左翼军党代表吕超代理，待袁祖铭进抵前线后再交由其负责。然而，因左翼军前敌总指挥王天培对此有异议并要求将所部调归中央军或右翼军指挥，蒋介石旋即取消吕超的代总指挥职权，将左翼军事交由王天培全权处理。参见《中国国民党中央执行委员会［常务委员会］第六十次会议录》（1926 年 9 月 22 日），《中国国民党第一、二次全国代表大会会议史料》（下），第 679 页；《王天培电蒋介石》（1926 年 9 月 16 日），台北"国史馆"藏，档案号：002-020100-00007-022。
② 《蒋中正电袁祖铭等》（1926 年 8 月 14 日），台北"国史馆"藏，档案号：002-020100-00005-007。

与我好者甚多，如不表示将来尚可从中潜移默化，收效尤宏"。①显然，面对未定的局势，袁祖铭还是想为将来留下可操作的空间。王天培和彭汉章虽已就任国民政府所任命的军长职务，但态度亦不鲜明，对北伐军进攻武汉战事心存观望。②因此，黔军迟迟其行，大部滞留在川湘黔边境，仅第九军贺龙师等部进占慈利、石门、临澧等地。作为左翼军主要指挥官的袁祖铭、王天培、彭汉章则分别留在贵阳、洪江、沅陵。

8月25日，中央军进逼咸宁。次日，蒋介石再次催促袁祖铭等督率后续部队兼程并进，以期在中央军攻下武汉的同时，左翼军亦占领荆沙，共奠鄂局。③ 8月底，第九军贺龙、杨其昌等部向临澧进发，击退当面之敌后继续向津澧方向前进。9月初，黔军攻克澧州，向湖北公安方向追击。④ 左翼黔军的军事行动有效地"威胁敌之侧背"，粉碎了吴佩孚从鄂西反扑湘西从而截断北伐中央军后路的企图。

---

① 关于为何不就任国民政府所委任之职务并像王天培、彭汉章等人那样通电反吴，袁祖铭在向前方部属解释时称系鉴于吴佩孚对其"旧有情感"，不愿通电谩骂，且"事前已向政府申明，实际与政府合作，表面则不能通电讨吴出以恶声，令人訾议"。《袁祖铭致刘达五函》（1926年10月20日），台北"国史馆"藏，档案号：002-080200-00011-006。

② 《中共湖南区委报告——军事政治形势及国民党省代表大会》（1926年8月24日），《湖南革命历史文件汇集》省委文件（1923—1926年），第50~51页。

③ 吕芳上主编《蒋中正先生年谱长编》第1册，第493页。

④ 《彭汉章电蒋中正》（1926年9月1日）、《彭汉章电蒋中正》（1926年9月3日），台北"国史馆"藏，档案号：002-090101-00005-114、002-090101-00005-115。

9 月初，北伐军中央军攻占汉阳、汉口，并包围武昌，吴佩孚退回河南。随后，中央军占领孝感，封锁武胜关，基本完成预定作战任务，右翼军亦次第占领赣州、袁州、修水等处。在此前后，蒋介石以左翼军才开始作战，迭次催促黔军"迅出荆沙"，奠定鄂西。[①] 9 日，进抵常德的王天培致电蒋介石，解释因肃清湘西反革命力量及给养困难而滞留洪江，并陈述革命奋斗决心，提请接济饷械。[②] 与此同时，彭汉章亦向常德前进，令所部向荆沙方向行动，先遣队为贺龙、杨其昌二师，贺任左翼，进攻公安，杨任右翼，进攻石首。王天培则率王天生一师进驻津市，策应左右两翼前进。[③] 为催促黔军向鄂西进攻，蒋介石向王天培表示自中央军攻克武胜关后，鄂西之敌已发生动摇，如黔军能"乘此时迅出荆沙，奠定鄂西，可收事半功倍之效"。至于饷弹，已令长沙本部拨发黔军军饷十万元、子弹十五万发，交黔军代表领解。[④]

9 月下旬，黔军一度攻克鄂西公安、沙市等地，王天培和彭汉章先后离开常德赶赴前线指挥。此时，吴佩孚在令所属刘玉春、陈嘉谟等人死守武昌待援的同时，令川军

---

① 中国第二历史档案馆编《蒋介石年谱（1887—1926）》，第 598、603 页；《蒋总司令促王天培迅出荆沙电》（1926 年 9 月 18 日），罗家伦主编《革命文献》第 13 辑，第 238 页。

② 《王天培电蒋中正》（1926 年 9 月 9 日），台北"国史馆"藏，档案号：002-020100-00007-017。

③ 《黔军进攻荆沙》，《申报》1926 年 9 月 24 日，第 6 版；《湘西与鄂西》，天津《大公报》1926 年 9 月 28 日，第 6 版。

④ 吕芳上主编《蒋中正先生年谱长编》第 1 册，第 515 页。

杨森部入鄂，协同鄂西于学忠、王督庆等部反扑，寻图反攻湖北。贺龙等前线部队在激战后虽将鄂西敌军主力击溃，但自身也损失惨重，不得不退回湘西澧县等地，内部的分化加剧。

是时，湘西方面的黔军领导人主要是彭汉章、王天培及贺龙三人。据湘鄂地区共产党人的观察，王、彭各有兵三师，彭部只杨其昌一师较有战斗力，王天培部亦只一师能战。贺龙师虽然名义上隶于彭汉章，实不受彭指挥，且最有战斗力，纪律也较王、彭部为好。鄂西战事后，彭汉章极力拉拢杨其昌以对付贺龙，王天培则设法拉拢贺龙以解决彭汉章。贺龙颇感于自己孤立、饷械无着，拟离开第九军另找出路，并为此派出秘书长严仁珊四处活动。[①]

在黔军前线部队进攻鄂西受阻之际，北伐军进攻武昌亦一度受挫。与此同时，孙传芳率部进迫鄂东。面对南北双方胶着的局势，袁祖铭推迟原定率部驰赴前方的决定，以剿匪清乡为"革命之先一步工作"为由，向蒋介石表示湘西土匪猖獗，决定派五个混成旅分路进剿，限三个月内肃清，恢复地方秩序后，再将湘西黔军尽数开赴前方。[②] 蒋介石只得在电催袁祖铭速赴常德主持左翼军事的同时，将左翼前线军事暂委

① 《颜昌颐同志报告——关于湘鄂军政形势、组织及其内部冲突，我党组织、工作及工农运动状况》（1926 年 11 月 9 日），《湖南革命历史文件汇集》省委文件（1923—1926 年），第 117 页。

② 《袁祖铭电蒋中正》（1926 年 9 月 16 日），台北"国史馆"藏，档案号：002-020100-00007-020。

王天培负责。① 10 月初，袁祖铭始由贵阳率师向黔东重镇铜仁出发。② 出发之际，袁祖铭在校阅所部时，再次表露对时局的暧昧态度，"地不问其南北，人不分乎畛域，只须不背国家设兵之旨，真实爱国，真实卫民，本军即当引为同志，与彼合作"。③

此后，袁祖铭又以饷械困难为由留滞黔东，迟迟不向湘西或鄂西前进。④ 同时暗中与杨森、唐继尧，拟组织川黔滇联盟，分途进攻湘、粤、桂等地。⑤ 对于袁祖铭与四川杨森、云南唐继尧之间寻求结盟的行为，时人指出，"袁杨两氏，皆败而复起，饱尝世味，趋利避害之见极深，故其所持不南不北，且南且北之态度，亦正不约而同"。⑥ 另外，在黔军奉命向鄂西方向进军后，卢金山等部即寻求机会与贺龙、袁祖铭接洽。⑦ 对于鄂西卢金山、王都庆、于学忠求和的举动，袁祖铭亦有意通过和谈解决鄂西问题，认为"彼既来接头，即可将

---

① 中国第二历史档案馆编《蒋介石年谱（1887—1926）》，第 615 页。
② 《袁祖铭已离贵阳》，《申报》1926 年 10 月 19 日，第 6 版。
③ 《袁祖铭入湘再纪》，天津《大公报》1926 年 12 月 5 日，第 6 版。
④ 据袁祖铭对黔军总司令部参军刘达五的说辞，其迟迟不动身赴前线的原因主要有两个方面：一因贵州内政问题，不能不急谋整理，以固后方，而谋接济；一因川滇对于革命行动尚多异言，屡次要求黔军出兵广西，牵制粤后方，并约出兵截击。"总之，关系极大，不能不缄默、缓和，借牵制川滇及鄂西。"《袁祖铭致刘达五函》（1926 年 10 月 20 日），台北"国史馆"藏，档案号：002-080200-00011-006。
⑤ 杨天石主编《中华民国史》第 6 卷，中华书局，2011，第 104 页。
⑥ 《唐袁杨同盟索隐》，天津《大公报》1926 年 11 月 25 日，第 1 版。
⑦ 《卢香亭急赴九江》，天津《大公报》1926 年 9 月 2 日，第 2 版。

计，渡过大江则不愁彼等之不就范围"。①

11月初，北伐军攻克南昌，并收复鄂东地区，复着手肃清鄂西残敌。但袁祖铭等的态度仍不明朗，对参加鄂西作战持消极态度。北伐军总司令部有意令其向鄂西进军，如果拒绝，即借机解除其武装。尤其在北伐军军事总顾问加伦看来，袁祖铭之流是"另类的同盟者"，"他们是要伺机占领已经属于国民政府但国民革命军尚未进驻的地盘"。② 同月中旬，蒋介石部署唐生智、刘佐龙等部与黔军一同进攻鄂西，调集第八军第一、二师及鄂军第一师、第十五军第三师由江之左岸进攻；第九、十两军及第八军教导师由江之右岸进攻；限期会师宜昌。③ 与此同时，蒋介石催促袁祖铭即刻督师莅鄂，与唐生智协剿鄂西卢金山等部，"共奏肤功"。④ 此时，吴佩孚在两湖败局已定，江西、福建等地亦基本为北伐军攻克，袁祖铭始离开

---

① 《袁祖铭致刘达五函》（1926年10月20日），台北"国史馆"藏，档案号：002-080200-00011-006。中共方面也注意到袁祖铭与卢金山等接洽，拟拥自己为川鄂湘黔首领。中共认为在击败鄂西卢金山部后，必须结合杨森、王天培（彭汉章不可靠）、唐生智等扫除袁祖铭。参见《中共军事特派员一飞的报告——江西战事概况及军政各派系对战事的态度》（1926年10月23日），《湖北革命历史文件汇集》省委文件（1926—1927年），第9页。

② 《加伦致中国共产党中央委员会的信》（1926年11月21日），阿纳斯塔西娅·卡尔图诺娃编《来到东方：加伦与中国革命史料新编》，第393～396页。须指出的是，尽管北伐军总司令部有将黔军缴械的计划，但此后因第九军和第十军积极向鄂西进攻并发挥重要作用，这一计划无形中止。

③ 刘绍唐主编《民国大事日志》第1册，第340页。

④ 中国第二历史档案馆编《蒋介石年谱（1887—1926）》，第703页。

贵州向湘西进发。①

12月初，袁祖铭进至湖南辰州，通电就任国民革命军左翼军总指挥。② 为表示自己北伐的决心，袁祖铭决定将后方直辖各部编为三路，令第一路指挥李燊率9个团出兵施鹤，第二路指挥何厚光率10个团加入左翼军正面，协同第九军和第十军进取荆宜，袁祖铭亲率一路前进，川东南及云南方面则交由后备司令周西成负责牵制。③ 此外，袁祖铭派参谋长赴南昌向蒋介石请示行动方略。④

12月7日，王天培指挥第九军、第十军等各部由澧县一带分路出击，10日和11日将松滋、枝江、宜都之敌击溃，占领公安黄金口，拟肃清长江南岸后即渡江北进。12日，黔军分路渡

---

① 袁祖铭向湘西出发或与其从报章获悉湖南省方愿意将湘西税收的3/5划为黔军军费有一定关系。参见《唐生智决进攻鄂西》，《申报》1926年11月23日，第6版；《湘西黔军形同割据》，天津《大公报》1926年12月28日，第6版。

② 《袁祖铭上中央执行委员会等电》（1926年12月3日），台北原中国国民党党史馆藏，档案号：汉0761；《袁祖铭电蒋中正》（1926年12月14日），台北"国史馆"藏，档案号：002-080200-00012-017。据李奇中的调查，袁祖铭当时之所以迟迟未就任国民政府所任命的各职务，是因为前两次任令均被人代用，第三次始接到正式命令，又因来往电报多被扣留，致消息不灵，真相难明。《李奇中呈蒋中正》（1927年1月7日），台北"国史馆"藏，档案号：002-080200-00016-052。李奇中，湖南资兴人，系黄埔一期学生，北伐开始后在第八军周斓部教导师政治部任宣传队队长及秘书等职，多次向蒋介石报告其对湘西各军的调查情况。

③ 《袁祖铭电蒋中正》（1926年12月6日），台北"国史馆"藏，档案号：002-080200-00012-016。

④ 《袁祖铭函蒋中正》（1926年12月7日）、《袁祖铭呈蒋中正》（1926年12月21日），台北"国史馆"藏，档案号：002-080200-00273-055、002-080200-00027-059。

江向宜昌进攻。16日，第十军第二十八、二十九师占领宜昌。[①]
随后，黔军第二十九师及第九军杨其昌师又奉令追击秭归、巴
东之敌，21和22日先后攻占秭归、巴东。[②] 至此，鄂西残敌基
本被肃清，解除了长江上游之敌对武汉的威胁。

攻占宜昌后，第十军收编敌军3个团，实力大增，宜昌地
方秩序由王天培以左翼军前敌总指挥名义负责恢复、维持，所
部师长王天锡出任卫戍司令。[③] 此时，黔军除彭汉章、王天培
两部已入鄂西外，袁祖铭直辖各部仍滞留湘西一带。[④] 12月下
旬，随着北伐形势越发向好，袁祖铭更表现出积极北伐，参加
革命的态度。12月25日，袁祖铭致电国民党中央及国民政
府，陈述其参加护国、护法等战争的"革命"历程及服膺三
民主义的心迹。[⑤] 12月底，袁祖铭率部进抵常德，并拟开赴鄂
西前线，孰料迎接他的却是"被革命"的命运。

三　常德事变与袁、彭殒命

北伐开始后，作为北伐军前敌总指挥的唐生智权势不断

---

① 《彭汉章电蒋中正》（1926年12月12日）、《王天培电蒋中正》（1926年
12月19日），台北"国史馆"藏，档案号：002-090101-00005-149、
002-080200-00012-056。

② 《捷报》，《兵站半月刊》第1期，1927年3月，"情况"，第1页。

③ 《唐生智电蒋中正》（1926年12月22日）、《唐生智电蒋中正》（1926年
12月26日），台北"国史馆"藏，档案号：002-020100-00007-054、
002-020100-00007-055。

④ 《湘米实行开关与湘西问题》，《申报》1926年12月24日，第9版。

⑤ 《袁祖铭致中执会电》（1926年12月25日），台北原中国国民党党史馆
藏，档案号：汉15359。

增长。北伐军进入武汉后，唐生智实力大增，宣扬"两湖事由两湖人管"，俨然以"两湖王"自居。[①] 9 月中旬，无力在两湖与唐生智争锋的蒋介石将湖北战事交由唐生智负责，东下江西督战，同时将左翼军划归唐生智指挥。[②] 10 月，武汉完全克复后，为肃清两湖，蒋介石更是不惜将两湖交予唐生智负责。[③] 黔军进入湘西、鄂西后，直接威胁唐生智的两湖"后院"。随着黔军在湘西、鄂西等地委任官吏、提征粮饷、摊派赋税、收编散兵溃匪，与唐生智的利益冲突日渐凸显。

黔军进入湘鄂后，军饷事先既未有所筹备，国民政府又甚少接济，只得在湘西、鄂西等地筹借米款，解决给养问题。[④] 例如，第九军进驻湘西常桃等地后，地方用人与一切收入概行据为己有，不愿湖南省政府干涉。尽管国民政府一度电令以常桃税收及临时公债借款的半数拨发第九军作为饷项，半数收归省政府，但实际基本为黔军强行取用。当时，第九军在所经之县均设有经费统筹处，表面上负责该军内部军饷之分配，实则

---

① 李宗仁口述，唐德刚撰写《李宗仁回忆录》，广西师范大学出版社，2005，第 280 页。

② 中国第二历史档案馆编《蒋介石年谱（1887—1926）》，第 608 页。

③ 《湘区书记报告——江西战事、湘鄂政治情况与党的政策》（1926 年 10 月 22 日），《中共中央文件选集》第 2 册，第 298~299 页。

④ 《王天培电蒋中正》（1926 年 12 月 15 日），台北"国史馆"藏，档案号：002-080200-00012-024。国民政府虽偶尔允诺拨发黔军经费，往往未能如数发足。参见《朱蒂呈蒋中正》（1926 年 9 月 30 日）、《朱蒂呈蒋中正》（1926 年 10 月 3 日），台北"国史馆"藏，档案号：002-080200-00006-045、002-080200-00006-046。

每到一县即通过该机构筹款，无所不用其极。①

黔军退出四川后，给养无着落，饷糈极为困难，及至湘西、鄂西，欲就地筹给，又碍政府统一。而且，黔军此前声誉不佳，兼"其他关系"（指湘军方面），一般民众尤其是商民对黔军甚不满意，各方怨声载道。② 当时，第九军等外省部队在湘西不特饷项无从筹办，即官兵伙食亦面临困难，军衣问题更是严峻，士兵均系赤足单衣，甚至有用破布裹身、衣不蔽体者。总之，一般官兵的情况实不啻乞丐。③ 另外，随彭汉章、王天培、袁祖铭等陆续入驻湘西的各部黔军先后委任地方官吏，抗拒湖南省政府的人事任命，严重破坏湖南的行政统一。④

1926 年 10 月中旬，针对黔军就地筹饷、把持湘西税收财政，唐生智提请蒋介石电令王天培、彭汉章两部停止在湘西筹饷，由总司令部统筹黔军给养，如有必须湖南省协助之处，亦请核定划一办法，以有遵循。"若任其长此梦如，既无以统一财政，尤为刷新庶政之一大阻碍。"⑤ 10 月下旬，因驻湘西黔

---

① 《黄贞元呈蒋中正》（1926 年 8 月 17 日），台北"国史馆"藏，档案号：002-080200-00027-027。

② 《李奇中函蒋中正》（1926 年 9 月 27 日）、《袁祖铭电蒋中正》（1927 年 1 月 22 日），台北"国史馆"藏，档案号：002-080200-00006-038、002-080200-00016-045。

③ 《何章林大谟等电蒋中正》（1926 年 12 月 30 日），台北"国史馆"藏，档案号：002-090101-00005-095。

④ 《湘西黔军形同割据》，天津《大公报》1926 年 12 月 28 日，第 6 版。

⑤ 《黔军在湘西之扰民》，天津《大公报》1926 年 10 月 26 日，第 6 版。对于唐生智所反映的黔军就地筹饷问题，蒋介石曾电令北伐军总政治部主任邓演达每月照拨王天培部经费十万元，同时要求王天培不干涉湘西财政。中国第二历史档案馆编《蒋介石年谱（1887—1926）》，第 670 页。

军就地筹措给养，向地方提征抵借，发生种种问题。唐生智一方面要求黔军将所部困难与国民政府妥速商筹，另一方面派遣湖南省教育厅厅长周鳌山为湘西善后专使，进驻湘西重镇常德，办理军民财政，与黔军交涉。①

11月初，周鳌山由长沙出发赴常德，并在省务会议上初步决定与黔军交涉的数项原则，主要有两项。（1）对于黔军给养，于可能范围内，酌量供给，以期主客相安，惟行政用人一切权限须统隶使署，向黔军交涉，不得干预；（2）对于割据各地的杂色部队，除沈鸿英、韩彩凤两部须剿灭外，已受左翼指挥之周朝武等部则向左翼军领袖交涉，勿干湘政。陈渠珍、姚继虞等湘西地方部队则分别剿抚，务必打破割据形势，形成统一局面。总之务使政权统一，军费则于可能之范围内予以协济。②

面对唐生智收回湘西民财各政的要求，袁祖铭11月以湘西土匪骚扰地方，牵制黔军后方，向蒋介石及唐生智提出剿办湘西土匪办法，要求在剿匪期间湘西各县行政长官勿骤加更换，同时表示短期内肃清土匪隐患，后方无忧后即可长驱沙宜，直出荆襄。③ 袁祖铭此举一方面既为黔军徘徊湘西找到了说辞，另一方面也是欲以剿匪为名，延阻唐生智方面统一湘西行政、财政的要求。对于袁祖铭的这一要求，蒋介石以该事由

① 《水深火热之湘西》，天津《大公报》1926年11月4日，第6版。
② 《湘西善后专使署之组织》，《申报》1926年11月7日，第9版。
③ 《袁祖铭电蒋中正唐生智》（1926年11月2日），台北"国史馆"藏，档案号：002-080200-00008-033。

唐生智决定，让袁祖铭与唐生智直接接洽。[①] 此后，因双方交涉无果，黔军继续屯驻湘西，把持政权、财权。

11 月底，蒋介石告知袁祖铭，关于黔军饷项当并案统筹，目前正准备在南昌召集军务善后会议，接济办法请先与唐生智方面商酌。[②] 差不多同时，唐生智再次向蒋介石要求电令第九军和第十军停止就地筹款，如有必须由湖南省协助之处，请核定统一办法，由总司令部统一支配，以便于可能范围内予以协助。据此，袁祖铭又向蒋介石表示，"黔军自川入湘，饷糈全军无着，而湘西承凋敝之余，亦难供给"，对唐生智所提办法予以认可，但提出国民政府如一时不及兼顾并筹给，则以湘西各县暂归黔军整理，自行就地筹款，待政府有统筹办法时再行奉还。蒋介石对此予以否定，指示其将所部兵额及所需经费造就名册、预算，以便统一核发。[③]

12 月初，袁祖铭率部进入湘西辰州后，一方面向蒋介石、唐生智表示所部已集中辰沅，数日内即可向宜沙进攻，要求予以接济，以利戎机；另一方面又在洪江设立黔军总司令行营财政统筹处，管理湘西 20 余县财政，同时陆续撤换湖南省政府委任的县长、厘金局局长、公安局局长等地方行政人员，引起湖南省政府和省党部的严重关切。[④] 此外，黔军大肆收编湘西的溃兵和土匪姚

---

① 《手令目录：杂件（二）》（1926 年），台北"国史馆"藏，档案号：002-080115-00013-019。

② 中国第二历史档案馆编《蒋介石年谱（1887—1926）》，第 728 页。

③ 《袁祖铭电蒋中正》（1926 年 12 月 9 日），台北"国史馆"藏，档案号：002-080200-00011-040。

④ 《袁祖铭已抵辰州》，《申报》1926 年 12 月 14 日，第 4 版。

继虞、刘叙彝等部，更为唐生智所忌，湘西问题渐呈紧张之势。

此后，袁祖铭根据蒋介石的指示继续与唐生智方面接洽，表示所部黔军急于开赴前方，拟对湖南清乡事宜暂谋结束，在允许湖南省政府所委任的少数知县到任履职的同时，要求唐生智对其所委任的地方官吏予以加委，"以符统系，而专责成"。关于湖南财政统一问题，袁祖铭则以黔军舍川入湘，给养无着，目前仍需设法谋求黔军暂时之给养，待国民政府统筹支配后即不再劳烦。至于具体办法，袁祖铭表示湘西每月各项收入 40 余万元，原拟请按月拨付黔军 20 万元、米 1 万石，由黔入湘的特货（鸦片）税款则平均收用，借维现状。近日通过报章获悉，湖南省政府方面拟以湘西税收的 3/5 拨作黔军军饷，即请照此办理。①

对于袁祖铭的提议，唐生智先是表示各军饷项悉由总司令部核发，各省政治悉由政府主持，为革命军北伐中的通则，目前已改任周鳌山为湘西绥靖处处长（原为湘西善后专使），负责办理湘西善后事宜，整理民财各政，不能再任其分裂糜烂，要求黔军速开赴鄂西荆州、宜昌等地，军饷方面国民政府必当秉公接济。稍后，唐生智方面进一步拒绝袁祖铭提出的条件，指出黔军既拟悉数开赴前方，政府统筹全局，自有相当之接济，湘省无力以助，"为贵部计，亦无望湘省协助之必要，至民财用人行政，本省军人，业已严禁干预，以明系统。盖训政时期若犹有武人干政之事，则吾辈革命，宁非无谓"。对于袁祖铭要求委任的民政、财政人员，唐生智则要求各员一律赴省

---

① 《湘西黔军形同割据》，天津《大公报》1926 年 12 月 28 日，第 6 版。

会听候考询后再另行录用。①

在唐生智拒绝接济黔军的同时，袁祖铭迭次请求北伐军总司令部和国民政府统筹支拨粮饷，始终未获一具体办法。不仅如此，北伐军总司令部再次明令各将领不得在各县自行提款或借款，否则即以违犯纪律、自由行动论处。袁祖铭为此电请蒋介石迅速统筹支拨所部饷款，蒋介石则表示须待财政统一会议开会时再统筹支拨。②

12月下旬，鉴于湘西形势日益紧张，逗留无名，且王天培、彭汉章、贺龙各部行动不一致，内部不能团结，已感到局势紧张的袁祖铭拟遵从唐生智之要求，率所部向鄂西移动，将湘西政权交还湖南省政府，但要求经过各县所需供给由湖南省政府暂准抵解，俟将来在国民政府统筹军费案内扣还。湖南省政府对此仍以总司令部禁止军队提款为由，复电拒绝。与此同时，在常德负责与黔军交涉的湘西绥靖处处长周鳌山更是指称：“袁军徘徊不进，本蓄有异志，兹因鄂西肃清，而与袁合作之杨森，又退走川中，其势已孤，慑于我军威势，不能不屈服，而遵令退出，但表面上虽宣言开出鄂西前敌作战，而军行

---

① 《湘西黔军形同割据》，天津《大公报》1926年12月28日，第6版。北伐开始不久，北伐军总司令部确实即以大军云集，饷糈浩繁，决定克复各地所有收入均应解库，以收统一财政、平均分配之效。为此通令各军将领不得在各地擅自提款，如有违者即以违犯纪律、自由行动论处。参见《总司令严禁各军擅自提款》，长沙《大公报》1926年8月20日，第6版。
② 《袁祖铭电蒋中正》（1926年12月16日），台北"国史馆"藏，档案号：002-080200-00013-019。蒋介石对黔军尤其是在前线作战的第九军和第十军的军费在积极谋划，以收统一财政之效。中国第二历史档案馆编《蒋介石年谱（1887—1926）》，第754页。

极迟，大有借此缓进，以观风色之势。总之袁氏态度模棱，如不乘此将其根本解决，终为后方之患。"[1]

12月底，周鳌山与黔军就湘西问题初步议定如下解决办法：（1）黔军于一个月内全部开离湘西，进驻荆宜；（2）黔军给养由唐生智请国民政府统筹担任；（3）黔军在湘西所委之县长、局长一律调省，以县长、局长存记，另由湖南省政府委人接任；（4）黔军经过各地，严守军纪，不得向地方索取供给。据此，黔军各部开始向常澧移动，准备开入荆沙，湘西各处则拟交由第八军教导师接防。是时，黔军王天培部已入宜昌，彭汉章部主力已入荆宜，仅小部分（第三师）仍留驻常澧，在湘西的黔军主要为袁祖铭直辖的部队。[2]

据当时在周斓部教导师政治部任职的李奇中观察，进驻常德后，袁祖铭思想上表现得进步颇快，在向常德民众演说时能说出革命先须革心，工农商学兵是必须的联合战线等话语；对湖南民政、财政也表示不过问，赞成唐生智统一湖南全省。袁祖铭对蒋介石及国民政府亦表示十分的诚意，对各地国民党党部也尽力予以帮助，向四川及贵州省党部每年各资助5000元。此外，袁祖铭开始对各杂色部队进行改编或解散。[3] 稍后，为减少把柄，袁祖

---

① 《袁祖铭已允离湘西》，《申报》1927年1月3日，第9版。

② 《袁祖铭军允退出湘西续纪》，《申报》1927年1月7日，第9版。当时袁祖铭所属各部在湘西共有枪支约3万，若合计杂枪当在4万以上。《李奇中呈蒋中正》（1927年1月7日），台北"国史馆"藏，档案号：002-080200-00016-052。

③ 《李奇中呈蒋中正》（1927年1月7日），台北"国史馆"藏，档案号：002-080200-00016-052。

铭通告国民政府等各方，"本军历年服务国家，与各方面均有所商榷，故派出代表甚多"。近来工作日求进步，所有在外与各方接洽的代表，除最近有函电通知者外，其余概行召回。此后若有假冒该军或沿用旧名义在外自由行动者，概不承认。①

与此同时，袁祖铭接连向国民党中央、国民政府表示将收拾后续部队，亲临前线督战。② 1927 年 1 月开始，袁祖铭拟将各部集中鄂西，整顿待命，自己亦离开常德前往津市。针对唐生智等各方指控的湘西黔军纪律问题，袁祖铭向国民政府解释称，"先遣各部为谋后方交通之联络，沿途收容，不免复杂，致于地方有所扰累"，表示自己将亲赴前方，分别调集整顿，逐一淘汰改编，布置就绪后即兼程赴宜昌"静听驱策"。③

然而，在袁祖铭直属各部黔军开始向鄂西前进之际，鄂西何键等将领即以鄂西军队众多，"极形拥挤"，且蒋介石和唐生智已命令鄂西各军不得自由行动，免启纠纷，要求袁部暂驻原防待命。据此，湘西黔军欲行又止，袁祖铭仍留常德。④ 面对进退两难的处境，袁祖铭 1 月 10 日向蒋介石表示愿意追随

① 《袁祖铭通电》（1927 年 1 月 9 日），台北原中国国民党党史馆藏，档案号：汉 4517。
② 《袁祖铭上国府电》（1926 年 12 月 31 日）、《袁祖铭致中执会等电》（1927 年 1 月 3 日），台北原中国国民党党史馆藏，档案号：汉 15354、汉 3650。
③ 《袁祖铭来电》（1927 年 1 月 4 日），《北伐密电抄稿拾存》第 1 册，周培光整理、集注《中华民国史料三编》第 52 册，第 76~77 页。
④ 《袁祖铭来电》（1927 年 1 月 7 日），《北伐密电抄稿拾存》第 1 册，周培光整理、集注《中华民国史料三编》第 52 册，第 133 页。当时，鄂西各驻军之间确实发生了纷争，国民党中央为此于 1927 年 1 月初派遣吴玉章为特派员前赴鄂西调查处理。

左右，无不服从的心意，并请求谒见蒋介石，亲自面陈黔军的情况。[①]

袁部黔军即行又止后，袁祖铭等与蒋介石的联系进一步密切。北伐开始不久，北伐军内部各将领之间的矛盾冲突尤其是蒋唐之争不断加剧。面对唐生智的实力扩张，蒋介石也有意识地拉拢北伐各军，对黔军袁祖铭、王天培、彭汉章、贺龙等部设法网罗，以壮自己声势。[②] 尤其是黔军攻克宜昌等鄂西要地后，对于肃清鄂西问题，蒋介石逐渐倾向于借重袁祖铭部黔军。[③] 此后，鉴于鄂西等地的黔军与唐生智方面纷争不断，蒋介石借部署长江下游作战计划之机，有意将第九军、第十军东调，归入自己麾下指挥。1月6日，蒋介石令王天培部第十军开赴鄂东黄梅、武穴、广济一带集中，第九军在第十军开拔完

---

① 《蒋中正电袁祖铭》（1927年1月12日），台北"国史馆"藏，档案号：002-070100-00001-001。面对当时进退维谷的处境，袁祖铭曾无奈地表示若唐生智"实在要打我，我决不回一枪，只好退回贵州去，我要革命，而人家又不准我革命，这也无可为解"。参见《李奇中呈蒋中正》（1927年1月7日），台北"国史馆"藏，档案号：002-080200-00016-052。

② 《中央局关于最近全国政治情形与党的发展的报告》（1926年9月20日）、《中央局关于全国政治情形及党的策略的报告（十、十一月份）》（1926年12月5日），《中共中央文件选集》第2册，第240、374页。事实上，蒋介石曾将袁祖铭、王天培与鄂西的于学忠、杨森等部一同视为敌方。参见中国第二历史档案馆编《蒋介石年谱（1887—1926）》，第728页。

③ 《蒋介石日记》，1926年12月23日。尽管如此，蒋介石对诸如袁祖铭等"投机"革命的行为仍极为不屑。自攻克南昌后，面对应接不暇的川黔鄂等地派人输诚请委，"惟恐不允"的情形，蒋介石认为其是"可叹可恨可怜又可笑"。在蒋介石看来，"革命至今已入一新时期，寄生与观望自全者皆欲借此投机，此种兴我恨我以及患得患失之情形，可笑可叹，为外人见之，无异己国之奴性，可耻也"。参见《蒋介石日记》，1926年11月12、23日，12月9日。

毕后向武昌附近集中待命，其余各部黔军则"暂在公安、澧州一带集中完毕待命"。① 11 日，蒋介石正式电令袁祖铭，左翼黔军除第九军和第十军外，其余各部仍在原防待命，饷项待南昌点验委员会闭会后当有办法。②

1 月 14 日，由南昌行抵武汉的蒋介石电告袁祖铭自己将在武汉停留一周，约袁祖铭赴武汉面叙。③ 15 日，尚未收到蒋介石邀约的袁祖铭又托奔走于鄂赣间联系第九军东移问题的彭汉章，代表其携函赴武汉报告黔军现状及拟改编情形，请求提前点验并指定集中地点，以调赴前线作战。同时报告所部目前饷源已绝，在未点验前请酌量接济军饷，并根据将来指定的任务酌情补充军实。④ 其间，为缩小行动目标，解决所部困难，

① 陈训正：《国民革命军战史初稿》第一辑卷二，周培光整理、集注《中华民国史料三编》第 60 册，第 393 页。

② 王正华编注《蒋中正总统档案：事略稿本》（1），台北："国史馆"，2003，第 15~16 页。

③ 《蒋中正电袁祖铭》（1927 年 1 月 14 日），台北"国史馆"藏，档案号：002-080200-00015-051。

④ 《袁祖铭呈蒋中正》（1927 年 1 月 15 日），台北"国史馆"藏，档案号：002-080200-00015-057。据报刊披露，1 月中旬，袁祖铭曾一度拟取道长沙赴湖北和江西与蒋介石、唐生智等人接洽所部进驻地点和给养问题，后因蒋介石又电令黔军全部加入安徽方面作战，彭汉章、王天培两部先行，袁祖铭部则暂住常澧原防待命，故中止起行。参见《袁祖铭赴汉接洽黔军出发地点》，《申报》1927 年 1 月 25 日，第 7 版；《袁祖铭中止赴汉原因》，《申报》1927 年 2 月 7 日，第 9 版。袁祖铭最终未离开常德赴鄂赣的原因虽不明晰，但蒋介石此次武汉之行因与武汉方面鲍罗廷等发生不快而于 18 日晚离开武汉，或也是其中原因。蒋介石虽对袁祖铭"既不前进，又不来汉"有所不满，但认为对袁祖铭"不宜远拒，应予体面"，责令参谋长朱绍良在旧历年末拨发袁祖铭部 5 万元军费，以安其心。参见《蒋中正电朱绍良》（1927 年 1 月 20 日），台北"国史馆"藏，档案号：002-010100-00005-035。

袁部决定自行缩小部队，除第十军外，第九军及其他各部均降一级编制。①

　　在袁祖铭准备率部离湘之际，黔军饷项问题再次凸显。是时，关于黔军粮饷，唐生智既不允暂予维持，北伐军总司令部又未统筹支配。② 因此，袁祖铭在声明尊重湖南省政府财政、民政统一，准备离开湘西的同时，继续在湘西筹募军饷，引起湖南省政府方面极大不满。1月7日，袁祖铭向蒋介石及国民政府陈述因湖南省政府迭次索还湘西，所部亦急于开赴鄂西，已商请唐生智派部接防，唯所部舍川以来，饷源骤失，在未蒙政府统筹拨济军饷以前，唯有就地设法暂维现状。③ 此后，湘西各税收机关陆续由湖南省政府接收，袁祖铭部饷糈更形困难。

　　对于袁祖铭一再请示的黔军饷项问题，蒋介石指示其暂时向唐生智商量维持办法。然而，唐生智以湖南税收供给湘军尚虞不足，且国民政府正在统一军民各政，黔军饷项应直接向国民政府请示办法，拒绝拨款接济。此后，蒋介石虽允诺黔军各部伙食自应照发，但表示目前正组织各军点验委员会，须由该委员会核定饷款，统一拨发。④

　　袁祖铭部奉令中止开拔后，湘西绥靖处处长周鳌山预计袁

　　① 《袁祖铭中止赴汉原因》，《申报》1927年2月7日，第9版。
　　② 《袁祖铭来电》（1927年1月2日），《北伐密电抄稿拾存》第1册，周培光整理、集注《中华民国史料三编》第52册，第23页。
　　③ 《袁祖铭来电》（1927年1月7日），《北伐密电抄稿拾存》第1册，周培光整理、集注《中华民国史料三编》第52册，第136~137页。
　　④ 《袁祖铭电蒋中正》（1927年2月2日），台北"国史馆"藏，档案号：002-080200-00015-004。按：电文日期系收电日期，发电日期当在1月下旬。

部在湘西必将停驻约一个月的时间，要求黔军不干涉湘西一切行政。袁祖铭则表示"湘西各县印委人员，随到随交，以后一切，概不过问"，但要求湖南省政府接济军饷 23 万元、军米 1.8 万石，以便黔军随时集中。周鳌山鉴于黔军在湘境内人数将近 3 万，穷困确系事实，应允接济军米 1 万石，并协助 1 个月的军饷 10 万元。然而，对于黔军要求的接济款米一事和周鳌山应允的条件，湖南省政府旋即予以拒绝。[1] 至此，袁祖铭只能寄望于蒋介石能尽快派员点验黔军，并指定黔军接下来的去处。

1 月底，彭汉章几经辗转后在南昌见到蒋介石，转达袁祖铭努力革命、服从命令的决心和迫切寻求出路的心境。[2] 尽管蒋介石仍以"未经点验，一切编制饷额俱无标准"拒绝迅即救济黔军，但表示已责令点验委员从速对黔军进行点验。对于袁部提出的向鄂东转移一事，蒋介石也表示"极愿借重"，并让李宗仁与唐生智商妥后进行具体布置。[3] 然而，唐生智方面

---

① 《袁祖铭中止赴汉原因》，《申报》1927 年 2 月 7 日，第 9 版。

② 《张群电蒋中正》（1927 年 1 月 28 日）、《谭延闿函蒋中正》（1927 年 1 月 29 日），台北"国史馆"藏，档案号：002-080200-00016-049、002-020100-00008-107；《彭汉章致蒋介石电》（1927 年 1 月 29 日），《北伐密电抄稿拾存》第 3 册，周培光整理、集注《中华民国史料三编》第 54 册，第 10 页。

③ 《蒋中正电袁祖铭》（1927 年 1 月 30 日）、《蒋中正电李宗仁》（1927 年 1 月 31 日），台北"国史馆"藏，档案号：002-080200-00016-062、002-080200-00016-067。值得一提的是，对于黔军的出处问题，北伐军总参议张群曾建议蒋介石趁黔军处境艰难之机，将袁、彭两部缩并为一军，令其前往云南进攻唐继尧，以收"用毒攻毒"之效，蒋介石则指示其与唐生智商量。从中可窥见黔军当时所处环境的不友好，而蒋介石对暂留湘西待命的黔军出处也仍未有安排。《张群函蒋中正》（1927 年 1 月 31 日），台北"国史馆"藏，档案号：002-080200-00619-001。

此时已发动常德事变，解决黔军，接防湘西，袁祖铭终未能等到总司令部的救济和安排。

图 3-1 袁祖铭戎装照

资料来源：*Who's Who in China*, 3rd edition, Shanghai：The China Weekly Review, 1925, p. 963.

1927 年 1 月 30 日，农历十二月二十七日，奉令解决黔军的周斓部教导师以团年宴叙为名，邀请袁祖铭及其将领于常德商业研究社欢宴。不知有故的袁祖铭带领参谋长朱筱珊、师长何厚光及数十人的卫队赴宴。宴会中途，周斓等人借故潜出后，预先埋伏的周部发动袭击，何、朱二人抵抗中殒命，袁祖铭虽侥幸逃出，但次日亦被捕获，旋被就地杀害。与此同时，周斓部按预定计划向常德城内黔军发动突袭，黔军群龙无首，加之士气沮丧，略经抵抗后即缴械或逃窜，无形中瓦解。①

2月1日，常德黔军基本被解决后，唐生智始向蒋介石报告称因常德电报不通，"黔军叛变真相迄未明了，未审专为闹饷而叛，抑或尚有其他行动阴谋。总之，黔军之不可恃，已属显著之事"。唐生智同时以湖南受事变影响，极为不安，已应各方请求调派军队向常、澧出发，截剿乱军。② 随后，周斓、唐生智及湖南省政府先后向蒋介石等各方通告称，"袁因收编川湘黔匪过多，早已失其统御能力，致有此次内部之剧变"，袁祖铭与师长何厚光等人在事变中被叛兵戕杀。同时电令王天培、彭汉章、周西成等黔军将领取消黔军名称。③

与袁祖铭遇害同时，彭汉章也被唐生智视为解决对象。常德兵变发生后第三天，唐生智即以袁部既生叛乱，彭汉章部难免也会异动，预防之计唯有明令罢免彭汉章军长职务，以总司

---

① 参见罗子雯、胡达《北伐军在常德解决袁祖铭的经过》，政协湖南省委员会文史资料研究委员会编《湖南文史资料选辑》第3辑，湖南人民出版社，1982，第60~61页；《时事日志》，《东方杂志》第24卷第6期，1927年3月，第96页。此后，湘西的袁祖铭残部部分为李燊、周西成及王天培等收容。按计划，唐生智部署围剿常德袁祖铭黔军的部队为李品仙及周斓两师，但因时机危急，周斓在李品仙师未到达前即提前行动。周斓师最初参加常德围剿黔军的部队仅两个团，另一团第二日始由安乡、南县赶到常德。参见《周斓自传》，政协湖南省委员会文史资料研究委员会编《湖南文史》第46辑，1992，第136页。

② 《唐生智电蒋中正》（1927年2月1日），台北"国史馆"藏，档案号：002-080200-00017-001。

③ 《袁祖铭被部下变兵戕杀》，《申报》1927年2月12日，第10版。

令部行营参谋长朱绍良接任军长，对该军进行改编，杨其昌和贺龙两师则拨归陈铭枢部第十一军统辖。[1] 对此，蒋介石让唐生智就近与朱绍良、陈铭枢商洽。[2]

2月初，彭汉章部贺龙师从鄂西东移到黄冈，杨其昌师一部也到武汉集中，准备移驻鄂东。常德事变发生后，从江西返回武汉的彭汉章拟前往收编尚在湘西的所部毛鸿翔师及袁部残军，并为此找朱绍良及唐生智方面接洽。5日，彭汉章前赴唐生智的北伐军前敌总指挥部时被扣押，旋即被解赴长沙。[3] 当日，朱绍良向蒋介石汇报称彭汉章赴湘西"为患甚大"，目前已被总指挥部扣留，应即予免职，将其麾下贺龙部编为独立师，杨其昌师则编入第十一军，归陈铭枢节制。[4] 次日，蒋介石即根据朱绍良的建议，以彭汉章"统率无方"为名，将彭汉章免职，交唐生智查办，彭部第九军各师则归总司令部直接指挥。[5]

7日，唐生智向蒋介石指控袁祖铭反复成性，弄兵好乱，

---

[1] 《唐生智电蒋中正》（1927年2月1日），台北"国史馆"藏，档案号：002-080200-00017-001。

[2] 《蒋中正电唐生智》（1927年2月2日），台北"国史馆"藏，档案号：002-010100-00006-001。

[3] 《程泽润呈蒋中正》（1927年2月7日），台北"国史馆"藏，档案号：002-080200-00017-053。

[4] 《朱绍良致蒋介石电》（1927年2月5日），《北伐密电抄稿拾存》第3册，周培光整理、集注《中华民国史料三编》第54册，第78页。北洋时期，朱绍良曾在黔军中任职，后因袁祖铭定黔而被迫离开黔军，与袁祖铭、彭汉章、王天培等不无历史嫌隙，扣押彭汉章或系其与唐生智的共谋。参见官鼎良《彭汉章被扣留期间》，《贵州文史资料选辑》第25辑，1987，第157页。

[5] 《汉口通讯》，天津《大公报》1927年2月16日，第6版。

近年来甘为吴佩孚走狗，统率匪军叫嚣臁突，川鄂黔湘无不遭其蹂躏。近期更假革命之美名为流寇之渠率，滥委师长，湘西匪魁土酋如姚继虞、陈渠珍、周朝武、刘叙彝等皆授以军职，"所革者湘西民命而已……已飞电周（斓）副军长就近剿办乱军，并迅调得力军队驰驻湘西"。与此同时，唐生智指控彭汉章与袁祖铭厥罪惟均，自隶属革命军后，迄无觉悟，在湘西专与人民为仇，广招土匪，纵兵殃民，"湘西民众死于袁彭淫威之下者不计其数"。此外，唐生智表示 6 日彭汉章来长沙时，已徇民众之意将其扣留候讯，指称在围攻武昌和激战南浔之际，袁祖铭、彭汉章等与吴佩孚、孙传芳各方函电往来不绝，宜昌克复后又从电报局报底中发现袁、彭与鄂西之敌及吴佩孚、孙传芳等往来电报甚多，"密谋尽露"。据此，唐生智提请蒋介石明令罢免彭汉章军职，交人民审判，并将袁祖铭之罪名明令布告，以为拥兵殃民者戒。[1]

在将袁、彭二人分别解决、扣押的同时，唐生智以袁部溃众与湘西土匪结合为由，从湖北赶赴长沙，同时调遣李品仙、何键等率部回湘，着手肃清湘西黔军及陈渠珍等地方杂牌部队。[2] 2 月 8 日，各项布置妥当后，唐生智明令宣布袁祖铭、彭汉章在湘西之"罪状"及其与吴佩孚、孙传芳等往来的"阴谋"。

---

① 《唐生智电蒋中正》（1927 年 2 月 7 日），台北"国史馆"藏，档案号：002-090101-00006-183。关于彭汉章被捕和押解的大致经过，可参见《彭汉章确已捕解长沙》，《申报》1927 年 2 月 15 日，第 9 版。

② 《唐生智上中央国府联席会议呈》（1927 年 2 月），台北原中国国民党党史馆藏，档案号：汉 14473。

自彭汉章、袁祖铭入湘西以来，各县土匪如蚁附膻，沅澧流域沦为沙漠，城内白昼行劫，乡间掳人勒赎，焚烧奸淫，视为故常。官吏税捐，任意设置，搜括民财，数逾千万。凡海盗土匪各种穷凶极恶之行为，彭袁无不备具，于铜湾戕害国民政府代表张醉华，于澧县暗杀请愿代表张景铭、李佩金，稍不如意，辄肆屠杀，湘西民众死于淫威之下者，不计其数。迭据各县代表来辕请愿，声泪俱下，文电呈诉，积久盈尺，天夺其魄，袁祖铭于一月三十日被诛于常德，彭汉章昨来长沙，已予停职，押候讯究，我湘西民众饱受荼毒，怨愤未平，此案审判应付人民。当武昌围攻之际，南浔激战之时，彭袁与吴佩孚、孙传芳密使往还，阴谋尤险。迨宜昌克复，检查电局报底，彭袁与鄂西逆敌将领及吴孙往来密电甚多，密谋尽露，假革命军名义，以危害国民政府，蹂躏后防人民，其罪实不容诛，所有彭袁残部，应严加剿办，凡未奉本省政府命令，而在湘西逗留之各种杂色部队，一律以土匪看待……①

对于唐生智拟将彭汉章付诸民众公审的做法，蒋介石表示彭汉章可由国民政府明令惩处，不必交付人民审判。至于惩凶

---

① 《彭汉章确已捕解长沙》，《申报》1927 年 2 月 15 日，第 9 版。1927 年 2 月 8 日，湘西方面奉唐生智之意议决组织"湘西人民审判彭汉章委员会"，对彭汉章进行公审，但因稍后蒋介石来电表示应由军法审判，遂告搁置。1927 年 6 月中旬，唐生智电令湖南省军事厅将彭汉章解送湖北，交武汉国民政府处置。《彭汉章解鄂讯办》，《晨报》1927 年 7 月 6 日，第 6 版。

及宣布罪状各节，应待黔军问题解决，以及编抚完竣后再行商办，以免激起意外反动，影响前线军事。① 在蒋介石婉拒唐生智遽然惩处袁彭的要求后，唐生智以"湘西民众对彭袁怨毒甚深，必欲得而甘心，请愿者络绎不绝"，要求国民政府早日颁布明令，宣布惩处办法，以慰民众之望。②

从唐生智所宣布的袁祖铭、彭汉章罪名来看，主要包括两方面。一是假"革命（军）"之名，在湘西等地任意委吏收税，劫掠地方；二是与鄂西敌军将领及吴佩孚、孙传芳等各方密电往来，谋危国民政府。就事实而论，唐生智所指控的这两项内容与事实基本相符，但第二点实为当时南北各方之间的常态，即使蒋介石、唐生智等人或多或少也有此言行。③ 促使唐生智采取非常手段解决湘西黔军主要系第一个方面的原因。如时人所言，袁祖铭等各部黔军盘踞湘西，破坏湘政，"尤足惹湘省当道之仇视"。④

1926 年 8 月初，进至湘西的彭汉章要求湘军周斓师退出

---

① 《蒋中正电唐生智》（1927 年 2 月 9 日），台北"国史馆"藏，档案号：002-070200-00001-001。

② 《唐生智电蒋中正》（1927 年 2 月 10 日），台北"国史馆"藏，档案号：002-090101-00006-184。同年 8 月中旬，彭汉章经武汉方面的军事委员会革命军事裁判所（所长周鳌山）判决后，在武昌被执行枪决，罪名是"统率部下，在溆浦、泸溪一带，焚烧民房，掠夺财物"。参见《彭汉章被杀系军法判决》，天津《大公报》1927 年 8 月 22 日，第 2 版。

③ 1926 年 11 月底，唐生智提出对鄂西北洋军队采取虚与委蛇、委与名义的策略，蒋介石虽主张一律剿灭，但对唐的策略亦表示认可。《蒋中正电唐生智》（1926 年 11 月 28 日），台北"国史馆"藏，档案号：002-010100-00003-037。

④ 《袁祖铭被杀经过再志》，天津《大公报》1927 年 2 月 17 日，第 6 版。

常德，以便其部第九军进驻，当时即引起唐生智的不满。为此，唐生智向蒋介石指控彭汉章态度灰色，不可靠，曾通电就任吴佩孚所委任的湘黔边防督办职务，其麾下杨其昌师在桃源发出的布告内有"讨赤"等语句，彭汉章甚至与贺耀祖暗中联络。唐生智同时拟授予贺龙第八军师长名义，将贺龙师收归麾下。[①] 9月，周斓出任常德卫戍司令后，进一步对彭汉章部采取压迫态势。此后，黔军陆续聚集湘西，与唐部的矛盾不断升级。[②] 11月中旬，唐生智以彭汉章反革命行动昭彰，提请蒋介石罢免彭汉章，以陈铭枢接任其军长职务，以除后患。[③] 对此，蒋介石虽承认"彭（汉章）非革命者，舆论事实早证明之"，且对彭汉章的言行亦有所不满，但以"鄂西局势方紧，湘西榛莽，尚待爬梳，此时若遽更张，左翼不无牵动"为由，主张罢免之事应稍俟时机。[④]

另外，黔军在湘西、鄂西等地不时发生劫掠地方、勒索军费等事，在增加唐生智反感的同时，也为唐生智解决黔军提供了口实。在湘西，驻常德之彭汉章部曾向当地英日商人勒索军饷，拘押华洋商人，致日商全部避往汉口，英商亦关门歇业离常，地方大为骚动。[⑤] 12月中下旬，黔军攻克宜昌等地后，各

---

① 《唐生智电蒋中正》（1926 年 8 月 2 日），台北"国史馆"藏，档案号：002-090101-00001-037。

② 11 月初，在湘西的彭汉章部第三师与第八军警卫旅一度因防地问题发生冲突。《湘黔两军争防之激战》，《申报》1926 年 11 月 9 日，第 6 版。

③ 《唐生智电蒋中正》（1926 年 11 月 16 日），台北"国史馆"藏，档案号：002-080200-00008-040。

④ 吕芳上主编《蒋中正先生年谱长编》第 1 册，第 579 页。

⑤ 《袁祖铭已允离湘西》，《申报》1927 年 1 月 3 日，第 9 版。

方指控第九军和第十军入城后"大肆劫掠,党军声誉,扫地无遗"的报告更是大量出现。①

12月开始,唐生智迭次向蒋介石控告鄂西黔军种种不法行为。对此,蒋介石在认可王天培、彭汉章两部不能算作参战部队的同时,力主对袁祖铭等鄂西各部仍运用政治方法,以扶助军事之进行,以期早日肃清鄂西。② 唐生智对黔军的不满却是有增无减。同月中旬,唐生智在向武汉临时联席会议报告鄂西军事时进一步表露出对黔军的质疑和仇视:"鄂西问题乃在革命旗帜下的能否服从党义问题。袁祖铭为人,不能认识本党主义,且有英雄思想。贵州军队能耐苦,但纪律不加(佳)。如在湘西,山地险阻,颇难解决。"③ 稍后,唐生智又向总司令部武汉行营及武汉临时联席中央指控黔军种种"非革命"行为:"据个人观察,沙、宜一带军队名目甚多,纪律不甚良好,似此以暴易暴,非民众所需要……军队若无纪律,便不算得力量。财政若无办法,又失民众信用,殊违吾人革命本旨";"惟袁鼎卿之阴谋九、十军在鄂之骚扰,匪特革命军所不当为,抑为军阀军队所不忍为者,均一一实现于鄂西,民众

---

① 中国第二历史档案馆编《蒋介石年谱(1887—1926)》,第761~762页。据国民党方面派赴鄂西办理民政、财政问题的特派员吴玉章调查,鄂西黔军确实存在干涉地方财政、索要军饷、勒派捐税等情事。参见《唐生智致中执会代电》(1927年3月7日),台北原中国国民党党史馆藏,档案号:汉8663。

② 中国第二历史档案馆编《蒋介石年谱(1887—1926)》,第737页。

③ 《国民革命军总指挥唐生智同志军事报告录》(1926年12月),郑自来、徐莉君主编《武汉临时联席会议资料选编(1926.12.13—1927.2.21)》,武汉出版社,2004,第32页。

中有'军革国民命'之口号，此问题甚为严重"。① 显然，唐生智已将黔军视为"解决"的对象，并最终擅自采取"迅雷不及掩耳的计划"解决湘西黔军。②

此后，在唐生智的围剿下，湘西袁部黔军除部分被收编外，残部向黔边溃窜。彭汉章部在湘西的毛鸿翔师亦由津澧取道慈庸，向永保一带逃窜。③ 尽管唐生智竭力围剿，但至1927年6月，在湘西常德、澧州等地活动的黔军尚有二三万之众，继续骚扰、威胁唐生智在湘西的统治。④ 尤其是宁汉分裂后，曾经名义上统属袁祖铭的周西成、李燊等部纷纷倒向南京国民政府，并奉蒋介石之令再次进兵湘西、鄂西。⑤

---

① 《国民革命军总司令部武汉行营秘书处函》（1926年12月）、《中国国民党中央执行委员国民政府委员临时联席会议第七次会议议事录》（1926年12月29日），郑自来、徐莉君主编《武汉临时联席会议资料选编（1926.12.13—1927.2.21）》，第133、145~146页。

② 唐生智：《1911年至1927年概括回忆的几件事》，《唐生智先生诞辰一百周年纪念专辑（1889—1989）》，第65页。事变发生不久，蒋介石闻知常德事变实有人主使之后，亦只能感叹"世道之险"。《蒋介石日记》，1927年2月10日。

③ 彭汉章部在鄂西的贺龙和杨其昌两师接受总司令部之令暂归其直辖。不久，杨其昌师编入陈铭枢部第十一军，贺龙部则因战功被北伐军总司令部升迁为独立第十五师。参见《唐生智决以武力肃清袁彭残部》，《申报》1927年2月28日，第7版；《彭汉章确已捕解长沙》，《申报》1927年2月15日，第9版。

④ 《唐生智决定调兵回湘扫荡黔军及沈韩残部》，《晨报》1927年6月30日，第5版。

⑤ 《蒋介石日记》，1927年5月13日；《通报》（1927年6月21日），《兵站半月刊》第6期，1927年7月，"情况"，第4页；王正华编注《蒋中正总统档案：事略稿本》（1），第458、479、515、592页。周西成等倒向南京国民政府自有其政治上的考量，但袁祖铭、彭汉章等人被唐生智解决或也是影响其选择的因素之一。

四　徐州兵败与王天培之死

在唐生智发动常德事变，解决袁祖铭之际，国民政府完成对鄂西王天培部第十军的点验，王部随即陆续奉蒋介石之令由宜昌开赴鄂东。① 随后，蒋介石指令汉口行营军需处拨发第十军军饷，以便该部开拔集中。② 3月初，第十军司令部移设鄂东黄州，候令与李宗仁等江左军各部入皖。3月中旬，第十军随江左军进入安徽。4月初，蒋介石决定在李宗仁未到安庆之前，安庆卫戍司令暂由王天培代理。奉此，王天培即将所部第十军向安庆集中。③ 此后，蒋介石催促王天培从速向安庆集中，如驻安庆的朱培德第三军没有向江西方面调动的意向，第十军则迅速渡江，在安徽铜陵、大通、贵池一带驻防。④ 4月18日，南京国民政府成立，宁汉对立格局形成。对于国民党和国民政府的这一分裂，王天培选择继续追随蒋介石主导的南

---

① 《张群电蒋中正》（1927年1月29日）、《王天培电蒋中正》（1927年1月31日），台北"国史馆"藏，档案号：002-080200-00016-058、002-080200-00017-014。

② 王正华编注《蒋中正总统档案：事略稿本》（1），第36页。

③ 《高冠吾电蒋中正》（1927年4月9日），台北"国史馆"藏，档案号：002-090300-00003-005。

④ 《蒋中正电王天培》（1927年4月14日）、《蒋中正电王天培》（1927年4月16日），台北"国史馆"藏，档案号：002-020100-00013-013、002-020100-00013-017。

京国民政府。① 4月下旬，王天培与杨树庄、何应钦、李宗仁等将领联衔通电，表示支持南京国民政府。②

南京国民政府成立后，为消除江北直鲁联军的威胁，决定继续北伐。5月初，南京方面将东线北伐军分编为三路，渡江北进。第十军编入李宗仁指挥的第三路，王天培兼任第三路前敌总指挥。5月下旬，王天培指挥第十军及王金韬等部由洛河、考城追击前进，进抵安徽怀远、蚌埠一带。此后，该军继续向苏皖边界的固镇、宿县方向攻击前进，进迫徐州。③ 6月初，王天培部进占徐州，孙传芳、张宗昌等部向山东韩庄、海州等地撤退。6月26日，王天培部进抵鲁南临城、韩庄一带；29日继续北进至山东滕县，直鲁联军则据界河固守。此时的第十军已成孤军深入之势，且因收编投诚之敌甚多，加上山东境内饥荒严重，款弹等后勤补给开始变得困难。

更为严重的是，随着宁汉对立加剧，南京国民政府为应对武汉方面东下的军事威胁，陆续从前线撤军。6月下旬，武汉国民政府下令东征，讨伐蒋介石。在蒋介石看来，"今时注重之点在内部之处置，与武汉之行动向东与向南，其他皆非重要

---

① 汪精卫、朱培德等人曾试图劝说王天培赞成武汉国民政府，王天培对此置之不理。参见《周仲良电蒋中正》（1927年4月25日），台北"国史馆"藏，档案号：002-090300-00002-241。
② 《杨树庄何应钦等反共通电》，天津《大公报》1927年5月2日，第6版。
③ 《王天培电蒋中正》（1927年5月25日），台北"国史馆"藏，档案号：002-090101-00002-103。

也"。① 7 月初，为应对武汉方面的军事压力，蒋介石调遣李宗仁第七军、贺耀祖第四十军及叶开鑫第四十四军等部南下，以抵御武汉方面的进攻。3 日开始，李宗仁等部陆续南调，津浦线正面进攻交由王天培指挥。②

直鲁联军抓住南京国民政府的这一战略调整，在白俄军队的配合下，凭借铁甲车、骑兵等优势全力反击，第十军久战疲惫，情势逐渐恶化。7 月 5 日晨，第十军在前线发生闹饷事件，所部在滕县、临城被直鲁联军击破，退守韩庄运河南岸，准备整理后与赶来增援的张克瑶师再行反攻。③ 然而，直鲁联军在铁甲车的掩护下，凭借强大火力继续猛烈攻击，据河防御的第十军及章竞武、张克瑶各部伤亡甚重，饷弹俱缺。④ 9 日，王天培等部进行反攻，克复韩庄、枣庄，并向临城方向追击。与此同时，王天培向蒋介石表示纵使能克复临城、滕县，亦因久战残破，若不稍事整理、补充，绝难再战并确保津浦路北段。⑤

尽管王天培一再告急，但在武汉方面的威胁下，蒋介石已

---

① 《蒋介石日记》，1927 年 6 月 23 日。

② 《宁汉风云中之徐州》，天津《大公报》1927 年 7 月 21 日，第 3 版。

③ 《李宗仁电蒋中正白崇禧何应钦等》（1927 年 7 月 5 日）、《王天培电蒋中正》（1927 年 7 月 6 日），台北"国史馆"藏，档案号：002-090101-00007-098、002-090101-00006-037。

④ 《王天培电蒋中正》（1927 年 7 月 9 日）、《王天培电蒋中正李宗仁等》（1927 年 7 月 8 日），台北"国史馆"藏，档案号：002-090101-00006-041、002-090101-00006-039。

⑤ 《王天培电蒋中正李宗仁白崇禧等》（1927 年 7 月 12 日），台北"国史馆"藏，档案号：002-090101-00006-043。

无暇北顾。7月13日，蒋介石下令南京、安庆等地从速进行守城准备，决定时局仍以南京为重心，以对武汉为焦点。① 16日，蒋介石获悉武汉方面军队东下益急，且有攻占马当要塞之说，判断其进迫不出十日之内，电召李宗仁回南京商议应对之策，同时准备从津浦前线继续抽调第六军、第十四军等部南下集中，以对汉作战。② 18日，在第四十军、第四十四军等部陆续奉令南撤之际，王天培以孙传芳和张宗昌部联合，行将反攻，第十军正面兵力不足，请求蒋介石速予支援，以免徐州得而复失。③

19日拂晓，直鲁联军兵分三路发动进攻，第十军孤军在枣庄与敌战斗。④ 蒋介石责令王天培"静镇谨守，严密布防，凡有铁桥，皆应破坏，如无命令，勿再前进"。同日，蒋介石下达鲁南方面作战部署：一、右翼总指挥陈调元，辖第十七军（三个师，分驻日照、海州）、第十四军之第一师和第二师、第三十七军之第一师和第二师及炮兵旅（驻沂州），但第十四军将来须南调；二、左翼总指挥王天培，辖第六军第十九师（驻宿迁）、第十七师（驻枣庄），第三十三军第二师（驻临城）、第十军第二十八师、第二十九师、第三十师，第十一军第一师、第二师（驻徐州、韩庄一

---

① 王正华编注《蒋中正总统档案：事略稿本》（1）第585~586页。
② 王正华编注《蒋中正总统档案：事略稿本》（1）第591~592页。
③ 《王天培电蒋中正》（1927年7月18日），台北"国史馆"藏，档案号：002-090101-00006-050。
④ 《王天培电蒋中正李宗仁白崇禧等》（1927年7月19日），台北"国史馆"藏，档案号：002-090101-00006-051。

带）、独立第三师（驻砀山），但第六军将来须南调。上述总兵力约五万。①

20 日，王天培向蒋介石陈述所部"当此前抗大敌，友军后退，实属万难"，而且第十军各师子弹告尽，牺牲达 2/3，只能节节撤退，若再无部队增援和子弹补充，徐州势必难保。② 同日，第十军及张克瑶师因损失严重，被迫退守运河南岸。当晚，王天培赶赴利国驿，将徐州城内所有第十军预备队加入前线作战，同时请求在徐州准备南撤的第四十四军叶开鑫部留下增援，解徐州城之危。③ 同日，白崇禧亦向蒋介石陈述，汉宁分裂，直鲁联军乘机南下，若仅寄望孙张火并或鲁张输诚，不予敌以打击而将重兵南撤，势必重演隔江炮火相持的局面，若不急图补救，将后患无穷。④

21 日，面对直鲁联军的反攻，蒋介石决定放弃鲁南，退守江苏边界，再观其变。⑤ 是时，王天培向蒋介石"告急之电凡三至"，但蒋介石认为徐州方面"其实只有铁甲车，并无如何大敌"，对王天培"夸大敌情"甚为不满。⑥ 次日，第十军等部放弃徐州，退至宿州以北铁路线一带，并准备不得已时继

---

① 王正华编注《蒋中正总统档案：事略稿本》（1）第 596~597 页。
② 《王天培电蒋中正》（1927 年 7 月 20 日），台北"国史馆"藏，档案号：002-090101-00006-053。
③ 《高冠吾电蒋中正》（1927 年 7 月 21 日）、《王天培电蒋中正》（1927 年 7 月 20 日），台北"国史馆"藏，档案号：002-090101-00006-015、002-090101-00006-055。
④ 《白崇禧电蒋中正等》（1927 年 7 月 21 日），台北"国史馆"藏，档案号：002-090101-00006-121。
⑤ 王正华编注《蒋中正总统档案：事略稿本》（1）第 598~599 页。
⑥ 《蒋介石日记》，1927 年 7 月 21 日。

续南退至淮河南岸。① 是时，北伐军左右两翼距离太远且兵力稀少，驰返援助的叶开鑫部迟迟未能抵达阵地，西北军冯玉祥方面则表示所部只宜包抄袭扰，不宜攻守。② 24 日，王天培部悉数退出徐州，在符离集集中。

此次南京国民政府因政略和战略上的关系，从北伐前线撤军，留置前线正面的第十军等部久战疲惫，增援复不及时，予孙传芳和张宗昌部直鲁联军反击之机，导致溃败，以致苏北重镇徐州得而复失。③

蒋介石获悉王天培"又不战而退"，徐州失守后，决定亲赴前线督战指挥，反攻徐州，并为此要求冯玉祥协同夹击。④ 25 日，蒋介石决定 28 日向徐州发起进攻，各部分进合击，具体部署为，第二路总司令白崇禧，辖第十四、十七、三十七、四十四军；第三路总司令蒋介石自兼，以贺耀祖为右翼总指

---

① 《王天培电蒋中正》（1927 年 7 月 23 日），台北"国史馆"藏，档案号：002-090101-00006-058。

② 《高冠吾电蒋中正》（1927 年 7 月 24 日），台北"国史馆"藏，档案号：002-090101-00006-016。

③ 蒋介石事后也认为此次苏鲁失利及武汉方面东进的威胁等一系列困境系北伐入鲁所致，其检讨称："此次战争机势顿挫，是以战术牵动战略与政略也。如当时占领徐海，即不前进，以待敌变，勿听非到临城、临沂，不能控制陇海之语，则此一月余之时间，当可消灭武汉伪政府矣。"参见《蒋介石日记》，1927 年 7 月 27、28 日。蒋介石在向李济深、白崇禧传达战略部署的电文中也检讨此前临沂之失策，以致挫折："此次入鲁，部队以战术而牵动战略，此中正举棋不定，胸无定计之过也。"王正华编注《蒋中正总统档案：事略稿本》（1）第 623~624 页。

④ 《蒋介石日记》，1927 年 7 月 24 日；王正华编注《蒋中正总统档案：事略稿本》（1）第 605 页。

挥，辖第四十军、第三十三军第三师及陈雷独立旅，王天培为
左翼总指挥，辖第十军、第三十三军第二师。① 是日晚，蒋介
石抵达蚌埠，适逢王天培从宿州来电告急，不满的情绪进一步
增加，其日记记道："王天培在宿州打电赫人，言孙传芳已到
徐州，姑无论其不愿到徐，即到则可就擒，岂不更好。贪者胆
怯，吾于王天培见之。"②

26 日，蒋介石向王天培表示后方各部已完成集中，即刻
前进增援，要求王天培从速整顿部队，火速前进，克复徐
州。③ 此时王天培仍继续向蒋介石陈述所部疲惫已极，残破不
堪，请求另派生力军正面进攻，以使所部得到整顿时间，同时
向蒋介石报告津浦战线不可轻敌，当下无论各军侧面攻击与
否，津浦铁路沿线非另有 1 个军以上的生力军负责，否则万难
收功。④

此次蒋介石反攻徐州的决心甚大，一度勖勉叶开鑫等前线
将领称："如徐州不克，则伐汉回湘，均难实现。"⑤ 此时王天
培继续告急撤退，让蒋介石 "深恨其胆怯无勇"，但仍继续勉
励其坚持并反攻徐州。

---

① 王正华编注《蒋中正总统档案：事略稿本》（1），第 609 页。
② 《蒋介石日记》，1927 年 7 月 25 日。
③ 《蒋中正电王天培》（1927 年 7 月 26 日），台北 "国史馆" 藏，档案号：
002-090101-00002-157。
④ 《王天培电蒋中正》（1927 年 7 月 26 日）、《王天培电蒋中正》（1927 年 7
月 26 日），台北 "国史馆" 藏，档案号：002-090101-00006-154、002-
090101-00006-155。
⑤ 王正华编注《蒋中正总统档案：事略稿本》（1），第 610 页。

　　贵部为徐州牺牲既如此之大，不可不速图克复，为已死将士争气复仇，为党国争光。否则前有逆敌，后无阵地可守，我（吾）人在北方虽求尺寸立足余地而不可得。尚希明了此意，鼓励将士非在此艰巨危难之中，具必死之心不能求得生路也。①

　　据此，蒋介石要求王天培固守宿县符离集，掩护各部集中，27 日完成集中，28 日与右翼同时反攻徐州，恢复军誉。与此同时，蒋介石向南京政府表示 30 日即可恢复徐州。对于蒋介石的要求，王天培当即表示困难，蒋介石则以王部所负责的津浦路西侧任务较轻，必须固守并相机前进。② 根据蒋介石的一再要求，王天培即令所部第二十八师、第三十师及独立第一团等部集中符离集警戒，构筑工事，同时将教导第三师配备于睢溪口，其余部队则在寅川收容整顿。27 日，王天培复向蒋介石表示所部伤亡严重，官兵作战月余，疲困已极，"非有相当时间之整顿与补充，实难作战"，蒋介石则继续责令其"静镇谨守"，不可怨天尤人，自伤元气，以养成大将之风。③ 对此，王天培当日又向蒋介石报告所部每师不足一团，请求迅速派遣生力军担

①　《蒋中正电王天培》（1927 年 7 月 26 日），台北"国史馆"藏，档案号：002-090101-00002-158。

②　《蒋中正电王天培》（1927 年 7 月 26 日），台北"国史馆"藏，档案号：002-090101-00002-159。

③　《王天培电蒋中正》（1927 年 7 月 27 日），台北"国史馆"藏，档案号：002-080200-00026-051。

任津浦铁路左右两侧作战任务，以免误事，并为此请陈铭枢当面向蒋介石陈说。①

　　然而，蒋介石对王天培报告的该部情况仍不以为然。为督促王天培部积极反攻，蒋介石连续致电王天培，晓以革命大义，"勿再作怯弱之辞"，"勿存苟免之心"，要求王部左翼部队须遵照作战命令，先行占领符离集镇左前方褚庄、太和集一带高地，并构筑强固工事，掩护右翼部队集中，随后与右翼部队切实联络，相机前进。②

　　7月29日，北伐军开始向徐州发起进攻，正面军队为贺耀祖、王天培、马祥斌各部及蒋介石的教导队，东路军队为白崇禧、陈调元、叶开鑫、曹万顺、杨杰、赖世璜各部，西路军队为贺耀祖及冯玉祥西北军之一部，负责由左右两翼绕攻直鲁联军后路。31日，战事渐形激烈。③ 8月1日，蒋介石指挥北伐军各路全力反攻徐州。2日，王天培等各部一度逼近徐州城，并拟于该晚确实占领徐州后分路追击敌军，肃清敌人。④但在战事进入胶着之际，直鲁联军突然派出精锐部队向王天培负责的左翼包抄袭击，并于3日乘势出击，实施总攻击，北伐军全线动摇。⑤ 当日，蒋介石下达北伐军撤退部署：由

---

① 《王天培电蒋中正》（1927年7月27日），台北"国史馆"藏，档案号：002-080200-00026-052。
② 王正华编注《蒋中正总统档案：事略稿本》（1）第618~619页。
③ 《徐州大血战之鲁闻》，天津《大公报》1927年8月7日，第2版。
④ 《蒋中正电白崇禧朱绍良等》（1927年8月2日），台北"国史馆"藏，档案号：002-090101-00002-051。
⑤ 《徐州战事官电》，天津《大公报》1927年8月6日，第3版。

徐州退至宿州、固镇一带，利用淮河，以蚌埠、清江浦为防御线。①

此次反攻徐州功败垂成，蒋介石既羞且愤，其日记记道："军官骄纵，保持私利，不肯牺牲，擅自撤兵，不守命令，不胜愤慨。"② 蒋介石愤慨的"军官骄纵"很大程度上系针对王天培而言。进攻徐州期间，尽管蒋介石一再电令王天培部向前推进，王部非但迟迟未进，且不遵令报告所部情形，更让蒋介石感到指挥困难。③ 7 月 30 日，蒋介石到达宿州前线，获悉"第十军尚未前进，可叹"。④ 7 月 31 日，蒋介石以各方情形通报各军，"惟第二路尚未联络，而王天培亦无报告也，不胜焦灼"。⑤ 在蒋介石看来，王天培部第十军此次作战擅自退却是其功败垂成的重要原因，这从其 8 月 2 日的日记可窥见一斑。

四时到茶棚，见左侧九里山附近有枪声，以为王军长已到，阵地必固，枪声究自何来，虽甚疑惑，但信王部必能固守原阵。又左侧高粱地发现散兵，久视不动，乃疑为乡人，令卫兵去侦察回报称是第十军联络兵，心始安。乃回廿五里桥西露营。令各部夜攻克城，孰知第

① 王正华编注《蒋中正总统档案：事略稿本》(1) 第 638~639 页。
② 《蒋介石日记》，1927 年 8 月 3 日。
③ 王正华编注《蒋中正总统档案：事略稿本》(1) 第 630、632 页。
④ 《蒋介石日记》，1927 年 7 月 30 日。
⑤ 《蒋介石日记》，1927 年 7 月 31 日。

十军在左翼已完全退却，而午后左翼之枪声与散兵皆敌也。于是左翼敌军全力向云龙山反攻，夜袭第六十一团，死伤至半，子弹告绝，又接第十军团长通报称第十军在卧牛山之军部已不见矣。此时已午夜，后乃即决心退却。[①]

5日，为防止徐州敌军继续南侵，蒋介石下达淮河防御命令。王天培任右翼防御总指挥兼第一防区指挥官，驻明光指挥第十军（欠第二十八师）；第十军第二十八师师长王天锡任第二防区指挥官，驻临淮关。柏文蔚任左翼防御总指挥，辖马祥斌、袁家声所负责的第三防区、第四防区。此外，总预备队指挥官杨杰驻凤阳指挥第六军。[②] 7日，王天锡部及第十军第二十九师、第三十师退抵安徽蒙城。[③] 10日，王天培到南京晋见蒋介石时被扣留。随后，蒋介石以北伐军总司令名义宣布将王天培扣押。

查国民革命军第十军多系黔中子弟，向以能战见称，此次北伐竟节节失利，牵动全局，实由该军军长兼总指挥王天培当战事剧烈之际，安处后方，致前线无人指挥。身总军干，昏昧致于此极；及至退却，事机何等重要，又先

---

① 《蒋介石日记》，1927年8月2日。

② 《蒋中正电何应钦李宗仁等》（1927年8月5日），台北"国史馆"藏，档案号：002-090101-00002-055。

③ 国民革命军总司令部参谋处：《北伐阵中日记》，章伯锋、顾亚主编《近代稗海》第14辑，四川人民出版社，1988，第436页。

行潜逃宁垣，置全军存亡于不顾，更属不成事体。又迭据
报该军长对于饷糈经理无序，以致士兵疾苦无人过问，遂
使反动之徒乘机利用，酿成哗溃。①

由此，王天培被暂行扣留"守法"，以观后效，第十军
由师长杨胜治和王天锡分别暂代正、副军长，共同负责。从
蒋介石的通令来看，其扣押王天培主要系军纪方面的问题。
在扣押王天培的当日，蒋介石日记亦记录其主要目的是"以
振纪律"。② 徐州失守及反攻徐州期间，蒋介石对王天培"不
战自退""胆怯不前"等言行多有不满，其扣押王天培除以泄
不满之外，也多少有为此次徐州失利寻找"替罪羊"的意味。
缘于徐州失守后，南京震动，蒋介石决定亲临前线指挥反攻，
声言"不打下徐州，便不回南京"。③ 及蒋介石受挫回到南京
后，南京国民政府主张与武汉合作之人借机逼迫蒋下野，"武
装同志都说蒋先生要歇歇，照唐生智那种其势汹汹，我们两面
受敌不了，蒋先生暂且歇一歇也好"。④ 在蒋介石被前线的失
利和后方的逼迫困扰之际，王天培赴南京会见蒋介石自难有好

---

① 欧振华：《北伐行军日记》，1927 年 8 月 30 日，台北：文海出版社 1977
　　年影印本，第 158 页。王天培被扣押的通令另可见于王吴学粹、王朱竹
　　君《辩冤状》，《贵州文史资料选辑》第 25 辑，第 243～244 页。二者内
　　容基本一致，个别表述略有差异。
② 《蒋介石日记》，1927 年 8 月 10 日。
③ 李宗仁口述《李宗仁回忆录》，第 363 页。
④ 吴稚晖：《弱者之结语》，广州平社编辑《广州事变与上海会议》下编，
　　1928，第 44 页。

的结果。①

以事实论之，当时在前线的王天培部确实因军饷和内部管理问题出现哗变内讧，影响该部的战斗力。② 但这实非此次反攻失利的主要原因。8 月 16 日，北伐军总参议张群在向新闻界谈及此次江北军事失利原因时即坦诚，军事所以不能即时进展，实缘为对武汉而将基干军队撤回。与此同时，原拟与南京方面北伐军形成掎角之势的西北军冯玉祥部亦因"设备上之关系"，一时未能切实联合作战。③ 反攻徐州期间，李宗仁、何应钦等重要将领纷纷主张对汉缓和，实是逼蒋退让。前方将领见此，均力图自保，消极作战。与此相反，蒋介石则求胜心切，适中敌人诱敌深入之计。④

反攻徐州失败之际，蒋介石在检讨失败原因时谈道："此次失败，轻敌骄急，一也；交通未筹备，补充不济，二也；各部未就开进位置，先定攻击日期，三也；余亲自督战前线，而致各方政治、军事不能兼顾，四也。此次应用政治方法可以解

---

① 据时人披露，王天培在晋见蒋介石时，面对"何以不战"的责问，辩称"兵无饷，不愿战，及述徐城之失，则又谓损洋三四十万，求总部赔偿"，蒋以其荒谬矛盾，下令免职，拘之总部。《南都官场升沉志》，天津《大公报》1927 年 10 月 6 日，第 2 版。

② 王天培率部初进至徐州一带时曾收编陈干所领导的地方武装，后陈部因驻防及待遇问题与王天培产生矛盾，以致此后王天培部在徐州的行动颇受该部掣肘。参见《追纪王天培伏法之真相》，《申报》1927 年 9 月 27 日，第 13 版；《南军日前失利之由来》，天津《大公报》1927 年 8 月 10 日，第 2 版。

③ 王正华编注《蒋中正总统档案：事略稿本》（1）第 684~685 页。

④ 参见李宗仁口述《李宗仁回忆录》，第 363 页。

决徐州，而乃一意轻敌深进，是余一生之大病，戒之。"① 数日后，对此次失败耿耿于怀的蒋介石再次反思道："疏忽大意，看函电漫不审慎，自为智巧，贻误大事。如二日接王天培由姚楼发信，能注重其缩短正面，节节困守二语，则可明其是日正午写信时已有退却决心，而左翼可以预防也。乃以为其已到姚楼，阵线可固，即不详审其函句，岂不误败。以后战时函电须再三审慎，切勿忽略，戒之。"②

8月12日，蒋介石下野离京后，王天培被转移到杭州继续关押，9月2日被枪毙于杭州拱宸桥丛冢中。③ 王天培死后，南京国民政府军事委员会将第十军与熊式辉部中央第一独立师合编为第十三军，由白崇禧兼任军长。熊部为第一师，黔军为第二师和第三师。④ 至此，附和革命并参加北伐战争的黔军袁祖铭、彭汉章、王天培三部均被肢解。

* * *

北伐开始不久，即使主张对北伐不能有过高期待的中共中央也注意到北伐军的胜利，"已唤起了全国革命民众之注意，

---

① 《蒋介石日记》，1927 年 8 月 3 日。

② 《蒋介石日记》，1927 年 8 月 5 日。

③ 王吴学粹、王朱竹君：《辩冤状》，《贵州文史资料选辑》第 25 辑，第 245 页。

④ 《第一独立师改编十三军一师》，《申报》1927 年 10 月 15 日，第 10 版；《时事日志》，《东方杂志》第 24 卷第 23 期，1927 年 12 月，第 137 页。

甚至影响到一部分小军阀均有输诚革命政府趋势”。^① 稍后，中共中央判断指出，在革命潮流高涨，广东革命政府势力向外发展和吴佩孚势力失坠之时，一定有大批投机军人打着革命的旗号，跑向国民党和国民政府方面。“虽然他们是投机的不是真革命的，然只要他们这样做，是可以分裂军阀的势力，可以加速军阀政治之崩坏。”^② 黔系军阀本是北洋时期西南军阀中重要的一支，其转型加入北伐军，无论动机如何，均在一定程度上参加了北伐战争与国民革命，并在军事上为北伐军的胜利做出了贡献。因此，常德事变发生后，蒋介石获悉袁祖铭遇害不无惋惜地表示：“鼎卿数月来出师沅湘，遥为声援，牵制北敌，厥功亦伟，遽尔惨丧，良用悼惜。”^③ 曾为黔军军官，此后又在国共两党军队中担任高级将领的贺龙亦坦言：“要说袁祖铭对北伐一点诚意也没有，这恐怕也过分了。他拿出两个主力军，这是事实嘛！”^④

黔系军阀与南方革命阵营的结合自始便是各取所需。在国民政府方面，黔军能化敌为友，至少可以削弱北洋方面的力量，保证北伐侧翼与后方的安全；在黔系军阀方面，刚被驱逐出川，面临粮饷与生存空间的窘境，亟须寻找出路。在南北尖

---

① 《中央通告第一号——反吴战争中我们应如何工作》（1926 年 7 月 31 日），《中共中央文件选集》第 2 册，1989，第 267 页。
② 《中央致重庆信——对四川军阀之态度及工作方针》（1926 年 8 月 23 日），《中共中央文件选集》第 2 册，1989，第 300 页。
③ 王正华编注《蒋中正总统档案：事略稿本》（1），第 43 页。
④ 刘达五、刘冠群：《我所认识的贺龙将军》，四川人民出版社，1998，第 63 页。

锐对立的情势下，他们很挣扎，最终选择投诚国民政府，参加北伐军以求更大的利益，但最后的结果是走向消亡。黔系军阀在北伐中的结局，有两个方面值得讨论。

一方面，黔军湮没于北伐战争之中是其投机性的结果。依附性是黔系军阀的一大特点，为了在大军阀的夹缝中求得生存，他们往往依附比自己强大的军阀。由依附性而派生出来的政治投机性，是近代地方性小军阀的共同特征。袁祖铭、彭汉章、王天培等人都是从旧军阀队伍里走来，其投身北伐是在当时的形势下权衡利弊得失做出的抉择，希望保存和发展实力。没有政治原则、两面投靠取利，这是地方小军阀的一贯作风。在袁祖铭看来，"无论何方，对人均是利用，事急则求，事缓则弃，苟无自立自固之策，依人作嫁，事事仰人鼻息，终必遭他方白眼，何是宽仁厚德，何是开诚布公，始终如一……革命事业决非一人所能包办，兼国事前途难关甚多，得意时须从失意时想，事事留有余地，则前途自多乐观"。[1] 在时局大幕初启、胜负未定的情况下，袁祖铭等势必对南北双方采取虚与委蛇的态度。他们难以预料到在革命阵营的内部整合中，这一策略选择却让自身处境越发艰难，乃至走向消亡。

另一方面，黔军内部的分裂也为唐生智等人解决黔军提供了可乘之机。加入国民政府的北伐后，黔军首领"袁（总指

---

① 《袁祖铭函刘达五》（1926 年 10 月 20 日），台北"国史馆"藏，档案号：002-080200-00011-006。

挥)、王、彭、贺各不相下"。① 彭汉章出任国民革命军第九军军长后即指责袁祖铭态度不明，难获部属信赖，暗中欲与袁祖铭脱离关系。在袁祖铭看来，彭汉章稍得蒋介石之重视，"即盛气凌人，不顾交谊，希图毁人利己"，"抹煞一切"。② 此外，在北伐前线的王天培与彭汉章两人关系亦不融洽，"意见非常之深"。③

岂止黔军，国民革命军中的多数部队是从旧军阀部队转化而来，军阀作风很多延续了下来。领导北伐的国民党内部又党派林立、政见不一，无法统一领导在北伐中急剧壮大的军队。北伐在某种意义上是一场多方参与的政治投资，是一场在复杂环境中进行的战争。在北伐的前途、领导权、方针、政策及时机等问题上，革命阵营内部始终矛盾重重。

---

① 《湘区政治报告》（1926 年 9 月 7 日），《中共中央文件选集》第 2 册，1989，第 367 页。
② 《袁祖铭函刘达五》（1926 年 10 月 20 日），台北"国史馆"藏，档案号：002-080200-00011-006。1926 年底，或是经过内部的调解，彭汉章与袁祖铭的关系得到改善，袁祖铭一度托彭作为其个人代表与蒋介石接洽。
③ 《李奇中函蒋中正》（1926 年 9 月 27 日），台北"国史馆"藏，档案号：002-080200-00006-038。

第四章

湖北军政格局的演进
与省政权的建立

按照孙中山《国民政府建国大纲》的规定，北伐出师后即为军政时期之开始。军政时期，"一切制度悉隶于军政之下，政府一面用兵力以扫除国内之障碍，一面宣传主义以开化全国之人心，而促成国家之统一"。① 在军事北伐的同时，如何在克复各地进行政治整顿和建设，促成政治上的统一，也是国民党政权的要务之一。北伐伊始，为整理克复各省的政务，国民党政权进行了多方尝试。一方面，在北伐军克复各省先后组织成立临时政治委员会、政务委员会及财政委员会等过渡机构，作为该省政府成立之前的过渡组织。另一方面，国民政府又派出直接代表中央政府的战时政务委员会，随军至前线，冀以划清作战区域的军政工作，消除军事当局擅干地方政治之弊。当

---

① 《政治：三、地方政务》，台北"国史馆"藏，档案号：002-110500-00005-027。

时权限划分未清，组织不甚完备，并未确实运作，实际工作主要由军官或政工人员主持，流弊不少。[1]

目前尚未见有专门的论述对北伐军克复各省政权的重建情形进行考察。相关研究主要集中于地方党政关系和政治分会方面，注意到北伐时期国民党在军事克复区域内，一般先设立省党部，然后才成立省政府，但省政府组建过程中的党政运作和权力分配情形尚属模糊。[2] 此外，临时政治会议和政务委员会等过渡机构及地方实力派在各省政治重建中所扮演的角色亦有待进一步揭示。[3] 本章以第一次北伐时期湖北省的政治整合为主题，对国民党政权在地方政治重建过程中的党政互动和权力格局进行勾勒，旨在厘清相关史实的基础上，审视国民党政权在政治建设上的努力和成效。

---

[1] 谭延闿：《在战地政务委员就职会上的讲话》（1928 年 3 月 20 日），周秋光主编《谭延闿集》（一），第 177~178 页；《宁方战地政务委员就职记》，天津《大公报》1928 年 3 月 27 日，第 6 版；《战地政务委员就职》，《申报》1928 年 3 月 22 日，第 9 版。

[2] 学界对国民党政权党政关系的探讨多集中于南京国民政府训政或宪政时期，对处于军政阶段的北伐时期基本仅作为背景予以简单介绍。参见王奇生《党政关系：国民党党治在地方层级的运作（1927—1937）》，《中国社会科学》2001 年第 3 期；钟声、唐森树《试论南京国民政府训政前期（1928—1937）的地方党政纠纷》，《史学月刊》1999 年第 2 期。

[3] 政治分会系国民党中政会在各地设置的最高政治指导机构，因中政会名称屡次变更，有时亦称临时政治委员会或临时政治会议、临时政治分会。关于政治分会的研究，可参见陈惠芬《北伐时期的政治分会——中央与地方的权力纠葛》，《台湾师范大学历史学报》1996 年第 24 期；张皓《国民党政治分会之设置与存废之争》，《首都师范大学学报》2011 年第 4 期；卢艳香《中国国民党中政会研究（1924—1937）》，社会科学文献出版社，2016。

一　北伐军入鄂后的军政形势

据北伐时期在湖北工作的中共中央代表张国焘忆述，长沙克复后，对于接下来的军事部署，蒋介石和以唐生智为首的保定军官派之间即发生严重分歧。唐生智主张兵分鄂、赣两路，同时进攻，意在分别占领地盘，由其独占两湖，蒋介石则率部进军江西。蒋介石虽有意攻取江西、福建，但主张集中兵力先攻取武汉，再行东进，其中不无防止唐生智独占湘鄂、自成局面的考量。① 张国焘的这一观察或许不尽准确，却也大体道出了政治考量自始即是影响湖北战事部署的重要因素。

事实上，在时任北伐军军事总顾问加伦的部署中，夺取湖北的整个战役不仅仅是从军事战略，而主要是从政治角度出发构思。根据加伦的披露，在其为总司令部设计作战部署时，"追求的目的不仅仅是消灭吴佩孚，而且还要为国民政府保持一种动态的平衡"，"既不让蒋介石擅权，也不让唐生智专制，而是把最高权力交给国民政府"。② 在加伦看来，在长沙和武汉对总司令蒋介石的打击就是对国民政府的打击，不必担心蒋介石"擅权"（这种情况还没有出现），而是要提防唐生智的势力扩张，故进攻武汉的作战部署实际上是有计划地限制唐生智的部署。

---

① 张国焘：《我的回忆》第 2 册，第 544 页。
② 《加伦致中共中央、Г. Н. 吴廷康和张国焘的信》（1926 年 11 月 23 日），阿纳斯塔西娅·卡尔图诺娃编《来到东方：加伦与中国革命史料新编》，第 420 页。

　　加伦判断占领武昌将决定湖北的局势，因此武昌应该由比唐生智部更忠诚于国民政府的军队掌握，"第四军坐镇武昌能够确保国民政府至高无上的权威"。为了让第四军而不是唐生智的第八军占领武昌，加伦有意将第四军部署在进攻部队的右翼，并比第八军提前一天发起进攻，以便迅速突进到铁路线包围敌人，并承担攻克武昌的艰巨任务。而部署在左翼的第八军在战役开始后晚一天行动，其任务是在北伐军推进后渡河到长江左岸，并向敌军兵力薄弱的汉阳、汉口后方进军。根据加伦的分析，如果不这样部署，战斗力最强的第四军在占领汉阳、汉口后将继续向武胜关北进追击敌人，"它就不会在湖北发挥政治作用"，湖北将产生唐生智大权独揽的局面。此外，为在湖北创造一种国民政府需要的平衡，加伦安排第一军第二师刘峙部和程潜的第六军也加入进攻武昌的作战。[①]

　　在安排第四军进取武汉的同时，总司令部还预委第四军第十师师长陈铭枢为武汉卫戍司令，"以当时四军，为革命军之基本队伍，其余各军，历史较浅，关系未密，尚有不能尽信者焉"。[②] 显然，加伦及总司令部对唐生智部的制约和不信任是决定这一战略部署的首要因素。

　　尽管实际的作战行动与加仑的部署略有所不同，主要的调整是将第七军和第四军一同编为中央军右纵队，第八军则作为

---

① 第六军实际未及参加即调往江西作战。《加伦致中共中央、Г.Н.吴廷康和张国焘的信》（1926 年 11 月 23 日），阿纳斯塔西娅·卡尔图诺娃编《来到东方：加伦与中国革命史料新编》，第 413~420 页。

② 朱宗震等编《陈铭枢回忆录》，中国文史出版社，1997，第 44 页。

中央军左纵队，但右纵队内又指定第七军担负纵队左侧的作战，第四军担负纵队右侧的作战。因此，第八军、第七军、第四军大体上仍呈左、中、右的态势向北进军，第四军突前。① 8月中下旬，右翼的第四军等部大体按照加伦的军事部署，经平江、汀泗桥、贺胜桥等战斗后向武昌前进。② 同月底。陈铭枢部率先进抵武昌城下。9月1日，第四军第十二师、第七军和第一军第二师也到达武昌城下，一起围困武昌。③ 左翼方面，唐生智部亦按部署渡过长江向汉阳、汉口前进，并于9月6日攻克汉阳。在此前后，驻守汉阳等地的湖北暂编第二师刘佐龙部在国民党湖北省党部耿丹等人的运作下，决定相机响应北伐军的进攻。7日，汉口亦被顺利攻克。④

　　9月8日，蒋介石以武汉军事已无问题，武昌被攻克后自己即入赣督战，向广州国民党中央和国民政府建议，"武汉为政治中心，务请政府常务委员先来主持一切，应付大局。否则迁延日久，政治恐受影响"。⑤ 9月中旬，唐生智事实上已成为

---

① 蒋纬国总编著《国民革命战史第二部：北伐统一》第2卷，第133～150页；李汉魂：《我是沙场过客——北伐战争回忆录之一》，中国人民政治协商会议天津市委员会文史资料研究委员会编《天津文史资料选辑》第39辑，1987，第9～23页。
② 相关战斗部署和历程，可参见《北伐的七个战役》（1926年6月至11月），中央档案馆编《北伐战争（资料选辑）》，第65～110页。
③ 《张发奎口述自传——国民党陆军总司令回忆录》，第65页。
④ 《唐生智呈蒋中正》（1926年9月5日），台北"国史馆"藏，档案号：002-020100-00007-010；李泽民：《邓演达、恽代英派耿丹到汉口运动刘佐龙起义》，广东省政协学习和文史资料委员会编《广东文史资料存稿选编》第2卷，广东人民出版社，2005，第668～669页。
⑤ 《蒋中正电张静江谭延闿》（1926年9月8日），台北"国史馆"藏，档案号：002-020100-00007-013。

图 4-1 武汉鏖战之双雄——蒋介石与吴佩孚

资料来源：《良友》第 8 期，1926 年 9 月 15 日，第 8 页。

湖北的统治者，且在湖北排斥蒋介石之意渐显。① 加上刘佐龙
等对蒋介石态度冷淡，无力在湖北与唐生智争夺的蒋介石决定
东下入赣督战，另谋发展。②

　　蒋介石入赣指挥江西战役后，第七军和第一军第二师也调
往江西前线。10 月中旬，第四军主力在武昌克复后由张发奎
率领入赣协助作战，但军部仍留在武昌，并留下 2 个团由武汉

---

① 《蒋介石日记》，1926 年 9 月 8、10、11、14~18 日。
② 《中共湖南区委政治报告——蒋、唐及蒋、汪关系，两湖军政形势以及区
　　委的政策意见》（1926 年 9 月 20 日），《湖南革命历史文件汇集》省委文
　　件（1923—1926 年），第 69~70 页。当然，蒋介石入赣也有战局发展方
　　面的原因。

卫戍司令陈铭枢率领，负责驻守武汉。因此，武汉克复后对湖北政局影响较大的实力派主要是唐生智、邓演达、陈铭枢等人。① 陈铭枢与唐生智为保定军校同学，并在唐生智归附国民政府中发挥了重要作用，但进入武汉后，在政治上颇为活跃的二人关系开始恶化。② 尤其是随着唐生智的权势扩张，陈铭枢对其"投机革命"和"野心勃勃"的言行在保持高度警惕的同时，反感也不断增加。③ 尽管第四军自始即是总司令部军事总顾问加伦用以限制唐生智的重要力量，但陈铭枢等人资历尚浅，以师长身份兼任武汉卫戍司令的陈铭枢虽在政治上较为活跃，但空间和话语权极为有限。④

此外，攻克汉口后，刘佐龙在为革命尽义务的名义下，尤其是所部改编为国民革命军第十五军后，胃口也越来越大，打着"湖北人的湖北"口号，试图坐收渔利。⑤ 而且，吴佩孚退

① 北伐初期，第四军副军长陈可钰虽作为第四军总指挥在前线指挥张发奎、陈铭枢两个师，但其身体不好，武昌克复不久即返回广州休养。
② 《张发奎口述自传——国民党陆军总司令回忆录》，第57、70页。
③ 朱宗震等编《陈铭枢回忆录》，第47页。
④ 攻克江西后，第四军主力在蒋介石和苏联顾问的支持下又陆续回到武汉，张发奎出任第四军副军长，此举不无制约唐生智的考量，但张发奎在政治上并不活跃，较少参与湖北的政治角逐。1927年1月，陈铭枢部第十师扩充为第十一军，张发奎部第十二师扩充为第四军，留守广东的第四军则改组为第八军。参见《张发奎口述自传——国民党陆军总司令回忆录》，第66~76页。
⑤ 《中共湖北区委政治报告——关于湖北省政问题及武汉最近战况》（1926年9月7日），《湖北革命历史文件汇集》省委文件（1926—1927年），第4页。刘部虽扩编为军，但实际人数仅五六千人，且战斗力薄弱。《加伦致中国共产党中央委员会的信》（1926年11月21日）、《加伦致И.С.温什利赫特的电报》（1926年11月底），阿纳斯塔西娅·卡尔图诺娃编《来到东方：加伦与中国革命史料新编》，第396、426页。

出湖北之际，曾临时任命刘佐龙为湖北省省长。[1] 因此，刘佐龙对湖北政权亦有相当的想法。据中共方面的观察，刘佐龙起初打着"保境安民""鄂人治鄂"的口号，企图实现其独占湖北的野心，部分湖北民众因得不到革命军的好处，反受唐生智等部的劫掠，于是也在"鄂人治鄂"口号下附和刘佐龙。[2] 与此同时，刘佐龙极力拉拢国民党湖北省党部的李汉俊、耿丹等湖北地方人士，欲组织一个"完全湖北政府"。尽管刘佐龙野心勃勃，但所部实力极为有限，其政治追求论实力和环境均难以实现。不久，刘佐龙见难以做到，决定只要北伐军方面能拨给其部分枪弹即可让步，旋即奉命加入肃清鄂西的作战。[3] 此外，奉命从湘西向鄂西进攻的黔军第九军、第十军虽然人数不少，但战斗力极为有限。更重要的是，刘佐龙部和黔军在时机成熟时都是总司令部解除武装的对象。[4] 故二者在北伐军进入湖北不久即淡出湖北政局。

---

① 《军中琐记》，陈公博：《寒风集》（甲），上海地方行政社，1944，第77页。

② 《中共军事特派员一飞的报告——江西战事概况及军队各派系对战事的态度》（1926年10月23日），《湖北革命历史文件汇集》省委文件（1926—1927年），第10页。

③ 《中共湖北区委书记政治报告——唐、蒋对湖北政治的态度及湖北省政府成员名单》（1926年10月25日），《湖北革命历史文件汇集》省委文件（1926—1927年），第24页。耿丹系湖北安陆人，北伐前后活跃于湖北教育界，北伐时期加入中国共产党并出任刘佐龙部组建的国民革命军第十五军党代表兼政治部主任、第十军副军长等职。李汉俊系湖北潜江人，原为中共党员，是中共一大代表及中共第二、三届中央执行委员会候补委员，后因意见分歧脱党，北伐前后其在湖北活动，任国民党湖北省党部执行委员等职。1927年武汉国民政府分共后，二人分别被刘佐龙、胡宗铎捕杀。

④ 《加伦致 И. С. 温什利赫特的电报》（1926年11月底），阿纳斯塔西娅·卡尔图诺娃编《来到东方：加伦与中国革命史料新编》，第426、428页。

二　过渡时期的政治机构

第一次北伐时期，为处理克复各省政务，减少军队对地方政务的干扰，国民党在正式省政府成立以前，暂设临时政治会议，作为过渡时期内该省的政治、军事、立法最高机关。但临时政治会议仅系最高决议性质，而各委员又多属兼任，故一切用人行政多委之政务委员会和财政委员会执行，而临时政治会议则居于监督、指导地位。关于全省政务的设施及高等官员之任免，都由政治会议议决，"其重要者并须请呈中央政治会议及国民革命军总司令核行之"。[①]

在这一原则指导下，第一次北伐时期的各省政局，除湖南省因时间及人事关系，首先由唐生智主导成立省政府，形同半独立外，[②] 国民党政权在湖北、江西、安徽、浙江、江苏等克复各省均设立了地方性的临时政治会议，以之作为各省政府成

①　《蒋介石电何应钦》（1927 年 1 月 31 日），台北"国史馆"藏，档案号：002-020100-00027-077。目前，尚难以确定国民党政权做出这一决定的具体过程和时间。但从最早设立的湖北省政务委员会、湖北临时政治会议情形来看，应是在 8 月底到 9 月初北伐军进抵武汉后，总司令部根据形势发展做出的决定。

②　陈公博称，其当时即当面向唐生智质疑称："湖南省政府和国民政府有什么关系呢？财政是独立的，省政府委员又是你推荐的，除了一张国府任命状之外，什么也没关系。"参见陈公博《苦笑录》，第 58 页。而蒋介石亦指示负责战地政治事宜的邓演达、陈公博："对于湖南委任人员，除征求中央党部同意外，须与唐生智妥商为要。"《蒋中正电陈公博邓演达》（1926 年 9 月 1 日），台北"国史馆"藏，档案号：002-010100-00001-048。

立之前一省政治、军事、立法最高机关。省政治会议下辖政务、财政两委员会，负责办理战争时期该省的具体政务，待省政府正式成立后再行裁撤。① 时任江西省政务委员会主任的陈公博即认为政务委员会系北伐初期草创的制度，职权上形同省政府。② 与政务委员会相比，财政委员会的职权和设置则相对简单，主要负责筹款和接收地方财政，其临时性和随机性较大，在部分省份亦未及设立，暂不做主要讨论。③

事实上，北伐誓师不久，国民政府即由总司令蒋介石主持召开宣传会议，讨论战地民政、财政的处置事项。④ 8 月下旬，北伐军进军湖北之际，蒋介石在长沙召集部分在湖南的国民党中央执行委员、湖北和湖南省党部执行委员开联席会议，讨论占领武汉后的政治及党务等紧迫问题。会议决定北伐军占领武汉后，湖北省党部不必参加新政府，但政府须受省党部的指导和监督。同时决定组建政治经济委员会，由国民党中央和湘鄂省党部各推定 3 人为委员，负责政治、经济、财政、外交各项问题，国民党中央推定委员蒋介石、陈公博、邓演达，湖北省党部推定委员詹大悲、罗琢章、李汉俊，湖南省党部推定夏

① 《政治：三、地方政务》，台北"国史馆"藏，档案号：002-110500-00005-027。

② 陈公博：《苦笑录》，第 58 页。实际上，政务委员会并非北伐时期首创，广州国民党政权在 1925 年东征期间即曾设有"政务委员会"这一机构。其他北洋系军队，如郭松龄部在倒奉期间亦曾设有政务委员会。参见《谭延闿日记》，1925 年 6 月 24 日、9 月 7 日；郭廷以编著《中华民国史事日志》第 1 册，第 959~960 页。

③ 据时任湖北财政委员会主任的陈公博忆述，当时所谓的财政基本上只是筹饷，"还说不上财政"。《军中琐记》，陈公博：《寒风集》（甲），第 99 页。

④ 《蒋介石日记》，1926 年 7 月 14 日。

曦、李荣植、凌炳。①

　　据湖南区委的观察，蒋介石未入湘前即欲掌控湖南政权，抵长沙后见不可能乃谋取湖北政权，"其中央、湘、鄂党部之联席会议及由此会议所组织之政经委员会用意盖在于此，而内定陈公博为鄂省事实上之权力者（名义为财政厅长）"。然而，此次进攻湖北各军仅第四军一部分与唐生智没有关系，"其余皆可拥唐"。湖南区委判断，唐生智在湖北必将扶助第七军第七旅旅长胡宗铎和所部政治部主任刘文岛分任军事、民政，自己则事实上取得财权、税收权，表面上"鄂人治鄂"，实际受唐生智指挥。② 此后湖北政局的发展虽与这一分析不尽相同，但蒋介石确实有掌握湖北政治的意图和部署。8月底，北伐军逼近武汉之际，蒋介石即拟于9月初进取江西，将江西政务交由陈公博处理，湖北政务由北伐军总政治部主任邓演达负责，凡鄂赣两省委任人员，在蒋介石未到省以前，由陈、邓

---

① 《占领武汉后之政治及党务》（1926年8月），武汉地方志编纂委员会办公室编《武汉国民政府史料》，武汉出版社，2005，第55页；田子渝：《国民党湖北省党部与北伐武汉战役》，《湖北大学学报》2003年第1期，第70页。事实上，湖北省党部的国民党左派原本主张董必武等人加入新组建的湖北省政府，但蒋介石在此次会议上表达了异议，认为湖北省党部应如湖南省党部一样，"谦让为怀，不急于参加省政"，董必武对此表示接受，并为此向湖北省党部的国民党左派进行多方解释。参见《中共湖北区委政治报告——关于湖北省政问题及武汉最近战况》（1926年9月7日），《湖北革命历史文件汇集》省委文件（1926—1927年），第3页。

② 《湘区政治报告》（1926年9月7日），《中共中央文件选集》第2册，1989，第366页。胡宗铎系湖北黄梅人，保定军校毕业，此后应保定同学黄绍竑之邀加入新桂系，与唐生智存在校友之谊。其在北伐初期湘鄂作战中颇立战功，为各方所重视。

二人商同省党部通过为是。①

北伐军进入武汉后，原湖北省政府被推翻，但军政一时无人负责，政权亟待重建。9 月 11 日，报刊披露，因湖北省政府重组问题"非朝夕所能完成"，蒋介石已决定先组织湖北省政务委员会，以资维持。政务委员会设主任委员 1 人、委员 13 人，由国民革命军总司令任命之，主任由总政治部主任兼任。在湖北省政府未正式成立前，所有湖北省政务由湖北省政务委员会处理。作为过渡性临时省政权的组织形式，湖北省政务委员会自湖北省政府正式成立后即行撤销。②

9 月中旬，蒋介石入赣之际，在决定将湖北军事交由唐生智负责的同时，亦采取若干举措限制唐生智的权势扩张。第一，以便于处理长江一带军务为由，设置总司令部武汉行营，以总政治部主任邓演达兼任行营主任，代行总司令职权。邓演达俨然成为蒋介石在湖北的代表。③ 第二，明确将湖北民政交由邓演达以湖北政务委员会主任身份负责，财政则由陈公博以湖北财政委员会主任身份负责。同时另设湖北临时政治会议，主席由中政会主席蒋介石兼任，但实际由唐生智代理负责，"凡民、

---

① 《蒋介石电陈公博邓演达》（1926 年 8 月 30 日）、《蒋介石电陈公博》（1926 年 9 月 1 日），台北"国史馆"藏，档案号：002-020100-00027-032、002-080200-00396-008。

② 《北伐军到汉后之鄂政局》，《申报》1926 年 9 月 15 日，第 7 版。稍后，该会的组织条例虽又有所修订，但职权变化不大。参见《修正湖北政务委员会条例》（1926 年 10 月），湖北政法史志编纂委员会编《武汉国共联合政府法制文献选编》，农村读物出版社，1987，第 85~87 页。

③ 萧彝：《国民革命军总司令部武汉行营经过纪实》，《军事杂志》第 2 卷第 12 期，1929 年 6 月，第 98 页。

财、军政，皆由政务（治）会议通过，该会直属于中央党部。政务会议在鄂设施，凡政务须由党部、政治部、政务局通过施行"。蒋介石不无顾虑地向国民党中央指出："惟中不在鄂，以后武汉政治恐不易办理，非由政府委员及中央委员先来数人，其权恐不能操之于中央，必中央来人另组政治委员会，以代临时政治会议为妥。"①

国民党中央旋即根据蒋介石的上述表示任命唐生智代理湖北临时政治会议主席，同时组织湖北政务委员会和财政委员会，分别委任邓演达、陈公博为主任。② 根据国民党中央颁布的《湖北省临时政治会议条例》，该会由中央政治会议主席命令组织，设主席 1 人，由中央政治会议主席兼任，委员 13 人，于必要时可以酌情添设。国民党中央特派唐生智、邓演达、陈公博、刘佐龙、李宗仁、陈可钰、詹大悲、董用威、刘文岛、喻毓西、陈铭枢、胡宗铎、夏斗寅等 13 人为湖北省临时政治会议委员。因中政会主席蒋介石已赴江西督师，该会主席改由唐生智代理。③ 在湖北省政府未成立前，湖北临时政治会议承中央党部政治会议之命，"有得以会议方式决定湖北省一切军事、政治、财政之权"。④

---

① 《蒋中正电张人杰等》（1926 年 9 月 18 日），台北"国史馆"藏，档案号：002-020100-00007-025。按：虽然蒋介石在 8 月底即拟以陈公博负责主持江西政务，但因江西一时未攻克，而湖北财政委员会找不到合适人选，故先以陈公博负责。参见陈公博《寒风集》（甲），第 118 页。

② 郭廷以编著《中华民国史事日志》第 2 册，第 83~84 页；《湖北政务报告》，郑自来、徐莉君主编《武汉临时联席会议资料选编（1926.12.13—1927.2.21）》，第 54 页；《谭延闿日记》，1926 年 9 月 17 日。

③ 《革命军到汉后之新设施》，《申报》1926 年 9 月 24 日，第 6 版。

④ 《湖北临时政治会议条例》（1926 年 10 月），《武汉国共联合政府法制文献选编》，第 84 页。

9 月 19 日，蒋介石下令组织湖北政务委员会，负责执行
与处理湖北临时政治会议做出的有关政务方面的决议，任命邓
演达、陈公博、蒋作宾、李汉俊、何成濬、刘文岛、潘康时、
詹大悲、邓希禹、张国恩、王乐平、刘佐龙、夏斗寅等 13 人
为委员，主任由邓演达兼任。① 23 日，湖北政务委员会在汉
口成立，作为组织正式省政府之预备。② 邓演达在就职通电
中宣告称："兹值军事告终，训政开始，自当遵总理遗教，
以求主义之贯彻，于最短期间将民众痛苦解除，使党的主张
得以渐次实现。"③ 同日，总司令部委任唐生智、李宗仁、詹
大悲、刘文岛、邓演达、陈可钰、朱芾、孙天孙、刘佐龙为
财政委员会委员，剩余 3 人则俟省党部推出加委，以陈公博
兼主任。④

湖北政务委员会和财政委员会成立后，即召开联席会议，
制定克服区域处理民政条例，次第将各军管辖下的民政机关接
收。⑤ 此外，湖北政务委员会通令湖北各县，在湖北省政府正

① 《湖北政务报告》（1926 年 12 月），郑自来、徐莉君主编《武汉临时联席
会议资料选编 （1926. 12. 13—1927. 2. 21）》，第 54 页。此后，政务委员
会委员又有所变动。如 10 月底蒋介石即电令政务委员会主任邓演达，任
命田桐为该委员会委员。参见《蒋中正电示邓演达委刘纪文》（1926 年
10 月 27 日），台北"国史馆"藏，档案号：002-010100-00001-096。
② 中国第二历史档案馆编《蒋介石年谱（1887—1926）》，第 608~610 页；
《汉口要讯》，《申报》1926 年 9 月 20 日，第 9 版；《革命军到汉后之新
设施》，《申报》1926 年 9 月 24 日，第 6 版。
③ 《湖北政务委员会邓主任就职通电》（1926 年 9 月 23 日），梅日新、邓演
超主编《邓演达文集新编》，广东人民出版社，2000，第 18 页。
④ 《武昌善后与汉口近况》，《申报》1926 年 9 月 28 日，第 4 版。
⑤ 《湖北政务报告》（1926 年 12 月），郑自来、徐莉君主编《武汉临时联席
会议资料选编 （1926. 12. 13—1927. 2. 21）》，第 54 页。

式成立前，"所有庶政自应统归本委员会管辖"。随着军事的
进展，所有克复的湖北各县陆续由政务委员会派员担任
县长。①

蒋介石离开湖北后，唐生智以北伐军前敌总指挥及湖北
临时政治会议代理主席身份留驻湖北，有职有权，成为湖北
最大的实力派人物。身兼总政治部主任、武汉行营主任及湖
北政务委员会主任的邓演达则成为唐生智之外，湖北的另一
重要实权人物，也是蒋介石制约唐生智的重要部署。总政治
部原本主要负责军队中的政治工作，但北伐开始后，国民党
中央党部以革命军所到区域，对于党务理宜创新，赋予总政
治部在军事时期内诸多特权，如组织指导或监督地方党部，
监督地方行政事宜等，以便兼办战备区域内的党务及各种团
体之组织与指导，行政官员之监督等，以致外间对该部"误
会其权力过大"。② 因此，总政治部的工作不断扩大，除军队
政治工作外，"并于战时帮助各地党务及工农运动之工作，
同时组织秘密政治工作团分赴未占领各省去工作……此外，
又有社会运动工作"。③ 此外，总政治部之下，各军政治部对

---

① 皮明麻、欧阳植梁主编《武汉史稿》，中国文史出版社，1992，第495页。
② 《在军事时期内国民革命军总政治部之特权》（1926年10月3日），梅日新、邓演超主编《邓演达文集新编》，第21页。
③ 《中国国民党第二届中执会第三次全体会议速记录》（1927年3月10~17日），《中国国民党第一、二次全国代表大会会议史料》（下），第828页。在中共湖北区委看来，当时的北伐军总司令和总政治部无所不管，"总司令成了皇帝，总政治部成了军机大臣"，以致无党与政府可言。参见《中共湖北区委报告——关于对蒋、唐的态度，迁都武汉和省政府人员组成的意见》（1926年11月18日），《湖北革命历史文件汇集》省委文件（1926—1927年），第41~42页。

新克复的各省县的行政、党务也具有相当的支配权。① 总体上看，邓演达对唐生智无好感，有抑制唐生智的倾向，不无集武汉军政大权于一身的雄心。② 与之相对，唐生智对邓演达及其领导的北伐军总政治部也极为不满，"鄙视他们是一群小孩子"。③

三 省政府筹备中的党政运作与人事布局

在国民党的规划和设计中，地方临时政治会议和政务委员会、财政委员会只是克复之地省政府成立前的临时性过渡组织。因此，几乎在政务委员会等机构成立的同时，组建正式的湖北省政府亦提上议程。另外，湖北省政务委员会等机构成立后的运作始终困难重重，也使得湖北省政府亟待组建。10月中旬，湖北财政委员会主任陈公博向蒋介石汇报时即表示："此间空气恶劣，政务财政两会似已不能维持，择生（邓演达）地位太感困难，目下已有组织省政府之必要。"④

1924年国民党改组后，在中共的帮助下基层组织得到较

---

① 蝶媒：《北伐从军外纪》，《宇宙风》第32期，1937年1月，第408~409页。
② 张国焘：《我的回忆》第2册，第545~548页。据中共广东区委报告，北伐初期邓演达多次向军事总顾问加仑表示唐生智势力日益增加，非抬高蒋介石不可。《中共广东区委军事报告》（1926年10月25日），《广东革命历史文件汇集》中共广东区委文件（1921—1926年），1982，第397页。
③ 《中央对鄂区政治军事工作的指示（1926年10月30日给特立同志及鄂区信）》，《中共中央文件选集》第2册，1989，第409页。
④ 《陈公博致蒋介石函》（1926年10月15日），台北"国史馆"藏，典藏号：002-080200-00007-012。

大发展，陆续在北洋系控制的各省秘密组建省党部或县、市党部。北伐开始后，国民党地方各级党组织除宣传主义及革命主张、唤醒民众外，亦在北伐军到达时协助安定社会秩序，建立地方政权与加快军事进展。[①] 在湖北省政府的组建过程中，不仅唐生智、邓演达等湖北实权人物对湖北政治举足轻重，共产党和国民党左派所主持的湖北省党部也积极参与湖北地方政权的规划，深刻形塑湖北省政府的人事布局。

1924 年国民党一大召开后，国民党各省、市党部的改组和筹建提上议程。董必武等湖北地区的共产党员即根据中共中央关于派出党员帮助各地改组和重建国民党组织的决定，领导筹建国民党湖北省临时党部。[②] 同年春，在董必武等人的主持下，国民党湖北省临时党部组织准备就绪，共产党人占据多数，"计委员有（董）必武、（刘）昌群、（刘）国光、许鸿、（张）继渠等，秘书有何恐，干事有（余）世颂。区部组织，均经同志们一手经营，市县部亦同志担任"。[③] 国民党湖北省临时党部的创设，标志着湖北地区以国共合作为基础的革命统一战线初步形成。

然而，因中共湖北地区党组织旋即遭到严重破坏，国民党湖北省党务也一度陷入停顿。直至冯玉祥在北京发动政变，直系力量遭到严重打击，革命形势再度高涨，国民党湖北临时省

---

① 蒋纬国总编著《国民革命战史第二部：北伐统一》第 4 卷，第 184~185 页。

② 《董必武年谱》，第 57 页。

③ 《继渠致团中央信》（1924 年 5 月 19 日），《湖北革命历史文件汇集》群团文件（1922—1924 年），第 194 页。

党部在董必武等的领导下才逐渐公开，同时组织民众运动。①
1925 年 7 月中旬，国民党湖北省第一次全省代表大会召开，
省党部正式成立。② 国民党湖北省党部成立伊始，其工作即主
要由董必武等共产党人领导。此后，共产党人以国民党党员身
份积极展开活动，"在国民党中完全占于主持地位，领导群众
的政治运动，均有相当的成绩"。③

　　1926 年 1 月，国民党二大后，董必武以候补中央执行委
员身份常驻湖北，指导湖北党务。同年 7 月，湖北省党部第三
次全省代表大会选出的 11 名执行委员中，共产党人有陈潭秋、
蔡以忱、钱介磐、周延墉、袁溥之，国民党左派有何翼人、邓
初民、张国恩、张朗轩、罗贡华、郝绳武。1927 年 1 月，湖

① 《中国国民党湖北省党部报告上编——党务报告（1924 年 4 月至 1925 年
10 月）》，《中国国民党第二次全国代表大会日刊》第 3 号，1926 年 1
月，第 6 页；湖北省革命史资料编写小组编《党在湖北地区革命斗争史
资料》第 1 分册，1961，第 36~43 页。

② 《中国国民党湖北省党部报告上编——党务报告（1924 年 4 月至 1925 年
10 月）》，《中国国民党第二次全国代表大会日刊》第 3 号，1926 年 1
月，第 10~12 页。关于国民党湖北省党部的正式成立时间另有 1925 年 6
月的说法，对比相关文件的责任者和形成日期，7 月当较为准确。参见
李云汉主编《中国国民党党务发展史料——组织工作》（上），台北：中
国国民党党史会，1993，第 89 页。

③ 《湖北报告议决案》（1925 年 10 月），中央档案馆编《中共中央文件选
集》第 1 册，中央党校出版社，1982，第 426 页。尽管中共中央此时已
经注意到湖北地区党组织散漫，缺欠严明的纪律及训练，致使党组织在
革命潮流高涨之时未能扩大，但这一现象基本贯穿整个大革命时期，此
后湖北地区共产党人继续积极进行国民党方面的工作，组织发展缓慢等
问题仍较为严重，"许多同志比较更重视民校（国民党）……区委甚冷
静，诸事不甚接头"。《特立自汉口来信——关于军事、政治、党务工作
情况》（1926 年 10 月 25 日），《湖北革命历史文件汇集》省委文件
（1926—1927 年），第 18 页。

北省党部第四次全省代表大会选举产生了新的省党部最高领导
机构常务委员会，由董必武、钱介磐和何翼人组成。在省党部
的领导机构中，共产党人和国民党左派占据绝对优势。①

　　北伐军占领汉阳、汉口后，中共中央鉴于武汉及湖北在将
来革命形势发展中的重要地位，相继抽调大批得力干部来汉工
作。先是调彭泽湘任湖北区委书记，继又派项英、林育南回
鄂，分别负责工运和青年团的工作。② 与此同时，共产党员继
续积极参与国民党湖北省党部的工作。③ 唐生智到达武汉后也
注意到，"在（湖北）省党部办事的有好多是 C. P. 的同
志"。④ 因此，通过湖北省党部，中共方面对湖北省政府的组
织人事也有重要影响。

　　9 月初，中共中央关于湖北省政权问题的指示下达后，湖
北区委在与董必武会商后结合湖北情况向中共中央进行了反馈。
对于中共中央指示湖北地方政府中可容纳蒋介石、唐生智的一
部分人进去，但不可超过湖北本地人一事，湖北区委认为，容

<hr/>

① 张光宇：《论大革命时期共产党在国民党湖北省党部中的领导作用》，
　　《武汉大学学报》1985 年第 1 期，第 68～69 页。
② 李良明、孙泽学：《湖北新民主革命史·中共创建与大革命时期卷》，华
　　中师范大学出版社，2008，第 246～247 页。
③ 后来国民党湖北省党部的组织报告亦指称："自十五年革命军到达武汉
　　后，本省党务为共产党所劫持，共产党员分布于各级组织，为一种有计
　　划的党团活动，其势力已由下层组织而渗入农村社会。本党当时在本省
　　差不多只成了一种名义上的存在。"参见国民党湖北省执委会编辑《国
　　民党湖北省第四次全省代表大会特刊》，1932，转引自张建华《国民党省
　　党部研究——以 1927—1938 年湖北省党部为例》，硕士学位论文，武汉
　　大学历史学院，2004，第 4 页。
④ 《伴唐总指挥赴武穴督战记（一个同志的日记）》，1926 年 10 月 30～31
　　日，中央档案馆编《北伐战争（资料选辑）》，第 5 页。

纳蒋、唐两派之人参加省政府事实上应如此，但代表蒋介石的湖北人中不见得有能得到蒋信任的人物。因此，湖北区委提出应考虑对桂系将领胡宗铎的态度问题：胡宗铎出身虽为保定军官，但目前的派别归属尚不明显，思想亦不糊涂。更为重要的是，胡宗铎在这次战争中非常努力，在湖北地位日臻重要。对于指示要求拉拢左倾分子蒋作宾、李汉俊等人，并与之建立密切关系，以对付"更反动卑污的分子问题"，区委表示董必武已通过个人关系与其发生密切联系，蒋作宾亦有意拉拢董必武，李汉俊也能接受董必武的指挥去工作，决定将来即本着这个原则，根据情况决定与蒋作宾、李汉俊等人关系的程度与方式。①

9月中下旬开始，中共在唐生智与蒋介石的权势冲突中逐渐确定从有条件地"助蒋"向"包围"唐生智倾斜，与唐生智的联系也日益密切。而唐生智也由事实上之湖北统治者进而成为名实兼全的统治者，对湖北的影响日增。但是，唐生智颇为轻视国民党，认为国民党内部分子太复杂，革命程度不如中共，殊难望其彻底革命。与对国民党的观感和态度相反，唐生智对中共湖北区委的意见极为尊重。

10月中下旬，为调和唐生智与国民党的关系，彭泽湘向唐生智提出：应同意革命的左派政纲，集中革命分子，使国民党成为能担负革命使命的政党；应站在国民党内接受国民党指挥，使国民党变为有力的政党。唐生智对此均表示同意。据

---

① 《中共湖北区委政治报告——关于湖北省政问题及武汉最近战况》（1926年9月7日），《湖北革命历史文件汇集》省委文件（1926—1927年），第2页。

此，彭泽湘提出唐生智处理与国民党关系的具体办法：（1）
与国民党中央、国民政府发生密切关系；（2）对湖北军民政
治，均须与省党部协商，并以湖北临时政治会议主席名义请湖
北省和武汉市党部交换对于湖北政治的意见；（3）对湖北国
民党左派领袖王法勤等人应极为尊重。与此同时，湖北区委拟
定"最近政纲"，并由区委书记就各要点与唐生智进行商议，
唐生智表示赞成，并决定据此与国民党湖北省、市党部协
商。① 稍后，董必武根据湖北区委的决定，② 指导国民党湖北
省党部和汉口市党部提出《湖北目前最低政纲》，要求实行民
主政治、保障人民自由、肃清贪官污吏、铲除土豪劣绅、建设
廉洁政府、赞助工农组织、改善工农生活、废除苛捐杂税等，
并以此作为湖北省政府施政的标准。③

　　随着北伐军事顺利进展至长江流域鄂赣等省份，面对新形
势，党政如何配合成为急务。为此，国民党10月中下旬在广
州召开中央委员和各省区代表联席会议，对建立以党领政的政
治模式进行规划。联席会议决议：（1）地方省政府采取委员
制，委员名额为7~11人。其中有兼厅长，亦有不兼厅长。委
员由国民党中执会指定数人，会同地方省党部执行委员会组织

①　《中共湖北区委书记政治报告——唐、蒋对湖北政治的态度及湖北省政府成员
　　名单》（1926年10月25日），《湖北革命历史文件汇集》省委文件（1926—
　　1927年），第22~23页。
②　《中共湖北区委对湖北目前几个重要政治问题的意见》（1926年10月），
　　《湖北革命历史文件汇集》省委文件（1926—1927年），第26~28页。
　　该件无具体日期，年月系根据内容判断。
③　《董必武年谱》，第83页。

省政府。（2）省政府下设民政、财政、建设、军事、司法、教育各厅，于必要时增设农工、实业等厅。① 蒋介石即据此电催邓演达，从速着手组织湖北省政府，与唐生智磋商组织办法，以使湖北政治从速整理。②

　　关于地方党政及组织问题，联席会议的共识是"以党治国"原则下的"以党治省"，"党"凌驾于"省"之上，但是否由党指导省政、党特派员指挥省政府，或党政进行合作，则因地制宜视情况而定，具体方案为（1）省政府在省党部指导之下；（2）省政府在中央特派政治委员及省党部指导之下；（3）省政府与省党部合作。具体到某个省应采用何种办法由国民党中央执行委员会决定，并初步决定湖北省采用第二种办法。③ 这三种办法中前两类均是以党治政，后一类是党政合作，重心仍是倾向于地方党部对地方政府的指导。由此，湖北省党部在省政府组建中的地位和角色进一步明确。10 月 26 日，联席会议又讨论了湖北省党部和汉口特别市党部提出的从速成立湖北正式省政府问题，决定交国民党中央酌情办理，在最短时间里成立湖北省政府，并通知湖北省党部。④ 国民党中央旋即决定由湖北临时政治会议和省党部合拟省政府成员名单，交国民党中央核议后发表。

　　同年 11 月，国民政府又公布《修正省政府组织法》，内

---

① 《中国国民党中央暨各省联席会议纪录》，第 103 页。
② 中国第二历史档案馆编《蒋介石年谱（1887—1926）》，第 657 页。
③ 《中国国民党中央暨各省联席会议纪录》，第 117、125 页。
④ 国民革命军总司令部政治部编《中国国民党中央执行委员各省区代表联席会议宣言及决议案》，1927，第 45 页；《中国国民党中央暨各省联席会议纪录》，第 179～181 页。

中第一条规定："省政府于中国国民党中央执行委员会及省执行委员会指导、监督之下，受国民政府之命令，管理全省政务。"① 这一规定实际将省政府置于三重指导、监督之下，省党部仍居其一。至此，省级党政关系体制明确地被划一为省党部指导、监督省政府的关系，亦即党政统属关系。②

在广州联席会议商定省党部与省政府的关系前后，中共方面与唐生智就湖北省政府组织人事问题进行了反复沟通。10月下旬，唐生智在与彭泽湘商量时首先提出省政府委员名单11人，分别为邓演达、王法勤、唐生智或陈公博、刘佐龙、蒋作宾、孔庚、詹大悲、李汉俊、胡宗铎、邓寿荃、张国恩。厅长方面，民政厅王法勤或邓演达、军务厅刘佐龙、建设厅蒋作宾、商务厅詹大悲、教育厅李汉俊、司法厅张国恩、财政厅刘文岛。对于这一人选名单，彭泽湘根据湖北区委意见表示同意，唯对唐生智部政治部主任刘文岛出任财政厅厅长表示异议，但唐生智极力坚持，最终将此争议搁置，待唐生智与湖北省党部商酌后再议。另外，国民党中央准备在武汉组织政治委员会分会，欲不让唐生智参加，而唐生智意欲参加，希望中共方面将其态度转达总政治顾问鲍罗廷及国民党左派。③ 武汉政

---

① 《国民政府公布〈修正省政府组织法〉令》（1926 年 11 月 10 日），中国第二历史档案馆编《国民党政府政治制度档案史料选编》（下），安徽教育出版社，1994，第 547 页。

② 王奇生：《党政关系：国民党党治在地方层级的运作（1927—1937）》，《中国社会科学》2001 年第 3 期，第 188～189 页。

③ 《中共湖北区委书记政治报告——唐、蒋对湖北政治的态度及湖北省政府成员名单》（1926 年 10 月 25 日），《湖北革命历史文件汇集》省委文件（1926—1927 年），第 24～25 页。

治分会的提出，让湖北政治问题更加复杂化。

对于唐生智和彭泽湘提出的上述省政府组织名单，中共中央 10 月底指示湖北区委，省政府委员"断不可无唐生智，所列名单中有'唐生智或陈公博'，若有陈公博而无唐是逼唐反也，万不可不改正。刘文岛最好能去掉，然代之者必为唐所推举，万万不可代以陈公博"。与此同时，中共中央指出，国民党中央及湖北省党部、国民政府对唐生智的态度"均极错误，应设法使之改变"。此外，武汉政治分会最好不设立，俟稍迟国民政府及国民党中央委员迁鄂。如必须设立，宜加入蒋介石和唐生智，否则一事办不动，反而使中央威信扫地。① 在中共中央看来，武汉政治分会不要唐生智参加，则该会的决议便等于废纸。将来国民党在汉口有几个有力的中央委员设一政治委员会，自能多影响唐一些，惟此组织唐生智须加入。②

11 月初，张国焘和湖北区委又向中共中央提出湖北省政府组织人选，11 名委员分别是唐生智、邓演达、刘佐龙、王法勤、陈铭枢、蒋作宾、徐谦、詹大悲、李汉俊、邓寿荃、陈公博，以唐生智为主席；财政、民政、教育、商务、建设、军务、司法各厅厅长则分别以刘文岛、王法勤、李汉俊、詹大

---

① 《中央对鄂区政治军事工作的指示（1926 年 10 月 30 日给特立同志及鄂区信）》，《中共中央文件选集》第 2 册，1989，第 409~410 页。中共中央反对省政府委员中加入陈公博应系对其观感不佳，认为其不可靠，"为要做官可以作出许多无耻卑贱的行动"，有适当机会时必须打倒他。参见《中央复湘区信——关于湖南军事、政治、民众运动的策略和党的工作》（1926 年 9 月 27 日），《中共中央文件选集》第 2 册，1989，第 363 页。

② 《中共中央给粤区的信——关于汪精卫复职问题及对唐生智态度等》（1926 年 11 月 9 日），《建党以来重要文献选编》第 3 册，第 457 页。

悲、邓演达、刘佐龙、张国恩担任，刘文岛和张国恩为不兼任委员的厅长。① 差不多同时，对于设立政治委员会分会问题，共产国际顾问维经斯基提议以顾孟余、徐谦、邓演达三人组织非正式的政治委员会分会。张国焘则主张加入唐生智、董必武二人，以徐谦为主席。在张国焘看来，若只是三人的委员会，"顾好弄小手段，必难容于唐；徐是无用的老好人，邓现在与鄂各方关系不好，这三人的委员会决不能指导湖北政治。但若加入唐，蒋又不愿意，此问题很难解决"。②

邓演达此时进入张国焘和湖北区委所拟定的省政府委员及厅长人选，与其对蒋介石态度、立场的变化有直接关系。11月初前后，张国焘在与邓演达谈话时注意到其颇不满于蒋介石的权力超于国民政府之上，主张迎回汪精卫主持政务，蒋介石专管军事。邓演达更是向中共方面建议，要拉拢唐生智须做以下工作：一、国民政府及国民党要巩固；二、两湖地区民众运动要发展。在张国焘看来，邓演达以前完全是蒋介石的人，近来与左派多接近，逐渐不信任蒋介石。而蒋介石因身边一时无人可取代邓演达，故尚离不了邓演达，主张维持邓演达在政治

---

① 《颜昌颐同志报告湘鄂情形》（1926 年 11 月 9 日），《湖北革命历史文件汇集》省委文件（1926—1927 年），第 34~35 页。按：张国焘和湖北区委这一意见的形成时间当早于 11 月 9 日报告的日期。

② 《颜昌颐同志报告湘鄂情形》（1926 年 11 月 9 日），《湖北革命历史文件汇集》省委文件（1926—1927 年），第 34 页；《对于目前时局的几个重要问题（一九二六年十一月九日中央局与远东局讨论所得的意见）》，《中共中央文件选集》第 2 册，第 295 页。张国恩系湖北黄安人，早年与董必武等人同为武汉党团组织的发起筹备者，北伐时期加入国民党，时为国民党湖北省党部执委，为董必武的重要助手。

上的地位。①

11 月 9 日，对于张国焘等提出的 11 名湖北省政府组织人选，中共中央与共产国际远东局召开联席会议讨论后认为，9 人已足够，可除去徐谦、陈公博；倘若必须 11 人，宜另择 2 个湖北籍人士，因原名单中仅 4 人为湖北人，太少不妥当。与此同时，厅长名单也应调整：主席兼军事唐生智、财政刘文岛（最好能换一人）、民政蒋作宾（王法勤非湖北人，民政需要一个湖北人）、司法张国恩、教育李汉俊、建设王法勤（邓演达在鄂难以立足，蒋如另有发展，邓仍以去蒋处为宜）、商务詹大悲。要求广东区委据此对国民党方面提出。② 显然，中共中央对与蒋介石关系较密切的陈公博和邓演达二人仍存在较大意见。与此同时，针对张国焘指出国民党方面没有力量掌握湘鄂两省政权问题，中共中央与共产国际远东局指示广州和湖北方面必须加强国民党湖北省党部。③

---

① 《颜昌颐同志报告湘鄂情形》（1926 年 11 月 9 日），《湖北革命历史文件汇集》省委文件（1926—1927 年），第 33 页。此后，邓演达成为武汉方面反蒋的先锋，其对蒋介石的态度更是上升为"革命与反革命"两条道路的斗争。参见朱宗震等编《陈铭枢回忆录》，第 48、53 页。
② 《对于目前时局的几个重要问题（一九二六年十一月九日中央局与远东局讨论所得的意见）》，《中共中央文件选集》第 2 册，第 295~296 页。
③ 《颜昌颐同志报告湘鄂情形》（1926 年 11 月 9 日），《湖北革命历史文件汇集》省委文件（1926—1927 年），第 35 页；《共产国际执行委员会远东局委员和中共中央执行委员会委员联席会议记录》（1926 年 11 月 10 日），《联共（布）、共产国际与中国国民革命运动（1926—1927）》（上），第 622 页。按：从内容来看，联席会议记录与《对于目前时局的几个重要问题（一九二六年十一月九日中央局与远东局讨论所得的意见）》应均系 11 月中共中央和远东局在 11 月初会议讨论后的意见，只因各自形成文件时的下发或汇报时间记录有所差异。

　　对于设立政治分会问题，中共中央与共产国际远东局认为以目前湖北省政府与国民党省党部的关系，尚难以实现 10 月国民党中央和各省区联席会议决定的第二种形式，还只能是省党部与省政府合作，主张不设立湖北政治分会。若徐谦到鄂，只能是以中央委员身份去指导省党部党的工作，同时尽力使徐、唐二人之间不发生误会与冲突。① 为此，决定向邓演达指出政治分会的工作如果没有唐生智参加则无法进行，而让唐生智参加委员会就意味着把整个政治领导权交到唐手里。②

　　然而，中共中央上述意见下达后，湖北区委和唐生智均有不同意见，唐生智向彭泽湘表示自己决不兼任厅长职务，也不必任省政府主席，但必须有几位国民党左派首领加入做核心。湖北区委也认为左派首领加入有其必要，并对中共中央拟让蒋作宾担任民政厅厅长一节颇有异议："蒋本人不见得顶好，同时部下坏人太多，如管民政，恐怕有成一个保护贪官污吏的机关的可能。同样的湖北人，现在活动的，正如唐所批评，求其作几件事、说几句漂亮话或有可能，求其廉洁恐是难事。"因此，湖北区委主张不用湖北籍人士负责民政厅，而任用与湖北贪官污吏无关系的王法勤，或更有用。据此，湖北区委结合唐生智和中共中央的意见又重新拟定湖北省政府委员和厅长名单，主张委员应由 11 人组成，"因为如果只九人，中派又要

---

① 《对于目前时局的几个重要问题（一九二六年十一月九日中央局与远东局讨论所得的意见）》，《中共中央文件选集》第 2 册，第 295 页。

② 《共产国际执行委员会远东局委员和中共中央执行委员会委员联席会议记录》（1926 年 11 月 10 日），《联共（布）、共产国际与中国国民革命运动（1926—1927）》（上），第 622 页。

捣鬼，使右派加入"。委员名单分别为唐生智、徐谦、王法勤、刘佐龙、陈铭枢、蒋作宾、詹大悲、李汉俊、邓寿荃、张国恩、邓演达，徐谦为主席；军事、财政、民政、司法、建设、教育、商务各厅厅长则分别以胡宗铎、刘文岛、王法勤、张国恩、孔庚、李汉俊、詹大悲出任。与中共中央的名单相比，其变动主要有几点：一是根据中共中央的指示，委员陈公博改为湖北人张国恩；二是军事厅厅长因唐生智不愿出任，调整为胡宗铎；三是民政厅厅长仍以王法勤出任，而不是调整为蒋作宾；四是建设厅厅长由王法勤更改为孔庚。对于孔庚担任建设厅厅长一事，湖北区委的解释是该厅与工农运动有关，以孔庚为宜。①

11 月下旬，湖北省政府组织大致拟定 11 名委员名单，分别为蒋作宾、孔庚、徐谦、刘佐龙、刘文岛、邓演达、陈公博、胡宗铎、张国恩、李汉俊、詹大悲。省政府下设军事、民政、财政、教育、司法、建设、农工 7 个厅，各厅厅长以委员兼任，待蒋介石及从广州启程北上的国民政府委员陈友仁、宋子文、徐谦、宋庆龄等抵达武汉后即可成立。与 11 月中旬湖北区委提出的组织人员名单相比，其变化主要是陈公博仍列入其中，相应地减去陈铭枢。此外，商务厅为农工厅取代。与此

---

① 《中共湖北区委报告——关于对蒋、唐的态度，迁都武汉和省政府人员组成的意见》（1926 年 11 月 18 日），《湖北革命历史文件汇集》省委文件（1926—1927 年），第 42~43 页。按：该文件原标题为《武汉通讯》，刊于《中央政治通讯》第 12 期，1926 年（具体月份不详），第 6~7 页。此前不少著述认为该文件为中共中央所发，但从文件内容看，实为中共湖北区委的汇报。

同时，蒋介石从江西来电，限令湖北省政府于 12 月 15 日以前成立。^① 然而，因国民政府和国民党中央迁移武汉及引发的纷争，湖北省政府最终未能如期成立。

四　国民党分裂与省政府成立

北伐军进入武汉前夕，蒋介石等人即有将国民政府迁到武汉的想法。北伐军进入武汉后，国民政府和国民党中央迁移武汉进一步提上议程。^② 对于迁都武汉之议，中共中央认为是蒋介石因唐生智等势力强大，已非其所能节制，欲借此以限制唐生智，同时杜绝汪精卫回到广州取得国民政府领袖地位。^③ 因此，中共对国民政府迁往武汉总体上是表示不赞成，认为武汉环境不如广东更利于国民政府。^④ 10 月中旬，在共产党人和国民党左派的意见取得主动的情况下，国民党中央和各省区联席会议以"现在国民政府之主要工作在巩固各省革命势力之基础，而此种主要工作以首先由广东省实施最为适宜"，决定国民政府仍暂设于广州。^⑤

---

① 《鄂省军财政要讯》，《申报》1926 年 11 月 25 日，第 7 版。

② 《加伦致中国共产党中央委员会的信》（1926 年 11 月 21 日），阿纳斯塔西娅·卡尔图诺娃编《来到东方：加伦与中国革命史料新编》，第 402 页。

③ 《中央局关于最近全国政治情形与党的发展的报告》（1926 年 9 月 20 日），《中共中央文件选集》第 2 册，第 248 页。

④ 《中共湖南区委政治报告——蒋、唐及蒋、汪关系，两湖军政形势以及区委的政策意见》（1926 年 9 月 20 日），《湖南革命历史文件汇集》省委文件（1923—1926 年），第 70～71 页。

⑤ 《中国国民党中央暨各省联席会议纪录》，第 25、29 页。

11月，北伐军攻下南昌后，迁都武汉问题再次提上议事日程。蒋介石及唐生智等人对此均持积极态度，主张国民政府和国民党中央党部从速迁移武汉。11月16日，国民政府为准备迁都，派国民政府委员陈友仁、宋子文、徐谦、宋庆龄和总顾问鲍罗廷等人启程赴武汉考察。对于迁都武汉，湖北区委认为目前国民政府太无力量，如即刻迁到武汉，第一即是表现其软弱，失其作用，第二是加剧蒋、唐的冲突，第三是与北方接触太近，难以应付北方政局，第四是张静江等到武汉后将对湘、鄂、赣三省政治产生不好的影响。因此，湖北区委主张国民政府最好不迁到武汉来，但以客观情形看，"蒋、唐既主张，李济琛亦有主张迁到武汉的可能，恐无法令其不迁移，但必设法使其延缓时日"，以做好预备工作：第一，划分国家与地方的军政、财政；第二，迅速成立湖北省政府；第三，使湖北省政府左倾，发布左的政纲；第四，造成民众拥护左的政纲的浓厚空气。如此，可以促使蒋介石与唐生智均向左倾，同时给国民党右派一下马威，使其有所顾虑。①

11月下旬，国民党中央党部及国民政府决定一个星期内迁往武昌。蒋介石对此也予以肯定，认为"党务与政治可以从此发展"。② 11月26日，在广州召开的国民党中政会正式决定中央党部及国民政府北迁武汉。次月初，国民政府及国民党中央停止办

---

① 《中共湖北区委报告——关于对蒋、唐的态度，迁都武汉和省政府人员组成的意见》（1926年11月18日），《湖北革命历史文件汇集》省委文件（1926—1927年），第40~41页。

② 《蒋介石日记》，1926年11月24日。

公，开始分批前往武汉。12 月 13 日，先行到达武汉的国民党中央
执行委员和国民政府委员开会议决，成立由宋庆龄、徐谦、陈友
仁、孙科、宋子文、邓演达、唐生智、詹大悲、张发奎、蒋作宾
等组成的 "国民党中央执行委员暨国民政府委员临时联席会议"
（简称 "武汉临时联席会议"），以徐谦为主席，鲍罗廷为总顾
问。在中央执行委员会和国民政府未在湖北开会前，执行最高职
权。① 在该日召开的武汉临时联席会议第一次会议上，邓演达提
出湖北省政府问题，会议讨论后决定湖北省政府之组织因国民政
府委员尚未到齐，不能发表任命，限期于 1927 年元旦成立。② 14
日，邓演达告知蒋介石，湖北省政府已决定延至次年元旦成立，
具体人选次日开始商议，届时孔庚当提出人选。③

　　12 月 17 日，在武汉临时联席会议第三次会议上，孙科提
出湖北省政府组织应先决定人选，根据国民政府修正的广东省
政府组织法，委员为 9~11 人，提议由联席会议指定一委员会
审查湖北省政府人选。据此，会议议决由鲍罗廷会同邓演达、
徐谦、蒋作宾、孙科 4 人组织审查湖北省政府人选问题委员
会，商讨具体人选，以便湖北省政府能在 1927 年元旦成立。④

---

① 沙健孙主编《中国共产党通史》第 2 卷，湖南教育出版社，1996，第
　500 页。
② 《中国国民党中央执行委员国民政府委员临时联席会议第一次会议录》
　（1926 年 12 月 13 日），郑自来、徐莉君主编《武汉临时联席会议资料选
　编（1926.12.13—1927.2.21）》，第 30 页。
③ 《邓演达致蒋介石电》（12 月 14 日），台北 "国史馆" 藏，档案号：
　002-020100-00027-033。
④ 《中国国民党中央执行委员国民政府委员临时联席会议第三次会议录》
　（1926 年 12 月 17 日），郑自来、徐莉君主编《武汉临时联席会议资料选
　编（1926.12.13—1927.2.21）》，第 49 页。

对于联席会议议决的这些事项，蒋介石认为均"甚妥"，予以同意。①

与此同时，蒋介石在与徐谦商谈后，提出湖北省政府委员应加入何成濬与刘文岛二人，加入刘文岛是基于唐生智的关系。此外，方本仁如能加入湖北省政府委员，对湖北省政府或有益。② 21 日，蒋介石又以张知本品学兼优，指示邓演达在讨论省政府委员人选时应提出公决。③

12 月 24 日，湖北省党部鉴于湖北省政府行将成立，省党部与省政府的关系，以及省政府的组织与工作等问题亟待解决，召开会议议决省党部与省政府的关系如下：由中央党部与省党部共同指导省政府，为避免党部与政府冲突起见，并可于会议时互派代表参加。会议同时对省政府之组织和工作提出要求。省政府组织上的标准：（1）建设廉洁政府；（2）厅长不得兼任其他专职；（3）不能常出席者不得为委员；（4）省政府委员及各厅厅长须提交省党部通过。省政府的工作：（1）实施中央各省联席会议政纲及省、市党部提出之湖北最低限度政纲；（2）执行省党部议决案；（3）各厅厅长就职一

---

① 《蒋介石致邓演达电》（1926 年 12 月 19 日），台北"国史馆"藏，档案号：002-010100-00004-043。

② 《蒋介石致邓演达电》（1926 年 12 月 18 日），台北"国史馆"藏，档案号：002-020100-00027-035。

③ 随后，蒋介石获悉张知本已被开除国民党党籍，即电令邓演达撤回。参见《蒋介石致邓演达电》（1926 年 12 月 21 日），《蒋介石致邓演达电》（1926 年 12 月 26 日），台北"国史馆"藏，档案号：002-010100-00004-048、002-010100-00004-061。

个月内应将计划大纲交党部审查。① 显然，省党部这些要求均旨在加强对省政府的指导权。

是时，蒋介石远在江西，湖北政局主要为唐生智、邓演达等较为左倾的国民党人士所掌握，但如时论所注意到的，湖北省政府一切设施"待决于蒋氏者甚多"，而蒋介石对湖北省政府人选颇为"慎重"，要求省政府委员须严格选择，致使省政府一时难以成立。有报纸 12 月 22 日披露：

> 惟对鄂省政府之组织，蒋以前在军事期内，临时设施、未臻美备，现系正式政府，不能不加以慎重。政务委员原拟七人，现改定为十一人，其人选至今犹未确定。惟闻于临时政务委员（即湖北政务委员会委员），须易数人，而加入孔庚等。孔于昨晚赴赣，即奉蒋电召，前往协商此事，大约俟孔回鄂，即可发表。并传主席委员蒋仍属意于邓演达，邓如事繁不能兼顾，即以孔庚代理云。至蒋对鄂政局，据归自南昌者所述，其观察极为明了，所有以前一切用人行政，及财政状况社会情形，无不洞见症结。尝语人："此次革命，原为激底改造政治，以解除人民痛苦，若于革命后之建设，予人民以不满意，殊背初衷。"故于鄂政局之改造，异常重视。盖以武汉居全国中心，一切设施必须有足为各省之模范者，前因军事倥偬，不遑及

---

① 《湖北省执行委员会建议呈》，郑自来、徐莉君主编《武汉临时联席会议资料选编（1926.12.13—1927.2.21）》，第 137~138 页。

此，现军事粗定，鄂正式政府之组织，不能不力图完善，以与鄂人更始，故对正式政府之政务委员，须加以严格选择。①

同月底，原定的湖北省政府成立之期临近，但相关人选仍未决定，组织难以完备。12 月 27 日，联席会议决定湖北省政府成立延期，待国民党中央政治会议及国民政府委员会在武汉开会时再决定。② 原定于 1927 年元旦成立的湖北省政府就此延期。此后，因蒋介石与武汉临时政府在迁都等问题上的矛盾、纷争不断加剧，湖北省政府的产生更加艰难。

12 月开始，围绕国民政府和国民党中央迁移南昌还是武汉，武汉方面和蒋介石发生激烈的争执。如果移设武汉，国民党政权就将处于鲍罗廷领导的政治因素影响之下；如果设在南昌，以蒋介石为首的军事因素之影响将占据上风。③ 由于双方在迁都问题上的对立，不仅国共矛盾进一步激化，国民党内部也形成两派，尤其是武汉的实力派人物中，除陈铭枢外，唐生智、邓演达、张发奎都高唱"联共反蒋"。④ 12 月底，蒋介石以政治应与军事相配合为由，在南昌截留由粤迁汉的第二批国

---

① 《蒋介石对鄂局之表示》，天津《大公报》1926 年 12 月 27 日，第 3 版。
② 《中国国民党中央执行委员国民政府委员临时联席会议第六次会议录》（1926 年 12 月 27 日），郑自来、徐莉君主编《武汉临时联席会议资料选编（1926.12.13—1927.2.21）》，第 126 页。
③ 《拉德克维奇受加伦委托向 K. E. 伏罗希洛夫汇报工作的速记记录》（不晚于 1927 年 7 月 10 日），阿纳斯塔西娅·卡尔图诺娃编《来到东方：加伦与中国革命史料新编》，第 453 页。
④ 朱宗震等编《陈铭枢回忆录》，第 46~50 页。

民党中央委员和国民政府代主席谭延闿等 10 余人。1927 年 1
月初，在蒋介石的主导下，南昌国民党中央政治会议临时会议
议决，为政治与军事发展便利起见，中央党部及国民政府暂驻
南昌，待 3 月 1 日中央执行委员会全体开会公决中央党部及国
民政府驻在地后，再行迁移。① 会议同时决定将武汉方面的临
时联席会议停止，成立武汉政治分会，以宋庆龄、宋子文、孙
科、陈友仁、蒋作宾、陈铭枢、唐生智、邓演达、王法勤、李
宗仁、刘骥、董必武、徐谦 13 人为委员。此外，会议决定湖
北省政府设立民政、军事、财政、建设、农工、教育 6 个厅，
由邓演达、徐谦、孙科、詹大悲、董必武 5 人会同湖北省党部
组织省政府。② 稍后，邓演达等人即会同省党部成立湖北省政
府组织委员会，着手组建省政府。

　　1 月中旬，蒋介石在武汉临时联席会议等各方的协调和催
促下前赴武汉。在武汉一周之行中，蒋介石与鲍罗廷等武汉要
人不欢而散。③ 1 月 18 日，蒋介石离鄂返赣之际，湖北省政府
组织委员会开会讨论组建湖北省政府问题，决定省政府除中央

---

① 《蒋中正通电》（1927 年 1 月 5 日），《武汉国民政府史料》，第 77 页。
② 《湖北省政府由政治会议决定设六厅》，汉口《民国日报》1927 年 1 月 10
　　日，第 1 张新闻第 2 页；《政治会议设武汉分会　鄂省政府决设六厅》，
　　《申报》1927 年 1 月 12 日，第 5 版。对于南昌方面的这一要求，武汉临
　　时联席会议讨论后以政治分会为一省的政治指导机关，武汉应有代表中
　　央的机关，"庶几政治外交不感应付困难"，继续要求南昌的国民党中央
　　委员赴汉，暂不成立武汉政治分会。2 月中旬，在南昌中央政治会议决
　　定国民政府和中央党部迁鄂，武汉成立政治分会之议无形中止。参见
　　《中国国民党第一、二次全国代表大会会议史料》（下），第 805~806 页；
　　陈之迈《中国政府》，上海人民出版社，2012，第 109 页。
③ 参见《蒋介石日记》，1927 年 1 月 11~20 日。

规定的 6 个厅外，增设司法厅，即民政、军事、财政、建设、司法、教育、农工 7 个厅。11 名委员分别为徐谦、孙科、刘佐龙、蒋作宾、孔庚、宋子文、张国恩、邓演达、刘骥、李汉俊、邓希禹。各厅厅长仍由委员兼任，民政厅张国恩、军政厅邓演达、财政厅宋子文、建设厅孔庚、司法厅徐谦、教育厅李汉俊、农工厅蒋作宾。会议同时拟于 2 月 1 日正式成立湖北省政府，由孔庚、张国恩、李汉俊、邓希禹 4 人担任组织湖北省政府筹备委员会，以孔庚为主席。由会议主席徐谦将上述决议面交蒋介石。①

　　然而，上述决定将共产党人和部分国民党左派排斥在省政府之外，引起相关方面的质疑。② 孙科和邓演达旋即以事烦不克兼顾，不允出任委员和军事厅厅长，省政府组织遂又发生波折。③ 为此，湖北省政府组织委员会又于 1 月 23 日议决：（1）军事厅暂缓设立，待财政上有成立省军之可能时再设立；（2）省政府委员人数 11 人，设 6 个厅，分别为民政、财政、建设、教育、司法、农工，厅长人选分别为民政厅张国恩、财政厅宋子文、建设厅孔庚、教育厅李汉俊、司法厅徐谦、农工厅蒋作宾；（3）厅长中除宋子文事实上不能兼任委员外，由中央指

① 《鄂省政府组织就绪》，《申报》1927 年 1 月 23 日，第 7 版；《鄂省政府之组织》《组织中之湖北省政府》，天津《大公报》1927 年 1 月 25 日，第 2、6 版。

② 会议决定的省政府人选结果或与此次会议由国民党中政会召集不无关系。参见《董必武年谱》，第 75~76 页。

③ 《湖北省政府亦尚未成立》，天津《大公报》1927 年 2 月 15 日，第 6 版；《鄂省政府展期成立》，《申报》1927 年 2 月 16 日，第 8 版。

定其中某一厅长亦不兼任委员；（4）其他省政府委员人选为孙科、邓演达、刘骥、邓希禹、刘佐龙、何成濬、邓介杉。其中，邓介杉系唐生智的秘书长。此外，会议决定省政府拟设在旧省署地址，成立日期仍为2月1日，请求中央政治会议议决并交国民政府公布。24日，徐谦将上述决议报告北伐军总司令兼国民党中政会主席蒋介石。①

同日，蒋介石与谭延闿、张静江等人始根据湖北省政府组织委员会18日的议决案，在南昌召开国民党中央政治会议，讨论湖北省政府委员问题。② 会议议决湖北省政府各厅长人选如下：民政蒋作宾、军事何成濬、财政宋子文、建设孔庚、教育李汉俊、司法徐谦、农工张国恩。另外不兼任厅长的委员有刘骥、邓希禹、刘佐龙、方本仁。③ 与湖北省政府组织委员会23日的决议相比，其调整主要是根据蒋介石的意旨增加方本仁、何成濬2人为委员，并以何成濬出任邓演达不愿兼任的军事厅厅长，相应地减少孙科、邓演达和邓介杉3人的委员名额，同时将民政厅厅长张国恩与农工厅厅长蒋作宾对调。④

25日，南昌的国民党中政会在接到徐谦24日的报告后，复指示徐谦及湖北省政府组织委员会，湖北省政府委员人选仍

① 《徐谦致蒋介石电》（1927年1月24日），台北"国史馆"藏，档案号：002-090101-00007-078。
② 《蒋介石日记》，1927年1月24日；王正华编注《蒋中正总统档案：事略稿本》（1），第29页。
③ 《国民党中央政治会议致邓演达电》（1927年1月24日），台北"国史馆"藏，档案号：002-020100-00027-036。
④ 《湖北省政府亦尚未成立》，天津《大公报》1927年2月15日，第6版。

照中政会 24 日电发表，军事厅可暂不设，何成濬改任不兼任厅长的委员。[①] 尽管如此，湖北省政府仍未能如期成立，其组织及人选犹有待商酌。报刊披露，个中原委主要与何成濬是否出任军事厅厅长一职有关：国民党湖北省党部对方本仁、何成濬成为省政府委员并不反对，"惟以何兼军事厅长，似不大赞成，但委员中又无兼任军事厅长之相当人物，主张军事厅暂从缓设。中央政治会议未便过拂省党部之意，亦主军事厅缓设，并电鄂于二月一日成立。惟何为蒋所提出之人，对于军事厅长一席，仍在南昌活动中。故正式省政府展期于二月十五日成立，若军事厅长问题未决，或仍不免延期"。[②] 显然，关于湖北省政府的人事布局，武汉方面与南昌蒋介石控制下的国民党中政会分歧不小。此后，随着武汉方面和蒋介石的分裂加剧，武汉方面着手提高党权，筹备二届三中全会，反对蒋介石的独裁，湖北省政府的成立就此搁置。

3 月中旬，国民党二届三中全会在武汉召开，对国民党中执会、中政会及国民政府委员进行改选，中常会改为常委集体领导，取消蒋介石、张静江的中常会主席、代主席职务，同时中政会和国民政府均不设主席，实行主席团和常委的集体领导制，极大地限制了蒋介石的权力。[③] 至此，武汉方面和蒋介石的关系基本破裂。

----

① 《国民党中央政治会议致徐谦等电》（1927 年 1 月 24 日），台北"国史馆"藏，档案号：002-020100-00027-037。

② 《鄂省政府展期成立》，《申报》1927 年 2 月 16 日，第 8 版。

③ 袁继成编著《武汉国民政府史》，湖北人民出版社，2018，第 268~269。

3月20日，武汉国民政府成立。21日，改组后的国民党中政会议定湖北省政府组织问题由中央指定谭延闿、邓演达、吴玉章3人与湖北省党部协商具体人选后任命。至于湖北省政府与省党部的关系，则采用此前国民党中央和各省区联席会议议定的三种方式之第二种，即省政府在中央特派政治委员及省党部指导之下。① 24日，谭延闿等人会同湖北省党部商定省政府组织人事，"决定尽屏异议者"。② 25日，国民党中政会通过谭延闿等人与湖北省党部、武汉市党部协商后的省政府委员名单，委员11人分别为徐谦、孙科、宋子文、李汉俊、詹大悲、董用威、张国恩、邓希禹、孔庚、恽代英、邓演达。委员中兼厅长者6人，徐谦兼司法厅、宋子文兼财政厅、李汉俊兼教育厅、孔庚兼建设厅、董必武兼农工厅、张国恩兼民政厅。③ 上述11人中，省党部执行委员和监察委员占据8席，仅宋子文、詹大悲、恽代英3人非省党部执监委员，省党部与省政府基本上可以被视为同一班人马。④

稍后，国民党中政会讨论通过董必武等人起草的湖北省政

---

① 《中国国民党中执会政治委员会会议录》（1927年3月14—28日），《中国国民党第一、二次全国代表大会会议史料》（下），第973页。
② 《谭延闿日记》，1927年1月24日。
③ 《中国国民党中执会政治委员会会议录》（1927年3月14—28日），《中国国民党第一、二次全国代表大会会议史料》（下），第982页。兼任武汉国民政府财政部部长的宋子文旋即因赴上海主持财政，湖北省政府财政厅厅长一职根据其建议改由詹大悲代行。见《宋子文提议书》（1927年3月29日）、《中执会致财政部等函稿》（1927年4月1日），台北原中国国民党党史馆藏，档案号：汉3251、汉3253。
④ 曾成贵：《国共合作的国民党湖北省党部略史》，陈本立主编《湖北历史文化论集》，中国档案出版社，1998，第238页。

府组织法，规定湖北省政府于国民党中央及湖北省党部监督指导之下，受国民政府之命，管理湖北全省政务。[①] 4 月 10 日，湖北省政府正式成立。武汉国民政府正式任命徐谦、孙科、邓演达、李汉俊、詹大悲、董必武、张国恩、孔庚、邓希禹、宋子文、恽代英为省政府委员，并由徐谦兼司法厅厅长，宋子文兼财政厅厅长（由詹大悲代理），孔庚兼建设厅厅长，张国恩兼民政厅厅长，李汉俊兼教育厅厅长，董必武兼农工厅厅长。同时选举孔庚、董必武、张国恩为省政府常务委员。[②] 省政府成立之日，董必武以国民党湖北省党部名义发出对省政府的训令，要求新的政府澄清吏治、造成廉洁政府；打倒土豪劣绅，铲除封建下层势力；实行农工政策、扶助农工团体之发展；最短期内召开省民会议，尽力实现中央最近之政纲和湖北最低限度之政纲，使湖北省政府成为革命化、民主化之政府。[③] 湖北省政府成立后，湖北政务委员会等过渡机构即宣布撤销。[④]

* * *

北伐时期，为重建克复各省的政务，减少军事对地方政治

---

① 《湖北省政府组织法》，汉口《民国日报》1927 年 3 月 31 日，第 2 张新闻第 2 页。
② 《省政府委员第一次会议及就职通电》，汉口《民国日报》1927 年 4 月 17 日，第 3 张新闻第 1 页。
③ 《董必武年谱》，第 83 页；《中国国民党湖北省执行委员会对湖北省政府成立训令》（1927 年 4 月 10 日），《武汉国民政府史料》，第 45 页。
④ 《湖北政务委员会撤销通电》（1927 年 4 月 13 日），台北原中国国民党党史馆藏，档案号：汉 0633。

的干扰，国民党政权进行了多种尝试。在"军政分离"原则指导下，国民党政权在克复各省先后组建了省临时政治会议、政务委员会及财政委员会等过渡机构，作为省政府成立前的过渡性政治组织，以弥补省政府成立前的政治真空。但因各政务机构系战时的过渡机构，存在时间短促，对于战地政务只能规划一时。各政务机构委员多系兼职，常未能到会任职，缺乏稳定性，亦使该会职权的行使备受限制。江西省政务委员会主任陈公博曾检讨称："政务委员会之本身缺点为组织涣散，所有六军、三军、二军代表到会者甚少，江西本地人才又缺乏，现在可以说分开两派，二、三、六军为湖南派，其余为吉安派、九江派、赣南派，地方主义色彩甚重，无法进行。"而且，因各政务机构采用委员制，各委员多未受严格训练，意见极分歧，委员会各职员亦"自以为二个月后留任与否，尚难预定，故办事不十分努力"。① 不仅如此，临时政治会议和省政务委员会的设立，原为代表国民党和国民政府方处理地方政务；但一经实践，即生各种问题和纷争，各方的矛盾和冲突渐次显现。

北伐时期，在"以党治国"原则下，地方省党部对省政府大体为指导、监督关系，省级党政关系有从倾向于党政分开向以党治政，甚至以党代政发展的趋势，不仅省政府多由省党部筹备组建，省政府委员亦多由省党部委员兼任。② 但是，省

① 《陈公博同志江西政务报告》，郑自来、徐莉君主编《武汉临时联席会议资料选编（1926.12.13—1927.2.21）》，第54、56页。
② 王奇生：《党政关系：国民党党治在地方层级的运作（1927—1937）》，《中国社会科学》2001年第3期，第189~190页。

政府组建过程中所涉及的政治权力分配亦非省党部和国民党中央所能涵括，尤其是地方实力派对省政府的权力格局和人事布局也有深刻的影响。在省政权的重建过程中，各省政权逐渐成为国民党政权内部新一轮权力竞逐的重要场域，国民党政权和北伐军内部的纷争与冲突也次第凸显，致使地方政治重建先后出现不同程度的纷争和波折。

第五章

福建政局重构中的
地缘政治与派系分合

　　1927 年 10 月 10 日的双十节，适值南昌起义后脱离叶挺和贺龙部队的蒋光鼐、蔡廷锴部第十一军以追击起义军为由，从赣东开抵福州，福州市面颇为热闹。[①] 然而，在福州各界欢迎第十一军入城时忽然发生骚乱，混乱中国民党中央委派的福建工运指导员谢瘦秋因假冒中央特派员及压迫工人、捣乱治安等罪名被禁押于市公安局。[②] 据国民政府事后的调查，骚乱的大体经过为，在福州各团体往城外欢迎第十一军正热烈之时，部分团体和民众忽然改变旗帜口号，高呼打倒福建新编军军长兼省政府委员谭曙卿及谢瘦秋等人。在谭曙卿与蒋光鼐等同赴

---

① 蔡廷锴等人率领的原国民革命军第十一军第十师在参加南昌起义后不久即宣布脱离中共部队，另行组建第十一军，以此前离队在沪的陈铭枢、蒋光鼐为正副军长。关于第十一军入闽的经过，可参见薛谋成《陈铭枢十一军入闽与驱谭事件》，《党史研究与教学》1989 年第 5 期。

② 《中央特别委员会工人部函国民政府秘书处》（1927 年 10 月 13 日），台北"国史馆"藏，档案号：001-014000-00034-001。

第十一军司令部后，民众拥至谭宅，谢瘦秋当时在谭宅对面的党化训练所内，"知事急欲逃，众欲逮捕，谢向空放枪数响，欲赫退民众，卒为逮捕，解公安局"。[①]

尽管国民党中央和国民政府在获悉此事后即先后明令释放谢瘦秋，福建省政府仍于当月 21 日将谢瘦秋枪决，事后始向国民政府报告称谢瘦秋"借工人运动之名，行共产政策之实，扰乱后方，危害党国"，"在此中共煽动之际，设非紧急处分不足以遏乱萌"。[②] 国民革命和北伐时期，如谢瘦秋这样在革命浪潮中被吞没的"革命"或"反革命"人士为数不少，唯谢瘦秋具有国民党中央特派员身份，且被捕后南京中央党政方面均迭令福建省政府予以释放，地方政府却先斩后奏，秘密将谢瘦秋枪决。

谢案的发生和善后不仅反映了北伐时期地方政治生态的纷繁复杂，也折射出新兴的南京政权在整合福建政局上的无力。[③] 本章以谢案为线索，将北伐这一集战争与革命为一体的大事件置于中国社会复杂的地方性语境中进行审视，揭示国民革命的地域特征、国共合作之下的党派冲突和地域社会原有的对立关系。

---

① 《特派密查员彭程万呈国民政府》（1927 年 12 月 8 日），台北"国史馆"藏，档案号：001-014000-00034-021。关于福州当日情形的描述亦可参见《十一军抵福州消息》，《申报》1927 年 10 月 12 日，第 5 版。

② 《福建省政府委员会电国民政府秘书处》（1927 年 10 月 24 日），台北"国史馆"藏，档案号：001-014000-00034-007。

③ 关于国民革命和北伐时期福建政局的演进，可参见曹敏华《北伐战争中的福建战场试探》，《近代史研究》1987 年第 1 期；徐天胎编著《福建民国史稿》，福建人民出版社，2009，第 90~121 页。尤其是徐对这一时期福建地域性集团派系有所揭示，但对此间具有明显地域区隔的福州系、新编军系（外府系）等地域性派别营垒的演化和冲突未展开讨论。

一　中央特派员谢瘦秋之死

谢瘦秋，闽南龙岩人，毕业于福建省立第九中学后曾短暂担任小学教师，此后在闽南厦门、漳州一带联络"有志青年"组织震中学社。1924 年，该社因攻击孙传芳主持的闽政被查封，谢瘦秋亦被通缉而奔走粤东，旋又与福建旅粤"革命同志"，组织新闽同志社。1926 年 9 月，何应钦率驻防闽粤边界的国民革命军第一军之一部向福建进发后，谢瘦秋奔走联络内应，组织宣传队，担任新闽同志社宣传队总队长兼国民革命军东路军总指挥部谍报宣传等职。[①] 随军入闽后，谢瘦秋主要从事工人运动。为与中共方面争夺工人运动，谢瘦秋曾化装为人力车夫，组织"人力车工会"等团体，先后任福建省党部筹备员兼工人部主任、福州市党部筹备员、福州清党委员、福州总工会执行委员、省农民协会筹备员等职。[②] 1927 年 6 月，国民党中央工人部成立后，向各地委派工运指导员，谢瘦秋被委任为福建工运指导员，负有统一福建工运之责。[③]

谢瘦秋被捕后，即向中央工人部报告自己当日为暴徒陈春福、翁兴毓（福州市党部秘书）等枪击，致头部受伤，并被

① 1926 年 10 月，蒋介石任命何应钦为国民革命军东路军总指挥，负责统辖入闽各部军队进取闽浙。
② 《谢瘦秋同志事略》（1927 年 11 月），台北原中国国民党党史馆藏，档案号：部 13421.1。
③ 《中央工人部最近之工作》，《申报》1927 年 7 月 10 日，第 7 版。

陷害拘禁于公安局，请求电令当局释放自己并惩办凶手。① 与
此同时，国民党中央特派福建工运指导处和福州总工会改组委
员会向南京方面报告称，福建省党部筹备员林寿昌、林赤民、
林尧阶、李文彬、翁侃等人乘第十一军进城时挑拨离间，散贴
反对新编军军长谭曙卿标语，主使流氓地痞组成敢死队扰乱治
安，将谢瘦秋毒打并送押公安局，请予援救并惩凶。② 10 月
13 日，国民党中央咨请国民政府电令福建地方释放谢瘦秋并
惩凶，国民政府随即明令福建省政府先行释放谢瘦秋，待查明
后再核办。③

面对各方质疑和释放谢瘦秋的要求，福建省政府 19 日向
国民政府报告称，谢瘦秋在各界欢迎第十一军时开枪轰击民
众，被民众会同军警捕送市公安局拘押。随后福州总工会以谢
瘦秋破坏党纪、残害民众为由，呈请将其严行究办，省党部亦
以谢瘦秋"违背党纪，摧残工运，营私舞弊，欺骗农工"，议
决开除谢瘦秋党籍并要求依法严办。然而，福建省政府旋即于

---

① 《福建工运指导员谢瘦秋电国民政府秘书处》（1927 年 10 月 12 日），台
　北"国史馆"藏，档案号：001-014000-00034-002。此电当为福建工运
　指导处或相关人员用谢瘦秋名义所发。
② 《厉应霖等电国民政府秘书处》（1927 年 10 月），台北"国史馆"藏，档
　案号：001-014000-00034-005。
③ 《中央特别委员会工人部函国民政府秘书处》（1927 年 10 月 13 日）、《国
　民政府秘书处函国民党中央特别委员会秘书处》（1927 年 10 月 31 日），
　台北"国史馆"藏，档案号：001-014000-00034-001、001-014000-
　00034-011。根据国民政府此后的调查，福建省政府在 10 月 17 日和 20
　日先后接到国民政府、国民党中央特别委员会命令释放谢瘦秋的电文，
　"卒以梗于林赤民等之成见，置不遵从"。《国民党中央执行委员会秘书
　处函国民政府秘书处》（1928 年 4 月 11 日），台北"国史馆"藏，档案
　号：001-014000-00035-001。

21 日将谢瘦秋枪决，次日始向国民政府报告枪决谢瘦秋的经过：19 日报告不久，福州市党部等百余个团体又以谢瘦秋叛党乱法，集合省政府请愿，要求将谢瘦秋明正典刑。省政府为此决定由省政府及民政厅、公安局各派 1 人进行会审，讯明省党部、市党部和总工会等各方所指控的各项罪名属实。21 日，省政府会议根据会审结果议决谢瘦秋应即枪决，令公安局执行。①

从各方的控诉来看，谢案发生似乎与工运纠纷直接相关。谢瘦秋被捕后，福州总工会等工会团体确曾向国民政府指控谢瘦秋各项罪名，略谓谢瘦秋窜通谭曙卿，假冒中央特派员名义与罗谷苏朋比为奸，以工会势力为私人势力，"外则力支伪局，内则煽惑工人"，以致工商互斗、派别相煎、强分彼此。此外，利用负责人力车工会之机，侵吞车夫捐款，贪污违法亦是其"应诛之罪"。② 此后，福州总工会及所谓"福州各界欢迎国民革命军第十一军武装同志莅闽大会"等团体获悉谢瘦秋掌控的人力车工会请愿保释谢瘦秋后，亦向省党部指控谢瘦秋假借中央特派员名义，侵吞工会公款，"操纵工友，煽动工潮，造成阶级斗争之祸"，甚至指称谢瘦秋"本属共产党一流"，后以利益冲突乃为私人报复之计而改隶国民党籍，但仍

---

① 《福建省政府委员会电国民政府秘书处》（1927 年 10 月 24 日），台北"国史馆"藏，档案号：001-014000-00034-007；《福建民政厅训令第一千一百号》（1927 年 11 月 7 日），《福建省政府公报》第 15 期，1927 年，"训令"，第 9~10 页。

② 《谢瘦秋被杀之有关材料》（1927 年 11 月 19 日），台北原中国国民党党史馆藏，档案号：部 6448。

不时与中共方面相互提携，要求从严惩办谢瘦秋。与此同时，省党部亦向国民党中央呈报称："前自称中央特派工人运动指导员谢瘦秋违背党纪，摧残工运，假农工政策之名，行欺骗农工之实，当本月十日福州各界民众欢迎十一军之际，该逆竟敢开枪倒（捣）乱会场秩序，一时民众愤怒，将其擒获。"①

综合各方的指控看，谢瘦秋的"罪状"主要包括四个方面：一为假冒中央特派福建工运指导员；二为共产党嫌疑；三为操纵工会，贪污工会款项；四为第十一军入城时捣乱治安。其中，前两项大体均为捕风捉影的言说，后两项则牵涉谢瘦秋与福建省党部、福州市党部及其所控制的福州总工会等团体之间的权力冲突与争夺。

谢瘦秋确系中央工人部特派工运指导员。事实上，福建省党部在事发前向国民党中央控告谢瘦秋、罗谷荪等人借故在福建煽动工潮时即明指其为工运指导员。② 工人部在谢案发生后也向国民党中央报告委派谢瘦秋为工运指导员的经过及其工作情形。③ 谢瘦秋被捕不久，在国民政府开会讨论福建问题时，福建省政府主席杨树庄指称谢瘦秋"为人更坏，用共产党挑拨工会……到处鼓动罢工，种种捣乱行为，可云极坏"，并质疑谢瘦秋中央工运指导员身份的真假。对于杨树庄的控诉，国

---

① 《福建省党部筹备委员会上中特会呈》（1927 年 10 月 26 日），台北原中国国民党党史馆藏，档案号：部 6722。

② 《闽省党部筹委会致中央党部特委会电》（1927 年 9 月 29 日），台北原中国国民党党史馆藏，档案号：汉 10197.2。

③ 《中央工人部上中常会呈》（1927 年 10 月 28 日），台北原中国国民党党史馆藏，档案号：部 6437。

民党中央特别委员会常委谢持明确表示谢瘦秋是中央党部委任的福州市党部筹备员及工运指导员，并称"工人运动不妥当，福建固如此，浙江亦然，工运方法完全系由中央下达"。① 至于共产党嫌疑，国民政府在稍后的调查中明确肯定谢瘦秋并非共产党员，② 国民党中央亦先后申明谢瘦秋"并无共产行为"。③ 此外，从中共福建地方党组织对谢瘦秋"反动"言行的描述来看，他也不可能是中共的同道中人。④

　　谢案发生后，国民政府先后两次派员赴闽调查。1927 年 12 月初，密查员彭程万在事实调查的基础上将事件原因归结为两点：一是党争与政争及军队消长之结果；二是社团方面乘机报复。至于侵吞工会款项一事查无实据，"似不至贪钱敛款"。而共产党嫌疑一事虽指出数点，但不能确凿证实，且这两点并非谢瘦秋致死的主因。彭程万的结论是谢瘦秋被捕及不待呈准遽予枪决，"完全由于党权及军政权争斗之结果，及各阶级民众对于工会之报复，其他闽南、福州两派之问题亦夹杂

---

① 《国民政府委员会第八次会议议事录》（10 月 18 日），台北"国史馆"藏，档案号：001-046100-00011-001。
② 《国民党中央执行委员会秘书处函国民政府秘书处》（1928 年 4 月 11 日），台北"国史馆"藏，档案号：001-014000-00035-001。
③ 《国民党中央执行委员会函国民政府》（1929 年 6 月 21 日），台北"国史馆"藏，档案号：001-014000-00036-006。
④ 1928 年初，中共福建省委在谈及福建省工运情况时称，福建清党后谢瘦秋等"工贼""因政变后尚无政治地位，所以又努力黄色工会运动，希望一方欺骗工人，一方做他政争的工具"。《中共福建省委扩大会职工运动决议案》（1928 年 1 月 21 日），中央档案馆、福建省档案馆编印《福建革命历史文件汇集》省委文件（1927—1928 年），1983，第 63 页。

其间，谢不幸适为此中之牺牲者"。① 相较于彭程万较为笼统
的报告，1928 年 4 月国民政府特派调查员张贞的第二次报告
更为具体，直指事件的相关当事人：清党后福建地方党政中形
成所谓福州与非福州两派，互相倾轧，势不相下。第十一军入
闽后，福州派借欢迎该军为名，运动工人请愿驱逐新编军军长
谭曙卿，借以倒李大超等非福州派。谢瘦秋在场高呼民众勿为
人利用，福州派林寿昌、林赤民、李文滨等遂令翁兴毓、陈春
福擒拿谢瘦秋，解押公安局，由是福州派大起活动。在张贞看
来，该两派由合而分，各欲争揽党权，"实皆一丘之貉，均不
知有党，均不知有主义，故不惜出全力相倾轧。省政府委员又
半非纯粹尽忠于党之人，且慑于林寿昌、林赤民胁迫之下，故
虽接有中央电令，竟亦未能自作主张"。②

　　彭程万系江西贵溪人，早年东渡日本留学并加入同盟会，
辛亥革命期间一度出任江西都督，北伐时期通过黄郛的关系进
入冯玉祥西北督办署任顾问，此后作为南京国民政府代表活动
于阎锡山、冯玉祥之间。③ 作为一个不熟悉福建内情的外省
人，彭程万在赴闽调查前夕又被任命为江西省政府委员，其在
闽调查的时间极为短促。④ 从彭程万的履历及立场而言，其调

---

① 《特派密查员彭程万呈国民政府》（1927 年 12 月 8 日），台北 "国史馆"
藏，档案号：001-014000-00034-021。

② 《国民党中央执行委员会秘书处函国民政府秘书处》（1928 年 4 月 11
日），台北 "国史馆" 藏，档案号：001-014000-00035-001。

③ 《江西省人物志》，方志出版社，2007，第 358 页；《太原新讯》，天津
《大公报》1927 年 6 月 23 日，第 2 版。

④ 参见《中央派员调查谢案》，《申报》1927 年 11 月 20 日，第 4 版；《闽
事纪要》，《申报》1927 年 11 月 25 日，第 5 版。

查报告应较为中立客观，但不愿开罪福建任何一方力量的意味亦甚为明显。相对而言，张贞的报告既显示了其对福建地方派系纷争情形的了解，也与其出身和立场不无关系。

张贞为闽南诏安人，援闽粤军进攻福建期间，原在广州大元帅府任职的张贞潜回闽南，收编当地民军，成为闽南民军的重要首领。1925 年，张贞组织福建建国军"讨贼"失败后率残部退入广东潮梅一带，被编为国民革命军第一补充团。北伐军进攻福建时，张贞部升编为独立第四师，在何应钦指挥下入闽并出任福州卫戍司令、福建政务委员会代主任等职。① 1927年春，张贞奉蒋介石之命率部向江浙进发，一度负责南京卫戍事宜。1928 年 1 月，第十一军离闽赴粤后，福建省政府军事力量单薄，应杨树庄之请，张贞又被蒋介石调回福建"剿匪"。② 2 月，因谢案相关方各执一词、互相攻讦，国民党中央决定再派张贞就地调查。杨树庄等原冀张贞部来闽援助"剿匪"并归省政府指挥，但张贞回闽后极力收编福建民军和土匪，大有借谢案造成的形势向海军方面进迫，夺取福建政权之意。③

---

① 刘绍唐主编《民国人物小传》第 5 册，上海三联书店，2015，第 225～226 页。

② 《杨树庄电蒋中正》（1928 年 1 月 21 日），台北"国史馆"藏，档案号：002-080200-00029-053。1928 年 1 月，杨树庄的福建省政府主席职务交由军事厅厅长方声涛代理。张贞在闽南收编民军期间曾为方声涛旧部，此次回闽当与方声涛的建议有关。

③ 参见周美华编注《蒋中正总统档案：事略稿本》（3），台北："国史馆"，2003，第 125 页；《福建现状与目前我们党的任务》（1928 年 7 月 3 日），《福建革命历史文件汇集》省委文件（1928 年下），1984，第 4 页。

尽管彭、张两人的报告因立场或利益不同而有所侧重，但均指向福建地方政局中的派系矛盾与权力角逐。显然，工运纠纷只是谢案发生的表象，其背后蕴藏的党、政、军等各方的权势斗争才是根本。此间派系角逐的形成又与北伐军入闽后福建地方政治生态的演变直接相关。

二 北伐军入闽与福建政局的变迁

北伐时期，国民革命军因其南方的地缘文化认同，在作战时颇获南方各省民众及地方军队不同程度的支持。[1] 就福建而言，各地民军、闽系海军及林寿昌等地方社团力量的配合和支持，是北伐军迅即底定福建的重要助力。其中，与福建多山的地理特点相伴而生的福建民军"到处扰乱敌之后方"，使以北方人为主的周荫人部北洋军队"不善行山路"，"山地战乃其所短"等劣势被进一步放大。[2] 从地理环境来看，作为东南沿海的多山省份，福建不但与内地各省之间有崇山峻岭隔绝，省内的闽西、闽北、闽南之间，甚至县与县、区与区之间亦多有山川阻隔，甚为利于区域割据力量的形成。早在明清时期，福

---

[1] 关于地缘因素在北伐等近代中国战争中的影响，可参见罗志田《南北新旧与北伐成功的再诠释》，《开放时代》2000 年第 9 期；薛刚《山川分布、区域性集体暴力与军事动员——从地理时间理解近代中国的战争与历史格局》，《南京大学学报》2021 年第 3 期。

[2] 《军阀周荫人部之弱点及国民革命军应注意要点》（1926），中国第二历史档案馆藏，档案号：七八七-1102。

建即是"山寇内讧，地方荼毒极矣"的局面，"地势民情尤难控制"。① 北洋时期，福建地方各大小土匪亦将全省分割得零碎不堪，在政治上形成以漳州为中心的闽南与以福州为中心的闽北相对峙的局面。②

北伐开始时，福建为北洋军系孙传芳的势力范围，由周荫人任福建督办，掌握福建军政大权。周荫人所辖的军队约在3万以内，包括福建陆军第一师、第三师及近江陆军第十二师，张毅、李凤祥、周荫人分任师长。周部之外，割据离析的福建尚有数股举足轻重的力量。在福建沿海地区驻扎的闽系海军第一舰队及陆战队即是一支颇有实力的军事力量，仅海军陆战队就有4个团，俨然成师，占据厦门、马尾及连江、长乐、福清等沿海数县。此外，经数年生聚发展的地方各部民军割据一方，"自为政事"，起伏聚散不可捉摸，与军阀土匪无异，乡土观念甚重。③

在北伐军进取福建的过程中，各路民军袭扰福建北洋军系，杨树庄主导的驻闽海军亦积极配合、协助革命军的军事行动。在福建各路民军和闽系海军的响应支持下，何应钦部东路军1926年12月初进入福州，后福建全境基本克复。然而，也

---

① 《古今图书集成》第141册，职方典第1031卷，福建总部，中华书局1934年影印本，第23页。

② 《赵亦松关于福建工作情况的综合报告》（1928年7月29日），《福建革命历史文件汇集》省委文件（1928年下），第84~85页。

③ 王楷：《福建军事政治概况》（1926年7月8日），中共龙岩地委党史资料征集领导小组等编《闽西革命史文献资料》第1辑，1981，第93~95页。

正因为如此，福建地方既有的政治力量除周荫人部这一代表北洋势力的外来者被推翻、摧毁外，既有的地域性力量非但未受到大的冲击，反而得以支持者或参与者的姿态进入革命军阵营。此后，福建地方政局在新的党政军因素催化下愈趋复杂，形成"豪绅地痞与土匪军阀"相持的局面，内中又分成诸多派别，互相排挤与冲突，形成纵横交错的局面。①

在各方的竞逐下，福建政局纷乱不已，革命阵营内部渐呈争夺之象。② 12 月底，武汉临时联席会议主席徐谦在分析福建政治问题时谈道：

> 福建情形复杂，海军意向不定。此次有闽人治闽派，安福部研究系及投机份子加入。方声涛与宋渊源暗争甚烈，闽南方面，又有宋与许卓然暗争。闻省委员九人，由方声涛荐人，呈请中央。丁超五同志虽已到福州，但丁人甚老实，不易对付。现在福州表面推举新出狱之黄展云同志，为空头领袖。内实由方声涛一派从中把持。闽南又有几多意见，新旧同志不合作，新者又分几派。③

---

① 《赵亦松关于福建工作情况的综合报告》（1928 年 7 月 29 日），《福建革命历史文件汇集》省委文件（1928 年下），第 100 页。
② 《中国国民党中央执行委员国民政府委员临时联席会议第四次会议议事录》（1926 年 12 月 22 日），郑自来、徐莉君主编《武汉临时联席会议资料选编（1926.12.13—1927.2.21）》，第 84 页。
③ 《中国国民党中央执行委员国民政府委员临时联席会议第五次会议议事录》（1926 年 12 月 24 日），郑自来、徐莉君主编《武汉临时联席会议资料选编（1926.12.13—1927.2.21）》，第 95 页。

　　革命后福建地方政治的纷繁样态由此可见。其中，方声涛、宋渊源、黄展云、许卓然均系福建籍老国民党人，在福建摸爬滚打有时，但彼此互不统属，甚至有一定的冲突。丁超五虽亦系福建籍老国民党人，但北伐开始前主要在省外活动，在福建甚无基础，但在北伐军进入福建后被国民党中央任命为福建省党部筹备处主任，负责重建省党部。福建海军则控制厦门、马尾等沿海区域，对福建政局举足轻重。此后，在"新与新分，旧与旧又有意见"的政局发展中，福建形成数股较大的团体性力量，主要包括杨树庄部驻闽海军、以谭曙卿为首的新编军、以林寿昌为中心的福州地方社团及以方声涛等为代表的福建老国民党人。

　　杨树庄部驻闽海军的配合和掩护是北伐军迅速攻占福建的重要助力。杨树庄系福建侯官（属福州）人，因其掌握有长江及福建海军舰队，国民政府在北伐开始后就多方设法与其联络。[1] 从北洋时代开始，福建海军在闽即处于特殊地位，尤其是沿海各县属均为其势力范围，无论民政、财政、军政，历来南北政府均不能使之统一。1926 年 10 月底，为使杨部海军早日来归，"为我所用"，蒋介石甚至一度有"将来或以我军占领福建归其自治条件，与之交换"的想法。[2] 11 月初，北伐军在福建接连告捷之际，总政治部主任邓演达也向蒋介石建议，杨树庄方面所提的归附条件不妨尽量允许，"闽人治闽之口

---

① 《李济琛电蒋中正杨树庄》（1926 年 8 月 25 日），台北"国史馆"藏，档案号：002-020100-00011-001。

② 中国第二历史档案馆编《蒋介石年谱（1887—1926）》，第 672 页。

号"可通过杨部海军去实行。① 蒋介石此时也有计划将福建交由闽人处置，以便何应钦部及早抽身入浙，故在指示何应钦定闽办法中即要求其在福建底定后，从速组织政务、财务与军事三委员会，"多委闽人为委员，借收调剂之效"。②

不久，在方声涛等各方的接洽下，杨树庄允诺"全部来归"，条件是由海军组织福建省政府并先选出委员，国民政府负责海军月饷并拨付 10 万元作为发动经费。③ 此后，杨部海军虽未立即宣布立场，但在军事上开始秘密与国民政府采取一致行动。12 月初，为配合北伐军的军事行动，福建海军派出军舰及陆战队协同截击张毅等北洋军。④

是时，北伐军攻浙甚急。福州克复之际，蒋介石即指示何应钦福建暂时交由与国民政府关系较密的福建人张贞主持，民政、财政交由江董琴与周佩箴办理。何应钦则率领主力兼程攻浙。⑤ 12 月 10 日，蒋介石又向国民党和国民政府中央建议称：

---

① 《邓演达电蒋中正》（1926 年 11 月 3 日），台北"国史馆"藏，档案号：002-020100-00011-002。

② 中国第二历史档案馆编《蒋介石年谱（1887—1926）》，第 700~701 页。蒋介石最初拟派福建人江董琴为东路军总指挥部政治部主任，照定章兼理福建民政，财政人员则由财政部委任。参见《蒋中正电邓演达》（1926 年 11 月 6 日），台北"国史馆"藏，档案号：002-010100-00002-004。

③ 《谭延闿张人杰电蒋中正》（1926 年 11 月 21 日）、《方声涛电蒋中正》（1926 年 11 月 22 日），台北"国史馆"藏，档案号：002-090101-00001-092、002-080200-00009-022。

④ 《何应钦电蒋中正》（1926 年 12 月 7 日），台北"国史馆"藏，档案号：002-020100-00011-006。

⑤ 《蒋中正电何应钦》（1926 年 12 月 9 日），台北"国史馆"藏，档案号：002-020100-00009-035。

"海军如有决心，应令其从速宣布加入国民政府，委杨树庄为政府委员。福建省政府于肃清全闽三个月内成立，惟财政须有财部统一，各省财厅长皆由政府与中央党部荐任，非仅福建一省然也。海军饷项，必按月由军事部或总部发给，不能如从前以厦门为海军饷源也……惟在闽海军，应与何总指挥确实联系，必使入闽党军，可向浙沪直接输运，并由其负掩护运输之责。"① 与此同时，蒋介石指示何应钦"闽中军事、财政、民政，皆照前电组织委员会处理"。②

然而，福建海军在参与革命后即将闽政视为囊中之物，成为何应钦重建福建政局的最大掣肘。福州克复不久，海军方面即通过李烈钧、方声涛等人向国民政府及何应钦要求以海军要人杨树庄为核心，组建福建省政府，以杨树庄、方声涛、郑宝菁、陈培锟、李清泉、黄展云、陈季良、张贞、丁超五9人为福建省政府委员，并以方声涛兼军事厅厅长、郑宝菁兼民政厅厅长、陈培锟兼财政厅厅长、李清泉兼建设厅厅长、黄展云兼教育厅厅长、林知渊为福州警备司令，寻求兑现其归附条件。③

对此，刚入主福建的何应钦向蒋介石表达了否定意见。在何应钦看来，"在闽海军本无实力，近以闽局将定，高唱闽人

---

① 《蒋中正电张人杰等》（1926 年 12 月 10 日），台北"国史馆"藏，档案号：002-020100-00011-010。

② 《蒋中正电何应钦》（1926 年 12 月 14 日），台北"国史馆"藏，档案号：002-020100-00009-036。

③ 《李济琛电蒋中正》（1926 年 12 月 18 日），台北"国史馆"藏，档案号：002-020100-00011-013。

治闽之说，以拒我军，且屡表示政治问题容后商酌，至今模样两可……将来组织省政府，人选问题极费周张"。而且，北伐军攻浙后福建即成为部队后方，"苟不得人，影响军事利害实非浅"。与此同时，何应钦直指海军方面提出的福建省政府成员名单海军方面占据多数，难副闽人望治之念，向蒋介石提议在此过渡时期，宜仿效湖北、江西办法先组织政务委员会，以做试验，然后再成立省政府，"俾易收党治之效"。蒋介石认可何应钦的建议并为此指示何应钦：福建省政府须待三个月后全省平定方可组织，现应照江西、湖北之办法组织福建政务委员会和财政委员会，同时设立福建临时政治会议作为最高机关，凡军事、民事、财政均须由政治会议议决施行，由何应钦代理该会主席。①

12月22日，蒋介石在指定由何应钦出任福建临时政治会议主席的同时，授其福建政治处理机宜："闻李协和（烈钧）、方韵松（声涛）到闽，不知其举动如何？政治临时组织，决照鄂赣办法，设福建临时政治会议为最高机关，由中正以中央主席名义兼任，请兄代理。此外政务与财政两委员会请兄酌定……皆由兄以中正名义委之。兄须待福建政务处理完妥后入浙。而闽为后方根据，惟军队可先向浙东移动，将来兄或可搭船入浙。兄未入浙之先，拟由白参谋长键生，以东路军前敌指

————————

① 《何应钦电蒋中正》（1926年12月15日），台北"国史馆"藏，档案号：002-020100-00027-071。稍后公布的《福建省临时政治会议条例》规定，福建省政府未成立前，福建省临时政治会议承中政会之命，以会议方式决定福建一切军事、政治、财政。参见《福建省临时政治会议条例》，《福建临时省政府公报》第4号，1927年2月，第3页。

挥名义，入浙为临时指挥，惟请兄从速入浙也。"①

此后，何应钦着手组建福建政务委员会及财政委员会，国民政府同时让福建海军派代表王允恭前往福建与何应钦协商闽政问题。② 24 日，福建政务委员会和财政委员会的委员名单正式发布。次日，各委员正式就职，政务委员会主任戴任（戴任未到任前由张贞代理），财政委员会主任何玉书，另各有委员 8 人，但与福建海军方面均无太多关系，致其大为不满。③ 26 日，王允恭向蒋介石表示，何应钦已开始组织福建政务委员会和财政委员会，事后请海军方面加入，海军产生怀疑，谢绝加入。④

与此同时，方声涛也表示杨树庄因组织临时福建省政府一事"多有误解"，暂不加入，以示"不安之意"，请求国民政府设法畀予杨树庄全权，于闽事多采纳其意，以使杨部乐从。⑤ 稍后，为缓和海军方面对于彼方所提的政务委员会、财政委员会人员未能全部任命的不满，何应钦通过方声

① 《蒋中正电何应钦》（1926 年 12 月 22 日）、《何应钦电蒋中正》（1926 年 12 月 21 日），台北"国史馆"藏，档案号：002-020100-00027-072、002-020100-00027-001。
② 《李济琛电蒋中正》（1926 年 12 月 18 日），台北"国史馆"藏，002-020100-00011-013。
③ 《福建政务委员会通令第一号》（1926 年 12 月），《福建临时省政府公报》第 1 号，1927 年 1 月，第 5 页；《闽省政府尚难顺利产生》，《申报》1926 年 12 月 30 日，第 6 版。
④ 《王允恭电蒋中正》（1926 年 12 月 26 日），台北"国史馆"藏，档案号：002-020100-00011-000。
⑤ 《李济琛电蒋中正》（1926 年 12 月 28 日），台北"国史馆"藏，档案号：002-020100-00011-017。

涛从中疏通，决定在临时政治会议名单中加入方声涛和福建海军第一舰队司令兼马江要塞司令陈季良，初获海军方面谅解，海军承诺协助运送何应钦部入浙。① 1927 年 1 月初，经北伐军总司令部核准，福建临时政治会议委员正式发表何应钦、何玉书、江董琴、戴任、方声涛、陈季良、黄展云、王孝缜（王允恭）、丁超五等 9 人为委员。② 与之前何应钦所提名单相比，闽南民军出身的宋渊源为海军方面代表王允恭取代。

在何应钦部滞留福建重建该省政局的同时，白崇禧先行以东路军前敌总指挥名义指挥北伐各军入浙。③ 随着北伐形势的发展，尤其是蒋介石在与武汉方面矛盾日益严重后，急谋攻取江浙。1927 年 1 月 1 日，北伐军东路军前敌总指挥部成立。此后，蒋介石迭次催促何应钦将在闽各军集中，从速将周荫人残部肃清后率部入浙，早日加入进攻杭州的作战。④ 为争取福建海军对所部入浙的配合和支持，何应钦向蒋介石建议在福建政治重建上对福建海军做适当妥协。

---

① 何应钦所提福建临时政治会议委员名单为何应钦、陈季良、方声涛、江董琴、黄展云、丁超五、宋渊源、何玉书、戴任 9 人。参见《何应钦电蒋中正》（1926 年 12 月 28 日）、《何应钦电蒋中正》（1926 年 12 月 29 日），台北"国史馆"藏，档案号：002 - 020100 - 00027 - 073、002 - 020100-00027-074。
② 《闽政治委员九人已发表》，《申报》1927 年 1 月 5 日，第 4 版。
③ 《蒋总司令拟先派白崇禧入浙指挥电》（1926 年 12 月 22 日）、《蒋总司令命白崇禧为东路前敌指挥电》（1926 年 12 月 29 日），黄嘉谟编《白崇禧将军北伐史料》，台北：中研院近代史研究所，1994，第 15、16 页。
④ 王正华编注《蒋中正总统档案：事略稿本》（1），第 6~7、10~12 页。

前次组织闽省临时省政府（即福建政务委员会）时，海军提出之人未全加入，至海军方面发生隔阂。现为本军作战有利计，对于闽省政权不能不稍牺牲，使海军为我用。昨与允恭诸兄商职入浙时，闽省政治会议代主席由杨幼京（杨树庄）担任，杨未到以前，以陈季良担任。但海军对于闽浙海面须负保安之责，对于本军海上运输尽力帮助，职提出此事后，海军方面顿起好感，并闻已电杨幼京谓我方已照前同中央政府所商办理。[①]

尽管迫于现实的需要，何应钦不得不在福建政局上对海军做出让步，但亦有所保留。按何应钦的部署，其率主力入浙后，东路军总指挥部在未肃清浙江之前仍留驻福州，以资策应，并为此拒绝陈季良将马尾海军司令部迁入福州并带陆战队数连入城的要求，仅将"政治权"请海军接收，理由是"海军尚未换旗帜发表宣言与敌人作战，且出发彼夕入，据于外人不明真相，容易起误会"。这一安排为陈季良婉拒。[②] 此后，因福建省政权等问题，杨树庄迟迟未正式表态。[③]

---

① 《何应钦电蒋中正》（1927 年 1 月 9 日），台北"国史馆"藏，档案号：002-020100-00027-075。
② 《何应钦电蒋中正》（1927 年 1 月 28 日），台北"国史馆"藏，档案号：002-020100-00010-081。
③ 尽管如此，杨树庄方面的态度总体上是向国民政府靠拢，在北伐军进军上海等地时，杨部海军积极协助国民政府的进攻。参见《谭延闿日记》，1927 年 2 月 25 日。

2月初，何应钦离闽之际，最终与海军方面商妥福建临时政治会议代主席一职，在杨树庄未到闽以前由方声涛代理。① 何应钦部留守部队及所部各事由新编军军长谭曙卿代拆代行，继续留驻福州，福州卫戍司令则由张贞担任，福建海军大部仍驻闽北及马江滨海一带。此后，方声涛和谭曙卿分别以福建临时政治会议代主席和新编军军长身份掌握福建政治、军事大权，在福建政坛日益活跃。

方声涛，号韵松，与杨树庄同为福建侯官人，早年加入同盟会。援闽粤军进攻闽南期间，方声涛入闽组织福建靖国军，整编张贞等福建民军力量。因家世（方声洞之兄）和长期的革命活动，方声涛在福建有较高的声望和较大的影响，福建地方革命人士如许卓然、秦望山及后起的保定军校学生、闽南民军首领均与其存在交谊。北伐开始后，方声涛利用其与闽系海军的关系居间搭桥牵线，是杨部海军来归的重要推动者，其旧部林知渊更是因此出任海军总政治部主任，方声涛与杨树庄的关系也进一步密切。② 北伐军入闽后，蒋介石先后指示何应钦对方声涛等福建老国民党人"应有轻重之分，但不可偏废"，③ "凡福建旧日同志与民军，使其诚服，韵松亦应联络，否则败事有余"。④

---

① 《江董琴电蒋中正》（1927年2月1日），台北"国史馆"藏，档案号：002-080200-00017-027。

② 参见吴艺五《我所知道的方声涛》，政协福建文史资料研究委员会编《福建文史资料》第12辑，1986，第94~95页。

③ 《蒋中正电何应钦》（1926年12月22日），台北"国史馆"藏，档案号：002-020100-00010-029。

④ 《蒋中正电何应钦》（1926年12月27日），台北"国史馆"藏，档案号：002-060500-00011-004。

新编军是北伐军入闽后由各地民军改编而来的庞杂团体。民军系清末民初福建民间武装团体的统称,动荡的社会环境,加上福建多丘陵山地、帮会繁杂、宗族关系和地域观念浓厚等社会特征均为其生存与发展提供了有利条件。① 在福建政局的演进中,民军不同程度地游移于各政治、军事力量之间,福建籍老国民党人方声涛、宋渊源、黄展云等与各部民军首领也有较多联系。② 北伐军入闽之际,福建民军势力较大者为闽北尤溪的郭凤鸣和卢兴邦(1925 年,郭、卢两部发生冲突,先后被周荫人收编为陆军第一旅、独立第三旅,但实际上仍割据一方),闽南永春的吴威、尤赐福、郑世美三部及安溪的陈国辉、杨汉烈、陈峥三部。此外,厦门同安的叶定国、叶世荃部也有一定实力。③

北伐军进军福建时对民军采取争取与团结策略,委任原闽南民军重要首领张贞为独立第四师师长,同时令宋渊源在厦门组织国民军"参谋团",专司民军联络和指挥工作。北伐军底定福建的过程中,各路民军蜂起,策应支援,"其功尤不可没"。④ 此后,在何应钦的力主下,各部民军被编组为国民革命军新编第一军。

---

① 李湘闽:《福建民军刍议》,《福建师范大学学报》1988 年第 1 期,第 105~106 页。

② 关于福建民军的渊源、流变,可参见徐吾行《福建民军的四十年》,福建省政协、泉州市政协、漳州市政协文史资料委员会编《福建民军》(上),1995,第 1~52 页。

③ 王楷:《福建军事政治概况》(1926 年 7 月 8 日),《闽西革命史文献资料》第 1 辑,第 94 页。

④ "国防部"史政编译局编《东路军北伐作战纪实》,1981,第 39 页。

1926 年 11 月中旬，何应钦即向蒋介石表示收编民军之意，被蒋介石否决——"闽省民军切不可编师"，先交张贞办理，此后再定办法。[①] 北伐军进占福州后，何应钦再次向蒋介石提请将各部民军改编为正规军。其中，实力较强的卢兴邦、吴威两部各编成一师，其余拟归并编为数团，分防各地，以国民革命军第一军第三师师长谭曙卿为军长统率之。[②] 蒋介石虽允可将民军暂编为师、旅、团，但提出须规定饷额，不准自由就地筹款，而谭曙卿以其他名义管理民军即可，不必俾以军长名义。[③] 对此，何应钦再次向蒋介石力陈"收拾民军"与财政问题为此间最感困难者，"民军数逾二万，非设一机关专管其事，从事编制、训练，必仍散回各地，扰乱地方，如以干之或韵松主持，则有半数民军必不服从。如以人数稍多之民军卢兴邦、吴威、郭凤鸣部编三师，令其训练，三四月后出征，则非设一军长统率不可，其余小股拟编数个独立团，任地方之警备，但此种事必须另查妥当之人主持，否则不能脱身前进"。[④] 最终，谭曙卿在何应钦的属意下以新编第一军军长身份留闽整合地方民军。

谭曙卿，湖南湘潭人，辛亥革命后入粤投军，护法战争期间随援闽粤军入闽，与各民军首领有一定的往来，其与闽

---

① 中国第二历史档案馆编《蒋介石年谱（1887—1926）》，第 700 页。
② 《何应钦电蒋中正》（1926 年 12 月 20 日），台北"国史馆"藏，档案号：002-090101-00001-100。
③ 中国第二历史档案馆编《蒋介石年谱（1887—1926）》，第 760 页。
④ 《何应钦电蒋中正》（1926 年 12 月 29 日），台北"国史馆"藏，档案号：002-020100-00027-074。

北最大民军首领卢兴邦的私交即是彼时所建立。北伐前夕，谭曙卿出任第一军第三师师长。1926 年 10 月，北伐军东路军组建后又兼任该部第三路指挥官。1927 年 1 月底，何应钦正式将卢兴邦、吴威与郭凤鸣三部民军改编为新编第一军下属的 3 个师，卢兴邦因实力雄厚且与谭曙卿关系密切，编成独立第一师。此外，新编军尚辖有高义及杨汉烈两个独立旅（杨实任独立第三团团长），以及陈国辉与叶定国等独立团。① 此后，新编军同志联欢社成立，名为"互相亲睦，互相支援，保持永久团结"，实是旨在"排除他军，操纵闽局"。②

何应钦离闽后，新编军成为福建最大的军事力量，谭曙卿以军长身份掌握这一可观的武装力量，权势日增，隐然以"福建王"自居，尤其是新编军一部调驻福州后，与海军方面及福州地方力量渐有不相容之势。然而，新编军内部实为一较松散的团体，谭曙卿对各部的掌控亦较为有限。据福建中共地方组织的观察，"此等新编军，除谭曙卿个人及其政治部中人员为蒋系之走狗外，其余民军本身，完全在自己之权力地盘问题，全不管你是某系某派"。③

此外，北伐军入闽前后，福州地方有所谓小刀派，以林寿

---

① 徐吾行：《福建民军的四十年》，《福建民军》（上），第 29 页。

② 李锡贵：《谭曙卿行述》，政协福建省委员会文史资料委员会编《福州文史资料》第 14 辑，1986，第 29 页。

③ 《中共闽南临时特委报告——闽南概况及特委成立经过》（1927 年 10 月 10 日），《福建革命历史文件汇集》省委文件（1927—1928 年），第 8 页。

昌为领袖，"以帮票的流氓为后盾"，与闽南派新编军系（新编军各将领除卢兴邦外，多为闽南人）绝不相能。[1]"小刀派"之名或系清代福建著名会党"小刀会"之名衍化而来。[2] 有清以降，福建帮会势力兴盛，林寿昌为北伐前后福州最大的帮会头目。[3] 当时，关于林派多以"独立厅同志会"指称，因该派常在福州仓山的独立厅聚会活动，并自称"独立厅同志会"。[4] 独立厅同志会为林寿昌、黄展云所组织，黄为委员长，林为实际首领。[5]

林寿昌，福州人，中学时期即通过学生活动拉起自身的团体。林寿昌生性好交朋友，较有计谋，为部下所信仰，福州工商界和部分市民也喜欢结交"寿昌哥"，逐渐形成以李挺苍、江秀清、郑连魁、祝传钺等人为核心的"寿昌帮"。福州国民党人林森、黄展云等较早即与其有来往。[6] 北伐军入闽前，林寿昌纠集一班青年组成一支数百人的"学生军"，并成立训练

---

① 《赵亦松关于福建工作情况的综合报告》（1928 年 7 月 29 日），《福建革命历史文件汇集》省委文件（1928 年下），第 100 页。

② 福建小刀会大概成立于 1850 年前后，1853 年福建发生小刀会起义。参见邵雍《中国近代帮会史研究》，上海人民出版社，2011，第 9~48 页。

③ 周应骢述，李蓬洲记《海军生活见闻》，政协全国委员会文史资料研究委员会《文史资料选辑》编辑部编《文史资料选辑》第 10 辑，中国文史出版社，1987，第 181 页。

④ 独立厅曾为同盟会福建支会所在地，系福建辛亥革命的策源地，前身为"桥南公益社"。

⑤ 《福建省党部筹备处上中央党部呈》（1927 年 3 月 22 日）、《闽省教育厅长黄琬营私越权奉交大学院查复》（1927 年 11 月 14 日），台北原中国国民党党史馆藏，档案号：汉 10165、汉 9658。

⑥ 昧凡：《福州林寿昌、林梅生两个流氓集团》，政协福州市委员会文史资料工作委员会编《福州文史资料选辑》第 2 辑，1983，第 51~53 页。

军事干部的福建精武学校。虽然精武学校和学生军不久就先后被遣散，但林寿昌在福州地方的力量有增无减。① 北伐军入闽之际，林寿昌颇为活跃，在福州组织名义上属于革命军的福建陆军独立第三师（一说为暂编第三师），自任党代表，以林寿国为师长，并一度策动福州暴动，响应革命。② 是时，被捕在狱的黄展云被周荫人下令正法，亦经林寿昌营救而得免。由此，林寿昌声望日增，被拥为福州青年派领袖，与黄展云等福州国民党人的关系进一步密切。③ 此后，福建"举凡工运商运青年运动等等，几无不有林之徒众参加，把持一切"，林寿昌也跻身福建要人之列。④

　　何应钦离闽不久，福建革命阵营内左派和右派矛盾加剧，上述各方在合力"驱共"的同时，行争权之实，内争破裂日甚。国民革命时期，国民党在福建分派甚多。北伐军入闽之际，因福建临时省党部发生纠纷，党务陷入分裂、停顿，国民党中央 1926 年 11 月底另派丁超五为省党部筹备处主任，马式材、林尧阶、李培桐为筹备员，重新筹备省党部。其中，马、李为中共党员（一说李为国民党左派）。⑤ 省党部因在福建无基础，对福建政治的影响极为有限，对海军等各方把持福建政

----

① 徐吾行：《福建民军的四十年》，《福建民军》（上），第 17 页。
② 林寿国实际上未就任师长职务，林寿昌兼代师长，但该师在招募士兵时应募者寥寥，不久即取消。徐天胎编著《福建民国史稿》，第 63~64 页。
③ 佚名：《福建三十年来省政暨民军嬗变纪略》，1942，第 27 页。
④ 《林寿昌遭擒毙命》，天津《大公报》1934 年 3 月 5 日，第 9 版。
⑤ 《福建临时省党部上中常会函》（1926 年 12 月 1 日）、《丁超五等上中执会呈》（1926 年 12 月 23 日），台北原中国国民党党史馆藏，档案号：汉0319.2、汉0321。

局亦极为不满。① 与此同时，丁超五因此前在福建有"种种恶劣的行为"，"在福建的空气很不好"，为福建地方势力反对。②

1927 年 2 月中旬，丁超五被国民党中央党部召回武汉，省党部筹备处主任改由左倾的政务委员会主任戴任代理，省党部基本为中共方面所主持，负有指导全省民众运动任务的机构——福建全省民众运动委员会亦掌控在左派手中。另外，福建反共的团体力量亦不断出现：一为黄展云主持的独立厅同志会和宋渊源组织的"参谋团"；一为第一军政治部主任何玉书及冷欣等所领导的青年奋进社和黄埔同学会福建支会；一为福建各反共人员组织的团体，如林寿昌的晶社、谢瘦秋等组织的福州总工会和人力车工会等。③

1927 年 3 月 4 日，在左派召集省党部、东路军各级政治部及全省民众运动委员会联席会议，讨论统一全省民众运动，取消福州人力车工会，并改选福州总工会之际，林寿昌、黄展云指挥谢瘦秋等人发动反共团体请愿，捣乱会场，提出打倒省

---

① 1927 年 3 月下旬，丁超五向国民党中央报告福建党务、政治情形时指称："福建省政府系由反动派组织，地痞、流氓、土豪、劣绅、买办阶级、安福系靡不尽有，后由省党部提出异议促其辞职，由海军另行组织，惟亦换汤不换药。按（而）海军为民众所痛恨，如长此任海军组织则党务必陷不利。"此时福建省政府尚未成立，丁超五所言的省政府大概系福建临时政治会议等过渡机构。《中国国民党第一、二次全国代表大会会议史料》（下），第 882~883 页。

② 《中国国民党中央执行委员会政治委员会第十次会议速记录》（1927 年 4月 6 日），《中国国民党第一、二次全国代表大会会议史料》（下），第 1032 页。

③ "中华民国史事纪要编辑委员会"编辑《中华民国史事纪要（初稿）》（1927 年 1~6 月），台北："中华民国史料研究中心"，1977，第 287~288 页。

党部等口号。① 8 日，反共团体又发动福州工人罢工，向谭曙卿的指挥部请愿要求取消省党部筹备处与全省民众运动委员会向各工会委派的指导员，由市党部会同总工会另行委派，驱逐马式材、李培桐、徐琛、潘谷公等左派分子出境，批准并保护福州市人力车工会等 5 项条件。②

在谭曙卿鉴于事关重大须请示中央而予以婉拒后，罢工代表冷欣、林寿昌转往福建临时政治会议处请愿，获该会主席方声涛支持和批准，并下令停止马式材、李培桐的职权，同时取消民众运动委员会。马式材、李培桐等拒绝接受方声涛的命令，并于 9 日举行"拥护党权大会"，双方的斗争和冲突趋于白热化。③ 此后，黄展云、林寿昌召集独立厅同志会骨干策划和部署在福州"清党"。谢瘦秋亦在林寿昌等的指使下积极鼓动工人罢工，成为福建"清党"团体——"拥蒋护党大会"派的主要人物之一。

4 月 3 日，福州右派团体召开"拥护蒋总司令护党大会"（简称"拥蒋护党大会"），推定谭曙卿、方声涛、张贞、宋思一、林寿昌等人为大会执行委员，通过肃清跨党分子，拥蒋完成北伐，惩办戴任、马式材、李培桐等人，以及改组省党部筹备处等 16 条议案。④ 此后，该派大肆逮捕"异

---

① 《福建省党部筹备处上中央党部呈》（1927 年 3 月 22 日），台北原中国国民党党史馆藏，档案号：汉 10165。
② 《谭曙卿张贞戴任电蒋中正何应钦邓演达》（1927 年 3 月 8 日），台北"国史馆"藏，档案号：002-090300-00013-041。
③ 《中华民国史事纪要（初稿）》（1927 年 1~6 月），第 289 页。
④ 《方声涛电蒋中正》（1927 年 4 月 6 日），台北"国史馆"藏，档案号：002-090300-00002-002。

党分子"，捣毁省党部及不受其支配的民众团体，共产党人与左派力量或被捕，或逃亡，省政务委员会主任兼代理省党部筹备处主任的戴任亦被迫离闽，党务陷于停顿，福建临时政治会议旋即宣布全省戒严。

尽管国民党中央一度决定派遣丁超五为查办员回闽，并加派江董琴、许甦魂为福建党务指导员，责令福建各方立即停止冲突，听候丁超五等 3 人处理。[①] 但在方声涛的支持下，临时政治会议以丁超五回闽之期未定，党务不能长期中断为由，委任福州市党部筹备处主任黄展云兼任省党部筹备处主任。黄展云接事后，重新改组省党部，派李文滨、林寿昌、谢瘦秋、李挺苍、宋廷瑜（宋渊源之子）等人出任省党部筹备委员并分别负责组织、宣传、工人、农民、青年等各部，展开"护党"工作。[②] 与此同时，原本即为右派支配的国民党福州市党部亦进行调整，进一步为"寿昌帮"人物控制。[③]

在清党过程中，相比于方声涛"压迫党部"，支持黄展云、林寿昌等人改组省党部的积极表现，[④] 福建全省戒严司令谭曙卿的言行较为"消极"，事后颇受地方党人指责。清

---

① 参见《中执会致丁超五函》(1927 年 3 月 30 日)、《中执会致福州省党部电》(1927 年 4 月 9 日)，台北原中国国民党党史馆藏，档案号：汉 4103、汉 4325。

② 《中华民国史事纪要（初稿）》(1927 年 1~6 月)，第 621~622 页；《福州拥蒋护党之热烈》，《申报》1927 年 4 月 17 日，第 9 版。

③ 徐天胎编著《福建民国史稿》，第 103 页。

④ 《总政治部主任邓演达上中执会呈》(1927 年 4 月 8 日)，台北原中国国民党党史馆藏，档案号：汉 4107。

党后，中共在福州、闽南等各地的组织近乎瓦解。① 随着共同的目标共产党人和左派力量被驱逐，参与清党的福建各派转向内争，破裂日甚。尤其是黄展云取代戴任出任福建省党部筹备处主任兼福建政务委员会主任后，以林寿昌为核心的林赤民、李文滨、林尧阶、李挺苍、翁侃等"寿昌帮"福州人在黄展云的掩护下操纵一切。李大超、谢瘦秋等外来人和非福州人则以北伐军何应钦部秘书张志韩、新编军参谋长赵启骙等为背景，引新编军各部为奥援，以制林寿昌等福州派。

　　清党后的国民党福建省党部和福州市党部成员多为"寿昌帮"人物，福建民众团体也大部分操于林派之手，但谢瘦秋等随北伐军后来的新力量也在党务尤其是工运上占据一席之地。福州工运原为林寿昌等人着手最早，谢瘦秋入闽后逐渐取而代之，"谢固一强干青年，在闽无多日，即兼人力车工会会长，故颇为林所掣肘，林亦因利害冲突而仇谢"。② 4月下旬，谭曙卿在向蒋介石汇报自己在福建"支持益难"时倾诉道："闽省状况素称复杂，本军去冬入闽，环境未克澈底肃清，一般投机分子及假革命者借解放潮流插趾于各机关及各团体中妄行活动，朋比为奸，即与党蒌有关系亦属争权夺利，日事拉拢，以厥结羽翼，便于营私，一切行为仍类（民）十

---

① 《陈少微关于福建党的情况报告》（1927年12月26日），《福建革命历史文件汇集》省委文件（1927—1928年），第26~29页。

② 《林寿昌遭擒毙命》，天津《大公报》1934年3月5日，第9版。

一以前之广东。"① 谭曙卿所言大体反映了北伐军入闽，尤其是清党后福建政治纷争愈演愈烈的局面。

三　省政府组建中的派系分合

1927 年 3 月中旬，杨树庄部海军正式宣布归附国民革命军。杨树庄除出任国民革命军海军总司令外，福建亦被默认为其政治地盘。② 福建清党之际，方声涛即向国民政府提出组建正式的福建省政府问题。国民党中央在讨论这一问题时，结合丁超五回武汉的报告和建议，决定福建省政府组织问题暂缓。③ 4 月，南京国民政府成立，宁汉正式分裂，掌握福建省党政军实权的各方大体上是与南京国民政府关系较深的人物，其与武汉方面的联系无形中止。

南京国民政府成立不久，为履行杨树庄部海军归附的既定条件，蒋介石授意杨树庄速与"闽中同志"商决福建省政府人选。④ 4 月底，国民政府公布杨树庄、方声涛、郑宝菁、陈培锟、丁超五、黄琬、宋渊源、陈季良、谭曙卿、张贞、卢兴邦、殷汝丽 12 人为福建省政府委员，并以杨树庄为省政府

---

① 《谭曙卿电蒋中正》（1927 年 4 月 22 日），台北"国史馆"藏，档案号：002-080200-00022-060。

② 林知渊：《政坛浮生录——林知渊自述》，政协福建省委员会文史资料委员会编《福建文史资料》第 22 辑，1989，第 13、24~25 页。

③ 《中国国民党中央执行委员会政治委员会第十次会议速记录》（1927 年 4 月 6 日），《中国国民党第一、二次全国代表大会会议史料》（下），第 1032 页。

④ 王正华编注《蒋中正总统档案：事略稿本》（1），第 537 页。

主席，方声涛、郑宝菁、陈培锟、丁超五、黄琬分别兼任军事、民政、财政、建设、教育各厅厅长。① 对于省政府的人员构成，时论指出："籍贯则杨、陈、方、郑、陈、丁、宋、张、卢、黄十人均系本省，仅谭、殷二人系外省。派系则杨、陈、郑、陈为海军派，宋、张、卢为民军派，方、丁为老民党，黄为厦门中学校长，谭为东路军将领，殷为接近前政学会政客。"② 这一分析初步勾勒了省政府成员的地域和派别归属，但个中复杂实远甚于此。

实际上，省府成员中除杨树庄、陈培锟、郑宝菁、陈季良为海军嫡派人物外，方声涛和黄琬亦与海军界接近，故名单公布后即引起福建党部和新编军方面的强烈反应，尤其是以未来福建省主席自居的谭曙卿在失望之余，更对杨树庄抱有相当敌意。③ 先是闽南旅省各界代表高义、吴威、郭凤鸣、谢瘦秋等军政界要人联衔向蒋介石、何应钦和杨树庄请愿，请求遴选"素能代表民意之真正同志"充任省政府委员，"勿使省中有畛域偏袒之憾"。与此同时，福建省党部筹备处也向南京中央历数丁超五、黄琬、陈培锟、郑宝菁等人各种"祸闽"行为，请求收回成命，改委林寿昌、何玉书等5人。④ 此后，政界部

---

① 《国民政府委员会第五次会议纪录》（1927年4月28日），洪喜美编《国民政府委员会会议纪录汇编》（一），台北："国史馆"，1999，第7~8页；《杨树庄电蒋中正》（1927年5月1日），台北"国史馆"藏，档案号：002-090101-00006-145。

② 《组织中之福建省政府》，天津《大公报》1927年5月21日，第6版。

③ 实际上，福建海军派内部亦存在陈季良与杨树庄的对立，不过陈在海军内部和南京中央的地位都无法与杨树庄相提并论。

④ 《福建政潮酝酿》，天津《大公报》1927年5月23日，第6版。

分人士更以福州各界名义，张贴打倒方声涛等兼任厅长的 5 名委员标语，对方声涛攻击尤烈，称其为烟鬼、赌徒，有"谄媚军阀""勾结官僚"等行为。① 显然，对于杨部海军主导成立福建省政府，不仅新编军方面不满，省党部及政界各方也多有意见。

面对各方的攻诘，尚在代理临时政治会议主席的方声涛愤而称病请辞，并提出由谭曙卿代理该职，福建政局顿时陷入紧张。② 对于方声涛的辞职及提议，谭曙卿表示自己无法代为主持，电请蒋介石及国民党中政会决定维持办法。蒋介石则一面指示谭曙卿劝说方声涛销假复职，一面急电杨树庄前赴福建主持大局。③ 5 月 18 日，谭曙卿向蒋介石及国民政府建议早日成立福建省政府，以维持大局。④ 稍后，在蒋介石等各方慰留下，方声涛态度有所缓和，同意仍任临时政治会议主席暂维现状，但坚辞省府委员及军事厅厅长职务。⑤

方声涛此番请辞的主要原因实系新编军方面反对其出任军事厅厅长，欲拥谭曙卿出任该职。是时，适值张贞部奉命调往江浙，谭曙卿接替其出任福州戒严司令，权势日增。谭曙卿在

---

① 《福建之政潮与军情》，天津《大公报》1927 年 5 月 24 日，第 6 版。
② 《方声涛电蒋中正》（1927 年 5 月 12 日），台北"国史馆"藏，档案号：002-080200-00023-043。
③ 《谭曙卿等电蒋中正》（1927 年 5 月 14 日），台北"国史馆"藏，档案号：002-020100-00027-080。
④ 《谭曙卿等电蒋中正》（1927 年 5 月 18 日），台北"国史馆"藏，档案号：002-020100-00027-082。
⑤ 《何应钦电蒋中正》（1927 年 5 月 23 日），台北"国史馆"藏，档案号：002-080200-00024-045；《闽政府委员之纠纷现象》，《申报》1927 年 5 月 22 日，第 7 版。

向蒋介石报告个中原委时也委婉提及两人在军事厅厅长上的矛盾和纠葛："此次新编军中将领又〔及〕各方激烈反对渠充军事厅者，实缘闽省派别复杂，其域划分尤因利害冲突，势不两立，决非职力所能左右。然职对重政府威令及勋避嫌□，一再为之疏解，并向□方表示推重方氏诚意，拒绝各方拥戴曙卿，风谈当可见谅，于渠似不该以此愤而坚决避去。"①

5 月 21 日，杨树庄通电表示将奉命赴福建组织省政府。针对各界抨击的省政府委员及厅长问题，杨树庄称已向中央政府表示众意，到闽后自当随时罗致当地"名材""先进"。"至外间以此次组织，有偏于海军包揽之嫌，不知闽省政局当趋于党治，非海军一部分所能把持操纵，不容横持私见，贻害大局。"② 然而，25 日杨树庄抵达福州后，市面又出现"请杨总司令服从民意"，"促成党治"，以及打倒郑宝菁、陈培锟、黄琬、丁超五等人之标语，空气仍未缓和。③

起初，党部方面为反对海军包办福建政局，一度由省党部组织"党化闽省政府促进大会"，标榜以党化省政府，刷新福建社会为职责。然而，该会成立当日市面即出现"打倒把持政局、官僚思想之黄展云"等标语。④ 在纷争中，党部派根据地仅有省市党部及工会商会数团体，迫处于海军、民军两大实

---

① 《谭曙卿电蒋中正》（1927 年 5 月 16 日），台北"国史馆"藏，档案号：002-020100-00027-081。□为难以识别的字。
② 《福建省临时政治会议议事录》（1927 年 5 月 26 日），转引自徐天胎编著《福建民国史稿》，第 465 页。
③ 《杨树庄回闽后之政局》，天津《大公报》1927 年 6 月 5 日，第 7 版。
④ 《愈迫愈紧之闽政局》，天津《大公报》1927 年 6 月 13 日，第 6 版。

力之间，渐趋消极，黄展云不得已向国民政府称病辞职，林寿昌也表示"迩来环境险恶，无可为力，此后专心文化事业、民众运动，对于政局，绝不闻问"。① 另外，为缓和党部与海军方面的冲突，国民政府 5 月底任命黄展云为省政府委员兼福州市政厅厅长。差不多同时，国民党中央正式任命黄展云、林寿昌、秦望山、李文滨、林赤民、宋廷瑜、林尧阶、翁侃、李大超为福建省党部筹备委员。② 尽管省党部筹备处成员在增加中央委派之林赤民的同时，加入新编军要人李大超并取代林寿昌的宣传部部长职务，但实权仍为黄展云、林寿昌派所主导。③ 此后，党部方面的反对声势逐渐回落。

　　与党部方面的态度相反，福州外属各县旅省军政人士的反对之势却是有增无减。据时人的分析，外属各县人士"以此次政潮内幕，实为福州政治界新旧势力（即党部与海军）冲突之表现，无论何派胜利，不过为福州局部政治界势力之转移，与外属人士，均无利益可言"，故急起直追，组织"各县各界旅省代表大会"作为斗争总机关向福州政界势力（党部与海军）进攻。5 月 29 日，该会召开代表大会，参加者除外属在省之政界人士外，闽南驻省的各部新编军亦相率到场，议

---

① 《三角竞争中之闽政局》，天津《大公报》1927 年 6 月 13 日，第 6 版。
② 《国民党中央执行委员会致福建省党部筹备处函》（1927 年 6 月 3 日），《福建党务半月刊》第 1 期，1927 年 8 月，"公函"，第 1 页。
③ 《国民党福建省党部筹备委员会呈中央执行委员会函》（1927 年 6 月 28 日），《福建党务半月刊》第 1 期，1927 年 8 月，"呈文"，第 2～3 页。林赤民亦系福建闽侯人，此前曾作为国民政府代表参与杨树庄归附国民革命的接洽和谈判。谢瘦秋则在此番调整中退出省党部筹备处。

决"外县人士团结一致，打倒福州部落主义"，拥护宋渊源（闽南派之省政府委员）、丁超五（闽北派之省政府委员）、谭曙卿（新编军军长兼省政府委员）、黄琬（闽南派之省政府委员），反对黄展云（福州党部派之省政府委员）、林寿昌（福州党部派省政府内定之市政厅厅长）、郑宝菁（福州海军派之省政府委员）、陈培锟（福州海军派之省政府委员）。① 以此为标志，带有明显地域区隔的福州派与非福州派之对立初具雏形，两派的背后又隐然有海军和新编军两大地方军事力量为后盾。

虽然在杨树庄赴闽沟通及国民政府的调和下，党部的反对声音回落，但部分政界力量则与新编军系汇合，成为省政府成立的主要障碍。是时，民军改编为新编军后部分调驻福州，与福州派、海军派即有不相容之势。6月初，新编军将领吴威、吕渭生等10余人公然向杨树庄要求撤换省政府委员郑宝菁，取消军事厅，扬言"中央威信不能强奸民意"。杨树庄为此一度宣布"新编军既与海军掣肘，正式政府断难成立"，个人唯有离省听候中央解决。② 对于此间的派别营垒与分合，谢瘦秋在向友人倾诉的信函中有较为深入的揭示。

> 福州系以海军作后盾，创大福州主义，排除外县不遗余力。外府系以新编军为后盾，联合延建诏（邵）、汀漳

---

① 《三角竞争中之闽政局》，天津《大公报》1927年6月13日，第6版。
② 《林赤民电蒋中正》（1927年6月7日），台北"国史馆"藏，档案号：002-090300-00003-034。

龙、兴泉永五十余县以抵抗福州系。清党后，海军防地一切财务政务尽为所把持，党务亦被直接派人接收。此次海军杨幼京回闽组织省政府，诸委员福州占十分八，林赤民之改组省党部，福州占四分三。所以外府各县极不满意，以为外府真无人才耶，抑福州人之轻视外府人耶？如果福州系要一手包办福建的党务、政治，外府亦将海军之样，将五十余县之政治、党务一并把持，以抵福州省政府，其如统一何？海军知实力不足以御新编军，极力联络卢兴邦（因卢与新编军郭师长两不相容）作旗鼓相当之对垒，暗创倒谭运动，而新编军一致拥谭，以为抵制之计。两方蓄谋已深，似有一触即发之势。宋渊源与许卓然势不两立，此次海军联许，召集闽南二十余县之联席会议，欲以民众力量图谋倒宋，以为许政治上之活动，因是新编军等又组织外府联欢社，出谋倒许。黄展云与许有故，联林寿昌为倒宋之声援，因是有新编军同志社之组织攻许攻黄，以为倒杨之策略。方声涛近以环境不佳，与谭发生意见而谋均势之局，转而援海杨。此吾闽政治上斗潮之情形也。①

显然，谢瘦秋是以自外于福建派系冲突的局外人姿态来剖析福建的党政军纷争，有意划清自己与各派别之间的关系，但

---

① 《谢瘦秋致政治部宋思一函》（1927 年 6 月 26 日），台北原中国国民党党史馆藏，档案号：部 10156。宋思一系贵州人，何应钦部属，时任南京公安局政治部主任，北伐军入闽时为张贞师政治部主任。从谢瘦秋信函中"交心"式的倾诉来看，二人关系当较为密切。

身处其间的他此后仍不可避免地卷入这一漩涡。

　　大体而言，围绕省政府的组建，既有新编军、海军两实力派所形成的杨树庄与谭曙卿的竞逐，也有代表地方主义的福州系与外府系的纷争。在各方的博弈过程中，福州系逐渐与海军派结合，范畴进一步扩大，涵括党部和海军派，以及与杨部海军关系密切的方声涛，其要人大多为福州人；外府系则向新编军靠拢，内化为"新编军系"，逐渐被谭曙卿等外省人主导。闽南方面也因宋渊源和许卓然的矛盾呈现出分别向新编军、福州派靠拢的分裂之势。

图 5-1　杨树庄

资料来源：《新闻前锋》第 4 期，1930 年 1 月 31 日，插图。

此后，杨树庄坚持要求新编军调离福建，迟迟未成立省政府。6 月下旬，蒋介石指示在福建斡旋的张群，福建交由杨树庄全权办理，谭曙卿部可于短时期内设法他调。① 差不多同时，谭曙卿的老上司何应钦提出解决福建纷争办法：先将新编军吴威师和陈国辉、杨汉烈两团由谭曙卿率领开赴苏鲁边界前线，其余在闽的新编军暂归东路军第一路总指挥部直接指挥，以免除纠纷。待谭曙卿到江苏，福建军事厅成立时，再将留闽的新编军收归军事厅指挥。只是调赴江苏的新编军各部之经费须由省政府负担。② 何应钦的办法实际上是将新编军主力调离福建，逐渐分割肢解。蒋介石决定按这一策略解决福建纷争，从速成立省政府。③ 7 月 3 日，在蒋介石为代表的南京国民政府的支持和催促下，福建省政府正式成立，各委员和厅长保持不变，但增加林赤民和黄展云为委员。④ 林、黄二人均系省党部筹备处委员，此番增选为省政府委员，不仅预示着党部力量重新 "抬头"，也意味着党部与海军达成 "合作"。至此，福建悬摇不定的政治中心问题似乎暂告段落，但各派的纷争实际上并未解决，且有愈演愈烈之势。

---

① 王正华编注《蒋中正总统档案：事略稿本》（1），第 537~538 页。
② 《何应钦电蒋中正》（1927 年 6 月 27 日），台北 "国史馆" 藏，档案号：002-090101-00007-068。
③ 《蒋中正电张群》（1927 年 6 月 29 日），台北 "国史馆" 藏，档案号：002-020100-00027-084。
④ 《杨树庄电蒋中正》（1927 年 7 月 7 日），台北 "国史馆" 藏，档案号：002-020100-00027-086；《福建省政府正式成立》，《申报》1927 年 7 月 12 日，第 10 版。

四 福州系与新编军系的派别冲突

福建省政府成立后，海军派主导的福州系颇占势力，海军陆战队一部进驻福州市内，与新编军共维地方秩序。新编军方面虽在省政府组建中受到打击，颇"不得志"，但并未按蒋介石的命令迅即开拔离闽，尤其是蒋介石 8 月下野后，新编军即以省政府开拔费未能筹妥为由，继续"恋栈"福建。① 此后，新编军系竭力向福建党政各界扩张，"于是此两种反对派隐然对峙，愈离愈远。自是党务、政治各方略以及宣传、青年、农工、妇女各运动均趋于分化，互相倾轧，各思利用机会以为消长，明争暗斗"。② 在此过程中，掌握福州各工会力量的谢瘦秋与新编军各军官及政治部要人互相提携，以与福州派相角逐，成为新编军系的重要人物。

据时人观察，福建省政府成立后，"客籍中人恐不得盘踞要津，于是有十人团之组织，专以把持福建军政党务，民众团体为目的"。"十人团"成员分别为张志韩，黔籍，曾任何应钦东路军总指挥部机要秘书，省政府成立后被增选为省政府委员兼秘书长；胡逊，川籍，黄埔军校出身，东路军第三路军指挥部政治部主任兼新编军政训处主任；胡启儒，湘籍，黄埔军校出

① 《闽新编军调防赣边》，《申报》1927 年 8 月 16 日，第 4 版；《叶挺贺龙未入闽西》，《申报》1927 年 9 月 10 日，第 10 版。

② 《特派密查员彭程万呈国民政府》（1927 年 12 月 8 日），台北"国史馆"藏，档案号：001-014000-00034-021。

身，福州市公安局政训处主任，福州总工会改组委员会委员；
李大超，粤籍，省党部筹备员兼宣传部部长；程玄斟，省政府
秘书；蓝瑛，粤籍，省党部宣传部秘书、福州《晨报》总编辑；
谢瘦秋，闽南籍，国民党中央特派福建工运指导员；罗谷荪，
粤籍，国民党中央特派福建工运指导员；尤永增，粤籍，福州
总工会改组委员会委员；吴求哲，粤籍，福州市党部筹备员。①
10 人中除程玄斟籍贯不详，谢瘦秋为闽南人外，其余均为随北
伐军入闽的外省籍人员。"十人团"或许只是他者对新编军系要
人的指称，但也表明福建地方派别营垒日趋明显。②

　　在新编军系等的掣肘下，福建省政府成立后除一委员会
外，其余各机关因内部人员支配未妥，均未能组织就绪，一时
政象陷于停顿。③ 此后，民政、财政、教育、建设 4 厅虽陆续
成立，但方声涛和黄展云所兼任的军事厅、农工厅始终难以成
立，"一为中央特派工运指导员谢瘦秋所阻，一为谭曙卿、高
义等所反对"。④ 是时，谢瘦秋在工运方面的举措"颇形激烈，

---

① 参见《四十分钟间解除武装，谭曙卿亦为阶下囚》，《晨报》1927 年 10
月 27 日，第 6 版。

② 谢案发生后，罗谷荪在控诉中称，"谢同志等以附忠勇之谭曙卿同志而捐
躯，被难同志多以附忠勇之谭曙卿同志而被捕而逃亡"，也间接证实谢瘦
秋等一批以谭曙卿为中心的团体存在。《中央工人部上中特会呈》（1927
年 11 月 15 日），台北原中国国民党党史馆藏，档案号：部 6442。

③ 《闽省政府成立后之政治军事与党务》，天津《大公报》1927 年 8 月 1
日，第 6 版。

④ 6 月初，国民政府批准福建省政府在原有五厅之外添设农工厅，负责农
工运动事宜。8 月，黄展云被委任为农工厅厅长。参见《中政会纪要》，
《申报》1927 年 8 月 7 日，第 4 版；《闽政局改造之新讯》，《申报》1927
年 10 月 28 日，第 7 版。

而于社会心理、经（金）融情形、环境状况概不顾虑，一意孤行，其他阶级不免感受摒击。即省政府、省党部、市党部、公安局各机关亦多不以为然……人意积怨至深"。① 6月，福州市商民协会向中央党部指控谢瘦秋、尤永增等把持福建劳资仲裁会，滥用职权、挑拨工友，引起纠纷，妄加工价买工友之欢心，摧残商业，请求将其开除党籍并撤职查办。② 因此间纠纷，谢瘦秋一度心生离闽之意。③

7月，谢瘦秋和罗谷荪被国民党中央委派为福建工运指导员后，将林寿昌方面所把持的福州市各工会均予以改组，以扩充势力，"福州派受其压迫，恨之刺骨，无日不谋报复"。④ 9月，福建汽车公司撞伤市党部职员一案引起工人罢工，省党部向国民党中央指控称，该案原本"事小细微"，次日即解决，但谢瘦秋、罗谷荪及其控制的总工会方面有意扩大风潮，煽动罢工，并捏控福州市党部，请求对谢瘦秋等人进行惩戒。⑤ 与此同时，林寿昌等控制的省党部及部分工会团体也陆续向国民党中央控诉谢、罗二人在福建倒行逆施，"袭取共党故智，欺骗工

---

① 《特派密查员彭程万呈国民政府》（1927年12月8日），台北"国史馆"藏，档案号：001-014000-00034-021。

② 《福州市商民协会电中央党部蒋中正杨树庄等》（1927年6月13日），台北"国史馆"藏，档案号：002-090300-00013-031。

③ 《谢瘦秋致政治部宋思一函》（1927年6月26日），台北原中国国民党党史馆藏，档案号：部10156。

④ 《国民党中央执行委员会秘书处函国民政府秘书处》（1928年4月11日），台北"国史馆"藏，档案号：001-014000-00035-001。

⑤ 《闽省党部筹委会致中央党部特委会电》（1927年9月29日）、《中央秘书处致中央工人部函》（1927年10月6日），台北原中国国民党党史馆藏，档案号：汉10197.2、部6721。

人，鼓动工潮"。① 双方在工运上的争夺和冲突日趋白热化。

就整个福建政局而言，新编军系既"捣乱"于省垣，闽南、闽北又为郭凤鸣、卢兴邦等新编军盘踞，把持地方财政和行政大权，致使省政府政令几乎不能出省会之外。8 月下旬，杨树庄赴上海处理海军事务后滞留不归，省政府日常工作由新编军系的省政府秘书长张志韩主持，而方声涛在省政府成立后亦转赴北方参与联络冯玉祥和阎锡山北伐的工作。

在革命氛围笼罩下的派别利益争夺中，新编军系逐渐占据上风，大有由军而政，支配福建政局之势，原本掌握政权和党权的福州系则暂居下风。然而，新编军系亦有其致命之处，即新编军离闽为省政府成立时何应钦和蒋介石承诺的既定之事。省政府成立后，杨树庄在多次瓦解、调离新编军无果后，最终引入第十一军这一外来力量解决新编军。

福建省政府成立次日，时人即鉴于其内部各种纠纷，尤其是军事厅因方声涛与谭曙卿纠纷未解决而不能成立，预料"将来必致用武力方可解决"。② 3 个月后，竟一语成谶。第十一军入闽解决新编军大抵系杨树庄、方声涛等福州系要人与该军高层在上海达成的秘密行动，林寿昌主导的党部力量则在福州具体接应策动。是时，脱离南昌起义部队重建的第十一军在

---

① 《闽省党部筹委会致中央党部特委会电》（1927 年 9 月 29 日）、《中央秘书处致中央工人部函》（1927 年 10 月 6 日）、《中央工人部批中华海员总工会福州分会令》（1927 年 10 月 14 日），台北原中国国民党党史馆藏，档案号：汉 10197.2、部 6721、部 6720。

② 《闽省内部之纠纷》，汉口《民国日报》1927 年 7 月 4 日，第 1 张新闻第 1 页。

赣东一带给养困难，亟谋出处，而杨树庄等人则迫切寻求解决
以新编军为后盾的谭曙卿派团体。在各方的牵线下，最终商定
第十一军"入闽返粤"，暂驻福建，其间福建省政府负责其饷
糈给养，该军则帮助解决新编军。① 而且，第十一军入闽的行
动也确实获得国民政府军委会的允可。1927 年 10 月 7 日，谭
曙卿向国民政府报告时即谈及第十一军奉令由闽北开到闽南夹
击贺、叶残部，是日可抵福州，已派员前往慰劳并觅定驻所，
当妥为招待与切实联络，共同筹商进剿办法。②

　　据蔡廷锴的描述，第十一军进入福州当日，市内倒谭的
"革命空气异常浓厚"，出现"打倒谭某，欢迎十一军武装同
志，解除福州人民痛苦"等标语。③ 10 月 13 日，第十一军在
秘密部署后突然包围福州新编军指挥部，新编军各部略经抵抗
后缴械投降，谭曙卿被扣押，新编军系要人或被捕或逃散。解
决新编军当日，第十一军向社会布告已奉国民政府军事委员会

---

① 目前尚未见记述个中原委的直接材料，但综合报刊披露和若干当事人的
　　忆述，应系大概事实。参见《四十分钟间解除武装，谭曙卿亦为阶下
　　囚》，《晨报》1927 年 10 月 27 日，第 6 版；《十一军解决闽新编军之原
　　因》，《申报》1927 年 10 月 21 日，第 7 版；蔡廷锴《蔡廷锴自传》
　　（上），黑龙江人民出版社，1982，第 181～183 页；林知渊《政坛浮生
　　录——林知渊自述》，《福建文史资料》第 22 辑，第 29 页；吴艺五《我
　　所知道的方声涛》，《福建文史资料》第 12 辑，第 97 页。
② 《新编第一军军长谭曙卿电国民政府》（1927 年 10 月 7 日），台北"国史
　　馆"藏，档案号：001-071040-00004-004。新编军被解决后，杨树庄在
　　国府会议上报告该案时也谈道："此案很复杂，蒋光鼐第十一军回福州，
　　军事委员会令他兼解决复杂军队。"《国民政府委员会第八次会议议事
　　录》（1927 年 10 月 18 日），台北"国史馆"藏，档案号：001-046100-
　　00011-001。
③ 蔡廷锴：《蔡廷锴自传》（上），第 183～185 页。

之命将省城的新编军缴械。通告在暗讽新编军为"弁髦纪律，扰害地方"之"反革命军队"的同时，提及该军抵省之日省市党部及各工会团体历数新编军"罪恶贯盈民不堪命之状"①，无意中透露谢瘦秋被捕时的骚乱与地方党部有密切关系。

谢瘦秋被捕不久，福州市党部指控其非法组织人力车工会，将该工会接收改组。与此同时，省党部责令福州市各工会悉由市党部进行整理。② 谢瘦秋被枪决后，福州市党部又在省党部的授权下，以福州市总工会系谢瘦秋非法组织，对该会进行改组。③ 此外，福建工运指导员办事处、福州晨报馆、省农民协会等团体被查封或改组。④ 随着谢瘦秋掌控的工会组织和权力被党部方面接收，福州工运又基本操于林寿昌派之手。⑤ 军事方面，第十一军与杨部海军在扣押谭曙卿后，陆续将散处各地的新编军缴械或改编，谭曙卿则被解送离闽，新编军无形解体，新编军系也逐渐淡出福建政局。⑥

----

① 《闽十一军解决新编军情形》，《申报》1927 年 10 月 19 日，第 6 版。
② 《中国国民党福建省党部筹备委员会指令第一七六一号》（1927 年 10 月 18 日）、《中国国民党福建省党部筹备委员会训令》（1927 年 10 月 18 日），《福建党务半月刊》第 7 期，1927 年 11 月，"命令"，第 1 页。
③ 《中国国民党福建省党部筹备委员会指令第一八二七号》（1927 年 10 月 24 日），《福建党务半月刊》第 7 期，1927 年 11 月，"命令"，第 4~5 页。
④ 《福建被难同志联合会上中央工人部等代电》（1927 年 11 月 8 日），台北原中国国民党党史馆藏，档案号：部 7940。
⑤ 《中共福建省委扩大会职工运动决议案》（1928 年 1 月 21 日），《福建革命历史文件汇集》省委文件（1927—1928 年），第 63 页。
⑥ 新编军虽不少被缴械或改编，看似无形解体，实则又化整为零，仍是福建政局不稳定的重要因素。尤其是 1928 年春张贞回闽后，借着谢案和福州派拒绝国民党中央委派党务指导员问题向福建党政方面施压，同时联络收拢新编军，原闽南民军一派又逐渐活跃。

新编军系被解决的当月，杨树庄即启程回到福建。对于福建此前的政局纷争，杨树庄发表谈话称："福建前此的错误，症结在于党部自党部，民众自民众，政府自政府，军队自军队，所以弄成散漫的局面。"① 杨树庄之言颇有居高临下谴咎各方的意味，却也指出彼时福建多歧繁复的地方政治形态。谢毙谭倒后，黄展云着手成立省政府农工厅。② 同年11月，军事厅亦宣告成立，在方声涛未回福建前由杨树庄暂代厅长。③ 1928年初，方声涛回闽就任军事厅厅长并代理省主席，着手募编省防军，整理全省军队。④ 至此，以海军为后盾的福州系在与新编军系的竞逐中再次胜出。然而，福州系尤其是以林寿昌、黄展云为首的党部方面旋即因擅自枪决谢瘦秋被南京中央问责通缉，省党部筹备处亦随着国民党中央决定整理全国党务被停止活动并改组，其在福建的势力亦归于失败。

五　谢瘦秋案的回响与善后

谢瘦秋被捕和谭曙卿被扣押之初，国民政府议决此案大体

---

① 《杨树庄回闽情形》，《申报》1927年10月30日，第9版。
② 《闽政局改造之新讯》，《申报》1927年10月28日，第7版。
③ 《国民政府委员会第十四次会议》（1927年11月8日），洪喜美编《国民政府委员会会议纪录汇编》（一），第61页。
④ 《方声涛整理闽军务》，《申报》1928年2月20日，第7版。

关涉党务和军事两方面，分别交由中央党部和国民政府军委会办理。① 孰料谢瘦秋被福建地方政府擅自枪决，自然引起中央党部尤其是谢瘦秋所属之工人部的强烈反应。10 月底，中央工人部以"反革命之徒"公然枪杀中央特派员，藐视党纪国法可谓已极，而福建省政府"对于破坏工运之反革命分子不依法惩办，对于国府释放之命令则视为具文，且竟将该员枪毙，其弁髦法纪，违抗命令，藐玩党权为何如"，提请国民党中央要求国民政府将凶犯及主使者缉拿严惩，革除党籍，而福建省政府防范不力亦应予以惩戒，并初步议决谢案处理办法四项：饬令国民政府严斥福建当局；惩凶；恤死；由工人部组织谢瘦秋同志惨案委员会。② 对于福建省政府先斩后奏的行为，国民政府除严电申斥其"擅行枪决，措置失当，有违党规"外，同时派遣彭程万作为特派员赴福建调查，以凭核办。③

在国民政府调查期间，逃赴宁沪一带的李大超、罗谷荪等发起组织"福建被难同志联合会"，指称林寿昌等人充满部落思想和地方观念，④ 利用第十一军驱逐新编军的机会，大行

① 《国民政府委员会第八次会议议事录》（1927 年 10 月 18 日），台北"国史馆"藏，档案号：001-046100-00011-001。

② 《中央工人部上中常会函》（1927 年 11 月 1 日），台北原中国国民党党史馆藏，档案号：部 6439；《中央查办谢瘦秋被害案》，《申报》1927 年 11 月 4 日，第 6 版。

③ 《国民政府秘书处函国民党中央特别委员会秘书处》（1927 年 10 月 31 日）、《国民政府令彭程万》（1927 年 10 月 29 日），台北"国史馆"藏，档案号：001-014000-00034-011、001-014000-00034-008。

④ 《谢瘦秋被杀之有关材料》（1927 年 11 月 19 日），台北原中国国民党党史馆藏，档案号：部 6448。

"排外运动"，对中央派往福建的工作人员及在闽任职的外省人劫掠捕杀，请求国民党中央及国民政府"剿除叛逆，以肃党纪"。[①] 与此同时，闽南漳州等地部分人士也指控林赤民、林寿昌、黄展云等旧势力互相勾结，"挑拨劳资恶感，排击外省外府同志，造成大福州系，以谢同志为工人领袖非先解决不能遂其野心"，呈请将其缉拿严惩。[②]

福州系虽因擅自枪决谢瘦秋有所理亏，但也不失时机进行反击。1927 年 11 月，南京发生针对国民党中央特委会的"一一二二事件"，所谓"福州党政军农工商学妇女各界"捕风捉影，指称该事件系李大超等组织的"援助谢案委员会"与中央特委会委员王昆仑所策动，王昆仑与李大超、谢瘦秋之流"暗中树立一帜，尽倾轧之能事"，具有深刻的部落思想和严格的派别划分。尽管如此，该派在述及与李大超、谢瘦秋等新编军系之关系时也承认，在李大超、胡邃、蓝渭滨、尤永增、谢瘦秋、罗谷苏等随北伐军入闽之初，黄展云、林寿昌等曾与其"推诚相与，极力提携，于是联成一致战线，以抵抗共产党"，迨"驱共"成功后，始发现李大超等"把持一切"，一面包围操纵谭曙卿，一面勾结宋渊源及新编军将领互为呼应，乘中央政府忙于北伐、无暇后顾之机，"嗾使根本恶化的新编军队捣乱后方，到处杀人越货，暴动骚

---

① 《福建被难同志联合会电国民政府秘书处》（1927 年 11 月 15 日），台北"国史馆"藏，档案号：001-014000-00034-012。

② 《中央工人部批令福建漳州党部代表张纯厚稿》（1927 年 11 月 9 日），台北原中国国民党党史馆藏，档案号：部 6440。

扰"，以掣肘福建省政府的设施，破坏福建政治和军政统一。与此同时，彼辈"又极力垄断党务，引卑鄙恶劣的人为同志，视真党员如寇仇"。① 福州系这一指控虽不无"污蔑"之处，但也基本道出其与新编军系分合、冲突的大致过程。此外，双方不约而同地指责对方的地方观念和部落思想，事实上即是自身情况的写照。

谢瘦秋遇害后，沪宁等一带掀起一波为谢瘦秋申雪及提高党权的请愿活动。工人部等声援谢瘦秋的各方陆续向国民党中央请求缉凶严办，声言谢瘦秋之死意味着"中央威信之坠落""党员生命之无保障"，必须保障党员生命的安全，维护中央的威信。② 11 月中旬，工人部正式组织"谢瘦秋同志惨案委员会"。该会旋即与南京市党部、江苏省党部、福建被难同志联合会等团体联合组织"首都各界为谢案伸雪提高党权大会"。③ 12 月初，该会向国民党中央请愿，提请停止福建省政府职权并将各委员免职查办；改组"反革命"把持的福建省党部；开除黄展云、林赤民、林寿昌等人党籍；枪毙谢案凶手林赤民、林寿昌等人等 8 项最低要求。④ 上海方面，上海市党部和工人总

① 《福州党政军等为一一二二惨案告全国民众书》（1927 年 12 月 1 日），台北原中国国民党党史馆藏，档案号：部 13245。
② 《追悼谢瘦秋同志宣传大纲》（1927 年 11 月），台北原中国国民党党史馆藏，档案号：部 10296。
③ 《谢瘦秋惨案委员会等上中执会函》（1927 年 11 月 13 日）、《首都各界为伸雪谢案致中特会函》（1927 年 11 月 18 日），台北原中国国民党党史馆藏，档案号：汉 6465、部 3519。
④ 《第四次中央全体会议第三次预备会昨今仍延会》，《申报》1928 年 12 月 7 日，第 14 版。

会等团体 12 月召开代表大会，组织"上海各界为谢案伸雪提高党权运动大会"。① 此外，新编军系在福建虽告失败，但在各地仍有一定声援的力量。部分地方团体陆续指控林赤民、林寿昌等"反动分子"把持党政、摧残工运，应予以惩办。②

林寿昌等福州派虽因谢案处于风口浪尖，但其活动仍未加收敛。1928 年 2 月初，国民党二届四中全会决议整理全国党务，命令各地各级党部一律暂停活动，但林赤民、黄展云等福建省党部方面当即通电抗议。③ 同年 3 月，国民党中央决定委派鲁纯仁等 7 人组成福建党务指导委员会，赴闽整理党务，不料却遭到方声涛、林寿昌等人强烈反对。方声涛以国民党中央未事先征求其意见，以省政府名义强调要"党政统一"，请求收回成命。④ 此后，林寿昌等人亦秘密布置"拒指"运动，召集市县各机关团体公开反对国民党中央改组省党部，拒绝中央党务指导员前往福建工作，并通电全国请求声援。⑤ 国民党中央不得已对赴闽的党务指导员进行调整，同时加派詹调元、丁

---

① 《今日各界为谢案开代表大会》，《申报》1927 年 12 月 13 日，第 11 版；《各界昨为谢案开代表大会》，《申报》1927 年 12 月 14 日，第 15 版。

② 《闽南各界呈国民政府委员会》（1928 年 2 月 27 日），台北"国史馆"藏，档案号：001-014000-00034-034。

③ 《旅宁福建同志会常务委员赵铢等呈国民政府》（1928 年 2 月 15 日），台北"国史馆"藏，档案号：001-014000-00034-031。

④ 吴艺五：《我所知道的方声涛》，上海市政协文史资料委员会《上海文史资料存稿汇编》第 2 册，上海古籍出版社，2001，第 381 页。

⑤ 味凡：《福州林寿昌、林推生两个流氓集团》，政协福建省福州市委员会文史资料工作委员会编《福州文史资料选辑》第 2 辑，1983，第 56 页；《国民党前福建省党部筹备委员李大超呈国民政府》（1928 年 6 月 12 日），台北"国史馆"藏，档案号：001-014000-00035-018。

超五、陈乃元等闽籍人士为福建党务指导委员会委员。然而，稍后各委员赴闽时仍不断遭遇反对之举，国民党中央被迫将党务指导委员全体调回南京，候省政府改组后再行回闽工作。①

1928 年 4 月，国民党中央将谢案的处理交由司法部核议。司法部在审议相关调查报告等材料后裁定，枪决谢瘦秋虽系以福建省政府的名义，但"究非职务上之行为，按杀人应由主谋实施者个人负责"，且该案"既据张特派员密查擒拿谢瘦秋实出于林寿昌、林赤民、李文滨、李挺苍及其爪牙之所为，而枪决谢瘦秋为林赤民、黄展云所力主"，为维持党规法纪计，应由国民政府明令将主谋实施的林寿昌、林赤民等人缉拿讯办。② 5 月中旬，国民政府根据司法部的审议，正式通缉黄展云、林赤民、林寿昌、李文滨、李挺苍 5 人，关于谢瘦秋的抚恤则交中央党部核办。③ 这一处理让福建省政府极为不安，当即向国民政府自请处分，称谢案系省政府会议议决执行，"不能诿过于一二党员"，请求撤销对黄展云等人的通缉。④ 随后，代理省主席职务的方声涛与陈培锟、郑宝菁等省政府委员纷纷引咎辞职。⑤ 6 月中旬，国民政府正式宣布免除林赤民、黄展

① 直至 1928 年 9 月，福建省政府改组后福建党务指导委员始赴闽接收、重建党务。参见潘健《民国时期国民党福建省党部述略（1924—1937）》，《学术评论》2019 年第 3 期，第 89 页。

② 《司法部函国民政府秘书处》（1928 年 5 月 2 日），台北"国史馆"藏，档案号：001-014000-00035-008。

③ 《国民政府训令直辖各机关》（1928 年 5 月 18 日）、《国民政府秘书处函国民党中央党部秘书处》（1928 年 5 月 18 日），台北"国史馆"藏，档案号：001-014000-00035-009、001-014000-00035-010。

④ 《闽府自请处分》，天津《大公报》1927 年 6 月 17 日，第 6 版。

⑤ 《方声涛为谢案辞职》，《申报》1928 年 5 月 29 日，第 8 版。

云本兼各职。①

　　尽管如此，国民政府裁定的谢案相关责任人却始终不"认罪"。黄展云在被通缉后即向北伐军总司令部申诉称谢案系集体共同表决，非自己一人所能为力，同时对李大超、胡遨等人的"无端加陷"进行反驳。② 此后，黄展云进一步向国民党中央解释称谢瘦秋被捕时其在上海，而议决枪决一事系讨论后集体决定，非"一二人所能独主"，不管此事是否属省政府职务上的行为，皆不能归罪于个人，指称司法部的审查是"曲为脱卸，以便构成个人之罪"，请求撤销通缉。林寿昌等其他被通缉之人亦陆续申诉称，谢案"因一时冲突而捕送谢瘦秋者民众也，议决罪案而执行谢瘦秋死刑者福建省政府也"，与其毫无关系。③ 国民政府则坚持黄展云等杀害谢瘦秋确系"罪有应得"，业予通缉的定案。④

　　此后，黄展云等虽被通缉，但始终未被逮捕归案，反而在个人的申辩和地方政府的请求下先后被国民政府赦免。⑤ 1929

---

① 《国民政府明令福建省政府委员林赤民》（1928 年 6 月 18 日），台北"国史馆"藏，档案号：001-032220-00107-007。

② 《总司令部函国民政府秘书处》（1928 年 7 月 3 日），台北"国史馆"藏，档案号：001-014000-00035-025。

③ 《国民党中央政治会议函国民政府》（1928 年 6 月 15 日），台北"国史馆"藏，档案号：001-014000-00035-019。

④ 《国民政府秘书处函国民党中央政治会议秘书处》（1928 年 6 月 23 日），台北"国史馆"藏，档案号：001-014000-00035-020。

⑤ 1929 年初，林赤民一度被南京首都卫戍司令部拘获交国民政府参军处收押，但旋即为方声涛保释。《适中各社团呈蒋中正》（1929 年 1 月 10 日）、《国民政府参军处函文官处》（1929 年 1 月 24 日），台北"国史馆"藏，档案号：001-014000-00035-030、001-014000-00035-036。

年 1 月，福建高等法院根据黄展云的申诉，提出黄展云对谢案无极力主张及特殊之处，"尚无犯罪嫌疑"，建议取消对其的通缉。① 次月，方声涛和杨树庄据此呈请国民政府，获国民政府通过。② 黄展云获准撤销通缉，其余被通缉者纷纷效法进行申诉。1931 年 3 月，国民政府司法院在核查谢案后建议国民政府撤销对林赤民的通缉，理由是据彭程万的调查报告，谢瘦秋被捕"是否出于林赤民等之指使尚无实据"，"至省政府派员会审结果经省政府委员会议议决，林赤民虽在场表决，并无特殊主张，既据该省政府呈称系属实在情形，所请援照黄展云成案取消通缉一节似可照准"。国民政府即据此取消对林赤民的通缉。③

显然，司法院推翻了此前司法部关于"擒拿谢瘦秋实出于林寿昌、林赤民、李文滨、李挺苍及其爪牙之所为，而枪决谢瘦秋为林赤民、黄展云所力主"的认定。次年，福建省政府又以林寿昌、李文滨、李挺苍 3 人与黄展云、林赤民在谢案中"事同一律"，呈请国民政府撤销通缉，亦获批准。④ 至此，谢案被通缉之人全部被"无罪"赦免。

---

① 《行政院长谭延闿呈国民政府主席蒋中正》（1929 年 1 月 22 日），台北"国史馆"藏，档案号：001-014000-00036-002。

② 《方声涛杨树庄林知渊呈国民政府主席蒋中正》（1929 年 3 月 7 日）、《国民政府指令福建省政府》（1929 年 6 月 14 日），台北"国史馆"藏，档案号：001-014000-00036-001、001-014000-00036-005。

③ 《训令第一二五三号》（1931 年 3 月 19 日），《行政院公报》第 238 号，1931 年 3 月 25 日，"训令"，第 18 页。1928 年秋，国民政府组建司法院，司法部改为司法院所属之司法行政部。

④ 《行政院长汪兆铭呈国民政府主席林森》（1932 年 4 月 25 日），台北"国史馆"藏，档案号：001-014000-00036-040。

国民政府对谢案相关人员"有罪"和"无罪"的判决分别依据张贞和彭程万报告的不同侧重点，后者较为模糊，基本未提及相关涉案人员，前者则直指相关当事人。国民政府司法部门前后两次判决所强调的谢案责任归属呈现出明显的个人和集体分野。显然，淡化个人责任，强调集体负责，最后即成无人负责，个中除司法解释的微妙之处外，也是南京国民政府在政治整合过程中对地方政府妥协的过程性体现。1929 年 6 月，国民党中央胡汉民等人针对国民政府赦免黄展云的通令中有"谢瘦秋实系共产党一语"，咨请国民政府更正时谈道："查谢同志系前中央特派福建工运指导员，并无共产行为。遇害之后中常会曾决议予以抚□，政府宽大，免予黄展云之通缉未为不可。但不能根据地方一时之报告，推翻前案，反令死者衔冤。"[1] 国民党中央的这一表态也透露出谢案相关人员的"无罪"，在相当程度上是国民政府"宽大"的结果。

尽管如此，林寿昌仍于 1934 年 2 月被新任福建省政府主席陈仪等逮捕，并在蒋介石的允可下就地正法，其团体陆续被缉拿惩办。[2] 林寿昌集团被解决，除与林氏长期以来在福建的势力和影响有关系外，林寿昌和改组派的关系可能也是其中原因。至少从 1930 年开始，蒋介石即陆续令杨树庄、

---

① 《国民党中央执行委员会函国民政府》（1929 年 6 月 21 日），台北"国史馆"藏，档案号：001-014000-00036-006。

② 《蒋中正电陈仪蒋鼎文》（1934 年 2 月 20 日）、《陈仪电蒋中正》（1934 年 4 月 8 日），台北"国史馆"藏，档案号：002-070100-00033-047、002-080200-00159-057。

张群等人在上海、福建"严拿改组派爪牙林寿昌及其党羽"。①

* * *

北伐开始后,革命军在数月内席卷大半个南方中国,在相当程度上得益于地缘优势。然而,地缘因素在推动北伐军事在南方各省迅速展开的同时,却也成为制约这场革命走向深入的阻力。北伐军入闽后,福建地方社会既有的民军、海军和社团力量在走向革命的进程中都在不同程度上得到发展、壮大。围绕革命后福建地方权力的分配与政治重建,地域社会既有的各种力量不断分合演进,内化为带有明显地域区隔的福州系和新编军系两大阵营,即使是谢瘦秋等受命中央的外来人员也难以超脱此间的派别营垒与冲突,使革命开始后的福建省政局呈现出明显的派系"革命"色彩。

福建地方党政要人不顾谢瘦秋的中央特派员身份及国民党中央、国民政府迭次要求释放的命令,擅行枪决谢瘦秋,不仅是此时派系纷争的极端化表现,也是地方对中央权威的挑战和忽视。而且,无论是福建地方派系之间还是地方与中央之间的权力角逐,均隐藏在革命的话语之下。福建省政府成立之际,林寿昌等因对省府人员构成不满,

---

① 《蒋中正电杨树庄陈季良》(1930 年 1 月 21 日)、《蒋中正电张群》(1930 年 4 月 14 日),台北"国史馆"藏,档案号:002-070200-00002-012、002-010200-00026-040。

即向蒋介石控诉"各委员中多不革命同志，颇呈不安，特恐闽政归于腐化，请特加注意"。① 此后，无论是福州系在借助武力解决新编军系，还是中央工人部等各方要求惩办林寿昌等人时，都竞相以"反革命"指责对方，反映了北伐时期"革命"话语的内涵逐渐坍缩，被滥用于各种派系和权力斗争之中。

论者曾指出，由于北伐时期地方党政关系尚处于探索和调适阶段，没有形成统一模式。在省一级，党政关系大致由倾向于党政分开向以党治政的方向发展，权力配置更多地向党部倾斜和集中，甚至演变为以党代政的趋势。② 在地方省党部力量较强，或国民政府、国民党中央在军事克复后能掌控局势的湖北等省份，党政关系大体如此。然而，在福建等革命后地域性力量仍较为强大的省份，省党部基本很难实现国民党中央确定的省党部指导、监督省政府，甚至被排斥于省政府之外。

福建谢瘦秋案的发生和善后过程也是新兴的南京政权无力整合地方政治的缩影。杨树庄主导成立福建省政府在很大程度上是蒋介石和海军妥协的产物。面对新编军系和地方党部等各方群起反对海军派组织福建省政府，以蒋介石为代表的南京中央派遣张群作为代表赴闽调和，最终达成将新编军调离福建的

---

① 《林寿昌李文滨电蒋中正》（1927 年 7 月 8 日），台北"国史馆"藏，档案号：002-090101-00007-024。

② 王奇生：《党政关系：国民党党治在地方层级的运作（1927—1937）》，《中国社会科学》2001 年第 3 期，第 189~190 页。

解决办法。然而，随着蒋介石第一次下野，由地方民军转化而来的新编军旋即以省政府开拔费未能筹妥为由，"恋栈"福建，福建地方的派系分合和冲突也因此愈趋激烈，以致党政军各方均趋于分化，最终促成谢瘦秋案的发生。

第六章

战地政务委员会与北方的
政治重建

1928 年二次北伐重启后，南京国民政府鉴于第一次北伐时期的经验，在克复之地的政治重建上，不再设立地方性的省临时政治会议、政务委员会、财政委员会等过渡机构，而是直接组建代表国民政府中央的派出机构——战地政务委员会（以下简称"战委会"），负责统筹战地一切政务，冀以实现战地军政的分离。本章以战委会为对象，对南京国民政府关于北方克复之地的政治接收与重建情形进行梳理考察，探讨国民政府在二次北伐过程中军政整合的得失及影响。

一 战地政务委员会的缘起及组织

1928 年 6 月，在二次北伐结束之际，时任战委会主席的蒋作宾在对新闻界发言时谈道："近十几年来革命军之战斗，在北伐时代，军事与政治，总是混为一起，以致累次为政治而牵动军事，不克成功。所以此次国民革命军，自广东出发以来，决定军事和政治分开，武装同志，专管军事，一心一意，向前战斗。对于政治事务，另外选人处理，免得分了武装同志的战斗力。此战地政务委员会之所由设也。"[1] 可见，对于北伐这场以统一全国为职志的战争，国民政府自始即对出师后克复各地的政治重建有所筹划和准备，欲通过政治上的努力和建设来配合战事的进行。

蒋作宾的阐述虽主要是针对战委会的缘起而言，但在某种程度上亦可被视为北伐时期国民政府对于战地政治的规划和设想。1926 年北伐开始之初，国民政府即有设置战委会之计划，以陈公博充任主席。只是该会并未确实运作，战地政务主要由军官或政工人员直接主持，流弊不少。[2] 1927 年南京国民政府成立后，又决定另行组织战委会，其人员由国民政府特派民政、财政、交通、外交等各部负责人组成，受国民革命军总司令之指挥处理作战区内之政务，并负责作战上各种要素之筹备、调节、分配，冀以划清作战区域的军政工作。[3] 据此，国民政府即从中央各部派遣人员组建战委会，随军出师苏

---

[1] 《本会招待北平新闻界记》，《战地政务委员会公报》第 3 期，1928 年 7 月，"杂述"，第 3 页。民国时期广义的北伐包括孙中山领导的北伐（1917—1924）、以国共合作为基础的国民革命旗帜之下的第一次北伐（1926—1927）、1928 年南京国民政府的二次北伐等阶段。蒋作宾在此所言的"北伐时代"盖指孙中山时期的北伐。

[2] 朱汉国等：《国民革命与北伐战争》，第 195、307 页。

[3] 《总司令部组织大纲》，《兵站半月刊》第 3 期，1927 年 5 月，"法规"，第 1 页。

皖地区。① 由于当时权限划分未清，该会组织不完备，而且随着宁汉对立加剧和北伐中挫，新组建的战委会亦未发挥应有之作用。

1928 年 1 月，蒋介石重返南京复职后，北伐再次提上议程。② 1 月 18 日，国民党中政会通过北伐军战斗序列，并任命蒋介石为北伐军总司令。③ 2 月初，随着国民党二届四中全会"圆满"召开，蒋介石以"党之中央，政之中枢皆已奠定"，全力筹划北伐。④ 2 月底，国民党中央任命蒋介石、冯玉祥、阎锡山分别出任第一、二、三集团军总司令。北伐初步的作战部署为，第一、二集团军之一部合攻山东；第二、三集团军合攻直隶；然后第一集团军沿津浦路两侧急进，第二集团军沿京汉路及其东南地区急进，第三集团军进击京西一带及京绥路，3 个集团军共同会师北京。

对于此次北伐，国民政府各方在军事上普遍较为乐观。第一集团军总参谋长杨杰及总司令部参谋处副处长殷祖绳等人预计两星期之内，北伐军即可占领济南，至迟不出月底。两个月以内务须打下北京，统一全国。国民政府淞沪卫戍司令部亦分析称："我方兵力有八十余万，在前线者有五十余万，而敌方

---

① 《国民政府政治工作报告》，《申报》1929 年 3 月 22 日，第 8 版；郭廷以编著《中华民国史事日志》第 2 册，第 194 页。

② 《蒋介石日记》，1927 年 12 月 18 日、1928 年 1 月 13 日；《蒋中正电冯玉祥阎锡山杨树庄》（1928 年 1 月 9 日），台北"国史馆"藏，档案号：002-020100-00016-021。

③ 《蒋介石日记》，1928 年 1 月 18 日。

④ 周美华编注《蒋中正总统档案：事略稿本》（2），台北："国史馆"，2003，第 399 页。

则仅二十余万，彼此相较，其胜利可必。"① 军队所到之处贴满"打到北京过端午节"的标语，见者莫不为之兴奋。② 北伐军事上的胜券在握，让国民政府方面可以有更多的精力思考如何在政治方面进行整合，蒋介石也特别提醒自己"军事方面固已确有把握，于政治则尚当用其心"。③

在筹划二次北伐的过程中，蒋介石决定于国民革命军总司令部下设立战委会，并着手拟订《战地政务委员会条例》。根据蒋介石的构想，战委会由国民政府特派主席委员一人，同时内政、外交、财政、司法、交通等各部分别选派代表为该部负责之委员一人组织。战地各政务统由该会主持办理，若作战逐次进展，所辖区域内之某部认为已脱离军事范围时，即划归主管机关管理。战委会主席承国民革命军总司令之指挥，掌管全会事务。④ 由此，战委会的筹设再次提上议程。

3月初，国民政府通过蒋介石提出的设立战委会提案，"举凡作战区内民政、财政、外交、司法、交通各政务，悉归该会处理"，并修正通过战委会条例草案。⑤ 稍后，国民政府

---

① 《各机关纪念周汇志》，《申报》1928年3月20日，第13版。
② 《北伐记（一）》，《申报》1928年4月10日，第6版。
③ 《蒋中正往军官团训词并嘱张之江电冯玉祥合力先取山东予以整顿等》（1928年3月10日）、《蒋中正与张人杰商谈党务并电宋子文》（1928年3月11日），台北"国史馆"藏，档案号：002-060100-00008-010、002-060100-00008-011。
④ 周美华编注《蒋中正总统档案：事略稿本》（2），第399~407页。对比此后战委会公布的该会条例，蒋介石所修订的此条例即为该会奉行的条例。参见《战地政务委员会条例》，《战地政务委员会公报》第1期，1928年5月，"专载"，第1~2页。
⑤ 《国府会议纪要》，《申报》1928年3月7日，第4版。

正式公布《战地政务委员会条例》，并任命蒋作宾为战委会主席。①

蒋作宾的任命与他在北伐时期的经历及在北方军政各界的人脉有关。蒋作宾早年在日本学习期间即加入同盟会，回国后担任保定军官速成学校教官，之后调陆军部任职。其间，蒋作宾"居北方总应各方之消息，暗中传达，并密布同志于各方"，与部分革命党人谋划"首都革命"。南京临时政府成立后，蒋作宾出任陆军部次长，此后继续在北洋政府中担任陆军部次长等职务。张勋复辟后蒋作宾离开北洋政府，继而南下赴两湖等地进行联络策动，参与孙中山的北伐工作。1926年北伐伊始，蒋作宾即被任命为湖北宣抚使，前往接洽湖北、江西等地部分军队的投诚行动。此后，他又代表广州国民政府赴上海、东北等地与奉系各方联络。② 1926年11月，蒋作宾被增委为国民政府委员。南京国民政府建立后，蒋作宾又出任国民政府委员和军事委员会委员。③

---

① 《国民革命军总司令蒋中正致国民政府函》（1928年3月6日）、《国民政府令派蒋作宾为战地政务委员会主席委员》（1928年3月13日），台北"国史馆"藏，档案号：001-032107-0008；《中华民国国民政府令》（1928年3月9日）、《中华民国国民政府令》（1928年3月13日）、《中华民国国民政府令》（1928年3月19日），《战地政务委员会公报》第1期，1928年5月，"命令"，第1~2页。

② 蒋作宾：《蒋作宾回忆录》，台北：传记文学出版社，1985，第29~45页；《蒋作宾在奉》，天津《大公报》1926年9月21日，第2版；《何成濬函蒋中正》（1926年9月28日），台北"国史馆"藏，档案号：002-080200-00006-043。

③ 《政府委员增额》，天津《大公报》1926年11月10日，第2版；朱汉国、杨群主编《中华民国史》第7册，四川人民出版社，2006，第426页。

按照战委会条例的规定，该会下设民政、财政、外交、司法、交通等各处，每处设主任一人，办事员若干，其人员均由国民政府各该部调用。① 具体任用程序为，国民政府所辖各部向国民政府及战委会推荐人员，再由战委会提请国民政府任命。3 月 19 日，国民政府正式根据各部的提请，公布民政部仇鳌、财政部陈家栋、外交部蔡公时、司法部林者仁、交通部赵世瑄为战委会委员，并分别兼任战委会民政、财政、外交、司法、交通各处主任。② 此后，各处主任以下之职员除由国民政府各部门调遣外，复由各处主任酌情延揽。3 月 20 日，蒋作宾率战委会各委员正式通电就职，表示即日前赴战地执行任务。③

战委会成立后，国民政府和战委会方面又根据各方的建议与提案，对该会的组织大纲条例与人员编制进行多次修正。3 月 23 日，战委会于南京召开第一次会议，在派定各处职员的同时，修正通过战委会组织大纲。④ 大纲规定战委会在不抵触中央法令的前提下，可以颁布临时法令；战地内民政、财政、

---

① 《战地政务委员会条例》，《战地政务委员会公报》第 1 期，1928 年 5 月，"专载"，第 1~2 页。

② 《财政部长宋子文呈国民政府》（1928 年 3 月 13 日）、《交通部长王伯群呈国民政府》（1928 年 3 月 16 日）、《国民政府令派仇鳌等五人为战地政务委员会委员》（1928 年 3 月 19 日）、《国民政府批令》（1928 年 3 月 20 日）、台北"国史馆"藏，档案号：001-032107-0008。

③ 《蒋作宾等电蒋中正等》（1928 年 3 月 20 日）、《蒋作宾电蒋中正》（1928 年 3 月 20 日），台北"国史馆"藏，档案号：002-090106-00006-154、002-020100-00027-013。

④ 《战地政务委员会第一次会议录》（1928 年 3 月 23 日），《战地政务委员会公报》第 1 期，1928 年 5 月，"会议录"，第 1 页。

图 6-1　战地政务委员会委员就职典礼

资料来源：《战地政务委员会公报》第 1 期，1928 年 5 月 1 日。

外交、司法、交通各官员均由该会任免。① 各处的职权范围
如下：

　　民政处职掌事务包括：1. 关于考核吏治及县长、公安局
长之任免奖惩事项；2. 关于市政、警政之设施及行政区划事
项；3. 关于抚绥流亡及筹赈事项；4. 关于社会事业、人民生
计、风俗、宗教、公共卫生之考查处置事项；5. 关于古迹古
物保存，及著作出版、宣传等之审定事项；6. 关于道路桥梁
之修缮，及水道工程事项；7. 关于教育事项。

　　财政处职掌事务包括：1. 关于一切税捐田赋之监督
管理征收事项；2. 关于会计出纳事项；3. 关于税收官吏

---

① 《国民革命军总司令部指令》（1928 年 4 月 4 日），《国民革命军总司令部
指令》（1928 年 4 月 12 日），《战地政务委员会公报》第 1 期，1928 年 5
月，"指令"，第 1~2 页。

之任免奖惩事项；4. 关于官产逆产调查管理事项；5. 关于监督银行之整理金融事项；6. 关于矿产及其附属财产之监督管理事项；7. 关于监督地方公共团体收入事项；8. 其他关于赋税一切事项。

外交处职掌事务包括：1. 关于一切对外交涉事项；2. 关于中外人民诉讼交涉事项；3. 关于中外人民出籍入籍交涉事项；4. 关于外人传教之处置事项；5. 关于交涉官吏之任免奖惩事项。

司法处职掌事务包括：1. 关于司法行政事项；2. 关于法院之设置、废止及其管辖区域之划分、变更事项；3. 关于监狱之设置、废止，及其管理事项；4. 关于司法官、监狱官及其他职员之任免奖惩事项；5. 关于司法收入及罚金赃物之稽核会计事项；6. 关于司法经费之会计出纳事项；7. 关于赦免、减刑、复权及执行刑罚事项；8. 关于律师事项。

交通处职掌事务包括：1. 关于水陆运输事项；2. 关于管理铁路、电报、邮务、电话及其他交通电气业事项；3. 关于管理航路、河道及海港、河堤之修筑事项；4. 关于监督民有铁路及其他交通电气业事项；5. 关于各交通机关职员之任免、奖惩事项。①

4 月初，战委会按照一切均宜从简的原则，拟定该会员额共计 140 余人。较之省政府，战委会所有员额约减少 2/3 以

---

① 《战地政务委员会组织规则》，《战地政务委员会公报》第 1 期，1928 年 5 月，"专载"，第 2~4 页。

上，但其职责权限均较省制为大。①

　　战委会成立不久，国民政府所辖之大学院、工商部、农矿部、建设委员会又先后提请国民政府准予派遣代表加入该会，以代表该部（院、会）前赴战地处理相应事务，获蒋介石及国民政府通过。② 4 月下旬，国民政府议决大学院、工商部、农矿部、建设委员会各派负责代表 1 人充任战委会委员，同时在战委会下增设教育、工商、农矿、建设四处，分别以罗家伦、高秉坊、左宗澍、陈立夫为该处主任委员，同时对战委会条例进行补充修正。③

　　经过调整扩充，战委会组织扩大到 10 个处（含秘书处），分别与国民政府所辖的各部（会、院）对应，职权和业务范围进一步扩大。与此同时，国民政府指示战委会各处主任与国民政府各部的各主管机关，亦得随时联络。"此后区域日广，政务日繁，如遇重要事务，应由该会先电各主管部、院、会协

---

① 《战地政务委员会令》，《战地政务委员会公报》第 1 期，1928 年 5 月，"会令"，第 1~4 页；《战地政务委员会拟定职员额数》，《战地政务委员会公报》第 1 期，1928 年 5 月，"专载"，第 1 页。

② 《蔡元培电蒋中正蒋作宾》（1928 年 4 月 5 日）、《蒋介石蒋作宾电蔡元培》（1928 年 4 月 5 日）、《国民政府致大学院公函》（1928 年 4 月 10 日）、《国民政府令派罗家伦为战地政务委员会委员》（1928 年 4 月 12 日）、《国民政府令派左宗澍为战地政委会委员》（1928 年 4 月 20 日）、《蒋介石电国民政府》（1928 年 4 月 24 日），台北"国史馆"藏，档案号：002-080200-00031-043、001-032107-0008。

③ 《国民政府致工商部农矿部建设委员会公函》（1928 年 4 月 21 日），台北"国史馆"藏，档案号：001-032107-0008；《中华民国国民政府命令》《修正战地政务委员会条例》，《战地政务委员会公报》第 2 期，1928 年 6 月，"命令"，第 1~5 页；《国府增派本会委员》，《战地政务委员会公报》第 2 期，1928 年 6 月，"专载"，第 3~4 页。

商办理，其次要事件，即由该主席主持督饬各主任，随时处理，分别陈明通报。"①

6月底，战委会政务会议修正通过该会组织规则及办事细则。② 根据该修正规则的补充，农矿处、工商处、教育处、建设处的职掌分别如下。

农矿处：1. 关于农矿官吏之任免及奖惩事项；2. 关于农矿机关之设置废止及管理事项；3. 关于农矿事业之调查保护及奖进事项；4. 关于农矿团体之监督指导及组织事项；5. 关于佃夫地主间之纠纷事项；6. 关于矿警及矿工待遇事项。

工商处：1. 关于民营工商业之保护监督及奖进事项；2. 关于公营工商业之管理事项；3. 关于工商团体之监督指导及组织事项；4. 关于商品及制造品之陈列检查及试验事项；5. 关于商埠事项；6. 关于商税及工商金融事项；7. 关于调节物价及出产销售事项；8. 关于商埠及其他工商业之重要工程事项；9. 关于工厂之监督检查事项；10. 关于工人之保护救济事项；11. 关于劳资纠纷事项。

教育处：1. 关于各级学校事项；2. 关于教育机关之管理督察事项；3. 关于教育机关主管人员任免奖惩

---

① 《国民政府复本会皓电》（1928年4月25日），《战地政务委员会公报》第2期，1928年6月，"专载"，第1页。
② 《第二十一次政务会议纪录》（1928年6月26日），《战地政务委员会公报》第3期，1928年7月，"会议录"，第4页。

事项；4. 关于学校教员检定事项；5. 关于学校教科图书审查事项；6. 关于古迹古物保存事项；7. 关于图书馆、博物馆及其他文化事项；8. 关于其他教育行政事项；

建设处：1. 关于不属于各处之建设事项；2. 关于水利事业之调查提倡及改良事项；3. 关于水利人员之任免及奖惩事项。[1]

至此，战委会各处的人员、组织及职权基本确定，成为二次北伐时期国民政府在作战区域临时性的最高政治机关。[2] 关于战委会的职能，蒋作宾在对新闻界讲话时曾有较为通俗的阐述："所有战地一切政务，统由本会主持办理，即所有国民政府及地方政府所管辖的事务，在前方战地，无不由本会办理。简言之，本会不啻国民政府之缩影。因政府控制前方，有鞭长莫及之势，必须分一部分人到前方去，暂时代其行使职权。"[3] 诚然，国民政府计划通过战委会代表其前往前线，统筹处理战地政务，减少军队对地方行政的干扰，"不但辅助前线军事之不足，且要引起战地民众对国民革命军之好感"。[4] 此外，山

---

[1] 《修正战地政务委员会组织规则》，《战地政务委员会公报》第 3 期，1928 年 7 月，"专载"，第 1~3 页。

[2] 《战地政务委员就职》，《申报》1928 年 3 月 22 日，第 9 版。

[3] 《本会招待北平新闻界记》，《战地政务委员会公报》第 3 期，1928 年 7 月，"杂述"，第 3~4 页。

[4] 谭延闿：《在战地政务委员就职会上的讲话》，周秋光主编《谭延闿集》（一），第 177~178 页。

东、直隶等北方各省情势特殊，也促使国民政府决定设立战地政务委员会，代表其随军前往前线，承国民革命军总司令之命统筹处理战地政务。[①]

如国民政府所言，战委会成立之目的，"在处理军事克复后地区之一切行政事宜，以弥补以往战争克复地区无人承继该地行政之缺点"。[②] 战委会成立伊始，国民政府即对该会期待极高。在战委会各委员的就职典礼上，谭延闿代表国民党中央发表讲话：从前军队行军经过地方，军事长官要兼顾地方行政事务，殊多妨碍。上年广东开始北伐，虽组设政务处，施行政治工作，成绩亦未能十分圆满。故在北伐的重要时期，经中央政治会议议决设立此会，以重责任。各委员皆系本党声望素著之人，希望对战地政务有维新及伟大之建设。[③] 李烈钧更是代表国民政府宣称战委会的设置是在军事胜利之外，"再求一政治胜利，其价值远在军事胜利之上"。[④] 4 月，战委会出发去前线后，国民政府再次训勉战委会称：

> 军事进展，政务自应妥速处理……此后区域日广，政务日繁，如遇重要事件，即由该主席主持督饬各主任，随时妥为处理，分别陈明通报。总期战地设施，与中枢所定

---

① 吴相湘：《首任驻日大使蒋作宾》，《传记文学》第 6 卷第 1 期，1965 年 1 月，第 25 页。

② "中华民国史事纪要编辑委员会"编辑《中华民国史事纪要（初稿）》（1928 年 1～6 月），台北："中华民国史料研究中心"，1978，第 1185 页。

③ 《战地政委就职》，《申报》1928 年 3 月 21 日，第 3 版。

④ 《宁方战地政务委员就职记》，天津《大公报》1928 年 3 月 27 日，第 6 版。

主旨吻合，用人行政复获联贯，是在该主席委员等悉意施
行。第直鲁久受军阀蹂躏，叫嚣隳突，民命难堪，该委员
会所至，务使督饬所辖员司，励精图治，拯民水火，以慰
来苏，是所切要。①

二　山东的政务规划与实践

二次北伐以山东、直隶地区为中心战区，因此战委会
预期的工作重心亦集中于此两省，而山东又因地理位置成
为首要之地。1928 年 3 月下旬，战委会在南京召开第一次
会议，议决所辖各处分别预先调查山东各项实况，以作为
将来施政方针。② 4 月初，蒋作宾率战委会主要成员集中徐
州，准备随军前赴战地。③ 出发之际，战委会发布告民众
书，宣示对北方克复各地的使命："本会既为处理战地政
务，绥靖地方而来，誓必披沥至诚，与我亲爱之北方父老
兄弟诸姑姊妹相见，共同讨论关于今后直、鲁、东三省之
一切措施。"④

为使战委会工作顺利展开，4 月初蒋作宾专程前往河南会

---

① 《国府致蒋作宾电》，《申报》1928 年 4 月 28 日，第 4 版。

② 《战地政务委员会第一次会议录》（1928 年 3 月 23 日），《战地政务委员
会公报》第 1 期，1928 年 5 月，"会议录"，第 1 页。

③ 《军政要人麇集徐州》，《申报》1928 年 4 月 3 日，第 4 版。

④ 《战地政务委员会敬告北方父老书》，《战地政务委员会公报》第 1 期，
1928 年 5 月，"专载"，第 12 页。

见即将向山东、直隶进军的冯玉祥，商谈前方敌情及战地应付
办法。[1] 稍后，战委会在徐州开始办公，着手筹划战地政务进
行办法。各项准备工作包括（1）内定县长，随军出发；
（2）审查财政条例；（3）审查县政府组织条例；（4）拟订战
地县长任用条例；（5）通过财政清理及整理办法；（6）审查
通令各行政官；（7）审查战地县府组织条例；（8）审查各县
财政专员条例；（9）通告战地各友邦领事。[2] 与此同时，战委
会决定战地每县派 3 人随军前行，由 1 人任县长、1 人任司法
审判员、1 人任财政专员。凡占领一县，即由此 3 人组织县政
府，主持一切。凡有外国侨民居住之处，则由战委会外交处派
专员随军前进，随时接洽外交事宜。[3] 4 月 9 日，战委会公布
山东县长 31 人、直隶县长 4 人。各县长如达到目的县时，"其
城尚未完全克复者，得设临时办公处"。[4] 此后，战委会根据
战事进展，继续委任山东、直隶各县县长、公安局局长、法院
审判官及财政专员，随同军队前往视事。[5]

为开拓新局，创设新规，战委会着手颁布战地各县县政

---

① 中国第二历史档案馆编《冯玉祥日记》第 2 册，1928 年 4 月 6 日，江苏
古籍出版社，1992，第 442 页。

② 《战地政务委员会工作》，《申报》1928 年 4 月 11 日，第 9 版。

③ 《战地政务积极进行》，《申报》1928 年 4 月 10 日，第 4 版；《战地政委
会之工作》，《申报》1928 年 4 月 13 日，第 10 版。

④ 《战地政务委员会第五次会议录》（1928 年 4 月 6 日），《战地政务委员会
公报》第 1 期，1928 年 5 月，"会议录"，第 3 页；《战地县长发表》，
《申报》1928 年 4 月 11 日，第 5 版；《战地县长宣誓出发》，《申报》
1928 年 4 月 26 日，第 5 版。

⑤ 《战地政务委员会令》，《战地政务委员会公报》第 1 期，1928 年 5 月，
"会令"，第 5~10 页。

府、法院、公安局等机构组织条例，重组地方行政机构。① 在战地县政府问题上，战委会向国民政府及蒋介石呈请称："此次伐罪吊民，自应一洗旧习，出民水火，厘订新硎官制官规，俾无二致。且当我军克复各地之候，正百废待兴之时，所有各县县政府，应即从新组织，以便措施。"稍后，战委会颁布《战地各县县政府组织暂行条例》，作为组织战地各县县政府之依据。根据该条例，战地所有各县县政府设县长1人，受战委会之指导监督，处理全县行政事务。②

与县政府的重组类似，战委会陆续修正通过《战地各县法院暂行条例》《战地各县公安局组织暂行条例》《战地各县法院办事细则》等，对战地司法、公安机关等行政机构进行改组。③ 4月下旬，战委会又着手起草县政大纲，作为整理山东地方自治的初步基础。④

当时，战委会计划的各项工作内容和事项大至地方民政、财政、治安，小至卫生、教化，可谓包罗万象，体现该会在地方政务上确有荡涤一新的愿望。为整理和刷新地方行政，

---

① 《战地政务委员会第七次会议录》（1928 年 4 月 13 日）、《战地政务委员会第八次会议录》（1928 年 4 月 17 日），《战地政务委员会公报》第 1 期，1928 年 5 月，"会议录"，第 4~5 页。
② 《组织战地县政府》《战地各县县政府组织暂行条例》，《战地政务委员会公报》第 1 期，1928 年 5 月，"民政"，第 1 页。
③ 《战地政务委员会第七次会议录》（1928 年 4 月 13 日）、《战地政务委员会第八次会议录》（1928 年 4 月 17 日），《战地政务委员会公报》第 1 期，1928 年 5 月，"会议录"，第 4~5 页。
④ 《本会第三次纪念周之政治报告》（1928 年 4 月 23 日），《战地政务委员会公报》第 2 期，1928 年 6 月，"报告"，第 1 页。

战委会在委派各县官吏，接收并重建地方行政机关的同时，责令各县长到任之后注意开展以下各项工作：（1）调查各地民团及其枪支数目；（2）调查县有财产及管理财产机关；（3）查明警备队人数及其枪支数目，赶速编练，以保地方治安；（4）调查救济灾荒粮（如义仓、常平仓），并速定救济办法；（5）组织临时清洁队，办理村市清洁，及尸体掩埋；（6）调查公有或私有交通运输器具；（7）调查原有差役，严行淘汰；（8）竭力整理征收，慎用征收人员；（9）调查重要出产品；（10）应多派侦探，随时探报敌情；（11）每星期对于本会做报告一次，如有临时事件发生，即应随时报告；（12）调查地方红枪会等各种会社情况并附处置及消除方法。① 此外，战委会颁布战地注意事项，责令各职员在克复各地要切实"宏党义""苏民困""重民意""清狱讼""除苛政""励节操""尚勤俭""戒因循"，以无负国民革命军吊民伐罪之本意。②

在地方治安方面，此前各县警察多系无业游民，月饷微薄，专以出差为生活；警察所长则借供应军差，向人民勒索，所谓"公安"事宜，绝未顾及。战委会决定将战地各县原有警察机关一律改为公安局，以统一名称，一新耳目，并规定各县公安局员警名额薪饷，按照县之等级，由各县公

---

① 《各县长到任之初应注意之事件》，《战地政务委员会公报》第 1 期，1928 年 5 月，"民政"，第 2~3 页。

② 《战地政务委员会令》（1928 年 4 月），《战地政务委员会公报》第 1 期，1928 年 5 月，"会令"，第 15 页。

安局长酌量支配。① 战委会还责令各公安局局长到任后与县政府之警备队紧密联合，以防止地痞流氓、土匪乘闲滋事，并同县长督促各公团掩埋战地尸骸，调查战后地方被灾、受难情形。② 4月底，战委会又通过民政处提出的改良山东武装民团和剿抚山东土匪提案，设立山东清乡委员会，全省分若干区，置若干民团司令，与县长相助办理地方治安事宜。③

二次北伐开始后，北伐军势如破竹。4月底，鉴于军事进展迅速，济南指日可下，战委会决定从各处抽调人员，随同外交处主任蔡公时先行随军前进，接收济南各机关。④ 4月29日，战委会任命蔡公时为济南各机关接收主任，国民政府外交部同时委派蔡公时兼任山东交涉员，率领外交处职员及战委会各处接收人员，随军前往济南，应付可能发生的济南对日交涉。⑤ 5月2日，蔡公时一行抵达济南，着手办理接收事宜。⑥

①　战委会先后在山东、直隶两省大部分县市委任了公安局局长。《战地各县公安局组织暂行条例》，《战地政务委员会公报》第1期，1928年5月，"民政"，第3~4页；《呈国民政府总报告书》，《战地政务委员会公报》第3期，1928年7月，"专载"，第10~11页。

②　《各县公安局长到任之初应行注意之事件》，《战地政务委员会公报》第1期，1928年5月，"民政"，第4页。

③　《战地政务委员会第十一次政务会会议记录》（1928年4月27日），《战地政务委员会公报》第2期，1928年6月，"会议录"，第1~2页。

④　《蒋作宾电蒋中正》（1928年4月30日），台北"国史馆"藏，档案号：002-090100-00009-026。

⑤　《战地政务委员会令》（1928年4月29日），《战地政务委员会公报》第2期，1928年6月，"会令"，第4页；《战地政委会近讯》，《申报》1928年5月3日，第8版。

⑥　《蒋作宾电蒋中正》（1928年4月30日），台北"国史馆"藏，档案号：002-090100-00009-026。

战委会随即宣布将于 5 月 4 日移至济南办公，以便主持山东全省政局及对直隶省之预措。①

然而，5 月 3 日，济南惨案发生，蔡公时等人遇害。② 此后，国民政府在与日方交涉未果后决定绕道北伐，战委会则继续留在济南处理山东政务，安抚济南军民兼与日方交涉。③ 北伐军绕道北伐后，国民政府原计划沿津浦线挺进京津的军事战略发生调整。由此，战委会开始将用人行政的目标和计划转移至直隶方面，在山东各项政务渐趋消极。④

济案发生后，为应付日方和处理山东政局，蒋介石决定另择他地从速组建山东省政府。在二次北伐开始前，为争取冯玉祥积极北伐，蒋介石即明示冯玉祥，望其"合全力先取山东，将以山东交其整理"。⑤ 因此，在山东省政府的筹组上，国民政府及战委会均须以冯玉祥方面为重。5 月 6 日，蒋介石致电国民政府，建议山东省政府暂设泰安，以冯玉祥为主席，方振武、蒋作宾、丁惟汾等人为委员。⑥ 5 月中旬，鉴于外交紧急，

---

① 《战委会迁移济南》，《申报》1928 年 5 月 5 日，第 8 版。

② 《战地政务委员会主席蒋作宾呈国民政府》（1928 年 5 月 21 日），台北"国史馆"藏，档案号：001-070553-00001-016。

③ 5 月中旬，战委会代表在与日军交涉未果后，亦撤出济南，济案改由国民政府直接与日方交涉。《外交处康参议明震济南惨案纪事》，《战地政务委员会公报》第 2 期，1928 年 6 月，"报告"，第 16~23 页。

④ 《本会第六次纪念周仇委员整之政治报告》（1928 年 5 月 21 日），《战地政务委员会公报》第 2 期，1928 年 6 月，"报告"，第 8 页；《战地政委会近讯》，《申报》1928 年 5 月 19 日，第 6 版。

⑤ 《蒋介石日记》，1928 年 3 月 10 日。

⑥ 《蒋中正电谭延闿》（1927 年 5 月 6 日），台北"国史馆"藏，档案号：002-020100-00027-119。

山东省政府亟待成立。蒋作宾与蒋介石、冯玉祥商决山东省政府委员名单，人员多为冯玉祥方面代表，并以冯方孙良诚为主席。① 16 日，国民党中政会根据战委会的呈请，任命孙良诚等人为山东省政府委员，同时调整部分厅长人选，以冷遹兼民政厅厅长，魏宗晋兼财政厅厅长，何思源兼教育厅厅长，孔繁蔚兼建设厅厅长。② 蒋介石随即指示蒋作宾，山东省政府定一星期内在泰安成立，让其负责筹组。③

北伐军绕道北伐后进展甚速。5 月 9 日，阎锡山部攻克直隶的石家庄，冯玉祥部亦积极与阎锡山部联络，计划"乘敌溃败之余，合力北追"，于最短时间内克复北京。④ 与此同时，冯玉祥、阎锡山等前线各部迭催战委会北上主持政务，国民政府亦责令战委会速派员前赴京汉铁路方面整理战地政务。5 月 17 日，阎锡山再次致电国民政府及战委会，表示所部第三集团军已大部向东出动，冯玉祥第二集团军亦陆续北进。所有直隶境内用人行政均须有统一机关主持办理，而粮饷给养尤其紧急。若同时征提，不但易涉凌乱，且恐地方亦难于应付，请求战委会迅速北上统筹办理，"庶责任既专，

① 《蒋作宾电国民政府主席谭延闿》（1928 年 5 月 14 日），台北"国史馆"藏，档案号：001-032220-00038-004；《国府会议纪要》，《申报》1928 年 5 月 16 日，第 7 版。
② 《中央政治会议》，《申报》1928 年 5 月 17 日，第 6 版。
③ 《战地政务委员会第十七次政务会会议纪录》（1928 年 5 月 29 日），《战地政务委员会公报》第 2 期，1928 年 6 月，"会议录"，第 8 页。
④ 《冯玉祥电阎锡山》（1928 年 5 月 12 日），台北"国史馆"藏，档案号：116-010101-0048-140。

统筹亦易"。① 此外，阎锡山与冯玉祥方面商量在战委会未到达之前，直隶各县的行政、赋税指拨及粮秣供应之处理办法。② 此后，因战委会迟迟未能北上统筹，阎锡山各部即自行在克复之地筹集粮食等军需物资。③

5月下旬，蒋作宾赴泰安实地考察和筹划后，向蒋介石及国民政府报告泰安可暂时作为山东省省会：东可控制胶东各县，并可声援前进各军，且所有省政府及各厅办公处已安妥，各委员到后即可成立省政府。蒋作宾同时表示阎锡山催促战委会北上甚急，战委会拟俟山东省政府成立后即移赴京汉线。④ 其间，因原定的省主席孙良诚在前方作战，暂不能到任履行省主席职务，蒋介石及国民政府一度有意以代表南京中央的山东省政府委员丁惟汾出任代主席。⑤ 最后，国民政府仍是根据冯玉祥的推荐，以冯部将领石敬亭代理。⑥ 此外，因第

① 《阎锡山电蒋中正》（1928 年 5 月 17 日）、《阎锡山电战地政务委员会》（1928 年 5 月 18 日），台北"国史馆"藏，档案号：116-010101-0048-169、116-010101-0048-172。
② 《阎锡山电冯玉祥》（1928 年 5 月 17 日），台北"国史馆"藏，档案号：116-010101-0048-170。
③ 《阎锡山电战地政务委员会》（1928 年 5 月 25 日），台北"国史馆"藏，档案号：116-010101-0048-198。
④ 《蒋作宾电蒋中正》（1928 年 5 月 22 日）、《蒋作宾电蒋中正》（1928 年 5 月 24 日），台北"国史馆"藏，档案号：002-020100-00020-072、002-090200-00002-067。
⑤ 《鲁省府筹备成立》，《申报》1928 年 5 月 23 日，第 6 版；《鲁省政府设泰安》，天津《大公报》1927 年 5 月 24 日，第 2 版。
⑥ 《冯玉祥电蒋中正》（1928 年 5 月 22 日）、《国民政府电蒋中正》（1928 年 5 月 25 日），台北"国史馆"藏，档案号：002-020100-00027-129、002-020100-00027-130。

二军团总司令陈调元极力保荐所部卢曜出任省政府委员，战委会又不得不电请蒋介石及国民政府追加任命。①

6月1日，在战委会的筹备下，山东省政府在泰安组织成立。在省政府主席孙良诚未到任以前，以石敬亭暂行代理。②当日，战委会即以山东省政府成立，山东全省脱离军事范围，该会对于山东战时政务当告结束，应归中央及地方诸政将即日清交，向各方宣布解除战委会的鲁省政务。③

山东省政府成立后，战委会着手移赴保定，将其所办理的山东民政、财政等各案移交省政府接管办理，司法则移交山东高等法院办理。④6月初，战委会计划克日前赴直隶办公，将所有中央直辖山东各征收机关及各项税务、事务应归财政部管辖者咨请财政部接管。⑤与此同时，蒋作宾以自己名列山东省政府委员实系国民政府为便于其从速组织山东省政府，省政府成立后已无参加的必要，请求辞任省政府委员。⑥6月中旬，

---

① 《蒋作宾电蒋中正》（1928年5月17日），台北"国史馆"藏，档案号：002-020100-00027-124。

② 《孙良诚石敬亭等电蒋中正冯玉祥等》（1928年6月1日），台北"国史馆"藏，档案号：002-090106-00001-022；《鲁省府成立记》，天津《大公报》1928年6月12日，第3版。

③ 《蒋作宾电蒋中正》（1928年6月1日），台北"国史馆"藏，档案号：002-020100-00027-015。

④ 《移交鲁省民财司法各政》，《战地政务委员会公报》第3期，1928年7月，"专载"，第22~23页。

⑤ 《战地政务委员会主席委员蒋作宾呈国民政府》（1928年6月26日），台北"国史馆"藏，档案号：001-032220-00038-003。

⑥ 蒋作宾的辞职为蒋介石和国民政府挽留，直至二次北伐结束，战委会撤销后蒋作宾的辞职始获批准。

战委会正式完成与山东省政府之间的移交接收手续。[①]

对于战委会在山东的政务办理，蒋作宾颇为自得，自称随着北伐军连战连克，战委会即积极恢复地方组织，进行各项政治改革，废除苛政，尤其"全鲁县法院次第成立，县司法之独立，山东可谓创始"。[②] 蒋作宾所言虽不无自美之嫌，但大体概括了战委会在山东的政务实践与努力方向。

三 华北的政治善后

北伐军绕道北伐后，蒋介石第一集团军原计划沿津浦线挺进京津的军事战略失效，战略部署亦发生调整：第一集团军一部分留驻鲁东，监视日军；一部渡黄河北进，进取山东德州；第二集团军与第三集团军则以主力分别沿京汉路东西两侧互取联系，会取京津。[③] 与此同时，国民政府调遣新近编定的李宗仁第四集团军沿京汉路北上参战。这一战略调整，使国民政府自领的第一集团军大部分并未参与会师京津的作战，对战委会在华北地区的政务进行影响极大。

5月下旬，直隶大部地区克复。但是，因山东省政府未建立，战委会所负责的山东政务尚未完成交接。蒋介石在指示战

---

① 《第二十次政务会议纪录》（1928 年 6 月 22 日），《战地政务委员会公报》第 3 期，1928 年 7 月，"会议录"，第 3 页。
② 《蒋作宾褒扬传记资料》，中国第二历史档案馆藏，档案号：三四-1576。
③ 秦孝仪总编纂《总统蒋公大事长编初稿》卷 1，台北：中国国民党中央委员会党史委员会，1978，第 224 页。

委会迅即筹组山东省政府的同时，要求战委会须待山东省政府成立，该省政务布置妥当后再行前往京汉线前方，处理直隶政务。① 尽管如此，蒋作宾鉴于北京指日可下，接收京津及处置直隶省行政关系重大，拟赴徐州向蒋介石请示机宜后即北上与冯玉祥、阎锡山会商战地政务的进行办法。但在山东省政府未成立以前，战委会主体仍留驻山东，负责山东政务。② 此后半个月，战委会虽拟克期迁移，但碍于山东省政府尚未成立，迟迟未能北进，只得一面电催山东省政府委员速赴泰安就职，以便组织省政府，一面派代表先行北上与阎锡山接洽。③ 因此，在进入华北的时间上，战委会自始即远远落后于军队。

济南惨案后，因日军阻碍，蒋介石所辖的第一集团军未能立即向京津前进，迫使蒋介石也不得不在冯玉祥与阎锡山中选任一人先行负责华北，最终决定以阎锡山第三集团军进驻京津。④ 5 月中旬，奉系有和平交出京津，主动退出关外之议后，蒋介石及国民政府拟将京津接收工作交由阎锡山第

---

① 《蒋中正电蒋作宾》（1928 年 5 月 17 日）、《蒋作宾电蒋中正》（1928 年 5 月 18 日），台北"国史馆"藏，档案号：002-020100-00027-123、002-020100-00027-126；《战地政务委员会第十七次政务会会议记录》（1928 年 5 月 29 日），《战地政务委员会公报》第 2 期，1928 年 6 月，"会议录"，第 8 页。

② 《蒋作宾电蒋中正》（1928 年 5 月 15 日），台北"国史馆"藏，档案号：002-020100-00027-121。

③ 《蒋作宾电国民政府主席谭延闿》（1928 年 5 月 20 日）、《蒋作宾电阎锡山》（1928 年 5 月 20 日），台北"国史馆"藏，档案号：001-032220-00038-011、116-010101-0048-183。

④ 蒋纬国总编著《国民革命战史第二部：北伐统一》第 1 卷，第 191 页。

三集团军负责，冯玉祥方面则协助进行。① 显然，国民政府对于华北的政治接收，除预先安排的战委会之外又另有计划。

5月28日，北伐军各部发动总攻，奉军溃退。30日，冯玉祥部占领保定。当日下午，张作霖发出总退却令。② 6月2日，奉系发出息争罢兵宣言，张作霖于当日离京出关，将北京治安交由京师警察总监负责，并请北洋要人王士珍组织治安会维持，中央政务则交由国务院摄理。③ 4日，国民政府任命阎锡山为京津卫戍总司令，京津一切善后事宜概由阎锡山前往接收处理。④ 8日，阎锡山部进入北京后即着手接收京津。⑤ 当日，阎锡山分别任命所部张荫梧、傅作义担任北京、天津警备司令。⑥

虽然阎锡山进入北京后，即向南京国民政府表示其除维

---

① 《李烈钧电阎锡山》（1928年5月26日）、《阎锡山电南桂馨》（1928年5月24日），台北"国史馆"藏，档案号：116-010101-0049-028、029。

② 《阎锡山电南桂馨》（1928年5月28日）、《南桂馨电阎锡山》（1928年5月31日），台北"国史馆"藏，档案号：116-010101-0048-207、224。

③ 《孔繁霨电阎锡山》（1928年6月2日），台北"国史馆"藏，档案号：116-010101-0048-229；许宝蘅：《许宝蘅日记》第3册，1928年6月2、4日，许恪儒整理，中华书局，2010，第1248、1249页。

④ 《国民政府电阎锡山》（1928年6月4日）、《阎锡山电南桂馨》（1928年6月5日），台北"国史馆"藏，档案号：116-010101-0049-074、065；《许宝蘅日记》第3册，1928年6月3日，第1248页。

⑤ 《朱绶光等电阎锡山》（1928年6月9日），台北"国史馆"藏，档案号：116-010101-0049-112；《许宝蘅日记》第3册，1928年6月8、11日，第1250、1251页。

⑥ 《阎锡山电蒋中正》（1928年6月8日），台北"国史馆"藏，档案号：116-010101-0049-107。

持北京治安外，所有一切政务悉请中央派员接收，① 但旋即又以财政税收机关、京奉铁路管理事宜等关系重大，先行委派人员前往代理。② 9 日，阎锡山部完成北京初步的接收工作。③ 显然，因战委会北进滞后，阎部已"不得不"先行接收。

6 月初，山东省政府成立后，战委会始动身北上。蒋作宾先随蒋介石赴南京向国民政府报告山东省政务办理状况，并请示移驻京直地区后军政、外交等各项工作的方略。④ 战委会前线职员则启程北上，先行移赴保定。6 月 9 日，蒋作宾从南京北上，以京津即下，政治至关重要，拟先赴郑州谒见冯玉祥，再转晤阎锡山，筹商政治进行办法。⑤ 11 日，战委会由山东迁抵保定，旋即驰赴北京，着手接收京津各机关。⑥ 13 日，蒋作宾亦抵达北京，表示对直隶各地政务亦当按此前山东办理的精神积极进行。当日，阎锡山致电蒋介石及国民政府，表示将此前所有临时处置之直隶、京津政务交还战委会。

① 《京直政务悉交战委会》，天津《大公报》1928 年 6 月 15 日，第 3 版。
② 《阎锡山电交通部》（1928 年 6 月 8 日）、《阎锡山电财政部》（1928 年 6 月 8 日）、《阎锡山电蒋中正》（1928 年 6 月 12 日），台北"国史馆"藏，档案号：116-010101-0049-104、105、157。
③ 《阎锡山电国民政府》（1928 年 6 月 9 日），台北"国史馆"藏，档案号：116-010101-0049-115。
④ 《首都纪闻》，《申报》1928 年 6 月 7 日，第 7 版。
⑤ 《战委会将移往保定》，《申报》1928 年 6 月 18 日，第 9 版。
⑥ 《广东省政府第三届委员会第六十九次议事录》（1928 年 6 月 23 日），广东省档案馆编《民国时期广东省政府档案史料选编》（1），1987，第 297 页。

　　　　锡山前者统兵入直，所有克复县分，因战地政务委员
会未到，而事机紧迫，不得不权予处理。该委员全部昨已
到京，此后所有北京及直隶地方一切政务，均交由该会主
持办理，以明权限，而昭统一。①

　　在此情势下，战委会入京后即宣布接管京津各机关，令旧
有人员除部分酌留保管外，其余一律停止职务，各机关由战委
会派员点收。与此同时，战委会以人力有限，电请国府各部
（会、院）速派专员北上办理接收。② 对于接收工作，战委会
各处按其所管民政、司法、财政、教育、农矿、外交、工商、
建设等性质，进行分工接收。其中，财政处负责接收者为财政
部税务处、财政整理会、盐务署、烟酒公卖署、纸烟吸户捐
局、京兆财政厅、崇关监督公署等；司法处负责接收之机关为
司法部及各法院、大理院、各监狱等；外交处负责接收之机关
为外交部、条约研究会等；教育处负责接收之机关为教育部及
学务局、学校等；交通处负责接收之机关为交通部、各铁路
局、电报局、电话局等；民政处负责接收之机关为京兆尹、内

---

① 《阎锡山电蒋中正》（1928 年 6 月 13 日），台北"国史馆"藏，档案号：
002-020100-00027-016。

② 《蒋作宾电宁速派员来京》《战委会定今日实行接收各机关》，季啸风、
沈友益主编《中华民国史史料外编——前日本末次研究所情报资料（中
文部分）》第 31 册，广西师范大学出版社，1997，第 363、376 页；《布
告点收北平各机关》，《战地政务委员会公报》第 3 期，1928 年 7 月，
"专载"，第 23 页；《过渡中之北京政务》，《申报》1928 年 6 月 17 日，
第 4 版。

务部、市政公所等；农矿处负责接收之机关为实业部各附属机关等。①

此后，战委会的接收工作次第展开。② 然而，限于人手不足，战委会对部分机关往往不能即行接收，而是转令旧有人员负责，以致接收工作多有延滞。例如，战委会接收法制局时，意欲仍由该局负责保管。到场的北方留守代表许宝蘅即坚持接收之后应由战委会负保管之责，"即欲令旧人保管，亦须由会委托"，以致战委会不敢即行接收。③

对部分直辖中央或不属于地方所辖的机关，在中央各部属所派出的专员未抵京之前，亦由战委会先行派员分赴各部属接收，但也由此出现接收交接不明、重复接收的情况，引起时人的反感。④ 例如，对于法制局的接收，战委会到后即派代表接收完毕。但国民政府法制局到北京后，又另行派代表前往专办接收，并让原北京政府法制局代表前来"正式交代"。对此，许宝蘅颇为不满，嘲讽南方"办事如此不接洽，不分明，殊可笑也"。⑤

---

① 《战委会定今日实行接收各机关》，季啸风、沈友益主编《中华民国史史料外编——前日本末次研究所情报资料（中文部分）》第31册，第376页。

② 《战地政务委员会委任令》（1928年6月16、18、19日），《战地政务委员会公报》第3期，1928年7月，"会令"，第11~13页；《战地政务委员会昨接收各机关情况》，季啸风、沈友益主编《中华民国史史料外编——前日本末次研究所情报资料（中文部分）》第31册，第377页。

③ 《许宝蘅日记》第3册，1928年6月18日，第1252页。

④ 《战地政委入京后之措施》，《申报》1928年6月23日，第8版；《蒋作宾电催接收》，天津《大公报》1928年6月16日，第2版。

⑤ 《许宝蘅日记》第3册，1928年7月1日，第1254页。

战委会进入北京后，一般目光均视其为代表国民政府处理过渡时期一切政务的唯一机关，予以高度重视。蒋作宾到京后对记者发表谈话时也表示："北伐军事虽告一段落，但军事并非吾党革命之目的，不过革命过程中应有之初步过程耳。故北伐军事之成功，虽属可喜，但吾人应努力去做之事尚多。故就革命事业全体言之，军事之成功，正算不了什么。"① 与此同时，舆论对国民政府的政治善后和重建抱以极大期许。

> 今军事既告一段落，则政治设施，刻不容缓。兹敢举吾人之所切望者：其一，北京临时政治分会盼速发表、速成立，俾对于顺直一带之政务，有全体之规画（划）。东进军事，与地方政治，截然划分，各负责任。其二，北京天津两特别市制，盼迅速成立……今日若抹杀紧张之精神，不作刷新之事实，徒揖让雍容，易几个官吏，下几道布告，遽以为北伐之功已成，则大误特误矣。望卫戍总司令与战委员会诸君注意之。②

在此背景下，战委会抵京后即着手对华北相关人事进行委任、调整，对阎锡山、冯玉祥方面已经派定的直隶行政官员如各县县长、法院审判官、公安局局长再行加委或调整，如任命何成濬、孔繁霨分别出任由警察总监改组而成的北京、天津公

---

① 《战地政委入京后之措施》，《申报》1928 年 6 月 23 日，第 8 版。
② 《顺直之目前亟务》，天津《大公报》1928 年 6 月 15 日，第 1 版。

安局局长。① 据统计，一周之内随战委会北上之 300 余人，连日已任知事、税局、公安局局长等达百余人。② 显然，战委会根据其职权所在，意欲将政务办理之权从冯玉祥、阎锡山手中收回。

然而，如时人所注意到的，"战委会进入京津后对于区域政治一切善后事宜，本可全权处理，惟北京系阎锡山先到，故该会主席蒋作宾到京后，不得不与阎协商进行步骤"。③ 更为重要的是，北伐军绕道北伐后，阎锡山、冯玉祥两部在华北举足轻重，蒋介石及国民政府在直隶、京津战后的政务安排上也不得不指示战委会一切用人行政应尊重阎、冯各方的意旨。无疑，这让战委会在京津的政治重建上愈形困难。

在北伐军进入北京前夕，国民政府即表示北京克复后政治上的安排或设政治分会，或用其他办法，俱俟政局底定，再为完善的处置。④ 5 月底，蒋介石鉴于直隶、京津克复后政

---

① 《战地政务委员会委任令》，《战地政务委员会公报》第 3 期，1928 年 7 月，"会令"，第 4~36 页；《第十八次政务会议纪录》（1928 年 6 月 15 日），《战地政务委员会公报》第 3 期，1928 年 7 月，"会议录"，第 1 页；《新派定之京津官吏战委会昨晚所议决》，天津《大公报》1928 年 6 月 16 日，第 2 版；《战委会工作甚忙》，《申报》1928 年 6 月 18 日，第 4 版。

② 《战委会工作甚忙》，《申报》1928 年 6 月 18 日，第 4 版。

③ 《战委会定今日实行接收各机关》，季啸风、沈友益主编《中华民国史史料外编——前日本末次研究所情报资料（中文部分）》第 31 册，第 378 页。

④ 谭延闿：《关于当前局势的讲话》（1928 年 5 月 28 日），周秋光主编《谭延闿集》（一），第 185~186 页。

治问题复杂，驰返南京商讨，并告诫所部北伐军如无命令，切不可越永定河一步。与此同时，因奉军宣布撤离京津，北京警察总监职权重要，蒋介石决定任命所部第二军团总指挥陈调元兼任北京警察总监，先入北京接事。① 嗣后，因陈调元一再婉拒，蒋介石改委北伐军总司令部总参议何成濬出任警察总监职务。② 为表示对阎锡山的尊重，蒋介石向阎锡山征询对于何成濬出任北京警察总监的意见。③ 阎锡山则在表示赞同的同时，提出在何成濬未到任之前暂委所部孔繁霨代理。④

北伐军进入平津后，蒋介石在安排阎锡山出任平津卫戍总司令的同时，电催冯玉祥早日北上，会商平津善后问题。但冯玉祥对听任奉军和平出关，及平津交阎锡山负责二事持反对意见，借故迟迟未北上。⑤ 阎锡山方面代表赵丕廉等人向蒋介石提出扩充太原政治分会为北京政治分会，以阎锡山为主席，负责处理直隶、山西、热河、察哈尔、绥远五省区

---

① 《蒋中正电朱培德》（1928 年 6 月 1 日），台北"国史馆"藏，档案号：002-090101-00004-026。

② 《朱培德电蒋中正陈调元》（1928 年 6 月 4 日）、《陈调元电杨杰》（1928 年 6 月 6 日）、《蒋中正电朱培德》（1928 年 6 月 6 日），台北"国史馆"藏，档案号：002-090100-00006-169、002-090100-00004-117、002-020100-00021-035。

③ 《蒋中正电阎锡山》（1928 年 6 月 6 日），台北"国史馆"藏，档案号：002-090101-00004-303。

④ 《阎锡山电复蒋中正》（1928 年 6 月 12 日），台北"国史馆"藏，档案号：116-010101-00049-153。稍后，蒋介石即催促何成濬，称此职已商得阎锡山同意，望其速就职，负责维护北京秩序。周美华编注《蒋中正总统档案：事略稿本》（3），第 533 页。

⑤ 蒋纬国总编著《国民革命战史第二部：北伐统一》第 4 卷，第 60 页。

政务，理由是北京对内对外关系重要，政治情形复杂，非设
立政治分会不足以应付，而天津原本亦有政治分会之设立，
由阎锡山兼任主席，而且直隶、山西两省相互毗连，阎锡山
又兼任京津卫戍司令。① 对于当时北方政局的发展形势，时
人评析道：

> 当去年山西出兵之先，各方面本有北方之事归北方了
> 之约。此次继续北伐，形势即已不同，局面亦复推移。中
> 央政府对于各地方之事，知集权之不适环境，渐有采取地
> 方分治合作之倾向，如广州、武汉、开封、太原均设有政
> 治分会，事实已甚显著。将来北京仿照办理，势所必然，
> 南京方面早有电致阎锡山，有嘱其完全负责之意。但阎以
> 责任太重，屡屡却之，然则将来北京一局，究竟是否由阎
> 氏出而独挑一担，抑或由蒋、冯、阎各方面共同肩抬，目
> 前尚不易下肯定之断语也。②

显然，在华北战后的政治安排上，注定是一场多方的博弈
与纠葛，而代表南京中央政府，同时又须秉承蒋介石意旨行事
的战委会更多只能处于被动地位。

6 月 14 日，蒋作宾在与阎锡山商量后，向蒋介石及国民
政府提出以战委会民政处主任仇鳌及阎锡山方面的南桂馨分别

---

① 《方本仁赵丕廉电蒋中正》（1928 年 6 月 7 日），台北"国史馆"藏，档
　案号：002-020100-00027-006。
② 《北方战后观察》（二），《申报》1928 年 6 月 6 日，第 9 版。

出任北京、天津特别市市长。① 但蒋介石认为京、津两市市长宜由冯玉祥推荐其中一人，仇鳌不便出任北京市市长，掌管北京税关的肥缺崇文门监督人选亦应请冯玉祥提出。② 此外，蒋介石向国民政府提出北京政治分会似宜加入李宗仁或白崇禧、蒋作宾等人，并以李石曾为主席。③

对此，蒋作宾认为仇鳌系国民政府参事兼战委会主任，"当可代表中央，无所偏倚，若仍由某方推荐，此间实有为难情形"，同时指出崇文门监督公署已从阎锡山处收回，国民政府另派人来办未始不可，"若分配某方，则非仅破坏统一，亦亮不免分肥之"，"总之，中央用人行政须力求统一，以统一盛号召，则人不敢不从。若以地盘相分配，未有不启纷争者也，军阀与革命党之分水岭即在于是，想亦我公早已注意及之"。④ 显然，战委会对蒋介石及国民政府在华北政治接收及善后上过于迁就阎、冯持保留意见，主张应由国民政府方面统筹，以谋统一。

6 月中旬，冯玉祥、阎锡山先后向国民政府提出直隶省政府委员人选，并提名阎锡山方面的代表商震为主席。⑤ 6 月 20

① 《阎锡山等电谭延闿》（1928 年 6 月 14 日），台北"国史馆"藏，档案号：116-010101-0049-188。
② 《蒋中正电蒋作宾》（1928 年 6 月 17 日），台北"国史馆"藏，档案号：002-080200-00034-038。
③ 《蒋中正电谭延闿》（1928 年 6 月 15 日），台北"国史馆"藏，档案号：002-020100-00027-007。
④ 《蒋作宾电蒋中正》（1928 年 6 月 18 日），台北"国史馆"藏，档案号：002-020100-00027-134。
⑤ 《谭延闿电蒋中正》（1928 年 6 月 15 日），台北"国史馆"藏，档案号：002-020100-00027-008。

日，国民党中央根据国民政府的提请，决定将直隶省改名为河北，旧京兆区各县并入河北，北京更名北平，与天津一同作为特别市。[1] 21 日，在蒋介石及国民政府方面讨论北平政治分会及河北、北平省市政府人选之际，报刊披露：北平政治分会委员将不俟南京方面的决议而先行发布，委员暂定阎锡山、周震麟、蒋作宾、张继、方本仁、鹿钟麟、李石曾、商震、田桐、何成濬等，其余委员尚需加入。同时，原山西政治分会将迁移北京。而对于北平临时政治分会主席人选问题，阎锡山有电请中央以蒋作宾充任，冯玉祥则提出在李石曾、李烈钧、蒋作宾三人中择一任命。[2]

显然，阎冯两方对于华北政治重建有先造成既定事实，再与国民政府讨价还价的意图。是时，华北庶政停顿，失职之政客文人蠢蠢欲动，鱼龙漫衍。[3] 时人注意到当时的京津政局，战委会方面"愤阎干涉用人行政，颇为不满，而各派之暗斗，仍愈激愈烈"。[4] 在各方的竞逐下，北方的政务益形复杂，蒋作宾为此向蒋介石报告：军事初定，京津情势虽尚安定，但从前附逆之徒及一般腐化分子或暗中活动，毫无忌惮，或自居清流，妄肆鼓动。非有大刀阔斧，紧急处分不足以澄清政治，而

---

① 《时事日志》，《东方杂志》第 25 卷第 16 期，1928 年 8 月，第 133 页。

② 《蒋介石日记》，1928 年 6 月 20、21 日；《北方两政会之筹备》，《申报》1928 年 6 月 21 日，第 4 版。

③ 《北伐成功后之北方情况》，《申报》1928 年 6 月 28 日，第 9 版。

④ 黄尊三：《黄尊三日记》（下），1928 年 6 月 27 日，谭徐锋整理，凤凰出版社，2019，第 728 页。

表示革新之精神。当此青黄不接之时，种种进行诸多窒碍。①
在陈述北方政务办理困难的同时，蒋作宾电请国民政府速将河
北及平、津两市的政府人选明令发布，以便战委会摆脱力不从
心的华北政治善后。

6月23日，在国民政府决定委任冯玉祥方面代表何其巩
出任北平市市长后，为争取阎锡山谅解，蒋介石认为北平公安
局局长最好仍由何成濬出任，以便能受阎锡山指挥，否则
"当选向不在晋任事而能听百兄指挥者一人"，因阎锡山另保
公安局局长恐颇着痕迹。② 蒋介石为调和阎锡山、冯玉祥之争
夺亦可谓"煞费苦心"。次日，蒋作宾、阎锡山即根据蒋介石
的意思向蒋介石及国民政府表示，北平公安局局长一职关系地
方治安，极为重要，已暂委何成濬代理北平市市长兼公安局局
长，请国民政府发布任命。③

然而，国民党中政会旋即于25日对华北的政治人事做出
决议：任李石曾、阎锡山、冯玉祥、张继、刘守中、王法勤、
鹿钟麟、赵戴文、蒋作宾、白崇禧、马福祥、陈调元、李宗仁
为政治会议北平临时分会委员，以李石曾为主席，未到会前由
阎锡山代理；任商震、韩复榘、徐永昌、段崇林、朱绶光、丁

---

① 《蒋作宾电蒋中正谭延闿》（1928年6月23日），台北"国史馆"藏，档
　案号：002-090101-00009-107。
② 《蒋中正电何成濬》（1928年6月23日），台北"国史馆"藏，档案号：
　002-020100-00027-135；周美华编注《蒋中正总统档案：事略稿本》
　（3），第540页。
③ 《蒋作宾阎锡山电蒋中正》（1928年6月24日），台北"国史馆"藏，档
　案号：002-020100-00027-136。

春膏、沈尹默、孙奐仑、李鸿文、温寿泉、严智怡为河北省政府委员，指定商震为主席；任命何其巩为北平特别市市长，南桂馨为天津特别市市长。[①] 是日，蒋介石即指示蒋作宾中央已经通过何其巩为北平市市长，不可改成何成濬为市长，以免另起纠纷，并表示何成濬不宜再就公安局局长，应另选人出任。[②]

吊诡的是，何成濬仍于 6 月 26 日宣誓就任北平市市长及公安局局长。[③] 据报刊披露，起初以北伐军总司令部总参议身份北上的何成濬本为奉命查视天津附近收编军队事宜，适逢阎锡山向蒋介石征求北平公安局局长人选，蒋介石即表示阎处如无相当人员，可以何成濬暂代此职。稍后，战委会即按蒋介石及阎锡山之意委任何成濬为北京公安局局长，但何成濬碍于各方关系，力辞不就。"惟阎锡山认北京警务与京津卫戍，在责任上有种种关系，非觅一得力人员，不能胜任……遂决定一面以何充任北京特别市长兼公安局长，一面电告中央说明情由，旋得中央复电准予照办。"24 日，阎锡山派代表告知何成濬此事并征得其同意，表示阎锡山意旨已决，如果何不出任北平市市长兼局长之职，阎即辞去京津卫戍司令，遄返太原。"盖即要干大家干之意也，交涉许久，何姑允负最短期内之责，正式解决，仍拟俟蒋、冯两司令来京后再行定夺。"国民政府对于

---

① 《北政分会与河北省府委员名单大披露》，天津《大公报》1928 年 6 月 26 日，第 2 版。

② 《蒋中正电蒋作宾》（1928 年 6 月 25 日），台北"国史馆"藏，档案号：002-020100-00027-137。

③ 《何成濬就北平两要职》，天津《大公报》1928 年 6 月 27 日，第 2 版。

阎锡山要求以何成濬出任北平市市长兼公安局局长问题虽复电表示同意，但尚未签发正式任官令。阎锡山以该项职务不宜久悬，即根据国民政府来电，会同战委会主席蒋作宾先行委派何成濬。①

不管报刊所述是否完全属实，26日何成濬组织北平市政府并出任市长显然违背25日国民党中政会的决议及蒋介石来电的指示。何成濬就职后，阎锡山始复电蒋介石表示前日来电收悉，但何成濬已就职。② 据何成濬在就职讲话中的陈述，其此番任命系奉蒋介石、阎锡山所委。国民党中政会通过的北平市市长人选何其巩则称尚未收到任命令，但已接友人发来贺电。③ 个中政情之复杂可能身处其间的何成濬、何其巩等亦难明究竟。

与组建北平市政府相比，河北、天津及北平政治分会的组建则相对顺利，基本与中政会25日的决议一致。6月25日，南桂馨组建天津市政府，并宣誓代理市长之职。④ 7月4日，河北省政府在天津先行成立，待保定布置妥当再行迁往。⑤ 6日，北平临时政治分会宣告成立，以河北、热河及平津两特别市作为

① 《北平市政府成立》，《申报》1928年7月4日，第11版。
② 《阎锡山电蒋中正》，（1928年6月27日），台北"国史馆"藏，档案号：002-020100-00027-138。
③ 《何成濬就北平市长》，《申报》1928年6月27日，第4版。
④ 《天津特别市市政府布告》（1928年6月），《天津特别市政府市政公报》第1期，1928年8月，第67页。
⑤ 《商震等电蒋中正》（1928年7月4日），台北"国史馆"藏，档案号：002-020100-00027-139；《河北省政府七月三日在保成立》，天津《大公报》1928年7月1日，第2版；《今河北省政府成立》，天津《大公报》1928年7月4日，第3版。

政治指导区，以李石曾为主席，李未到前由阎锡山代理。①

　　至此，华北政治重建经一番博弈后暂时落下帷幕，但隐患颇多。北平政治分会成立之日，冯玉祥即表示不愿就委员而称病不出席。② 显然，冯玉祥对华北战后的政治安排有诸多失意，尤其是何其巩不能出任北平市市长势必让其大感失望。另外，虽然河北、天津及北平政治分会的最高领导基本由阎锡山方面包办，但阎锡山对此亦不满意。南桂馨就任天津市市长后，即因各该机关人员多非其所委，与其毫无关系，表示其就职仅系慰各方之属望，"徒具形式而已"。③ 与此同时，商震到天津后，一再向外表示，其此行专为编遣军队，一俟编遣竣事，即行回京，无意就河北省主席之职。此外，阎锡山亦复称抱病，有回晋之意，对代理政治分会主席甚为消极。④ 华北的政治善后和重建矛盾重重。

　　随着北伐战事结束，且河北、平、津等地新的政治机构次第组建，战委会的使命宣告完成。6 月 27 日，国民党中政会议决裁撤战委会。⑤ 7 月初，国民政府通令各方取消

①　《蒋中正电王法勤》（1928 年 7 月 7 日），台北"国史馆"藏，档案号：002-020100-00027-009；《北政分会成立纪》，天津《大公报》1928 年 7 月 7 日，第 2 版。

②　《北平政分会成立纪》，《申报》1928 年 7 月 8 日，第 4 版。时人观察指出冯"因病"不来京，"时局前途，恐无良果"。参见《黄尊三日记》（下），1928 年 7 月 3 日，第 729 页。

③　《北方军事政治渐上轨道》，《申报》1928 年 7 月 3 日，第 11 版。

④　《阎锡山与河北政务》，《申报》1928 年 6 月 27 日，第 4 版。

⑤　《许静芝电蒋中正》（1928 年 6 月 27 日），台北"国史馆"藏，档案号：002-020100-00027-017。

战委会。① 据此，战委会决定自河北省政府成立之次日起停止办公，并着手将战地各省市政务分别检清移交。② 战委会至此结束其使命。

除主要的政治接收与重建工作外，战委会对战地区域的财政、交通、教育、风俗、赈灾等各项亦有相当的规划与措置。在革除恶习、改良风俗方面，针对直鲁男子蓄辫、女子缠足，"积习相沿至今，未尝少改"的情况，战委会以"男子蓄辫，关系卫生，有玷国体……此种不良恶习，实于卫生观瞻，两有妨碍"，而女子缠足"不独妨碍身体之发育，且有弱国弱种之虞"，责令战地各县县长遵照内政部公布的禁止蓄发缠足条例，切实奉行。③ 此外，战委会在战地严禁烟赌及淫亵书报。④

财政经济方面，鉴于在军事进行时，所有先后克复地方税务，倘仍以事设官，转多靡费。战委会决定采取分地制，每县置一财政专员，统辖境内税务，以资撙节，而一事权。与此同时，调查战地各属的捐税情况，分类办理或减免。废除此前奉鲁军阀加征之讨赤捐、军事善后捐、伤兵抚恤费等各种苛捐杂

---

① 《国民政府电阎总司令蒋主席及各部院》（1928 年 7 月 2 日）、《国民政府训令战地政务委员会》（1928 年 7 月 3 日），台北"国史馆"藏，档案号：001-042130-0001。

② 《第二十一次政务会议纪录》（1928 年 7 月 3 日），《战地政务委员会公报》第 3 期，1928 年 7 月，"会议录"，第 4 页；《办理移交经过》，《战地政务委员会公报》第 3 期，"专载"，第 25 页。

③ 《禁止蓄辫缠足》，《战地政务委员会公报》第 2 期，1928 年 6 月，"民政"，第 1~3 页。

④ 《呈国民政府总报告书》，《战地政务委员会公报》第 3 期，1928 年 7 月，"专载"，第 11 页。

税，以纾民困。① 在商业维持上，战委会派员调查克复之地工商业情形后，积极会同当地县政府、商会及驻军各方面商洽办法。如关于战地物价之平抑、货运之疏通、杂税之蠲免、金融之维持等均斟酌情形，设法实现。② 此外，鉴于山东、河北连遭兵燹和旱灾，多数地方荒歉无收，民众流离散亡，战委会在通令各县县长就地设法赈济的同时，通过国民政府组织的直鲁赈灾委员会、各地的红卍字会、红十字会及公安局局长协助调查并实施救济。③

司法方面，鉴于此前国民政府已规定各省高等监察厅、地方检察厅概行裁撤，改定法院名称，战委会随军出发前线后即改组成立地方高等及地方法院，将地方高等监察厅改为高等法院，检察厅改为地方法院，原有各级检察厅一律裁撤，各级检察长改为各该法院首席检察官，各级检察官仍配置于各该级法院之内，以符现制。与此同时，战委会着手改良地方监狱情况，委派典狱长、看守长接收各监狱，令饬各监所禁用镣铐及虐待人犯情事，并制定监所职员奖惩条例，公布施行。④

外交方面，战委会力求和平，对于保护外侨生命财产，尤

---

① 《电令各县遵照》《布告民众周知》，《战地政务委员会公报》第 3 期，1928 年 7 月，"财政"，第 1 页。
② 《呈国民政府总报告书》，《战地政务委员会公报》第 3 期，1928 年 7 月，"专载"，第 19 页。
③ 《呈国民政府总报告书》，《战地政务委员会公报》第 3 期，1928 年 7 月，"专载"，第 11 页。
④ 《呈国民政府总报告书》，《战地政务委员会公报》第 3 期，1928 年 7 月，"专载"，第 16 页。

特别注意。自抵达徐州伊始，战委会即对国民政府此次北伐旨趣及外交方针进行宣传，并正式照会驻沪各国领事，转告各该国侨民，同时派员随军前进，张贴各种布告，办理接洽慰问外侨各事。此外，为保护山东日侨起见，战委会特制胶济铁路沿线日侨居留地图，送呈总司令部颁发各部队，注意保护。进入北京后，战委会又访问各国公使，借以联络感情，获各国公使对国民政府的亲善表示。①

文教方面，新旧交替之际，战委会在限令各学校及各县教育主管机关、文物单位切实维持，不得擅离职守的同时，派员接收教育厅、图书馆及学校等文化机关，防止军队占据学校，着手调查各地教育经费及学校实际状况，以作为改造之张本。② 此外，战委会通令各学校及各教育行政机关实施三民主义教育，并举行总理纪念周，慎选熟悉地方情形及深明党义之人才办理教育及文化事业。③

四　战地政务委员会的问题与局限

1928 年 6 月，战委会进入北京后对外发表谈话称："战地政务委员会设立之意义，系谋战斗时期之军事政治，分而为

---

① 《呈国民政府总报告书》，《战地政务委员会公报》第 3 期，1928 年 7 月，"专载"，第 18 页。
② 《维持鲁省教育》，《战地政务委员会公报》第 2 期，1928 年 6 月，"教育"，第 1 页。
③ 《呈国民政府总报告书》，《战地政务委员会公报》第 3 期，1928 年 7 月，"专载"，第 21 页。

二。盖军事民政本为二权，划分之后，既可令军阀余威下之民间疾苦，立时昭苏，又可使前线武装同志专心杀敌。盖大兵之后，各地残破不堪，若无战地政务会为之过程，则初步建设必赋缺如。"① 蒋作宾此言虽为战委会的自我标榜与宣言，但揆诸事实，战委会的设置确实在一定程度上使国民政府实现了战争时期军事和民政的分别管理，加强了对北方克复地区的政务接收和重建。

以接收京津为例，阎锡山、冯玉祥两部进入京津地区后，争先接收各机关并委派各县地方官员及税吏，彼此纷争不已。如一县长或一税吏，往往同时任命二人，相持不下。战委会到达北京后，下令所有官吏之任命，机关之接收，一律由战委会处理，阎、冯两部争执始各翕然。② 与之相反，战委会未及整理之处，则倍形混乱。据时人的观察，当北伐军戡定京津时，凡百事物，均呈紊乱之象。但北京因军事有阎锡山负责，庶政方面有战委会接收，故秩序之恢复比较迅速。而战委会未及兼顾的天津方面则倍形混乱，"政治方面更无人过问，益呈群龙无首之象……所谓投机分子，乘时活动，鱼龙漫衍，笑话百出"。③

对于战委会所扮演的角色，蒋作宾曾将之比喻为"打扫夫"："本会及本会所放出的官吏，直等于打扫夫，打扫以前

---

① 《战委会过去未来之工作——主席蒋作宾谈话》，季啸风、沈友益主编《中华民国史史料外编——前日本末次研究所情报资料（中文部分）》第 31 册，第 364 页。

② 蒋作宾：《蒋作宾回忆录》，第 46 页。

③ 《北方军事政治渐上轨道》，《申报》1928 年 7 月 3 日，第 11 版。

军阀虐政及积弊是了。但在军事时期，我们虽说是做打扫的工作，但亦能将建设的路径，开辟出来。如在山东颁布各种单行法令，及各种建设方案，以作开始建设之初基……固然，新政未必全属尽善尽美，但为销（削）减恶劣腐朽的秕政起见，却不能不毅然决然的铲除净尽。"① 然而，战委会毕竟纯系战争时期的过渡机构，存在时间短促，对于战地政务只能规划一时。而且，碍于各方因素的限制，战委会实际的效力较国民政府的预期大打折扣，具体政务办理中的问题与局限颇多，尤以职权及行政方面引发的问题为著。

其一，虽然战委会司职战地政务，在战事时期有用人特权，然其所用之人，"非由各部、院、会所调派，即由军事官长或各同志所推荐"，其用人委吏的主动性被极大削减。② 尤其各财政机关更为各方所注意，各种障碍掣肘频出，不得不委曲求全。③ 战委会主席蒋作宾坦言："本会之组织，系由国民政府及各部院会选出之负责代表组织而成，所有用人，多由中央及各种军队保荐而来，合之为战地政务委员会，分之仍属国民政府各部院会及各军队，未可以单独论本会也。至本会职权之规定，所有战地一切政务，统由本会主持办理，即所有国民政府及地方政府所管辖的事务在前方战地，无不由本会办

① 《本会招待北平新闻界记》，《战地政务委员会公报》第3期，1928年7月，"杂述"，第4页。
② 《蒋作宾电蒋中正》（1928年6月1日），台北"国史馆"藏，档案号：002-020100-00027-015。
③ 《呈国民政府总报告书》，《战地政务委员会公报》第3期，1928年7月，"专载"，第13～14页。

理……惟本会于占领地所放的官吏，系因各方保荐而来，未加训练，不能按照计划做去，或有不免。"① 二次北伐结束之际，战委会民政处主任仇鳌在检讨该会在华北政务办理成绩欠佳时，也指出用人行政多处于被动是重要原因。②

图 6-2 二次北伐开始前的蒋介石与冯玉祥

资料来源：《良友》第 26 期，1928 年 5 月，第 3 页。

二次北伐期间，国民政府为顺利完成北伐，在北方政治的重建上基本对冯玉祥、阎锡山方面采取妥协的态度。二次北伐开始前，国民政府就初步计划将山东交由冯玉祥主持，北伐军进入京津之际，又决定将京津交由阎锡山负责。因此，战委会及国民政府在北方的政务办理上均须征求阎锡山、冯

---

① 《本会招待北平新闻界记》，《战地政务委员会公报》第 3 期，1928 年 7 月，"杂述"，第 3~4 页。
② 《战委会系临时性质》，《申报》1928 年 6 月 27 日，第 4 版。

玉祥等各方的意见，甚至被迫妥协。战委会成立伊始，为争取各方军人对战委会工作的同情与支持，蒋作宾先后电请阎锡山等前方军事将领保送县长等人才，以资办理战地政务。① 例如，战委会委任的山东各县县长，多数由各方军事长官荐举而来。其委派情形，有为各军委任后，再由战委会加委者；有由各军保送，请战委会予以委任者。② 此后，冯玉祥、阎锡山两部进入直隶、京津后，又以"地方所委任之知事纷纷逃避，地方负责无人，军事上至感困难，不得已暂行委员前往任事"。③ 毋庸置疑，各军事长官向战委会保送、推荐县长、财政专员、公安局局长，极大削弱了战委会整理、刷新地方政治的效力。

在具体政务办理过程中，战委会更是备受地方军人的干扰。二次北伐之初，蒋介石即训令各军队总指挥"此次继续北伐，专为铲除残余军阀，不得干涉政治，所有地方行政税收，应由战地政务委员会设施"。④ 奉此，不少军事将领通电表示赞成中央政府关于战地军政分治的决议，尊重战委会职权和工作，将政务交诸战委会负责，"凡军行所至各地，一切政

---

① 《赵丕廉等电阎锡山》（1928 年 3 月 11 日）、《蒋作宾电阎锡山等》（1928 年 3 月 31 日）、《阎锡山电复蒋中正》（1928 年 3 月 31 日），台北"国史馆"藏，档案号：116-010101-0047-119、127、128。

② 《呈国民政府总报告书》，《战地政务委员会公报》第 3 期，1928 年 7 月，"专载"，第 10 页。

③ 《阎锡山电南京代表》（1928 年 5 月 25 日），台北"国史馆"藏，档案号：116-010101-0048-197。

④ 《蒋中正电令各总指挥》（1928 年 4 月 9 日），台北"国史馆"藏，档案号：002-060100-00009-009。

务上的用人行政，完全让归战委会处理"。① 实际情形却是率
先攻占一地的军事长官往往即在第一时间委派官员，战委会到
后又另行委员或对已委人员进行加委，以致出现政出多门的情
况。② 如民政处原拟向直隶战地 48 个县委派县长，但因冯玉
祥方面已先行委派数县，战委会亦只得承认既成事实，减少
委派。③

　　此外，因各地驻军已委经济征收人员，致使战委会派出
的财政专员无从接收；或因各地驻军将领另颁新令，另设经
征机关，以致无从统一，影响战委会财政基础。④ 战委会为
此一度向蒋介石及各将领控诉称："中央欲求战地政务之统
一，特设敝会处理战地政务……不意近据各县县长、财政专
员先后报称竟有强提税款，不由分别，或擅设总局，包揽税
收，或已免苛捐杂税，犹复强迫征取，或盘踞机关，抗不交
代，或强交烟土，勒县代销等情事。该县长、专员等以不能

①　《本会第三次纪念周之政治报告》（1928 年 4 月 23 日），《战地政务委
　　员会公报》第 2 期，1928 年 6 月，"报告"，第 2 页；《战地军政分治
　　尊重战地政务委员会职权》，天津《大公报》1928 年 4 月 20 日，第
　　2 版。
②　《天津又一知事张肇隆》，天津《大公报》1928 年 6 月 19 日，第 7 版。
③　《本会第六次纪念周仇委员鳌之政治报告》（1928 年 5 月 21 日），《战地
　　政务委员会公报》第 2 期，1928 年 6 月，"报告"，第 8 页。当蒋作宾与
　　冯玉祥就战地事务商谈时，冯玉祥对更换县长发生冲突一事解释称："实
　　因本军作战，一文未发，前方将领不得不如此耳。"并请蒋作宾谅解此中
　　苦衷。中国第二历史档案馆编《冯玉祥日记》第 2 册，1928 年 6 月 10
　　日，第 470~471 页。
④　《呈报办理山东财政经过情形》，《战地政务委员会公报》第 2 期，1928
　　年 6 月，"民政"，第 1 页。

行使职权，纷请辞职。"①

1928 年 5 月中旬，蒋介石在告前方将士书中再次强调："血战所得之地区绝对不干涉政治及党务，完全奉还于中央，使中央能以民众之需要实施其政策。"② 尽管蒋介石三令五申，军队干扰地方行政的情况仍时有发生。6 月初，战委会所委派之河北沧州县长赴地方视事，即被冯玉祥第二集团军方振武部官佐拒绝，因方振武已提前委派县长。该县长随即要求见方振武，亦被拒之门外，不得已到临近之蒋介石第一集团军部队中请求援助，该部亦碍于"事关行政，未便过问"婉拒。③

其二，刷新地方风气，创造一种新的环境，在克复各地推行国民政府各项法令、政策亦是战委会的重要使命。④ 为此，战委会每到一地后，即按既定规划，同时结合地方情况颁布各种政务条例，对地方政务进行整顿。唯因军事时期，政令多未统一，往往被迫有所保留，各项计划多未能实现。⑤

战委会宣称该会每到一地，"能尽量的委任民政、司法、

---

① 《制止军人妨害政务》，《战地政务委员会公报》第 2 期，1928 年 6 月，"专载"，第 2~3 页；《蒋中正电冯玉祥等》（1928 年 5 月 29 日），台北"国史馆"藏，档案号：002-090106-00006-277。

② 《蒋总司令告前方将士书》，欧振华：《北伐行军日记》，第 289~290 页。

③ 国民革命军陆军第六师政治训练部编印《二十六军政训部北伐行军日记》，1928 年 6 月 5 日，第 113 页。

④ 《战地政务委员会主席委员蒋作宾呈国民政府》（1928 年 4 月 10 日）、《战地政务委员会主席委员蒋作宾呈国民政府》（1928 年 4 月 14 日），台北"国史馆"藏，档案号：001-012071-00125-016、001-012032-00031-047。

⑤ 《呈国民政府总报告书》，《战地政务委员会公报》第 3 期，1928 年 7 月，"专载"，第 12 页。

财政、交通、教育等官吏，即是本会职权所能行使得到的地方，亦是国民政府威信达到的地方，是政治统一的先征，是政治良好的表现"。① 蒋作宾更是立下雄心壮志："至于我们为什么要革命呢？革命不是打倒几个军阀便算完事的，革命的真正的目的，在要把一切不良的习惯，不良的政治统同改造过来，在要把一切妨害国家和民众利益的东西，统同销（消）灭起来。"② 然而，战委会的实际工作往往多系应付地方形势之需要而展开，由其内部计划而主动实施者甚少。在进至北京后的各项工作中，战委会各处对相关员缺的委任更是大多出于被动，以致步调紊乱，失却行政上的系统。③ 如在河北宛平县和大兴县，战委会虽限令该县原有之各区警察所，均依照新制改组为公安分局，并委员前往办理，但对于公安局局长仍沿袭向由县长兼任的旧制，不另委派。④

　　其三，具体到战委会自身内部，该会所委派、任用的部分地方行政人员失当甚或失职，招致各方的反感和批评，亦让其工作倍形失色。起初，战委会为"铲除腐旧官僚及澄清吏治起见"，往往采取革命手段，令各旧有机关人员一律停职。但随着接收区域日广，人员不敷应用，又以"旧之行政职员中，

---

① 《本会招待北平新闻界记》，《战地政务委员会公报》第 3 期，1928 年 7 月，"工商"，第 4 页。
② 《战地政务委员会第一次纪念周记》（1928 年 4 月 9 日），《战地政务委员会公报》第 1 期，1928 年 5 月，"报告"，第 1~2 页。
③ 《本会第十次纪念周》（1928 年 6 月 25 日），《战地政务委员会公报》第 3 期，1928 年 7 月，"报告"，第 7 页。
④ 《令宛平县公安局长朱凤蔚》《令大兴县县长刘番》，《战地政务委员会公报》第 3 期，1928 年 7 月，"民政"，第 6 页。

不无学擅专长，或富于经验技术之人"，从中量才甄用。① 对
此，时人嘲讽道："我们屡屡看到报载每日向战地政委会求官
者达千人，政委会所派出者，大都是贪官污吏，还有继续张宗
昌收讨赤捐的大员。这大概全是有经验及技术的人员罢!"②
战委会接收京津之际，舆论关于战委会用人重乡谊或有贪污者
的批评更是屡见不鲜，指称"该会发表大批重要人员，投机
分子似多，因讥中央革命不澈底"。③

战委会进入京津一带后，据时人的观察，"一般心理，似
不慊于战委会，因京津两地官僚政客，直视该会为发放官禄之
总机关，包围说项，不一而足，而幸进钻营之徒，遂得大显神
通，当局者即疲于应付，自爱者见而寒心，措置偶差，动遭物
议，此种过渡现象，原不足怪。惟恐当局者把持不坚，致为彼
辈所乘，为可虑耳"。④ 差不多同时，南京市党务指导委员也
向国民党中央历述战委会的弊政，请求取消战委会，以慰
众望。

---

① 《废官福音 量才甄用尚有希望》，天津《大公报》1928年6月7日，第
2版；《甄用北平旧员蒋作宾电宁呈请》，天津《大公报》1927年6月29
日，第3版；《废官甄用已得许可》，天津《大公报》1928年7月1日，
第2版。
② 涛声：《蒋作宾所认识的经验人员》，《青年呼声》第8期，1928年7月，
第15页。
③ 《战委会临时性质》，《申报》1928年6月27日，第4版。实际上，战委
会在发现其所委派之地方政务人员有舞弊营私、贪污渎职之行为后，也
进行了一定的整肃、撤换。参见《战地政委会近讯》，《申报》1928年5
月3日，第8版。
④ 《北方政局变化中之情形》，《申报》1928年6月24日，第8版。

窃查中央前因统一战地政治指挥起见，特设立战地政务委员会，处理战地政务。乃该会自成立迄今，不特成绩毫无，而措置尤多荒谬，民众啧有烦言。职会早有所闻，因未得真相，故不敢率尔检举。近据济南惨案外交后援会代表团面称，该会份子复杂，腐败已达极点。职员共有一千余人，尽属旧时之贪官污吏，种种设施，非特不能力图改革，且有更甚于军阀时代之官僚。[①]

上述指控或有渲染之嫌，但并非空穴来风。二次北伐开始后，为应付战地政治建设的人才需求，战委会主席蒋作宾曾向国民政府建议招考各大学专门人才进行训练，以作为直鲁各省克复后建设之用。[②] 然而随着战地扩大，各方面的人员仍不敷应用，因此战委会除向国民政府所辖各部门借调人员、函请各地方军政要人推荐保送人员外，在人员缺乏或因故暂未到任的紧急情况下，有时也只能委任地方县长兼理该县公安局、法院等事务。[③] 又如司法处因工作业务专业性强，委派专员极为困难，战委会只能就现有人员尽量委派，遴选司法储才馆学员及各方所介绍人员，"暨旧有推检人员中之富有学识经验者"，

① 《京市党部请撤战地政委会》，《申报》1928 年 6 月 23 日，第 8 版。
② 《蒋作宾请中央招考中外大学专门人材备任直鲁各地建设工作电》，《战地政务委员会公报》第 1 期，1928 年 5 月，"杂述"，第 4 页。
③ 《战地政务委员会令》（1928 年 4 月 23 日），《战地政务委员会公报》第 1 期，1928 年 5 月，"会令"，第 13~14 页；《县长兼理警政》，《战地政务委员会公报》第 1 期，1928 年 5 月，"民政"，第 5 页。

一律派充各县法院审判官,但仍不能和县长额数成正比。① 此外,为表示尊重中央法令,力求党治之下各省一律的局面,山东的高等、地方法院亦只得按照成例在原有之审检厅基础上进行改组。②

此外,战委会所任命的县长亦有未能及时到任视事者,导致该县警察、保安队、政治等无人负责。战委会在山东所委任的各县县长中实际到任者不过十分之二三,其余或因到任在先,加委在后,故未向战委会呈报;或因各军所委代理县长不允移交;或因县境尚有敌军,或尚在行程中,或已到任而呈报未到。③ 蒋介石为此曾三令五申,电令战委会切实责令各县县长即刻到任尽职,勿将此视为"为官为饭碗之地,而蹈军阀、官僚之覆辙,以贻党军之羞"。④ 如在华北政务的办理上,战委会在移驻北京后因人力及职权所限,未及兼顾天津政务,除督省两署取消外,其余各机关一仍旧观:"其有弃职者,则由傅作义派人接充,而其他方面亦竞争派人,往往一机关之领袖,同时有三五人前往接事者。"而战委会着手接收后,情况亦未好转:"有已接事者,有不能接事者。财政厅、教育厅、实业厅

---

① 《呈国民政府总报告书》,《战地政务委员会公报》第 3 期,1928 年 7 月,"专载",第 17 页。

② 《本会第四次纪念周之政治报告》(1928 年 4 月 30 日),《战地政务委员会公报》第 2 期,1928 年 6 月,"报告",第 3 页。

③ 《呈国民政府总报告书》,《战地政务委员会公报》第 3 期,1928 年 7 月,"专载",第 10 页。

④ 《蒋中正电蒋作宾》(1928 年 4 月 24 日),台北"国史馆"藏,档案号:002-020100-00027-014。

各方面均未派人接管。"① 人事上的这些局限不仅降低了战委会的工作成效，也让战委会面临各界诸多的批评和非议。

最后，在建设工作上，虽然推进战地各项建设是战委会的目标之一，认为"假使国民革命不能在建设上做功夫，仅止打倒几个军阀，于革命的目的，实在没有多大关系！"② 蒋作宾自始亦勉励该会各职员称："革命的过程，任从那一国历史回顾，难免不了破坏和流血。而革命的目的，建设而外无长物，我们既然为民众而革命，总要时时刻刻留心着，不要忘了建设。"据此，蒋作宾要求驰赴前方战地的各县长、公安局局长、法官和财政专员，"有钱要谋建设，无钱也要谋建设，长时间要谋建设，短时间也要谋建设"。③ 但因战地"凋敝之余，一时无从设施"，且随着战事结束与地方新政府成立后战委会即将工作移交，该会所拟进行的各项建设基本未行即止。④

* * *

战争时期，军队对地方政务有着直接而特殊的影响。为改变民初以来军人把持地方政务的现象，国民政府对于北伐这场

---

① 《北伐成功后之北方情况》，《申报》1928 年 6 月 28 日，第 9 版。

② 《本会第九次纪念周》（1928 年 6 月 18 日），《战地政务委员会公报》第 3 期，1928 年 7 月，"报告"，第 6 页。

③ 《战地政务委员会第一次纪念周记》（1928 年 4 月 9 日），《战地政务委员会公报》第 1 期，1928 年 5 月，"报告"，第 2 页。

④ 《呈国民政府总报告书》，《战地政务委员会公报》第 3 期，1928 年 7 月，"专载"，第 18、22 页。

以统一全国为职志的战争,自始即对出师后克复各地的政务有所筹划,有意识地采取军政、民政分治之法,对克复各省政治进行整合。二次北伐时期,国民政府在蒋介石的主导下设立直接代表中央政府的战委会,欲通过该会对各省政务进行接收和重建,进而实现战时军政的整合。作为国民政府的派出机构,战委会承担了战时地方政府的基本职能。通过战委会对克复各地的政治接收与整合,国民政府在一定程度上实现了对北方的政治指导和统辖。然而,战委会仍系战争时期的过渡机构,存在时间短促,且受地方实力派等因素制约,其实际的效力远低于国民政府之预期。

即便如此,北伐时期国民政府为统筹战地政务所进行的规划和实践仍具意义。较之过往军阀统治下军队与地方行政不分,有枪就有权的情形,这一举措在时人看来确实颇有一番不同于旧日军阀的气象。① 更为重要的是,这一时期国民政府对战地军政关系所进行的探索和筹划不仅辅助了二次北伐军事的进行,也为此后国民政府军政关系和战地政务的处理提供了经验与模式,影响可谓深远。在此后相当长一段时间里,国民政府在处理地方政务,尤其是战争区域(或可能发生战争冲突的区域)均先后成立了类似的政务委员会。例如,二次北伐结束不久,讨桂战争和中原大战先后发生,其间南京国民政府

---

① 如参与其间的时人忆述:"当我看到报载新设战地政务委员会的执掌,我私下以为,这是国家走上了轨道的象征。从前军阀,攻城夺地,只知位置私人,搜括百姓;现在军政分开,战地政务全归这个委员会处理,自然是大不相同了。"杨树人:《追随蒋作宾大使的回忆》,《传记文学》第6卷第1期,1965年1月,第29页。

和反蒋各方即先后成立了战地政务委员会，以协助军事的进行。① 稍后的第二次国内革命战争时期，国民政府也再度仿效二次北伐时期的模式，设立了战地政务委员会。② 抗战和国共内战时期，乃至退居台湾后，国民党政权均成立有战地政务委员会等机构负责处理作战区域的政务。

---

① 《战地政委会成立》，《申报》1929 年 6 月 13 日，第 4 版；《北平要讯》，《申报》1930 年 6 月 9 日，第 10 版；《陈公博等在津商议党务问题》，《申报》1930 年 6 月 15 日，第 4 版。
② 《清剿"匪共"之条陈》，天津《大公报》1930 年 12 月 1 日，第 4 版。

结　语

　　北伐是中国近代历史的一个重要分水岭，各种军政力量此消彼长。在军事上，以蒋介石、李宗仁、唐生智等为代表的新军事集团迅速崛起，取代了吴佩孚、孙传芳、张作霖等北洋军阀。与此同时，西南的川系、滇系、黔系等地方军阀也卷入了这场"革命"，在局部地区的军政格局演变中扮演了各自的角色。随着革命开始出现可能即将成功的迹象时，革命过程却变得日益富于排他性而不再是包容性。① 熊克武、袁祖铭等部川、黔军在革命的大潮流下，虽试图"预流"并从中觅寻生存空间，最终的命运却是在革命中"被革命"。这一历史过程无疑让人感慨当时"革命"与"反革命"之因人而异、因时而变。

————————

① R. Keith Schoppa, *Blood Road: The Mystery of Shen Dingyi in Revolutionary China*, Berkeley: University of California Press, 1995, p. 251.

　　北伐这场高举"革命"旗帜的军事行动，让"革命"和"反革命"成为新的社会现象。随着时局变化，"革命阵营"内部分化加剧，"反革命""假革命""不革命"成为各方互相攻讦的武器。北伐时期，"大凡要陷害他人，只须任加一个'反动'和'反革命'的罪号，便足置对方于死地而有余"。[①]因此，北伐时期的"反革命"有时实实在在，有时则虚无缥缈，即便革命阵营内部的人士对此也颇感无奈："自然，在革命时期，杀个把人是不算什么的。可是，死的那些人到底有没有冤枉呢？记得布告上的罪状，千篇一律的是反革命。反革命者死，在革命逻辑上也许不错。不过到底谁是革命的呢？"[②]

　　民国以后虽无督抚之官名，但变相的督抚如军阀之流仍是不断被借力革命，实为辛亥时期"督抚革命"的变相。北伐时期，国民党自练革命军有了基本武力，但各军阀兵力除吴佩孚、孙传芳、张作霖三股力量因顽抗而被击败外，其余更多的中小军阀为求自保而纷纷反正，国民党一概优容之。[③] 诚然，多数归附国民政府或加入北伐的队伍，一方面是图自保，另一方面是为了追求自身的利益和更高的地位。随着北伐军数量的急剧增长，归附国民革命军的地方实力派与国民革命军主力之间的数量对比逐渐不利于后者，导致自民初开始就习惯于靠实力决定自己作用的派系，企图利用国民革命军中业已形成的这

①　大不题：《党军治下之江西》，《醒狮》第 118 期，1927 年 1 月，第 8 页。
②　孟拙：《武昌城内》，《宇宙风》第 32 期，1937 年 1 月，第 416～417 页。作者系武汉国民政府农民部职员。
③　蒋永敬、庄淑红：《"督抚革命"与"督抚式的革命"》，上海中山学社编《近代中国》第 18 辑，上海社会科学院出版社，2008，第 80～97 页。

种对比关系来为自己谋取利益。不可否认，"这些同盟者明白自己与国民政府和国民党的联系具有随意性，所以他们便寻找各种门路来确保自己的独立性"。① 这一逻辑事实上与国民党政权 1925 年开始即力图推进的局部（广东）或全国统一形成结构性冲突。

北伐军事的发展和胜利，不独是地方军政格局演进的要因，同时是国民党政权尝试进行现代国家建构的基础。北伐结束之际，蒋介石在谈及革命的除旧布新时说："至于政治，则向者以急于铲除军阀，凡百精力，皆萃集于军事之故，而未能切实进行，或粗具规模，或徒有名目。"② 蒋介石之言虽有为政治建设不佳辩护之嫌，却也道出了北伐时期军事压倒政治，政治整合成效不彰的事实。北伐时期，对于北伐这场以统一全国为职志的战争，国民党方面自始即对出师后克复各地的政治重建有所筹划，欲通过军政的整合来建立新的国家政权。

政治整合是重建政治秩序的关键途径。从政治学角度来看，政治整合是占优势地位的政治主体，将不同的社会和政治力量，有机纳入一个统一的中心框架的过程。③ 政治整合自古就有，国家的产生本身就源于政治整合，政治整合也可被视为

---

① 《加伦致中国共产党中央委员会的信》（1926 年 11 月 21 日），阿纳斯塔西娅·卡尔图诺娃编《来到东方：加伦与中国革命史料新编》，第 396 页。

② 蒋中正：《今日党员与政府军队及社会之组织惟一要素》，《军事杂志》第 3 期，1928 年 11 月，"论说"，第 3 页。

③ 吴晓林：《现代化进程中的阶层分化与政治整合》，天津人民出版社，2012，第 33 页。政治整合涵盖的范围甚广，本书主要指中央整合地方这一层面。

国家成长的核心内容之一。从政治统治的意义上说，解决中央
与地方关系的一个重要出发点，就是实现高度的政治整合，而
政治整合所要解决的主要问题，就是使中央政府与地方政府之
间、地方政府与地方政府之间能够保持政治上的统一与协调，
并且使中央的政令能够得到畅通无阻的贯彻实施。① 北伐时
期，国民政府向着国家政治整合的方向做了诸多努力，但由于
政治资源的限制及地域社会既有政治力量的束缚，取得的成效
相当有限，地方社会仍遍布各种各样的裂缝。

　　在地方政治的重建与整合过程中，面对地域性的军事和政
治力量，不仅地方党部难以有所作为，国民党中央和国民政府
往往也不得不做出妥协和让步，各省政权实质上成为新一轮权
力竞逐的重要场域。国民党政权始终未能完成真正的整合与统
一，各种势力相互对立、冲突，不仅地方的派系分合和冲突愈
趋激烈，国民党和北伐军内部的分化也逐渐凸显。在此过程
中，已隐约可以窥见国民党政权在整合各方利益和强化中央政
府权威这两个目标上的失败。

　　1920 年代的北伐在形式上是战争，但在实质上是革命。
这场战争使中国从政治到社会各层面均有深远之变动。② 但从
军政力量整合的角度来说，北伐在很大程度上只是军事的成
功，而非政党的成功，更不是政治的成功。1933 年，胡汉民

---

①　桑玉成：《政府间交易对于政治整合的影响》，《上海师范大学学报》
　　1999 年第 9 期，第 13 页。
②　陶希圣：《记戴杜衡先生》，《传记文学》第 6 卷第 1 期，1965 年 1 月，
　　第 21 页。

在回顾北伐后中国的政局时即痛陈，"过去五年中所有的，只是军治，没有党治"，原因在于"北伐的结果，只是军阀政权之转移，而不是革命政权的建立。唯其革命政权之未能建立，所以五年以来的一切，只是军阀的行动，而不是党的行动，更不是主义的行动"。① 胡汉民所言尽管颇有从党权式微层面对北伐予以否定的意味，但其所指出的军权压倒党权和政权，确实是时人对北伐时期党政军格局发展的普遍印象，以致身处政局变动中的时人也感慨"军人无不成阀者"。②

事实上，在南昌克复不久，陈独秀就注意到这种隐忧："现在摆在我们面前的事实，民众运动发展之速度，远不及军事的发展；这种状况若继续下去，很容易使军事势力右倾，甚至于离开民众，形成新的军事独裁政治。"在陈独秀看来，每个有兵权在手的人，若不能够受民众的或党的任何制裁，都有变成军阀和形成军事独裁政治之可能。"现在我们虽然未曾听见'湖南是老子打来的，湖北是老子打来的，江西是老子打来的'这等怪话，却有了'军人革命论'这样的不祥之声！……这种武力万能的观念，都足以促成军事独裁的局面之开展。"③ 稍后，蒋介石在南昌向北上的国民党中央委员和国民政府委员报告北伐情况时，也不无顾虑地指出："现在成为问题的，就是我们革命军势力所到的地方，政治和党务的势力

---

① 胡汉民：《党权与军权之消长及今后之补救》，《三民主义月刊》第 1 卷第 6 期，1933 年 6 月，第 11~12 页。
② 《谭延闿日记》，1927 年 8 月 22 日。
③ 陈独秀：《革命与武力》（1926 年 11 月 25 日），《建党以来重要文献选编》第 3 册，第 466~468 页。

未能跟着发展，以致有许多投机分子乘着我们人材缺乏，掺杂进来，摇动我们的根基。"①

　　近代以来，军队对政治的介入频繁发生，军队自身的组织扩大和为获得政治资源而介入政治的可能始终难以消除。② 战争时期，军队对地方政务更是有直接而特殊的影响。为改变民初开始军人把持省政的现象，国民党政权在北伐过程中有意识地采取军民分治之法对克复各省政务进行整合。北伐出师前夕，蒋介石在向军事委员会所提的改革军政以利北伐的建议书中，就提出军人不许干涉财政、民政。"凡财政、民政及司法机关人员，概须听候中央政府或省政府委派，各军队不得过问。"③ 北伐出师时，蒋介石又强调国民革命军要竭力避免军阀"举民政财政一手把持而囊括之"行径。④ 但北伐开始不久，国民党在政纲中即规定："军政、民政应划分权限，军政不得以任何方式干涉民政，但在战争时期中，于戒严地带，民政方受军政之指挥。"⑤ 这无疑在坚持军政与民政分离的同时，又赋予了军队参与政务的权力，以致地方政务成为军事各方争夺的重要对象。北伐开始后，军人干涉、把持省政的局面很快复现。例如对于江西政权，北伐出师前蒋介石即已允诺让朱培德在江西克复后出任江西省政府首脑。① 因此，南昌底定后，即援引湖北的做法，设立江西临时政治会议和临时政务委员会等政治机构，并由朱培德出任省政府成立前的最高政治指导机构——江西临时政治会议的代理主席。②

虽然国民党政权在北伐伊始即有意识地通过中央对克复各省政务的统筹来减少军人对地方政治的干扰，避免此前革命后形成的"督抚"割据，但纵观整个北伐，这一问题不仅没有得到有效解决，反而随着二次北伐时期各政治分会的建立而愈演愈烈。论者曾言，以国民政府执政为标志，"军阀政治"在北伐战争中崩溃，一度失衡的军政关系通过"政党领军"方式恢复了文治性平衡。③ 然而，就北伐时期军事与政治进行的过程来看，国民政府对地方政治的重建与整合，虽在一定程度上扭转了民初以来的"军阀政治"趋势，但并未真正有效地重建国家的统一，其中央军队或政府并没有能够将政治统一有效地实施到各省。换言之，民初开始失衡的军政关系和中央与地方关系并未在北伐过程中得到有效整合，军人掌控地方政治仍是北伐时期乃至之后困扰国民政府的重要问题。

① 《加伦致中国共产党中央委员会的信》（1926 年 11 月 21 日），阿纳斯塔西娅·卡尔图诺娃编《来到东方：加伦与中国革命史料新编》，第 397 页。
② 中国第二历史档案馆编《蒋介石年谱（1887—1926）》，第 693 页。
③ 徐勇：《近代中国军政关系与"军阀"话语研究》，中华书局，2009，第 507 页。

参考文献

原始档案

汕头市档案馆

"革命历史档案"，档案号：1-1-22。

台北"国史馆"

"国民政府"，全宗号：001。

"蒋中正总统文物"，全宗号：002。

"汪兆铭史料"，全宗号：118。

"阎锡山史料"，全宗号：116。

台北原中国国民党党史馆

"五部档案"。

"汉口档案"。

中国第二历史档案馆

"广州与武汉国民政府",全宗号:十九。

"国防部史政局及战史编纂委员会",全宗号:七八七。

"国民党中央秘书处",全宗号:七一一。

"国史馆",全宗号:三四。

资料汇编

阿纳斯塔西娅·卡尔图诺娃编《来到东方:加伦与中国革命史料新编》,张丽译,广东人民出版社,2017。

广东省档案馆编印《民国时期广东省政府档案史料选编》,1987。

国民革命军总司令部政治部编《中国国民党中央执行委员各省区代表联席会议宣言及决议案》,1927。

洪喜美编《国民政府委员会会议纪录汇编》,台北:"国史馆",1999。

湖北省革命史资料编写小组编《党在湖北地区革命斗争史资料》第1分册,1961。

湖北政法史志编纂委员会编《武汉国共联合政府法制文献选编》,农村读物出版社,1987。

《湖南青运史资料选编》编辑组编《湖南青运史资料选编》第2辑,1988。

黄嘉谟编《白崇禧将军北伐史料》，台北：中研院近代史研究所，1994。

季啸风、沈友益主编《中华民国史史料外编——前日本末次研究所情报资料（中文部分）》，广西师范大学出版社，1997。

李云汉主编《中国国民党党务发展史料——组织工作》，台北：中国国民党党史会，1993。

罗家伦主编《革命文献》第 10～13 辑，1984 年影印本。

黄季陆主编《革命文献》第 52 辑，1970。

民国历史文化学社编辑部编《中国国民党中央暨各省联席会议纪录》，台北：开源书局，2019。

荣孟源主编《中国国民党历次代表大会及中央全会资料》，光明日报出版社，1985。

桑兵主编《各方致孙中山函电汇编》，社会科学文献出版社，2012。

四川省文史研究馆编《四川军阀史料》第 3、4 辑，四川人民出版社，1985～1987。

沈云龙主编《近代中国史料丛刊》等 79 辑，台北：文海出版社 1973 年影印本。

《维经斯基在中国的有关资料》，中国社会科学出版社，1982。

万仁元、方庆秋主编《中华民国史史料长编》，南京大学出版社 1993 年影印本。

王正华编注《蒋中正总统档案：事略稿本》（1），台北："国史馆"，2003。

魏宏运主编《中国现代史资料选编》，黑龙江人民出版社，1981。

武汉地方志编纂委员会办公室编《武汉国民政府史料》，武汉出版社，2005。

郑自来、徐莉君主编《武汉临时联席会议资料选编》，武汉出版社，2004。

中共中央党史研究室第一研究部编《共产国际、联共（布）与中国革命文献资料选辑（1917—1925）》，北京图书馆出版社，1997。

中共中央党史研究室第一研究部编《共产国际、联共（布）与中国革命文献资料选辑（1926—1927）》，北京图书馆出版社，1998。

中共中央党史研究室第一研究部编译《共产国际、联共（布）与中国革命档案资料丛书》，中共党史出版社，2020。

中共中央党史研究室第一研究部译《联共（布）、共产国际与中国国民革命运动（1926—1927）》，北京图书馆出版社，1998。

中国第二历史档案馆编《国民党政府政治制度档案史料选编》，安徽教育出版社，1994。

中国第二历史档案馆编《中华民国史档案资料汇编》第三、四辑，江苏古籍出版社，1991。

中国第二历史档案馆编《中国国民党第一、二次全国代表大会会议史料》，江苏古籍出版社，1986。

中国革命博物馆、湖南省博物馆编《马日事变资料》，人民出版社，1983。

中国国民党中央执行委员会秘书处编《中国国民党第一届中央执行委员会会议记录汇编》，台北，1954。

中国社会科学院近代史研究所翻译室编译《共产国际有关中国革命的文献资料（1919—1928）》第1辑，中国社会科学出版社，1981。

中国社会科学院近代史研究所近代史资料编辑组编《近代史资料》总36号，中华书局，1978。

中共中央文献研究室、中央档案馆编《建党以来重要文献选编》，中央文献出版社，2011。

中共龙岩地委党史资料征集领导小组等编《闽西革命史文献资料》第1辑，1981。

中央档案馆编《中共中央文件选集》，中共中央党校出版社，1983。

中央档案馆编《北伐战争（资料选辑）》，中共中央党校出版社，1981。

中央档案馆、福建省档案馆编印《福建革命历史文件汇集》，1983~1984。

中央档案馆、广东省档案馆编《广东革命历史文件汇集》，1982。

中央档案馆、湖北省档案馆编印《湖北革命历史文件汇集》，1983。

中央档案馆、湖南省档案馆编印《湖南革命历史文件汇集》，1983—1984。

周培光整理、集注《中华民国史史料三编》，辽海出版社，2007。

日记、年谱、文集

陈光熙点校《符璋日记》，中华书局，2018。

陈旭麓、郝盛潮主编《孙中山集外集》，上海人民出版社，1990。

《董必武年谱》，中央文献出版社，2007。

方浦仁、陈盛奖整理《刘绍宽日记》，中华书局，2018。

国民革命军陆军第六师政治训练部编印《二十六军政训部北伐行军日记》，出版时间不详。

国民革命军总司令部参谋处：《北伐阵中日记》，章伯锋、顾亚主编《近代稗海》第 14 辑，四川人民出版社，1988。

何品、宣刚编注《陈光甫日记言论集》，上海远东出版社，2015。

湖南省政协文史委员会、政协东安县委员会编《唐生智先生诞辰一百周年纪念专辑》，1989。

贾伯涛编《蒋中正先生演说集》，上海三民出版社，1925。

黄尊三：《黄尊三日记》，谭徐锋整理，凤凰出版社，2019。

李烈主编《贺龙年谱》，人民出版社，1996。

罗家伦主编，黄季陆、秦孝仪增订《国父年谱》，台北：中国国民党中央委员会党史委员会，1985。

吕芳上主编《蒋中正先生年谱长编》第1~2册，台北："国史馆"、中正纪念堂、中正文教基金会，2014。

梅日新、邓演超主编《邓演达文集新编》，广东人民出版社，2000。

欧振华：《北伐行军日记》，台北：文海出版社1977年影印本。

汤志钧编《章太炎年谱长编》，中华书局，1979。

王仰清、许映湖标注《邵元冲日记》，上海人民出版社，1990。

许宝蘅：《许宝蘅日记》，许恪儒整理，中华书局，2010。

姚崧龄编著《张公权先生年谱初稿》，台北：传记文学出版社，1982。

张楣：《张楣日记》，俞雄选编，上海社会科学院出版社，2003。

中共中央文献研究室编《毛泽东文集》，人民出版社，1993。

中国第二历史档案馆编《蒋介石年谱（1887—1926）》，九州出版社，2012。

中国国民党中央委员会党史委员会编订《国父全集》，台北：中国国民党中央委员会党史委员会，1981。

中国科学院广州哲学社会科学研究所编《廖仲恺集》，中华书局，1963。

中国社会科学院近代史研究所等合编《孙中山全集》，中华书局，2011。

中共四川省委党史工作委员会《吴玉章传》编写组《吴玉章文集》，重庆出版社，1987。

周秋光主编《谭延闿集》，湖南人民出版社，2013。

回忆录、访问记录

巴库林：《中国大革命武汉时期见闻录：1925—1927 年中国大革命札记》，郑厚安等译，中国社会科学出版社，1985。

白崇禧口述，陈存恭等纪录《白崇禧先生访问纪录》，台北：中研院近代史研究所，1969。

包惠僧：《包惠僧回忆录》，人民出版社，1983。

陈公博：《苦笑录》，东方出版社，2003。

陈公博：《军中琐记》，载陈公博《寒风集》（甲），上海地方行政社，1944。

郭沫若：《革命春秋》，海燕书店，1947。

广东省政协文史资料研究委员会等编《挥戈跃马满征尘——张发奎将军北伐抗战纪实》，广东人民出版社，1990。

贵州省政协文史与学习委员会编《文史资料存稿选编》第 2 卷，贵州人民出版社，2006。

哈雷特·阿班：《民国采访战：〈纽约时报〉驻华首席记者阿班回忆录》，杨植峰译，广西师范大学出版社，2008。

何智霖编辑《陈诚回忆录——北伐平乱》，台北："国史馆"，2005。

黄旭初著，蔡登山主编《黄旭初回忆录》，台北：独立作家出版社，2015。

蒋作宾：《蒋作宾回忆录》，台北：传记文学出版社，1985。

李品仙：《李品仙回忆录》，台北：中外图书出版社，1975。

李维汉：《回忆与研究》，中共党史出版社，2013。

李宗仁口述，唐德刚撰写《李宗仁回忆录》，广西师范大学出版社，2005。

李一氓：《李一氓回忆录》，人民文学出版社，2015。

刘玉春：《百战归田录》，自印，1930。

刘峙：《我的回忆》，台北：文海出版社，1982。

刘达五、刘冠群：《我所认识的贺龙将军》（合集），四川人民出版社，1998。

彭述之口述，程映湘、高乐达编撰《彭述之回忆录》，香港：天地图书有限公司，2016。

上海市政协文史资料委员会编《上海文史资料存稿汇编》第2册，上海古籍出版社，2001。

陶菊隐：《记者生活三十年》，中华书局，1984。

王东原：《浮生简述》，台北：传记文学出版社，1987。

维什尼亚科娃－阿基莫娃：《中国大革命见闻：1925—
1927年苏联驻华顾问团译员的回忆》，王驰译，中国社会科学
出版社，1985。

亚·伊·切列潘诺夫：《中国国民革命军的北伐———一个
驻华军事顾问的札记》，中国社会科学院近代史研究所翻译室
译，中国社会科学出版社，1981。

张发奎口述，夏莲瑛访谈及记录，胡志伟翻译及校注
《张发奎口述自传———国民党陆军总司令回忆录》，当代中国
出版社，2012。

张国焘：《我的回忆》第2册，香港：明报月刊出版社，
1973。

政协全国委员会文史资料研究委员会编《文史资料选辑》
第2辑，中华书局，1960。

政协全国委员会文史资料研究委员会编《文史资料选辑》
第30辑，文史资料出版社，1962。

政协全国委员会文史资料研究委员会《文史资料选辑》
编辑部编《文史资料选辑》第10辑，中国文史出版
社，1987。

政协湖南省委员会文史资料研究委员会编《湖南文史资
料选辑》第6辑，湖南人民出版社，1963。

政协贵州省委员会文史资料研究委员会编《贵州文史资
料选辑》第1、12、25辑，贵州人民出版社，1962~1987。

政协四川省委员会、四川省省志编辑委员会编《四川文
史资料选辑》第5辑，1979。

政协福建省委员会、泉州市委员会、漳州市委员会文史资料委员会编《闽南民军》(上),1995。

政协福建省委员会文史资料研究委员会编《福建文史资料》第12、14、22辑,福建人民出版社,1986~1989。

政协福建省福州市委员会文史资料工作委员会编《福州文史资料选辑》第2辑,1983。

政协天津市委员会文史资料研究委员会编《天津文史资料选辑》第39辑,1987。

朱宗震等编《陈铭枢回忆录》,中国文史出版社,1996。

报刊

《北伐特刊》、《兵站半月刊》、《晨报》、长沙《大公报》、天津《大公报》、《党史研究资料》、《国闻周报》、《陆海军大元帅大本营公报》、《东方杂志》、《福建临时省政府公报》、《福建党务半月刊》、《军事杂志》、《军事政治月刊》、广州《民国日报》、汉口《民国日报》、《申报》、台北《传记文学》、《向导》、《醒狮》、《行政院公报》、《宇宙风》、《战地政务委员会公报》、《中国国民党第二次全国代表大会日刊》、《中央政治通讯》。

著作

A.И.卡尔图诺娃:《加伦在中国(1924—1927)》,中国社会科学院近代史研究所翻译室译，中国社会科学出版社，1983。

A. B. 勃拉戈达托夫：《中国革命纪事》，李辉译，三联书店，1982。

安娜·路易斯·斯特朗：《千千万万中国人——一九二七年中国中部的革命》，王鹿鹿等译校，中国社会科学出版社，1985。

北伐统一六十周年学术讨论集编辑委员会编《北伐统一六十周年学术讨论集》，1988。

蔡廷锴：《蔡廷锴自传》（上），黑龙江人民出版社，1982。

曹剑浪：《国民党军简史》，解放军出版社，2004。

陈训正：《国民革命军战史初稿》，台北：文海出版社1972年影印本。

陈佑慎：《持驳壳枪的传教者——邓演达与国民革命军政工制度》，台北：时英出版社，2009。

陈之迈：《中国政府》，上海人民出版社，2012。

陈志让：《军绅政权：近代中国的军阀时期》，广西师范大学出版社，2008。

第四军纪实编纂委员会编《第四军纪实》，怀远文化事业服务社，1949。

董玥主编《走出区域研究：西方中国近代史论集粹》，社会科学文献出版社，2013。

杜赞奇：《文化、权力与国家：1900—1942 的华北农村》，王福明译，江苏人民出版社，2010。

方德万：《中国的民族主义和战争（1925—1945）》，胡允恒译，三联书店，2007。

冯筱才：《北伐前后的商民运动（1924—1930）》，台北：台湾商务印书馆，2004。

冯兆基：《军事近代化与中国革命》，郭太风译，上海人民出版社，1994。

高郁雅：《北方报纸舆论对北伐之反应：以天津大公报、北京晨报为代表的探讨》，台北：台湾学生书局，1999。

顾群、龙秋初：《北伐战争在湖南》，湖南人民出版社，1986。

郭廷以编著《中华民国史事日志》，台北：中研院近代史研究所，1979。

"国防部"史政编译局编《东路军北伐作战纪实》，1981。

韩信夫、姜克夫主编《中华民国史·大事记》，中华书局，2011。

胡春惠：《民初的地方主义与联省自治》，台北：正中书局，1983。

黄修荣：《国民革命史》，重庆出版社，1992。

贾比才等：《中国革命与苏联顾问》，中国社会科学出版社，1981。

姜克夫编著《民国军事史略稿》第1卷，中华书局，1987等。

蒋永敬：《鲍罗廷与武汉政权》，台北：传记文学出版社，1972。

蒋纬国总编著《国民革命战史第二部：北伐统一》，台北：黎明文化公司，1980。

纐缬厚：《近代日本政军关系研究——日本发动侵华战争的历史渊源》，顾令仪、申荷丽等译，社会科学文献出版社，2012。

孔飞力：《叫魂：1768年中国妖术大恐慌》，陈兼、刘昶译，上海三联书店，1999。

孔庆泰等：《国民党政府政治制度史》，安徽教育出版社，1998。

匡珊吉、杨光彦：《四川军阀史》，四川人民出版社，1991。

李宝明：《"国家化"名义下的"私属化"：蒋介石对国民革命军的控制研究》，社会科学文献出版社，2010。

李良明、孙泽学：《湖北新民主革命史·中共创建与大革命时期卷》，华中师范大学出版社，2008。

李云汉：《从容共到清党》，1987。

卢艳香：《中国国民党中政会研究（1924—1937）》，社会科学文献出版社，2016。

刘绍唐主编《民国人物小传》，上海三联书店，2014。

罗志田：《激变时代的文化与政治》，北京大学出版社，2006。

罗志田：《乱世潜流：民族主义与民国政治》，中国人民大学出版社，2013。

罗志田：《权势转移：近代中国的思想与社会》，北京师范大学出版社，2014。

刘曼容：《孙中山与中国国民革命》，广东人民出版社，1996。

吕芳上：《革命之再起——中国国民党改组之前对新思潮的回应（1914—1924）》，台北：中研院近代史研究所，1989。

帕克斯·M. 小科布尔：《江浙财阀与国民政府（1927—1937年）》，蔡静仪译，南开大学出版社，1987。

齐锡生：《中国的军阀政治（1916—1928）》，杨云若、萧延中译，中国人民大学出版社，2010。

齐锡生：《分崩离析的阵营：抗战中的国民政府（1937—1945）》，台北：联经出版公司，2023。

戚厚杰等编著《国民革命军沿革实录》，河北人民出版社，2001。

钱端升等：《民国政制史》，上海人民出版社，2005。

邱树森等主编《新编中国通史》，福建人民出版社，1996。

沙健孙主编《中国共产党通史》第2卷，湖南教育出版社，1996。

邵雍：《中国近代帮会史研究》，上海人民出版社，2011。

申晓云：《图说北伐》，东方出版社，2016。

司马璐编著《中共党史暨文献选萃》第4部，香港：自联出版社，1976。

宋林飞主编《江苏通史》，凤凰出版社，2012。

唐纯良主编《中共与国民党地方实力派关系史》，人民出版社，1995。

谭崇恩：《唐生智评传》，湖南人民出版社，2002。

汪朝光：《中华民国史》第 4 卷，中华书局，2011。

王奇生：《国共合作与国民革命（1924—1927）》，江苏人民出版社，2009。

王奇生：《党员、党权与党争：1924—1949 年中国国民党的组织形态》，上海书店出版社，2009。

王奇生：《革命与反革命：社会文化视野下的民国政治》，社会科学文献出版社，2010。

王建朗、黄克武主编《两岸新编中国近代史》，社会科学文献出版社，2016。

王宗华主编《中国大革命史（1924—1927）》，人民出版社，1990。

韦显文等编《国民革命军发展序列》，解放军出版社，1987。

文公直：《最近三十年中国军事史》，河南人民出版社 2016 年影印本。

谢本书、冯祖贻主编《西南军阀史》第 2 卷，贵州人民出版社，1994。

徐天胎编著《福建民国史稿》，福建人民出版社，2009。

徐勇：《近代中国军政关系与“军阀”话语研究》，中华书局，2009。

杨奎松：《国民党的"联共"与"反共"》，社会科学文献出版社，2008。

杨天石主编《中华民国史》第 6 卷，中华书局，2011。

杨天宏：《政党建置与民国政制走向》，社会科学文献出版社，2008。

易劳逸：《流产的革命：1927—1937 年国民党统治下的中国》，陈红民等译，中国青年出版社，1992。

佚名：《福建三十年来省政暨民军嬗变纪略》，1942。

袁继成等：《武汉国民政府史》，湖北人民出版社，1986。

曾庆榴：《广州国民政府》，广东人民出版社，1996。

曾宪林等：《北伐战争史》，四川人民出版社，1991。

张光宇：《第一次国共合作时期的国民革命军》，武汉大学出版社，1989。

张瑞德：《山河动：抗战时期国民政府的军队战力》，社会科学文献出版社，2015。

张宪文等：《中华民国史》，南京大学出版社，2006。

朱汉国等：《国民革命与北伐战争》，南京大学出版社，2015。

C. Martin Wilbur and Julie Lien-Ying How, eds., *Missionaries of Revolution*: *Soviet Advisers and Nationalist China*, *1920–1927*, Cambridge: Harvard University Press, 1989.

C. Martin Wilbur, *The Nationalist Revolution in China*, *1923–1928*, New York: Cambridge University Press, 1983.

Diana Lary, *Warlord Soldiers: Chinese Common Soldiers, 1911-1937*, Cambridge: Cambridge University Press, 1985.

Donald A. Jordan, *The Northern Expedition: China's National Revolution of 1926-1928*, Honolulu: University of Hawai'i Press, 1976.

F. F. Liu, *A Military History of Modern China, 1924-1949*, Princeton: Princeton University Press, 1956.

Geogre A. Fitch, *My Eighty Years in China*, Taipei: Mei Ya Publications, 1967.

Harold R. Isaacs, *The Tragedy of the Chinese Revolution*, London: Secker & Warburg, 1938.

Jeffrey N. Wasserstrom, *Student Protests in Twentieth-Century China: The View from Shanghai*, Stanford University Press, 1991.

Michael Howard, "Military History and the History of War," in Williamson Murray and Richard Sinnreich, eds., *The Past as Prologue: The Importance of History to the Military Profession*, Cambridge: Cambridge University Press, 2006.

Michael Tsang-woon Tsin, *Nation, Governance and Modernity in China: Canton, 1900-1927*, Stanford University Press, 2002.

M. S. Anderson, *War and Society in Europe of the Old Regime 1816-1789*, New York: St. Martin's Press Inc., 1988.

Ruth V. Hemenway, *A Memoir of Revolutionary China, 1924-1941*, Fred W. Drake, ed., Amherst: University of Massachusetts Press, 1977.

Tony Saich, ed., *The Rise to Power of the Chinese*

Communist Party：*Documents and Analysis*，Armok：M. E. Sharpe，1996.

论文

陈惠芬：《北伐时期的政治分会——中央与地方的权力纠葛》，《台湾师范大学历史学报》1996 年第 24 期。

曹敏华：《北伐战争中的福建战场试探》，《近代史研究》1987 年第 1 期。

陈祖怀：《北伐战争与国民党军事力量》，《军事历史研究》1987 年第 2 期。

范忠程：《北伐时期唐生智的军政建设》，《求索》1997 年第 5 期。

冯筱才：《自杀抑他杀：1927 年武汉国民政府集中现金条例的颁布与实施》，《近代史研究》2003 年第 4 期。

韩冰：《论唐生智北伐期间的表现》，《民国档案》1993 年第 4 期。

黄道炫：《密县故事：民国时代的地方、人情与政治》，《近代史研究》2017 年第 4 期。

贾国熊：《熊克武广州被扣原因分析》，《档案史料与研究》1999 年第 3 期。

蒋永敬、庄淑红：《"督抚革命"与"督抚式的革命"》，上海中山学社编《近代中国》第 18 辑，上海社会科学院出版社，2008。

李晨：《英美军事史研究对抗战军事史研究的启示》，《抗日战争研究》2016 年第 1 期。

李翔：《黄埔军校党军体制的创设：以孙中山、廖仲恺、蒋介石为中心》，《近代史研究》2016 年第 4 期。

李翔：《从军队政治工作看北伐时期国共关系的决裂》，《江苏社会科学》2014 年第 5 期。

李在全：《北伐前后的微观体验——以居京湘人黄尊三为例》，《近代史研究》2018 年第 1 期。

林志宏：《北伐期间地方社会的革命政治化》，《政治大学历史学报》第 36 期，2011 年 11 月。

刘文耀：《建国川军广东瓦解考》，《四川大学学报》1989 年第 2 期。

罗志田：《南北新旧与北伐成功的再诠释》，《开放时代》2000 年第 9 期。

罗志田：《北伐前夕北方军政格局的演变（1924 - 1946）》，《史林》2003 年第 1 期。

罗志田：《国际竞争与地方意识：中山舰事件前后广东政局的新陈代谢》，《历史研究》2004 年第 2 期。

罗志田：《见之于行事：中国近代史研究的可能走向——兼及史料、理论与表述》，《历史研究》2002 年第 1 期。

罗志田：《"有道伐无道"的形成：北伐前夕南方的军事整合及南北攻守易势》，《中国社会科学》2003 年第 5 期。

马宣伟：《熊克武与建国联军川军》，《社会科学研究》1986 年第 2 期。

茅海建、刘统：《50 年来的中国近代军事史研究》，《近代史研究》1999 年第 5 期。

潘健：《民国时期国民党福建省党部述略（1924—1937）》，《学术评论》2019 年第 3 期。

申晓云：《"收功"还是"背离"——辛亥与北伐比较之我见》，张宪文主编《民国研究》第 22 辑，社会科学文献出版社，2012。

申晓云：《国民革命与北伐研究述论》，朱庆葆主编《民国研究》第 30 辑，社会科学文献出版社，2016。

王奇生：《党政关系：国民党党治在地方层级的运作（1927—1937）》，《中国社会科学》2001 年第 3 期。

王奇生：《从"容共"到"容国"：1924—1927 年国共党际关系再考察》，《近代史研究》2001 年第 4 期。

王奇生：《"武主文从"背景下的多重变奏：战时国民党军队的政工与党务》，《抗日战争研究》2007 年第 4 期。

王奇生：《权力机制与联络技术：莫斯科与早期中共》，《民国档案》2021 年第 2 期。

文建龙：《论唐生智与共产党的关系》，《同济大学学报》2000 年第 4 期。

薛刚：《山川分布、区域性集体暴力与军事动员——从地理时间理解近代中国的战争与历史格局》，《南京大学学报》2021 年第 3 期。

薛谋成：《陈铭枢第十一军入闽与驱谭事件》，《党史研究与教学》1989 年第 5 期。

余敏玲:《蒋介石与联俄政策之再思》,《"中央研究院"近代史研究所集刊》第 34 期,2000 年 12 月。

杨奎松:《"容共",还是"分共"?——1925 年国民党因"容共"而分裂之缘起与经过》,《近代史研究》2002 年第 4 期。

杨天石:《"中山舰事件"之谜》,《历史研究》1988 年第 2 期。

杨天石:《蒋介石与前期北伐战争战略策略》,《历史研究》1995 年第 2 期。

杨学东:《论北伐左翼军及湘鄂西战场—兼论北伐左翼军先锋贺龙师》,《求索》1989 年第 1 期。

叶惠芬:《唐生智与北伐时期政局的转变》,台北,"中华民国史专题第二届讨论会"会议论文,1981。

张皓:《国民党政治分会之设置与存废之争》,《首都师范大学学报》2011 年第 4 期。

张建华:《国民党省党部研究——以 1927—1938 年湖北省党部为例》,硕士学位论文,武汉大学历史学院,2004。

张光宇:《论大革命时期共产党在国民党湖北省党部中的领导作用》,《武汉大学学报》1985 年第 1 期。

曾成贵:《国共合作事的国民党湖北省党部略史》,陈本立主编《湖北历史文化论集》,中国档案出版社,1998。

朱英:《研究近代中国制度变迁史应该注意的若干问题》,《社会科学研究》2016 年第 4 期。

周锡瑞:《关于中国革命的十个议题》,董玥主编《走出区域研究：西方中国近代史论集粹》，社会科学文献出版社，2013。

Kwong Chi Man，"Finance and the Northern Expedition：From the Northern Asian Perspective，1925-1928，" *Modern Asian Studies* 48，6（2014）.

附　录

一　北伐开始时国民政府动员出发的兵力统计

甲　国民革命军由广东出发北伐部队

军别	军长或总指挥	师别及直属部队	师长或直属部队长官	团别及其他部队	团长或其他部队长官	说明
第一军	总指挥王柏龄兼	第一师	王柏龄兼	第一团	孙元良	1. 第一军军长何应钦率第三师（师长谭曙卿）、第十四师（师长冯轶裴）及第一补充团（团长张贞）驻防广东潮梅防闽 2. 第二十师（师长钱大钧）驻防惠州
				第二团	倪弼	
				第三团	薛岳	
		第二师	刘峙	第四团	陈继承	
				第五团	蒋鼎文	
				第六团	惠东升	
				炮兵第二营	杨焕新	
		炮兵团	蔡忠笏			
		警卫团	朱毅			

军别	军长或总指挥	师别及直属部队	师长或直属部队长官	团别及其他部队	团长或其他部队长官	说明
第二军	总指挥鲁涤平	第四师	张辉瓒	第十团	谢毅伯	第二军军长谭延闿率第五师（师长谭道源）、教导师（师长陈嘉祐）及炮兵团（团长谢慕韩）驻防南韶连（今韶关市境内）
				第十一团	周纬黄	
				第十二团	邓赫绩	
		第六师	戴岳	第十六团	黄友鹄	
				第十七团	廖新甲	
				第十八团	刘凤	
		炮兵第一、二、五连	戴氏、丁氏、饶氏			
第三军	军长朱培德	第七师	王钧	第十九团	曾万钟	第三军副官长黄实率第八师第二十三团、第九师二十五团及宪兵、炮兵各一营留守粤边
				第二十团	万人敌	
				第二十一团	彭武扬	
		第八师	朱世贵	第二十二团	韦杵	
				第二十三团之一营三连	祝膏如	
				第二十四团	李恩塱	
		第九师	朱培德兼	第二十六团	李明扬	
第四军	总指挥陈可钰	第十师	陈铭枢	第二十八团	蔡廷锴	1. 第四军军长李济深坐镇广州，兼任总司令部总参谋长，办理后方军民两政，并接济饷弹。2. 第四军第十一师（师长徐景唐）留驻高雷钦廉一带，第十二师第三十四团许志锐部留守琼崖，第十三师（师长陈济棠）留守肇罗阳地区
				第二十九团	范汉杰	
				第三十团	戴戟	
				炮兵营	郭思演	
		第十二师	张发奎	第三十五团	缪培南	
				第三十六团	黄琪翔	
				独立团	叶挺	
				炮兵营	薛仰忠	

军别	军长或总指挥	师别及直属部队	师长或直属部队长官	团别及其他部队	团长或其他部队长官	说明
第五军		第十六师	练炳章	第四十六团	陆满	第五军军长李福林率第十五师（师长李群）及第一、二独立团驻防广属南番、顺中一带
				第四十七团	李林	
				第四十八团	陈伟图	
				炮兵营	甘国兴	
第六军	军长程潜	第十七师	邓彦华	第四十九团	傅良弼	该军第十七师第五十一团及第十八师胡谦全师驻防惠州
				第五十团	文鸿恩	
				第五十四团	李明灏	
				炮兵第一营	莫希德	
		第十九师	杨源濬	第五十五团	王尹希	
				第五十六团	张轸	
				第五十七团	王茂泉	
				炮兵第一营	罗心源	
中央军事政治学校		步兵学生第一团			萧友松	
		步兵学生第二团			张仁兴	
		炮兵学生大队				
		工兵学生大队			杨树松	
		政治学生大队			胡公冕	
		经理大队			邢杨祖	
		入伍生部			方鼎英	
		入伍生第一团			郭大荣	
		入伍生第二团			陈复	
		野炮兵连			祝夏年	
		宪兵团			杭毅	
		独立第一团			赖世璜	

乙　国民革命军由广西出发北伐部队

军别	军长	某路	指挥官	旅别	旅长	团别	团/营长	说明
第七军	李宗仁	第一路	夏威	第一旅	夏威	第一团	毛炳文	
						第二团	陶钧	
				第二旅	李明瑞	第三团	俞作豫	
						第四团	李朝芳	
				炮兵营			罗傅英	
		第二路	胡宗铎	第七旅	胡宗铎	第十三团	李孟庸	
						第十四团	杨腾辉	
				第八旅	钟祖培	第十五团	尹承钢	
						第十六团	周祖晃	
				炮兵营				
		第四旅第七团					陆受祺	

丙　国民革命军湖南方面加入北伐部队

军别	军长	师别	师长	团别	团长	说明
第八军	唐生智	第二师	何键	第二十六团	陶广	
				第二十七团	刘建绪	
				第三十四团	危宿钟	
				第三十九团	张辅	
		第三师	李品仙	第八团	张国威	
				第十五团	熊震/王锡焘①	
				第十六团	李云杰	
				第十八团	吴尚	

军别	军长	师别	师长	团别	团长	说明
第八军	唐生智	第四师	刘兴	第三团	廖磊	
				第十三团	唐哲明	
				第十四团	周维寅	
				第三十团	蒋春湖②	
		教导师	副师长周斓③	第二十团	罗霖	
				第四十团	鲁杨开	
				第十二团	刘克豪④	
		教导团			周荣光	
		炮兵团			王锡涛	
		第五师			叶琪	
		鄂军第一师⑤	夏斗寅			

①原表中王锡涛字号较小，当为后来所补增。
②原文为蒋春潮，应为"蒋春湖"之误。
③"周斓"有时也写作"周斒"。
④原文为刘克家，应为"刘克豪"之误。
⑤夏斗寅师名义上不属于第八军编制，但实际上受唐生智节制。

丁　国民革命军黔军北伐部队

总指挥	某路	指挥官	师别		
黔军总司令袁祖铭	第一路	总指挥何厚光副总指挥贺龙	第四师		
	第二路	总指挥李燊副总指挥罗觐光	第一师及杨其昌师		

续表

总指挥	某路	指挥官	师别		
黔军 总司令 袁祖铭	第三路	总指挥金汉鼎副总指挥王纯武			
	第四路	总指挥袁祖铭兼副总指挥吴厚安			
	第五路	总指挥兼前敌总司令王天培副总指挥彭汉章			

　　注：（1）北伐开始时北伐军之兵力计四大部分：第一，由广东出发之北伐军约 10 万人；第二，由广西出发之北伐军约 1 万人；第三，唐生智部队约 6 万人；第四，黔军约 10 万人，合计 30 万人左右。（2）整理时除个别表达和信息略有调整、修正外，基本依据原表。（3）本表虽为国民政府制定，准确度相对较高，但个别信息或亦有错误，仅供参考。

　　资料来源：《国民革命军战史纪要》（二），中国第二历史档案馆藏，档案号：七八七-629。

二 北洋政府各省兵力最近调查

（1926 年 7 月 5 日）

省别	部队及职别	将领姓名	兵力	驻地	备考
江苏	五省联军总司令	孙传芳	二团	南京	亲率
	第一师师长	陈仪	八千	徐州	浙军改编,官兵屡谋回浙,积怨甚深,但与孙有学谊
	第十混成旅旅长	孟昭月	六千	南京	孙之嫡系,拟扩充成第九师
	第十师师长	郑俊彦	八千	清淮（今淮安）	卢永祥部改编,与孙隔阂
	第四师师长	谢鸿勋	一万二千	津浦、沪宁铁路各站	卢部改编,效忠孙氏
	第三师师长	周凤岐	六千	南京	与第一师同
	第五师师长	白宝山	三千	海州	苏军改编,实力薄弱,为孙轻视
	第七师师长	冯绍闵	四千	泗阳、邳县	蔡成勋旧部

续表

省别	部队及职别	将领姓名	兵力	驻地	备考
浙江	浙江总司令兼第二师师长	卢香亭	二万	浙江	孙之基干部队
	省长兼警备司令	夏超	一万五千	浙江	保安队两团,警备队三十六营
安徽	安徽总司令兼第六师师长	陈调元	一万六千	蚌埠	苏军改编,与齐燮元关系甚深,孙对之外为隆重,内实忌之
	第一混成旅旅长	倪朝荣	一千五百	蚌埠	皖军改编,拥陈调元
	第二混成旅旅长	马祥斌	一千五百	南宿	巡防营改编,枪支甚坏,拥陈调元
	第三混成旅旅长	王普	三千	芜湖	皖军改编,与陈、孙虚与委蛇
	第四混成旅旅长	毕化佟	二千	寿州、霍邱	皖军改编,拟与第三混成旅合编为第八师
	第五混成旅旅长	杨广和	二千	邳县	新编,拥陈
	第六混成旅旅长	彭德铨	二千	皖境	新编,拥陈
	第七混成旅旅长	杨镇东	千余	皖境	与陈感情颇佳
	第八混成旅旅长	颜景宗	三千		孙传芳新编
	第九混成旅旅长	张中立			孙传芳新编
	炮兵团司令	张国威	一团,山野炮十门		张曾入民党

省别	部队及职别	将领姓名	兵力	驻地	备考
江西	江西总司令兼中央第一师师长	邓如琢	七千	南昌、九江	周旋于孙吴之间，为骑墙派
	第一师师长	唐福山	五千	湖南	方本仁旧部,借援湘脱离邓之羁绊
	第二师师长	蒋镇臣	五千,迫击炮四门	吉安	方之旧部,为骑墙派
	第三混成旅旅长	刘宝题	二千	鄱阳	现调驻抚建一带监视赖世璜部
	第四师师长	赖世璜	四千	粤赣边境	现输诚国民政府,邓甚忌之
	中央第六师师长	杨如轩	二千余	赣州	无实力
	滇军第一师师长	杨池生	二千	三南	无实力
	第九混成旅旅长	张凤岐	三千	万义	
	鲁军一旅	张克瑶	二千余		现调回鲁,已入汴
	粤军残部	陈修爵	一千余	宁冈	正在补充中
福建	督理兼十二师师长	周荫人		福州	
	十二师二十三旅旅长	李生春	三千	福州至延平	
	十二师二十四旅旅长	刘俊	三千	延汀	
	炮兵团		千余	延汀	炮十余门
	工兵营		四百余	延汀	
	辎重营		五百余	延汀	
	骑兵营			福州	

续表

省别	部队及职别	将领姓名	兵力	驻地	备考
福建	二十九混成旅旅长	孔昭同	四千余	漳泉	
	三十混成旅旅长	苏埏	三千余	延建	
	补充旅旅长	蒋启凤	二千余	泉州	
	卫队旅		三千	福州、延平	
	新编旅旅长	吴大洪	二千	泉属	
	第一师师长	张毅	六千	漳龙	
	第三师师长	李凤翔	三千	汀龙	与我军表示联络
	一旅	孙云峰	三千	汀州	蔡成勋旧部改编
	海军陆战队旅长	林忠	三千	马尾、厦门、东山	
	第十一旅旅长	王麒	二千余	云浦	
	上游警备司令	何麓昆	一千余	建瓯	
湖北	湖北督理兼中央第廿五师师长	陈嘉谟	一万余	武昌及粤汉铁路	
	湖北暂编第一师师长	宋大霈	四千	九江	
	湖北暂编第二师师长	刘佐龙	四千	汉口两团,德安襄和(河)各一团,汉阳一炮团	
	湖北暂编第三师师长	孙建业	三千余	南阳广水各一团,岳州湘阴一旅	
	湖北暂编第四师师长	陈德麟	四千	武岳路线	
	湖北暂编第五师师长	张联陞	六千余	襄阳、樊城、龙阳	

省别	部队及职别	将领姓名	兵力	驻地	备考
湖北	第十八混成旅旅长	于学忠	三千余	施南	
	汉黄镇守使	杜锡钧	二千余	汉口	
	陆军第十八师师长	卢金山	八千余	鄂西	
	陆军第八师师长	刘玉春	六千	宜昌一旅,信阳保定各一旅	
	第十八混成旅旅长①	余荫森	三千	湘潭	
	武卫军	马济	五千	黄州一团,湘东四团	
	陆军第七师师长	王都庆	五千	原驻荆州,后以一部驻澧州	
		娄云鹤	四千	湖北麻城	
	湖北第二混成旅旅长	夏斗寅	三千	浏阳、平江	大部已反正
	卫兵旅旅长	董镇国	二千	洛阳	完全吴系
	军官团		二千余	洛阳	完全吴系
河南	第九师师长	寇英杰	八千	开封	吴系
	河南暂编第一师师长	郭振中		归德	原第二军第十六混成旅
	河南暂编第二师师长	阎日仁		许昌	原第二军第八混成旅
	河南暂编第三师师长	吴俊卿		巩县	
	河南暂编第一混成旅旅长	袁家声		柘城	原第二军第十五混成旅

续表

省别	部队及职别	将领姓名	兵力	驻地	备考
河南	河南暂编第二混成旅旅长	薛传峰		朱仙镇	
	河南暂编第三混成旅旅长	李鸿蒭		太康	原第二军第十八混成旅
	河南暂编第五混成旅旅长	袁家骥		驻马店	
	河南暂编第六混成旅旅长	王相贤		道口	原第二军第八混成旅②
	新编混成旅旅长	李鹏		归德	
	第二十四师第一补充旅旅长	安锡嘏		郾城	
	豫兵第一混成旅旅长	马文德		舞阳、郾城、泌阳	
	河南第一旅旅长	何遒文		中牟	
	毅军第一混成旅旅长	张继武		涿州一带	
	毅军第二混成旅旅长	刘正芳		蔚氏	
	毅军第三混成旅旅长	张锦标		涿州	
	毅军第四混成旅旅长	米国贤		开封	
	陕潼护军使兼第二师长	张治公		洛阳	
	豫南镇守使	孙建业		南阳	现入湘
	浚滑游击司令	王献臣		滑县	

续表

省别	部队及职别	将领姓名	兵力	驻地	备考
河南	湖北第一师第一补充团团长	李振东		开封	
	第九师炮兵团团长	吴德芳		开封	
	骑兵支队队长	马德凤		临颍	
	新编樊军		三旅一团		
	陆军第十三师师长	苏运昌		周家口	
陕西	陕西讨贼军总司令	刘镇华		陕州	
	镇嵩军第一师前敌总指挥	柴云陛（升）		陕州	
	镇嵩军第二师师长	贾济川			
	第三师师长	梅敬魁③		陕州	
	第四师师长	王振		灵宝	
	陕西陆军第一师师长	麻振武			
	第三师师长	侯保杰			
	陆军第三十五师师长	憨玉振		龙驹寨	
湘南④	湘军总司令	叶开鑫	一万	长沙	1. 湘西屯边使陈渠珍退龙山 2. 北兵退岳新塘一带,余荫森三千人,孙建业二千人,陈德霖（麟）、宋大需共万余人,平江陈嘉谟一小部
	左翼指挥	蒋锄欧		株洲	
	二十三团团长	李熙瑞	三营	渌口	
	二十四团团长	王亿	二营	石亭	
	四十二团团长	赵而信	二营	泗汾	

省别	部队及职别	将领姓名	兵力	驻地	备考
	炮兵团团长	尹甫麟	二营		
	右翼指挥长	邹鹏振		湘乡	
	第四团团长	刘建屏	三营	洙洋渡	
	二十团团长	田明光	二营		
	二十一团团长	王埗	三营	娄底	
	四十一团团长	陈潇豸	三营	石潭	
	炮兵团团长	李秉煌	三营	涟水以北	
	代司令兼第二团团长	林拔萃	三营	山枣之线	
	第十团团长	瞿玉屏	三营		
	补充团团长	魏云	三营		
	旅长	刘雪轩	二营	淑水之线	3. 王都庆一小部在南华
	鄂军代司令	方殿甲	三营	醴陵	
湘南④	鄂军团团长	李桂中	三营		4. 于学忠一小部在龙山（以上为 6 月 28 日以前情况）
	第十一路司令	邹尧仁			
	三十二团团长	龚仁杰	三营	右翼神福港	
	粤军第一师师长	谢文炳		湘东之线	
	桂军指挥	邓瑞徵		靖州	
	护湘军总指挥	贺耀祖	六千	益阳、汉寿	
	第一旅旅长	郑鸿海		黄村	
	第一团团长	欧冠	三营	桥头市	
	第九团团长	文九德	三营	大福坪	
	第二师师长	唐巇	六千		
	第三/四旅旅长	谢煜涛			
	第二十九团团长	陈维斌	五营	易俗河（镇）	
	第六团团长	周磐	四营		
	第五团团长	蔡鉴	四营	姜畲（镇）	

省别	部队及职别	将领姓名	兵力	驻地	备考
四川	四川讨贼军总司令	杨森		万县	投吴
	右翼总指挥兼第一军军长	唐式遵		重庆	附杨,现正改编中
	右翼总指挥兼第二军军长	潘文华	合第一军计四万余	重庆	同上
	川康边务督办	刘湘	五万六千	成都	
	四川清乡督办、国军十三师师长	邓锡侯	三万八千	成都	
		刘文辉	三万五千	成都	属刘湘
		刘成勋	二万一千		
		赖心辉	二万一千		
	四川西北屯垦使、国军十二师师长	田颂尧	一万六千	川北	
	川军第五师师长	何光烈	六千	顺庆	
	川陕边防督办	刘存厚	五千	川北	
	川黔边防军总指挥	吕超	一万一千	叙南	五旅

省别	部队及职别	将领姓名	兵力	驻地	备考
贵州	黔军第一师师长	李燊			
	步兵第一旅旅长	杨光琛			
	第一团团长	谢斌（彬）	一千五百		均系鄂造步枪
	第二团团长	李鸣钟	一千五百		均系鄂造步枪
	步兵第二旅旅长	谢汝霖			
	第三团团长	吴漠	七百余		
	第四团团长	刘谦	八百余		三、四两团好枪只三百余枝，余均土造
	骑兵团长	陈鹏	六百		步兵两营，坏枪占半数
	炮兵团长	谢星垣	一千		步兵三营，枪支复杂，尚堪使用
	补充团长	冯道伦	五百		步兵两营，枪支堪用者约三分之一
	警卫营长	鲁承泽	步兵三连，炮兵一连		步手枪百余枝，炮三尊，机关枪四挺
	黔军第二师师长	彭汉章			
	步兵第七旅旅长	马明亮	一千五百		计两团，团长一为陈正岳，一未悉，枪支可用者半数
	步兵第九旅旅长	杨其昌	二千余		计两团，团长一为陈天全，一为旅参谋长陈兆龙兼代，军队少训练
	独立团团长	王又熙	六百		

省别	部队及职别	将领姓名	兵力	驻地	备考
贵州	清乡司令官	罗觐光	六千余		部队分子复杂
	黔军第三师师长	周西成	六千		旅长为毛光翔、犹国材、江国蕃、陈世道、张俊清等
	黔军第四师师长	何壁辉			
	步兵第七旅旅长	袁光辉			
	第十三团团长	袁光辉兼	一千		
	第十四团团长	刘成钧	一千		
	步兵第八旅旅长	陈亮清			
	第十五团团长	陈亮清兼	一千二百		
	第十六团团长	金渭滨	一千二百		
	独立第一旅旅长	许定祥	九百		许五营前与川军作战,损失颇大
	独立第二旅旅长	张义珍	五百		枪支多不堪用
	骑兵团团长	龙国彬	八百		
	炮兵团团长	雷鸣九	一千		计步兵三营
	警卫营营长	郑实			手枪二百五十枝,大炮三尊,机关枪四挺
	黔军第五师师长	吴传心			

省别	部队及职别	将领姓名	兵力	驻地	备考
	旅长	王天生	八百		多系招抚队伍,枪支复杂
	旅长	周源稷	八百		
	陆军第九师师长	王天培			
	第十七旅旅长	王天锡			
	第三十三团团长	罗氏	八百		
	第三十四团团长	张锡海	七百		
	第十八旅旅长	牟银洲			已投降川军
贵州	独立旅长	牟守光	一千四百		团长一为杨国祥,另一未悉
	炮兵团				大炮三尊
	手枪队长	王守诚			手枪八十枝,机关枪两挺
	陆军第三十四师师长	袁祖铭			
	步兵第六十七旅旅长	杜浓			
	第一百三十三团团长	史达勋	七百		机关枪二挺
	第一百三十四团团长	杨维纲	八百		机关枪二挺
	步兵第六十旅旅长	杨绍楷			
	第一百三十五团团长	贺同	七百		

续表

省别	部队及职别	将领姓名	兵力	驻地	备考
贵州	第一百三十六团团长	杨绍楷兼	八百		
	机关枪队长	谢君平			马枪七十余,机关枪六挺
	炮兵营营长	吴驭芳			与川军作战,炮已失
	黔军第四路司令官	刘国贞	四百		
	川黔边防军总指挥	吕超			
	第一旅旅长	吕鹿鸣	一千		
	第二旅旅长	曹叔寔	六百		
	补充旅旅长	毛以宽			
	警卫第一团团长	杨维和	四营		步枪约四百,手枪约五百
	警卫第二团团长	杨柱	四营		步枪约五百,手枪约七百,机关枪四挺
	第一团团长	毛以宽兼	七百		纯系毛瑟,可用者百余支
	宪兵营营长	汤如海	一百四十		
云南	云南督办	唐继尧	自率翊卫军六大队	省城	省城四大队,师宗一大队,罗平一大队
	昆明镇守使兼西北边防督办	龙云		昆明	
	第一旅旅长	卢汉		簸西	
		徐团	一团	邱北	内营长罗春明倾向国民政府

省别	部队及职别	将领姓名	兵力	驻地	备考
云南		刘团	一团	邱北	内周治国一营倾向国民政府
	第二旅旅长	周父人		罗平	
		张凤春	一团	罗平	倾向国民政府
		杨团	一团	师宗	
	蒙自镇守使兼东南边防督办	胡若愚	率兵两旅	蒙自	
	第三旅旅长	欧永昌		个旧	
		赵团	一团		内营长李嘉寿倾向国民政府
		李团	一团	个旧	
	第四旅旅长	杨一五		蒙自	
		杨团	一团	蒙自	
	团长	陈安邦	一团	蒙自	倾向国民政府
	东南临时善后督办	李佐青	率兵两团	广南	
	团长	李云卿	一团	玉溪	倾向国民政府
		刘团	一团	广南	
	昭通镇守使兼东防督办	张汝骥	率兵一旅	昭通	
	第五旅旅长	杨占元	自兼一团	昭通	
		万团	一团	镇雄	
	大理镇守使兼西防督办	唐继虞	率兵一旅	大理	
	第六旅旅长	何子厚	自兼一团	大理	
		唐团	一团	大理	
	近卫旅旅长兼宪兵司令	孟友闻		省城	
		袁团	一团	开化	

续表

省别	部队及职别	将领姓名	兵力	驻地	备考
云南		蔡团	一团	玉溪	内营长周嘉祥、赵月舫倾向国民政府
	炮兵团团长	郭玉鸾	一团	昆明	管退炮二十四门,内损坏六门
	机关枪		一大队	昆明	计八挺
	附记:1. 该省现通令各县赶募团兵五百名,遴员训练。2. 枪支种类复杂,现向法国购办,业经运到万枝,均系三响。3. 新办模范团一团,收纳闲散军官。				
奉天		汤玉麟	一师	热河	
		于珍	一师	热河	
		步兵十一旅			
		骑兵二旅			
		炮兵一旅			
		工兵一队			
		辎重一队			
	以上约十万人,据报纸。				
吉林	吉林	张作相	五万		据报载
黑龙江	黑龙江	吴俊陞(升)	五万		据报载
山东	督理兼第一军军长	张宗昌		济南	该省军队在前共计十九万余人,自裁减及褚玉璞之六军北去后,所余约十七万人
	第三军军长	程国瑞	三旅	济南一旅,胶济路潍县间两旅	
	第五军军长	王栋		北京、禹城	
	第七军军长	许琨		泰安、兖州	
	第八军军长	毕庶澄		青岛、胶东一带	

续表

省别	部队及职别	将领姓名	兵力	驻地	备考
山东	第十一军军长	王翰鸣		北京附近	
	第五师师长	孙宗先		黄村	
	二十三师补充旅旅长	王殿忠		济南	
	二十三师师长	徐源泉		南口	
	六十五师师长	赵亨宝		济南	俄兵
	一百三十二旅旅长	滕殿英		禹城	
	兵站守备第一旅旅长	祝瑞祥		济南	
	二十二师师长	董鸿逵		泰安	
	戒严司令兼炮兵司令	袁致和		济南	
	第十一师师长	潘鸿钧		京北	
	第二十八师师长	娄和清		东昌	
	二十五师师长	杜凤举		曹州	

省别	部队及职别	将领姓名	兵力	驻地	备考
国民军退出北京后之兵力	国民军总司令	张之江			1. 国民军于北仓之役、沧州之役及唐之道反戈等，统共损失兵二万余 2. 国民军现有兵力二十余万，第二军弓富魁部、第三军徐永昌部、第五军方振武部尚不在内 3. 国民军现编七军，以一军守多伦，两军守南口，一军之一部分守甘肃，余则悉为攻晋之用
		韩复榘	一师		
		石友三	一师		
		刘玉山	一师		
		过之纲	一师		
		王镇淮	二旅		
		佟麟阁	一师		
		刘明海⑤	一师		
		孙连仲	二师		
		郑金声	一旅		
		陈毓耀	一旅		
		董砚璞	一旅		
	炮兵		一旅		
		门致中	一师		
		许云骧	一旅		
		许长林	一旅		
		冯治安	一旅		
	骑兵	马鸿逵	一旅		
	交通团		一团		
	大刀队		一团		
	炸弹队		一团		
	地雷队		一团		
		宋哲元	一师		
		张允荣	一旅		
		李长青	一旅		
		韩德元	一旅		
	骑兵	孙良臣	一师		
			一旅	京绥路	
	骑兵	马步元	一旅	京绥路	

续表

省别	部队及职别	将领姓名	兵力	驻地	备考
国民军退出北京后之兵力	骑兵	马廷贤	一旅	京绥路	
	骑兵	杨兆林	一旅	京绥路	
		石敬亭	一师	京绥路	
		张自忠	一旅	京绥路	
		刘郁芬		甘肃	
	新编旅		三旅		
福建民军	警卫大队	许显时	300⑥（旱机关枪一挺）	诏安	属张贞，由吴品三部及粤军贺瑞庭部编成，许系保定军官学生，倾向本党
	乡团		100	云霄、漳浦	
		詹方珍	250	华封、新墟一带	陈国辉部团长，接近本党
		李温德	300	漳平	前属杨学良，现归李凤祥
		蓄继武	270	漳平	属陈国辉
		何红杨	300		前属杨学良，后归杜起云，现又归陈国辉
		张大成	150	永定县湖⑦雷、虎市一带	前属赖世璜
		卢姓氏民团	100	坎市	自卫
		谢某	100（炮一门）	适中	地方性质，能为本党用
		詹赞民	40	雁石	地方性质
		罗静舒	300	连城	罗现入本党
		郭锦堂弟	800	永安、沙田	前助周军攻卢兴邦

续表

省别	部队及职别	将领姓名	兵力	驻地	备考
福建民军		姚其昌	500	大田、漳平一带	可为本党用
		卢兴荣	2000	尤溪	卢兴邦之弟,可为本党效力
		林寿国	500	莆田	受周编为游击司令,宗旨无定
		邹去病	700	永泰里	邹死后归林步飞率领,被周军击败,余存无几
		程炳耀	160	古田	原属黄炳武,可为本党用
		陈国辉	3000 (炮二门、机关枪二挺)	永春、南安、德化、安溪	战斗力颇强,完全可为本党效力
		吴威	2000	永春、仙游	宋渊源系,现受周编为一旅
		李金标			
		林青龙	3000(五部)		
		徐飞龙		德化	可为本党效力
		龙载德			
		陈国华			
		尤赐福	1000	永春	宋渊源系
		汪立民	500	惠安	受孔昭同编为营长
		王庆忠	400	永春	可为本党效力
		李瑶悌	400	安溪	
		李孝长	600(两部)	湖头(镇)	陈铮旧部,李孝长被陈国辉诱骗枪杀

省别	部队及职别	将领姓名	兵力	驻地	备考
福建民军		杨学良遗部	1000（机关枪一挺）	安溪	原属杨荣烈，现杨学良已死
		林某	400	安溪	杨荣烈旧部
		王振南	100	洪濑（镇）	原属许卓然，可为本党效力
		高为国	300（炮一门）	晋江	前属高义，现属陈国辉
		黄锦祥	100	晋江	原属许卓然
		陈坤	300	晋江	原属陈国辉
		吴锦元	300	溪尾、东田	原属陈国辉
		叶定胜	800	五峰、巢水、黄巢	叶定国之弟
		叶世全		巢水、灌口	原属陈国辉

附记：1. 本表所列福建民军枪支数目较去年减少四千左右，因陈国辉、叶定国、卢兴邦各部屡被周军攻击，损失不小。2. 各民军散处深山僻壤，若派人前往召集，并稍稍接济其子弹，均可为本党效力。

①原文如此，余荫森部当时似应为第十七混成旅。
②原文如此。
③应为梅发魁之误。
④原文如此，似应为湖南。
⑤原文如此，似应为刘汝明。
⑥此下福建民军"兵力"一栏的数据为枪械概数统计。
⑦原文为"河"，似应为"湖"。
注：（1）该表系北伐军总司令部参谋处"根据报纸及调查所得情形汇编而成"，编制时即备注"未尽详确，容随时修正"。（2）原表中个别明显错讹的字或异体字直接予以修正。资料来源：《北洋政府各省兵力最近调查表》（1926年7月5日），中国第二历史档案馆藏，档案号：七八七-1049。

三　国民革命军现编军师兵额调查概数

（1927 年 3 月 1 日）

队号	长官姓名	备考
第一军	何应钦	三师（九团）
第二军	谭延闿	四师（十三团）
第三军	朱培德	二师（十四团），李先遣支队在内
第四军	李济深	四师（十四团）
第五军	李福林	二师（九团）
第六军	程潜	三师（十一团）
第七军	李宗仁	二师五旅（二十六团），广西省防军在内
第八军	唐生智	一师三旅（十七团），湖南省防军在内
第九军	朱绍良	二师
第十军	王天培	六师（十八团）
第十一军	陈铭枢	二师（七团）
第十二军	任应岐	
第十三军	白崇禧	二师（六团）
第十四军	赖世璜	二师（八团）
第十五军	刘佐龙	三师（十六团）

续表

队号	长官姓名	备考
第十六军	范石生	
第十七军	曹万顺	二师（七团）
第十九军	陈仪	一师一支队（六团）
第二十六军	周凤岐	二师（六团）
第二十七军	王普	
第三十三军	柏文蔚	二师二旅
第三十五军	何键	二师（八团）
第三十六军	刘兴	二师（十团）
第三十七军	陈调元	一师四旅（十八团）
第四十军	贺耀祖	三旅（九团）
新编第一军	谭曙卿	三师
新编独立第一师	卢兴邦	二旅
独立第二师	刘峙	四团
独立第四师	张贞	三团
独立第十四师	夏斗寅	六团
独立第二十师	钱大钧	六团
独立第二十一师	严重	三团
独立第二十二师	陈继承	三团
中央第一混成旅	贺对廷	二团
以上计	26 个军 7 个师 1 个旅，已编为作战部队，50 余万人	
第二十军	杨森	改编为九师四指挥
第二十一军	刘湘	原有十一师二旅
第二十二军	赖心辉	原有一师五旅
第二十三军	刘成勋	原有三师三旅
第二十四军	刘文辉	原有四师刘旅
第二十五军	周西成	原有一师
第二十八军	邓锡侯	原有五师六旅
第二十九军	田颂尧	原有三师二旅

续表

队号	长官姓名	备考
以上计	8 个军,为待编部队	
总计	34 个军 7 个独立师 1 个旅	
附记	1. 已编为作战各部队有点验未毕者,有随时增减者,故所计兵额 50 余万不过概数。 2. 待编部队兵员数目不甚确实,故未计数。 3. 其余向我军输诚,已委任而未就职者概未列入。 4. 本部直辖炮兵团、工兵团、警卫团、卫士大队等各部队兵数约计 1 万人	

注：该表系北伐军总司令部参谋处编制。

资料来源：《国民革命军北伐作战报告书、军师兵额调查概数表等》,中国第二历史档案馆藏,档案号：七一一-195。

后　记

　　这部小书是我求学阶段关注北伐时期历史的阶段性"告别"成果。

　　2019 年夏，我完成学业进入中国社会科学院近代史研究所工作后，因兴趣变化和工作需要，将主要的时间用于涉猎 1940 年代后期国共内战的历史，无形中把博士学位论文的研究主题搁置，迟迟未能进行较为系统的修改和完善。趑趄却顾，自 2013 年初选定北伐时期的黔系军阀作为本科毕业论文写作对象开始，我对北伐时期军政格局变动的意兴已逾十载。虽然个人在这一领域的流连更多的是对学界此前研究较为薄弱的一些内容进行浅尝辄止的考察，但对于近些年来研究上已经相对沉寂的北伐时期历史来说，或也勉强可以留下一鳞半爪。因此，还是决定以北伐时期的地方变局与政治整合为题，将部分较为成熟的内容统合成书，也算是对自己前一阶段学习的交代和总结。

对于不少普通人来说，人生之路与其说是自己奋力的结果，倒不如说是在某一阶段或路口刚好幸运地遇到了一些人和事。本科期间，南京大学历史系自由、朴实的环境让我度过了四年丰富、难忘的大学时光。感念我的毕业论文指导老师申晓云教授，她教会我如何进行史学论文的资料搜集和写作，引导我进入学术之路。梁晨教授作为兼任的辅导员，在学业、生活上给了我不少指点和帮助，在我毕业后仍不时关心我的成长。非常感谢他们的教诲。

本科毕业之际，我有幸进入浙江大学跟随陈红民教授读研究生。陈师不仅学问深厚，对学生亦关心爱护有加。当时，陈师主要集中精力于蒋介石研究及其资料数据库建设，对于我选择北伐战争作为博士学位论文的研究对象，仍以其广阔的学术视野和开放的心态予以支持，鼓励我从新的视角，用新的材料和方法对这一课题进行拓展。此后，陈师不仅对论文的立意、资料运用、写作等提出许多深邃的思考和建议，并尽其所能为我创造有利的条件。在陈师的安排、帮助下，我得以先后赴台北"国史馆"、美国斯坦福大学胡佛研究所、哈佛大学燕京图书馆等地学习交流，查阅资料，进一步拓宽了学习路径和交流网络。陈师在为人处世等方面也不时耳提面命、恳切教诲，个人不敏，从学六年，却也受益良多。陈师之外，在浙江大学遇到的梁敬明、肖如平、张凯、徐立望、陈群元、赵晓红、尤淑君等老师严谨又不失温和，尤其是肖如平和张凯两位老师在各方面都对我照顾颇多，至今仍感激不已。

　　来到近代史所工作后，我能够较为从容地根据自己的兴趣展开相关研究。特别感念黄道炫教授接纳我成为革命史研究室的一员，并在学术研究和工作上予以悉心提点。虽然我们在同一单位的时间仅有一年，但他的点拨和关照让我受益匪浅。杜继东研究员、李细珠研究员、马忠文研究员、葛夫平研究员、李在全研究员、侯中军研究员、周祖文研究员、吴敏超研究员、胡永恒研究员，以及研究室的王士花、周斌、张会芳等老师在我的成长路上也惠予许多指导和帮助，唯有铭感于心。薛轶群、郭阳、魏兵兵、卢树鑫、薛刚、赵妍杰、冯淼、王毅、李稳稳、姜涛、池翔、梁馨蕾、刘青峰、陈佳奇等青年同人平日的交流和鼓励，让五年来只身赴京的日子变得愉快很多，愿大家一切都好！

　　求学以来，我有幸得到不少师友的帮助和关心。哈佛－燕京图书馆郑炯文馆长、斯坦福大学胡佛研究所林孝庭研究员、南京大学蒋宝麟教授、南开大学贺江枫教授、四川大学何志明副教授、西南大学陈志刚副教授等先后以不同方式提供惠助。同门团结互助，钟健、银品、王永男、徐亮、周维煦、丁志远、张而弛、姜良威等在论文的资料搜集和写作上不时伸出援手；蔡帆、闫勖、葛亚杰、宣栋彪、赵卓、张维娜、丁书颖等同学一起学习奋斗，为研究生生涯留下了美好的回忆；骆林杰、史桢豪、何乐君、曾蓓、蔡兴彤、白文洁、程玉祥、周海建、盛差偲、张仰亮、侯培和、杨新新、朱庆、夏巨富等学友亦不时交流，予以勉励。借此机会，一并致以诚挚的谢意。

　　本书的内容承蒙《社会科学辑刊》《史林》《党史研究与

教学》《军事历史研究》《湖北社会科学》等杂志提携，曾以论文的形式刊登发表，编辑部和审稿专家的宝贵意见有效地弥补了我写作上的诸多不足。收入本书时，相关章节均做过程度不一的补充和完善，我也深刻体会到把零散的论文修改为一部成体系的书稿的不易，但愿下一部书能够贯通地完成。最后，这部小书得以顺利出版，与近代史所科研处许欣舸和社会科学文献出版社李期耀负责、高效的工作密不可分，责任编辑李期耀的精心编校，为书稿增色不少。

家人永远是内心最深处的依靠。感谢家人的理解和支持，唯愿以后能分担更多的家庭责任，与家人共享更多时光！

2024 年春于北京

图书在版编目（CIP）数据

北伐时期的地方变局与政治整合／潘建华著 . --北
京：社会科学文献出版社，2024.4（2025.5 重印）
ISBN 978-7-5228-3444-3

Ⅰ.①北… Ⅱ.①潘… Ⅲ.①第一次国内革命战争-
研究 Ⅳ.①K262.340.7

中国国家版本馆 CIP 数据核字（2024）第 066010 号

北伐时期的地方变局与政治整合

著　　者／潘建华

出 版 人／冀祥德
责任编辑／李期耀
责任印制／岳　阳

出　　版／社会科学文献出版社·历史学分社（010）59367256
　　　　　　地址：北京市北三环中路甲 29 号院华龙大厦　邮编：100029
　　　　　　网址：www.ssap.com.cn
发　　行／社会科学文献出版社（010）59367028
印　　装／北京联兴盛业印刷股份有限公司

规　　格／开　本：889mm×1194mm　1/32
　　　　　　印　张：13.375　字　数：288 千字
版　　次／2024 年 4 月第 1 版　2025 年 5 月第 3 次印刷
书　　号／ISBN 978-7-5228-3444-3
定　　价／89.00 元

读者服务电话：4008918866